A CHEGADA DA ERA INTERESPIRITUAL

Kurt Johnson
David Robert Ord

A CHEGADA DA ERA INTERESPIRITUAL

A Revolução Definitiva que Está Preparando o
Despertar Espiritual da Humanidade

Tradução
Newton Roberval Eichemberg

Editora
Pensamento
SÃO PAULO

Título do original: *The Coming Interspiritual Age.*

Copyright © 2012 Kurt Johnson e David Robert Ord.

Edição original publicada pela Namaste Publishing.

Copyright da edição brasileira © 2018 Editora Pensamento-Cultrix Ltda.

Texto de acordo com as novas regras ortográficas da língua portuguesa.

1ª edição 2018.

Todos os direitos reservados. Nenhuma parte deste livro pode ser reproduzida ou usada de qualquer forma ou por qualquer meio, eletrônico ou mecânico, inclusive fotocópias, gravações ou sistema de armazenamento em banco de dados, sem permissão por escrito, exceto nos casos de trechos curtos citados em resenhas críticas ou artigos de revista.

A Editora Pensamento não se responsabiliza por eventuais mudanças ocorridas nos endereços convencionais ou eletrônicos citados neste livro.

Editor: Adilson Silva Ramachandra
Editora de texto: Denise de Carvalho Rocha
Gerente editorial: Roseli de S. Ferraz
Preparação de originais: Luciana Soares
Produção editorial: Indiara Faria Kayo
Editoração eletrônica: Mauricio Pareja da Silva
Revisão: Claudete Agua de Melo

Dados Internacionais de Catalogação na Publicação (CIP)
(Câmara Brasileira do Livro, SP, Brasil)

Johnson, Kurt
    A chegada da era interespiritual : a revolução definitiva que está preparando o despertar espiritual da humanidade / Kurt Johnson, David Robert Orb ; tradução Newton Roberval Eichemberg. — São Paulo : Pensamento, 2018.

    Título original: The coming interspiritual age.
    Bibliografia.
    ISBN 978-85-315-1991-8

    1. Espiritualidade 2. Pluralismo religioso I. Orb, David Robert. II. Título.

17-11626   CDD-204

Índices para catálogo sistemático:
1. Era interespiritual : Espiritualidade 204

Direitos de tradução para o Brasil adquiridos com exclusividade pela
EDITORA PENSAMENTO-CULTRIX LTDA., que se reserva a
propriedade literária desta tradução.
Rua Dr. Mário Vicente, 368 — 04270-000 — São Paulo — SP
Fone: (11) 2066-9000 — Fax: (11) 2066-9008
http://www.editorapensamento.com.br
E-mail: atendimento@editorapensamento.com.br
Foi feito o depósito legal.

Elogios ao livro

Integral

"A *Chegada da Era Interespiritual* é, em parte, a respeito disto: o surgimento, que está acontecendo exatamente agora e adquirindo vigoroso impulso, de um mundo unificado do ponto de vista espiritual. Esse despertar tem sua base em uma transformação do cenário de fundo que se aproxima — a Era Integral. Kurt Johnson e David Robert Ord nos mostram por meio de um relato claro, atraente e convincente, e de leitura extremamente agradável, qual é essa mudança pela qual o mundo está passando. Se você não tem certeza do que tudo isso significa — e mesmo que tenha —, leia este livro visionário e descubra o motivo pelo qual ele está despertando tanta excitação e tanto entusiasmo. Ele poderá mudar o seu mundo!"

— Ken Wilber, autor de *A Visão Integral*,
publicado pela Editora Cultrix, São Paulo.

"Um novo mundo integral começou a se tornar visível, e um novo ser humano começa a emergir. Essa nova humanidade é capaz de viver de modo responsável e cooperativo nessa realidade radicalmente autotransformadora. As implicações dessa perspectiva transformarão o nosso mundo. Recorrendo ao legado inspirador do Irmão Wayne Teasdale, os autores Kurt Johnson e David Robert Ord prestam a todos nós um grande serviço ao colocarem em foco, neste livro, sua visão panorâmica de enorme abrangência."

— Terry Patten, autor de *A Prática da Vida Integral*, publicado pela Editora Cultrix, São Paulo, e fundador do site Beyond Awakening — The Future of Spiritual Practice.

"A *Chegada da Era Interespiritual* é, ao mesmo tempo, uma visão histórica abrangente e criteriosa do nascente movimento interespiritual, um urgente chamado para a transformação em face dos muitos prementes desafios sociais, ecológicos e espirituais que nossa época nos impõe e, além disso, um manifesto apaixonado pelo florescimento de uma nova cultura, uma cultura integral que incorpora os mais elevados ideais de todas as grandes tradições de sabedoria do mundo, antigas e modernas. Fico contente em recomendar este livro a leitores de quaisquer denominações religiosas, ou de nenhuma, inspirados pela possibilidade de que um mundo melhor, mais justo e mais iluminado nos espera dentro de 'nós'. Este livro promete ser um recurso valioso a todos os estudiosos e praticantes religiosos e interconfessionais; é um livro que usarei, em minhas aulas para desenvolvimento e esclarecimento desses tópicos, com meus alunos daqui para a frente."

> — Bruce Alderman, professor adjunto da Universidade John F. Kennedy.

Consciência evolutiva

"A *Chegada da Era Interespiritual* apresenta uma magnífica Visão Integral pós-moderna e anuncia o surgimento de um novo tipo de espiritualidade. Embora se trate de um livro escrito com paixão, seus autores, Kurt Johnson e David Robert Ord, estão bem fundamentados no conhecimento da ciência e das teorias integrais e evolutivas, o que lhes permite, ao mesmo tempo, fazer dele uma narrativa sistemática do passado, tanto cósmico como humano, uma interpretação sistêmica do presente e uma esplêndida visão do futuro. Um livro oportuno, que chegou a tempo e transcende o tempo."

> — Yasuhiko Genku Kimura, fundador e presidente da ONG Vision In Action.

"Kurt Johnson e David Robert Ord estabelecem um amplo contexto para o desenvolvimento evolutivo do homem e da Terra, assentam a espiritualidade em um cenário de desenvolvimento global e histórico e apresentam sugestões para seu potencial futuro. Apoiados por evidências científicas em abundância e pesquisas de opinião de âmbito global, eles defendem a união da ciência com a religião. Mas a principal mensagem que brilha por meio de sua proposta é a de uma 'espiritualidade experimental', fundamentada no coração, uma espiritualidade vivencial que bate no peito de cada ser vivo, que é, nada mais nada menos, a base da nova Interespiritualidade emergente. Se você quer ficar atualizado com o que há de mais instigante e revolucionário na linha de frente da espiritualidade contemporânea, este livro é uma leitura obrigatória."

— Nancy Roof, fundadora do *Kosmos Journal*.

"Este livro o deixará perplexo. Ele não é apenas um belo e poderoso tributo à obra e à visão do Irmão Wayne Teasdale, mas também uma espécie de Registro Akáshico Interespiritual que o ajudará a preparar o caminho para a Era Interespiritual que está surgindo [...] uma Era na qual passaremos a ver com os olhos do coração."

— Diane Williams, fundadora da The Source of Synergy Foundation.

"*A Chegada da Era Interespiritual* é uma obra pioneira, extraordinária e revolucionária, que bebe na própria fonte da narrativa evolutiva mais profunda, o principal evento com que a humanidade se defronta atualmente. Esse drama evolutivo da nossa maturidade como espécie leva o leitor ao longo de uma jornada holística e abrangente rumo às novas fronteiras da Interespiritualidade. Os autores, profundamente inspirados pela obra precursora de toda uma vida, a do Irmão Wayne Teasdale, ajudam, com brilhantismo, o leitor a fazer a leitura dos 'sinais do nosso tempo' e a vivenciar a importância da mudança de uma sociedade que sofre com a violência e as guerras causadas pelo fanatismo religioso para a Era da Interespiritualidade, a qual já há muito se encontra em estado de plena emergência. Nesse aspecto, o supremo ativismo da atualidade consiste em estar em contato com esse evento principal em nossa jornada humana, a fim de despertar nosso coração para nossa fonte unificadora primordial, para nosso profundo estado de mútua interconectividade, para os desafios de ingressarmos em uma forma superior de cultura não violenta, compartilhada por meio da alfabetização do diálogo global, em que toda a família humana possa florescer em conjunto e compartilhar desta terra sagrada. Este livro merece ser amplamente lido, em escala global, à medida que descobrimos, ingressamos e cocriamos a nova história compartilhada de jornada evolutiva humana."

— Ashok Gangadean, Ph.D., cofundador da Comissão Mundial sobre Consciência Global e Espiritualidade, e Margaret Gest, professora de Filosofia Global (no Haverford College), diretora do Center Margaret Gest for Interreligious Dialogue, fundadora-diretora do Global Dialogue Institute e autora de *Awakening Global Enlightenment: The Maturation of our Species.*

"Como colega do dr. Jonas Salk — cuja famosa 'biofilosofia' sustentava que a nossa sobrevivência como espécie depende de nossa capacidade de imaginar e antecipar o futuro e, escolhendo entre alternativas nítidas, cocria dessa maneira, com a natureza, o nosso destino —, reconheço essa mesma sabedoria na mensagem de *A Chegada da Era Interespiritual*. Como Johnson e Ord, Salk predisse que o mecanismo adaptativo mais importante para a humanidade seria uma capacidade crescente para colaborar e cooperar. Se as religiões do mundo podem aplicar esse ponto de vista evolutivo a seus problemas filosóficos, culturais, sociais e psicológicos e, no âmbito vivencial, experimental, extrair sabedoria do terreno primordial do ser subjacente a todos esses problemas, então é possível haver esperança de que as Grandes Tradições poderão dar uma contribuição positiva para o nosso futuro humano."

— Michael Jaliman, fundador de True North Advisors.

"Este livro é uma das principais contribuições à interface emergente entre a ciência, a evolução e a espiritualidade — e suas enormes implicações para a raça humana."

— Stephan Rechtschaffen, doutor em Medicina, e Annette Knopp, fundadores do site Blue Spirit Costa Rica.

"A modernidade ficou obcecada com as atividades de fatiar, cortar em cubos, retalhar, picar e dividir a realidade em minúsculos pedacinhos de dados e, como resultado, nosso mundo está cada vez mais polarizado, fragmentado e fraturado. Dói viver atualmente. Este livro magnífico inclui um diagnóstico de plena abrangência da nossa condição desequilibrada e oferece uma poderosa visão para curar o coração partido da humanidade e unificar o espírito de nossa espécie."

— Rafael Nasser, autor de *Under One Sky*.

Ativismo sagrado

"Coração e intelecto profundos estão presentes em cada página deste rico e belo livro. Que ele possa ter o sucesso que merece e abrir as mentes e os corações que venham até ele."

— Andrew Harvey, autor de *The Hope: A Guide to Sacred Activism and Radical Passion*.

"*A Chegada da Era Interespiritual*, de Kurt Johnson e David Robert Ord, é simplesmente uma obra extraordinária. Este livro, que há muito se fazia necessário, mudará o discurso sobre religião e espiritualidade. Ele expõe uma nova visão da espiritualidade, em especial à geração mais jovem, que já não se reconhece nas narrativas tradicionais que as religiões do mundo oferecem e aborda as implicações pessoais e sociais das possibilidades surgidas desse novo caminho. O futuro será interespiritual, e este livro é o manual a ser adotado em nossas escolas."

— Adam Bucko, fundador da Reciprocity Foundation,
coautor de *New Monasticism Manifesto* e, com Matthew Fox, de *Occupy Spirituality: A Radical Vision for a New Generation*.

"*A Chegada da Era Interespiritual* é uma dádiva oportuna para um mundo que se defronta com crises ambientais, econômicas e geopolíticas — todas as quais podem ser reconhecidas como uma crise espiritual. Há um despertar espiritual acontecendo organicamente em meio a isso, transcendendo culturas e religiões e dando origem a novas oportunidades para toda a humanidade. Este livro é uma exploração brilhante e abrangente da complexidade, dos perigos e das promessas desta época caótica e intensa, rasa na mediocridade e na violência gratuita que varrem sua superfície e se aprofundam na compreensão da natureza da realidade tanto pela ciência como pela própria perspectiva interespiritual, que traz à tona das discussões nos círculos contemplativos toda a profundeza da experiência mística."

— Phillip M. Hellmich, autor de *God and Conflict: A Search for Peace in a Time of Crisis* e diretor de Peace, The Shift Network.

Islamismo

"Neste livro de abrangência panorâmica, Kurt Johnson e David Robert Ord colocam a Interespiritualidade no âmbito de toda a perspectiva da nossa história humana global. Eles dão continuidade à visão de Wayne Teasdale, centralizada no coração, da nossa unidade mística subjacente e mostram com que naturalidade ela pertence à evolução da consciência humana. O desafio com que todos nos defrontamos é o de como implementar essa visão vital em nossa época contemporânea de crise coletiva. Este livro valioso nos ajuda a compreender por que a Interespiritualidade tem importância tão central para o destino da humanidade."

— Llewellyn Vaughan-Lee, Ph.D., mestre sufi, autor de *The Prayer of the Heart in Christian and Sufi Mysticism* e de muitos outros livros.

"Boas-Novas para a Humanidade Pós-Moderna! Oferecendo aos nossos olhos o espetáculo de uma dança que concentra milênios de evolução humana espiritual e biológica no tempo suficiente para a leitura da perspectiva que propõe, *A Chegada da Era Interespiritual* oferece-nos um olhar convincente, irresistível e abrangente que, para além da paisagem desolada que se estende diante de nós, espreita um futuro possível: histórias que compartilhamos e que nos unem em vez de dogmas que nos dividem, e a realidade de uma consciência em expansão, que inclui compaixão global em vez de consumismo globalizado. Este é um livro para todos os que procuram além dos limites da (mera) tolerância interconfessional, em direção a uma visão mais ampla daquilo que faz de todos nós seres humanos."

— Neil Douglas-Klotz, autor de *Desert Wisdom: A Nomad's Guide to Life's Big Questions from the Heart of the Native Middle East* e de *The Sufi Book of Life*.

Cristianismo

"Um sinal significativo de nossa época é a procura pela maneira de dar um salto de consciência capaz de nos levar das ideologias religiosas a uma consciência e uma prática espirituais mais profundas. Como Jung nos advertiu, 'somente o místico traz criatividade à própria religião'. Este livro contribui para esse importante salto ao celebrar nossas raízes místicas, as quais, como os autores acreditam, podem curar a divisão entre ciência e religião e a divisão que separa religiões e coloca religiões contra religiões. Este livro ambicioso se junta aos múltiplos esforços da interespiritualidade que se manifestam em nosso tempo, e que se unem para a celebração de um despertar místico capaz de nos afastar das religiões do consumismo e do materialismo, as quais dominam nossa cultura com o cinismo, o desespero e o desejo compulsivo que elas geram em quantidade, e nos aproximar de algo que se assemelha mais a uma vida cheia de confiança. Ele nos convida a novas e mais antigas maneiras de viver nossas vidas sagradas e no interesse desta terra sagrada. Dou boas-vindas a este livro!"

— Matthew Fox, autor dos clássicos inter-religiosos *A Vinda do Cristo Cósmico* e *One River, Many Wells* e, recentemente, de *The Pope's War, The Hidden Spirituality of Men, Hildegard of Bingen: A Saint for Our Times*, entre outros livros.

"Eu não exagero sobre o valor e a importância deste livro. Ele nos encaminha para onde estamos indo de fato, e também poderíamos caminhar informados e iluminados! Meu coração se rejubila e minha mente se expande à medida que leio este livro."

— Padre Richard Rohr, OFM — Ordem dos Frades Menores (em latim *Ordo Fratrum Minorum*), Center for Action and Contemplation e Rohr Institute, autor de *The Naked Now* e de *Everything Belongs*.

"Se alguns acadêmicos insistem em que 'Deus Não É Uno', Johnson e Ord respondem: 'Oh, sim Ele/Ela é!'. As diferenças religiosas são reais, mas não obstruem — na verdade nutrem — o diálogo religioso. Recorrendo à ciência contemporânea (biologia, física e estudos sobre o cérebro), à filosofia, aos ensinamentos dos místicos e dos ativistas religiosos, este livro apresenta vigorosas razões pelas quais uma 'era interespiritual' está chegando e precisamos dela com urgência. Tanto aos acadêmicos como ao público em geral, esta leitura é gratificante, provocativa e inspiradora."

> — Paul F. Knitter, professor de Teologia Paul Tillich,
> de Religiões do Mundo e de Cultura do Union Theological Seminary.

"*A Chegada da Era Interespiritual* nos proporciona uma compreensão essencial das raízes que dão sustento ao atual contexto espiritual-religioso da humanidade, e nos faz ver como esse contexto se relaciona com a evolução da consciência, que afeta todos os setores da sociedade e da cultura. Mais do que isso, este livro nos faz ver que há um vigoroso processo de unificação em andamento, e que será levado a cabo graças à perspectiva interespiritual. Este livro inspira uma percepção contemplativa mais profunda do estado de inter-relação inerente a todos os seres vivos, a qual os entrelaça — no âmbito de uma grandiosa visão do futuro — em uma única família humana global. Um livro para ser compartilhado e discutido!"

> — Robert G. Toth, ex-diretor executivo do
> Merton Institute for Contemplative Living.

Judaísmo

"*A Chegada da Era Interespiritual* é uma combinação magistral de ciência e coração. Serve como um chamado para que despertemos e reconheçamos a urgência dos graves problemas globais em que nos metemos e serve também como uma dose de esperança injetada em nossa capacidade para nos reunirmos a fim de consertar o mundo. Kurt Johnson e David Robert Ord reúnem, com eloquência, as evidências não apenas a favor do imperativo evolutivo da interespiritualidade, mas também da grande alegria que surge quando nos lembramos de que já estamos interconectados, e sempre estaremos."

> — Mirabai Starr, autor de *God of Love, A Guide
> to the Heart of Judaism, Christianity and Islam.*

"Um novo mundo precisa de uma nova visão de mundo, e *A Chegada da Era Interespiritual*, de Kurt Johnson e David Robert Ord, é exatamente isso. Se você procura não apenas por uma visão panorâmica e reveladora, mas também por um mapa que lhe permita acompanhar, por antecipação, o desdobramento espiritual do amanhã, então este livro foi escrito para você. Leia-o. E, em seguida, leia-o novamente. Com certeza, as ideias que ele apresentar a você mudarão sua vida"

— Rabino Rami Shapiro, autor de
The Sacred Art of Lovingkindness e de *Rabbi Rami's Guide to God*.

Hinduísmo

"'O homem é um ser em estado de transição. Ele não é definitivo. O passo que leva do homem ao super-homem é a próxima realização que se aproxima na evolução da Terra.' Sri Aurobindo escreveu essas palavras há um século. O FUTURO nos pressiona e não deixará que nos atrasemos. Sua Presença é palpável. Os autores deste livro sentem a urgência de nosso destino [...] e reúnem a miríade de fios que poderão acelerar o processo."

— Aster Patel, do conselho administrativo da
Fundação Auroville (Índia) e autor de *The Presence of Time*.

"Panorâmico em seu âmbito e profundo em sua sondagem incisiva, *A Chegada da Era Interespiritual* nos oferece uma visão de esperança e unidade com potencial para conferir à esperança humana o poder de modelar este milênio. Os autores identificam Wayne Teasdale como um visionário que ajudou a cristalizar o movimento interespiritual, o qual procura desenvolver um modelo espiritual progressivo para nosso avanço humano. Leia-o e atue com base nele porque, graças à compreensão do papel da 'consciência' no processo evolutivo, você talvez não apenas venha a modelar a história, mas também a própria vida. Este é um momento fundamental na história, e este livro se destina a nos ajudar a compreender o poder terrível que retemos em nossa mente, em nosso coração e em nossas mãos. A leitura deste livro acenderá para você a lâmpada da iluminação espiritual!"

— Russill Paul, autor de *Jesus in the Lotus* e de *The Yoga of Sound*.

Budismo

"Esta nova obra, convincente e acessível, é uma tremenda contribuição que nos dirige para o campo emergente da espiritualidade global e da evolução da sabedoria iluminada. Estou comovido e impressionado com a amplitude e a profundidade que os autores nos oferecem com este livro e o recomendo, de todo o coração, a qualquer pessoa interessada em espiritualidade e consciência. No contexto dos inevitáveis processos da globalização e do multiculturalismo, este livro brilhante e inspirador documenta, com enorme envergadura, a tendência que, atualmente, encaminha o planeta em direção a uma consciência da unidade global e o tesouro que as dádivas das Tradições de Sabedoria pode trazer a essa discussão global, desafiando todos os domínios — religião, ciência, economia e governança — a desenvolver um profundo senso de responsabilidade para com o coração e a alma coletivos, o corpo e a mente da humanidade.

Recomendo com insistência que prestem atenção ao que os autores, eles mesmos dedicados praticantes espirituais, têm a lhes dizer, não apenas por desafiarem diretamente as religiões estabelecidas, mas também por encaminharem seus adeptos a se aprofundarem no âmago da experiência e na consciência mística de suas tradições, o que os levará, com certeza, a refinarem a compreensão do lugar que ocupam em nosso mundo diversificado e interdependente. Ao tornar disponível uma visão abrangente da história do desenvolvimento e de como as características do tempo atual refletem o passado, este livro revela como podemos aprender profundamente com essas dinâmicas integrais e mostra como uma moderna perspectiva e uma jornada interespirituais podem ser realizadas, tanto dentro das próprias tradições como no âmbito de estruturas novas e inovadoras. Leia este livro e você será uma pessoa melhor para tudo o que ele está propondo ao nosso mundo."

– Lama Surya Das, autor de *Awakening the Buddha Within*,
O Tempo do Buda, publicado pela Editora Cultrix, São Paulo, entre outros livros,
e fundador do Dzogchen Center e do Dzogchen Osel Ling.

"Este é um panorama lindamente bem escrito sobre o *Zeitgeist* espiritual de nossa época e uma eloquente descrição da estética e da ética interespirituais emergentes, as quais estão efervescendo em todo o mundo. Como os autores se expressam: '[...] a interespiritualidade é um chamado por uma exploração radical e universal dos domínios sutis da consciência e das regiões mais profundas do coração. Isso envolve uma sondagem precisa de quais são os princípios unificadores — os pontos arquimedianos que tornam possível a produção da unidade — que se estendem sob a história social de nossa espécie'. Este livro faz eco à intenção do trabalho da Spiritual Paths Foundation e do Snowmass Interspiritual Dialogue, que reúnem mestres contemplativos de muitas tradições. Em nossas meditações, experimentamos a maravilhosa diversidade dos métodos contemplativos e das experiências contemplativas. Nossa consciência em fusão sente-se como se fosse ondulações circulares de água interceptando-se e sobrepondo-se a partir de muitos seixos atirados no mesmo lago."

— Ed Bastian, Ph.D., Spiritual Paths Foundation, autor de *InterSpiritual Meditation* e de *Living Fully Dying Well*; editor de *Meditations for InterSpiritual Practice*.

Indígena

"*A Chegada da Era Interespiritual* é um livro sublime em sua visão e profético em sua sabedoria, uma exploração inerentemente contemplativa das escolhas evolutivas mais salientes com que nos defrontamos como humanidade. Um livro interdisciplinar refinado com magistralidade, que se tornou possível graças à erudição acadêmica de Kurt Johnson e David Robert Ord. Considero sua proposta uma declaração decisiva a respeito do papel *a priori* da consciência autorreflexiva no processo da espiritualização humana. Prevejo que a leitura bastante difundida de *A Chegada da Era Interespiritual* catalisará transformações sociais benéficas, em uma escala global de serviço além de nossas sete gerações. Este livro é uma contribuição muito sincera para que nos relembremos de que somos uma espécie planetária compassiva e pacificamente cooperativa. Recomendo-o com entusiasmo a todos os sinceros buscadores e servidores da Grande Obra!"

— Don Oscar Miro-Quesada, fundador da The Heart of the Healer (THOTH) Foundation.

Humanismo

"Com grande sensibilidade, *A Chegada da Era Interespiritual* extrai, da mensagem da cultura ética relativa à interdependência infinita, sua contribuição especial ao discurso do século XXI sobre a Era que se aproxima. Enfatizando o aspecto visionário do fundador da cultura ética, Felix Adler, o livro articula irresistivelmente um roteiro possível para humanistas, ao longo do caminho por onde a humanidade se apressa rumo à consciência superior."

— Martha Gallahue, líder de Cultura Ética do National Ethical Service junto às Nações Unidas; membro da National Peace Academy dos EUA.

Interconfessionalidade

"A *Chegada da Era Interespiritual* é um projeto imensamente ambicioso — uma extensa apologia da interespiritualidade. Muito fácil de ler, ele recorre de modo amplo à história e à literatura, tanto a antiga como a moderna, e se alicerça nas obras de Teilhard de Chardin, Irmão Wayne Teasdale e Ken Wilber, entre outros. Johnson, destacado cientista que durante grande parte de sua vida foi monge, é um estudioso de biologia evolutiva com grande conhecimento de antropologia, filosofia e religião comparada. O livro acompanha seu vigoroso ponto de vista e será retalhado por críticos previsíveis, que procurarão depreciar o que, para eles, é apenas mais uma religião Nova Era. Quer você concorde ou não com isso, a escrita é imaculada, os argumentos são convincentes, e a visão é cheia de esperança. Qualquer pessoa que se interesse pelo futuro da religião (e pelo motivo de tão grande parte da religião não funcionar atualmente) apreciará a leitura deste livro."

— Paul Chaffee, editor de *The Interfaith Observer*.

"Se as pessoas puderem usar *A Chegada da Era Interespiritual* como um mapa e uma placa indicadora ou poste de sinalização, é possível que este livro venha a iluminar o caminho em direção a um futuro interconfessional e intercultural global pacífico para a humanidade."

— Alison van Dyk, catedrática e diretora-executiva do Temple of Understanding.

"O arco da história religiosa curva-se em direção àquilo que os autores deste livro chamam de 'interespiritualidade'. Em detalhes de tirar o fôlego, o livro faz a crônica dessa longa e contínua narrativa e documenta a transformação da consciência — individual e coletiva — que ela requer. Precisamos desesperadamente dessa transformação e precisamos deste livro para compreendê-la plenamente."

— Philip Goldberg, autor de *American Veda: From Emerson and the Beatles to Yoga and Meditation, How Indian Spirituality Changed the West.*

"*A Chegada da Era Interespiritual* é uma contribuição muito valiosa, que articula contextos para a compreensão da emergência de interespiritualidades, reconhece alguns dos contribuidores-chave e fornece muitos pontos de referência para estudos e explorações posteriores."

— Neill Walker, cofundador e codiretor do Edinburgh International Centre for Spirituality and Peace.

"Você está se perguntando sobre o que acontece atualmente no mundo interconfessional/integral/interespiritual? Se estiver, então este livro é para você. Ele lhe oferece uma grandiosa perspectiva, uma maneira de reconhecer a nossa jornada humana, uma visão sincera do que está acontecendo no presente momento e uma esperança para o futuro. Você aprenderá e se beneficiará muito com ele!"

— M. Darrol Bryant, Ph.D., ganhador do Huston Smith Award 2011, diretor do Centre for Dialogue and Spirituality in the World Religions, Renison University College/Universidade de Waterloo, Canadá, e autor de *Religion in a New Key.*

"Como fundadora de um seminário que treina clérigos interespirituais, sou muito grata a Kurt Johnson e David Robert Ord pelo fato de eles nos oferecerem uma visão panorâmica e abrangente da paisagem que deu origem à emergência da interespiritualidade, à qual se somam lampejos de percepção profunda e iluminadora a respeito de para onde podemos estar indo. Qualquer pessoa que se preocupe com a evolução da consciência e da espiritualidade deveria ler este livro."

— Reverenda Diane Berke, fundadora de One Spirit Learning Alliance/One Spirit Seminary.

"Nascida nesta época sem precedentes de colapso/revolução/despertar/e transformação — à qual, às vezes, se dá o nome de divino caos da criação —, esta obra notável nos lembra, individual e coletivamente, de onde viemos e, expressivamente, define para onde estamos indo. *A Chegada da Era Interespiritual* tem por foco a mudança da consciência humana, a mudança no coração e nos informa, de maneira antecipada, o que os Céus estão pedindo à Humanidade para se tornar aqui e agora. Desbravando o caminho para o futuro, os autores — alicerçados na ciência e guiados pela intuição — apresentam com clareza, eficácia e graça um arcabouço em cujo âmbito poderemos cocriar nossa nova narrativa espiritual a partir de um lugar onde o coração é uno e a mente é una. Este livro é uma *leitura obrigatória!*"

— Marshia Glazebrook, do
Temple of Understanding e fundadora de MetanoiaNow.

O divino feminino

"*A Chegada da Era Interespiritual* identifica uma das mais importantes mudanças evolutivas na vida religiosa humana — a mudança que se afasta da doutrina e da crença cegas e se entrega ao abraço do conhecimento experimental, da realidade vivencial, uma guinada para dentro em direção à fonte do conhecimento. Este livro descreve a mudança de um paradigma de separação, de exclusividade e de competição religiosa para outro, de unidade, de inclusividade e de cooperação, um paradigma que permite uma integração das práticas de muitas tradições religiosas sem ameaçar nenhuma delas. Essa espiritualidade florescente traz grande esperança e promessa para o futuro."

— Dena Merriam, fundadora de The Global Peace Initiative of Women
e membro fundadora e convocadora de The Contemplative Alliance.

Ciência e religião

"Uma visão geral e abrangente dos temas centrais da história, da cosmologia e das visões de líderes de suma importância no nascente campo da interespiritualidade. Repleto de informações vitais, que ainda permanecem muito pouco conhecidas, *A Chegada da Era Interespiritual* é um título adequado à transformação evolutiva que hoje emerge rapidamente através da espiritualidade, da religião e da ciência."

— William Keepin, Ph.D., coeditor de
*The Song of the Earth: A Synthesis of the Scientific
and Spiritual Worldviews* e autor de *Divine Duality*.

Mestres da percepção desperta

"*A Chegada da Era Interespiritual* é um importante livro, inteiramente novo e de leitura muito prazerosa. Com frequência, as crenças religiosas, todas elas proclamando amor, perdão e unidade, acabam nos dividindo e até mesmo nos desviando para a guerra. Mas aqui, neste livro, podemos ler tanto sobre a história passada como sobre os novos movimentos interno e externo de esperança que estão emergindo. Este livro põe em destaque a importância da consciência da unidade, a qual pode ser desenvolvida por todos os povos, a fim de torná-los capazes de reconhecer e abraçar nossas crenças culturais e religiosas particulares e, mesmo assim, reconhecer nossa unidade subjacente e nossa comunidade comum."

— Loch Kelly, fundador do Awake Awareness Institute.

"Um manual abrangente para nos levar da religião sectária, baseada nas relações e na ética tribais, para a atual filosofia perene, baseada nas experiências místicas, que dão origem ao amor por todas as criaturas. É uma perspectiva bem-vinda, que chega em uma época na qual a vida e a morte de nossa espécie, bem como as de muitas outras, estão nos pratos da balança."

— Catherine Ingram, autora de *In the Footsteps of Gandhi, Passionate Presence* e de *A Crack in Everything*.

"*A Chegada da Era Interespiritual* explora, com grandes detalhes, o impacto do despertar para a nossa verdadeira natureza como Percepção ilimitada e sempre presente, e sonda suas implicações sociais, políticas, ambientais e econômicas com profundidade, clareza e honestidade. Este livro nos traz a compreensão perene da realidade de que todos os seres e coisas compartilham e se estende até as questões centrais com que atualmente a cultura do nosso mundo se defronta, erguendo um espelho no qual a sociedade é forçada a se reconhecer e fazendo perguntas que não podemos nos dar ao luxo de ignorar. É uma obra linda e corajosa, que terá, estou certo disso, implicações de longo alcance."

— Rupert Spira, autor de *Presence, The Transparency of Things, Conversations on Nonduality*, entre outros livros.

Sumário

Agradecimentos 29

1 O horizonte 35
Um tique-taque ascendente na consciência 37
A globalização e o multiculturalismo se intensificam 38
Religião e espiritualidade 39
A jornada 41
O que é interespiritualidade? 43
Diferenças 45
Por que os seres humanos discordam 47
Mudança saudável, mudança insalubre 49

2 A discussão moderna 52
A essência da interespiritualidade não é nova 53
O âmago da experiência espiritual mais profunda é sempre o mesmo . 57
Mudanças necessárias na percepção global 58
Um marcador final 59
Levantando voo 62

3 Cada um de nós é um místico 65
A realidade cotidiana do "Eu", do "Nós" e do "Ele" 67
Frutos da visão integral 70
Como a religião e a espiritualidade diferem entre si 71
Em última análise, a experiência é a mesma 72
A procura mística 73
Revertendo um caminho perigoso 74
Séculos do materialista e do mental 78

4 O enquadramento da grande figura **80**

Processo e senso comum 81

As duas culturas do conhecimento 83

Padrão *versus* processo 86

O que há para ver no padrão? 88

5 Quatorze bilhões de anos em algumas páginas **91**

Depois do Big Bang 93

O surgimento da vida na Terra 95

A primeira revolução verde na Terra 97

Criaturas multicelulares como nós — sexo, holarquia e hierarquia 100

O desastre leva a novas oportunidades 101

O advento da vida inteligente 104

O enigma da humanidade 107

Tipos de criacionismo 109

O Deus das lacunas 110

Um fim de jogo biológico? 112

Um final feliz? 115

6 A aurora da espiritualidade **118**

Consciência — o poder de um nome 120

A fabricação de ferramentas, o uso do fogo e o desenvolvimento
da consciência 121

Consciência e linguagem: a conexão fundamental 123

Primeiras evidências da espiritualidade 126

7 Evolução e revolução **128**

Da cosmologia ao desafio da história humana 129

O cruzamento entre percepção científica e percepção religiosa 131

A origem da espiritualidade — a experiência de vivenciar "os deuses" .. 132

Uma visão integrada 136

8 Os grandes avanços da história humana **138**

Vamos comer: a agricultura é inventada 139

Nossa herança dessas eras remotas 141

O Segundo Grande Avanço: das cidades às metrópoles e aos impérios 142

A emergência dos reis deuses 143

A transição dos reis deuses para os impérios totalitários 146

A época dos impérios totalitários 148

Nasce o patriotismo 150

Nascem as grandes religiões.. 152
Avanços no pensamento prenunciam uma nova época........................ 154

9 A aurora da época racionalista 157

O autoritarismo colapsa 158
Uma praga global estimula um renascimento na consciência 160
Do Renascimento ao Iluminismo europeu.................................. 161
A consciência no Renascimento e no Iluminismo europeu.................. 162
O legado que recebemos da época racionalista........................... 164

10 O advento da civilização mundial 166

O começo do modernismo... 168
A competição leva à calamidade: as guerras mundiais.................... 170
Emerge um pluralismo mundial 172
O início da época integrativa 174
Guerra Fria, corrida espacial e guerra cultural....................... 175
A polinização espiritual cruzada entre Oriente e Ocidente............. 176
O Quinto Grande Avanço: a automação e o sonho emergente do
    holismo... 179
Holismo e interespiritualidade... 181

11 O campo 183

Desacordo a respeito da consciência.................................... 183
Duas ideias diferentes... 184
O grande "passar adiante".. 186
O debate filosófico 187
O que é consciência? 188
Mudanças no pensamento científico 190
As qualidades da consciência 191
Definições de consciência 192

12 A importância de levar a sério as experiências espirituais.......... 194

Por que as pessoas acreditam no que elas acreditam 195
O que as pessoas dizem ter vivenciado.................................. 197
O terreno comum da religião e da espiritualidade na consciência........ 200
A fonte da divisão... 201
A experiência espiritual da consciência................................ 202
O gênio na geladeira... 203
A experiência sempre parece governar 205

13 Estudos científicos sobre consciência **208**
Ideias quânticas sobre a consciência 209
O futuro da consciência 212

14 O mundo espiritual **218**
A amplitude histórica da experiência do mundo espiritual 219
Os reinos espirituais dividem-se em céu e Inferno 220
Antigas noções persistem nos dias de hoje 222
Cenários modernos e modernos estudos acadêmicos 224
Integração de estudos esotéricos e místicos na corrente principal
das academias do mundo 225
Grandes mentes são necessárias para a visão de grandes figuras 226
No que as pessoas de fato acreditam a respeito do mundo espiritual ... 227
Quem vai para o céu de quem ou para o Inferno de quem? 230
Melhor do que o céu e o Inferno 231

15 Os reinos espirituais na experiência cotidiana **233**
Os níveis de experiência que temos a cada dia 234
Em alguma noite encantada 235
Uma visão coletiva 236
Ceticismo honesto de ambos os lados 238
Se o mundo espiritual é real, então como ele é estruturado? 239
Essas estruturas são reais ou apenas efeito de nossa lente? 240
Narrativas sobre corpos espirituais, astrais e sutis não estão
indo embora 241
Descrições do corpo espiritual 243
O corpo espiritual no Oriente e no Ocidente 244

16 Histórias de níveis, planos e reinos espirituais **247**
Plano não dualista e plano arquetípico ou xamânico 248
O problema da caçada da experiência 249
Os reinos espirituais nas grandes tradições 251
Reinos superiores no Oriente e no Ocidente 253
Provavelmente o mundo espiritual já é interespiritual 254
Onde a borracha encontra a estrada 257
O que valida as afirmações da experiência mística? 258
A espiritualidade e o nosso atual limiar evolutivo 260

17 Os primeiros pioneiros da interespiritualidade **263**
Os primeiros pioneiros 264
Os primeiros pioneiros interespirituais orientais 265

Os primeiros pioneiros interespirituais ocidentais 267

Celebridades iluminam o caminho.. 269

Figuras icônicas do Oriente e do Ocidente profetizam
a Era Interespiritual.. 271

Um ícone do Ocidente: o cientista e padre Teilhard de Chardin 272

Ícones do Oriente: Sri Aurobindo e A Mãe na Índia 277

18 Em direção à consciência da unidade 284

200 anos e 2 mil livros.. 285

Origens do movimento da consciência evolutiva 286

A consciência evolutiva na cultura popular 287

A era holística atinge a maioridade.. 290

Seleção de desenvolvimentos que se manifestaram durante a época
holística emergente.. 291

O movimento da consciência evolutiva na atualidade 293

Dos xamãs aos cientistas.. 299

19 A Grande Fusão conjunta que se aproxima............................. 303

Para onde a Grande Fusão conjunta que se aproxima está nos levando? 306

A solução: um desafio tão antigo quanto o de Arquimedes................. 312

A salsicha na dobra espacial 313

Não sejamos ingênuos 316

20 A visão do que está chegando 318

Uma paisagem em constante evolução.. 319

A árvore ascendente das religiões do mundo...................................... 324

As religiões do mundo de acordo com a popularidade 326

As religiões pelo que elas realizam 329

A exploração dos galhos 330

Os maiores ramos 332

21 Como as religiões operam atualmente 334

As principais religiões do mundo de acordo com sua riqueza
em dinheiro 338

O desafio da atualidade: a teia emaranhada no topo da árvore 341

22 Abraçando a árvore como uma realidade una............................ 346

O despertar: a herança compartilhada da consciência da unidade 347

Ironias históricas e paradoxos de um despertar mundial 352

O significado supremo da árvore 354

23 O significado de 2012 ...... **355**
A fonte dos cenários de 2012 356
A lente mágico-mítica ainda é atraente e convincente
para a nossa espécie 359
Por que se fez todo aquele estardalhaço? Visões holísticas não
apocalípticas de 2012 361
Você fez uma festa em 21 de dezembro de 2012? 364

24 O movimento rumo à centralização no mundo **367**
Que tipo de globalização? 369
A procura mística e a transformação social 371
O mundo coletivo do "nós" 373
"Nós" e o avanço da consciência 376
O malogro sempre resultou da falta de uma abordagem integral 378
Você tem de admitir que está ficando melhor 379
O crescimento em qualidade 380

25 Visões mais sombrias interrompidas **383**
A emergência crucial da voz feminina 385
A ascensão do patriarcado 386
O começo da transformação 390
A voz feminina atual 392

26 Construir e viver a interespiritualidade **395**
A espiritualidade como religião 396
A centralização da religião na própria consciência 400
Uma convergência de crenças 403
Da interconfessionalidade à interespiritualidade 405

27 A interespiritualidade antes da interespiritualidade **410**
As raízes da interespiritualidade 412
Variedade e interespiritualidade 414
A mensagem da interespiritualidade depois de The Mystic Heart 417

28 Vida e prática interespirituais **421**
A interespiritualidade não é uma nova "mistura de religiões" 423
Holarquia e hierarquia 424
Os círculos na prática: a criação de coletividades efetivas 429
A democratização da espiritualidade: cada um de nós é um pioneiro .. 433
A organização do sonho interespiritual 435

Conclusão: reflexões sobre a interespiritualidade atual 438

A redefinição do compromisso e do estilo de vida espirituais 441

A educação interespiritual 445

Um chamado para a exploração universal 447

Apêndice I

Sinopse dos períodos de desenvolvimento 449

Apêndice II

Visões mágico-míticas e apocalípticas de 2012 454

Apêndice III

Instituições, organizações, associações e centros que desenvolvem
e divulgam a visão da interespiritualidade em escala mundial 459

Bibliografia 461

Agradecimentos

NO DECORRER DA ÚLTIMA DÉCADA, O CAMINHO INTERESPIRITUAL LEVOU os autores deste livro a conhecer centenas de líderes espirituais, professores, praticantes e defensores dessa visão. O envolvimento com essas pessoas é, em grande medida, responsável pela presente obra, além de nossa conexão com Constance Kellough, presidente e editora da Namaste Publishing, que vislumbrou a ideia deste livro e nos reuniu em torno desse empreendimento.

A colaboração desta obra envolve Kurt Johnson, conhecido por sua atuação como biólogo evolucionista (Ph.D.), especialista em religiões comparadas e ex-monge contemplativo, e David Robert Ord, escritor e diretor-editorial da Namaste Publishing e ex-clérigo. Ambos têm, por diferentes caminhos, seguido em direção à interespiritualidade, de modo que as percepções compartilhadas neste livro são percepções que eles têm em comum. Kurt preparou o manuscrito original, e David usou suas habilidades de escrita para produzir um livro que poderia ser acessível a um público amplo.

Kurt Johnson, em particular, tem muitas pessoas a agradecer por suas décadas de trabalho interconfessional (ou interreligioso) e interespiritual. A lista é longa, mas necessária para sustentar a visão interespiritual – ele é grato especialmente, é claro, ao Irmão Wayne Teasdale, pelas horas de bate-papo sobre a visão interespiritual (depois da publicação de *The Mystic Heart*, e também depois de ele se preparar para seu programa no Parlamento Mundial de Religiões, de 2004, em Barcelona, na Espanha, e posteriormente, poucos meses antes de seu falecimento). Temos um débito especial para com os fundadores originais, ao lado do Irmão Wayne, da "associação interespiritual" de Nova York, que se configurou como Interspiritual Dialogue em 2002. Cofundadores que, juntamente com o Irmão Wayne, continuam associados: Kurt Johnson, Martha Gallahue, Thomas Downes, Matt Mitler, Michael Stone, Dorothy Cunha, Lisa Lerner, Robert Trabold, Celia Macedo e Max Kramer.

Menção especial precisa ser feita a Martha Gallahue, que introduziu Kurt à obra do Irmão Wayne; e agradecimentos especiais aos professores que mais inspiraram Kurt na compreensão do Advaita Vedanta: Pamela Wilson, Neelam e Annette Knopp. Um reconhecimento profundo aos fundadores do One Spirit Interfaith Seminary, na cidade de Nova York, que convidaram Kurt a fazer parte de seu conselho administrativo e da faculdade em 2005: Diane Berke, Ingrid Scott, Sara Kendall, Karen Watt e o querido amigo delas, Andrew Harvey.

Agradecimentos especiais aos amigos do Irmão Wayne, que incentivaram com veemência a redação deste livro, em particular Rory McEntee, Adam Bucko e Timothy Miner, e às pessoas que, em 2011 e 2012, ofereceram hospedagem enquanto o livro era escrito: Constance Kellough e David Ord, de Phoenix, Arizona; na cidade de Nova York, Diane Berke, Joyce Liechenstein, Emily Squires e Len Belzer, Cameron Bossert e Maureen Eggington; e aos fundadores do centro de retiro Blue Spirit, na Costa Rica (onde grande parte do esboço deste livro foi concluída): Stephan Rechtschaffen, cofundador do Omega Institute, e Annette Knopp. Pela amizade e pelo apoio espiritual no nível pessoal, o que gerou energia para dar impulso a este livro, um agradecimento especial à família: Elizabeth, Ricardo e Alicia, e queridos amigos. Jody Lotito-Levine foi particularmente influente. Dafna Mordecai ofereceu apoio constante, e Erin Kurnik, uma notável energia inspiradora. Sem eles este livro não teria sequer saído do rascunho. Agradecemos especialmente às muitas pessoas que deram apoio a este livro, e cujos comentários foram aqui publicados. O *feedback* que muitas delas nos ofereceram foi essencial, pois melhorou muito a qualidade do nosso texto.

Por seu aconselhamento espiritual e sua orientação após o falecimento do Irmão Wayne, expressamos profunda gratidão a Llewellyn Vaughan-Lee, Lama Surya Das, Loch Kelly e Diane Berke. Pelas informações sobre a Visão Integral e a Dinâmica em Espiral, agradecemos, em especial, a Ken Wilber e a seus colegas envolvidos na abordagem integral: Aster Patel, Terry Patten, Deborah

Boyar, Lynne Feldman, Rafi Nassar, Nomi Naeem, Barbara Larisch, Steve Nadel e Gilles Herrada.

Nosso profundo reconhecimento aos participantes do programa do Parlamento Mundial de Religiões de 2004, em Barcelona, planejado em torno do Irmão Wayne, os quais posteriormente se tornaram companheiros de longo prazo nesta obra. Isso inclui muitos daqueles a quem já nos referimos acima, mas também Gorakh Hayashi, Joyce Liechenstein, Will Keepin, Martha Foster, membros do Grupo de Teatro Dzieci; Russill e Asha Paul, amigos próximos do Irmão Wayne, e Ashok Gangadean, seu colega do Parlamento; pela expansão que promoveram do Interspiritual Dialogue de 2005 no Interspiritual Dialogue in Action (ISDnA) — o "Grupo Organizador original do ISDnA" após o falecimento do Irmão Wayne —, nosso mais sincero reconhecimento dirige-se a Joyce e Ken Beck, Gorakh Hayashi, Luca Valentino, Chuck Ragland, Adam Blatner e Deanne Quarrie. Com agradecimentos especiais a Gorakh Hayashi, por sua colaboração ao escrever os primeiros trabalhos sobre as ideias do Irmão Wayne depois de *The Mystic Heart* e antes de sua morte, e a Yasuhiko Genku Kimura, por apoiá-los; também a Martha Foster, por transmitir as comunicações ao Irmão Wayne em seus últimos meses.

Profundos agradecimentos aos que organizaram o evento de 2005, em homenagem ao Irmão Wayne, no "Common Ground" (The Crossings, em Austin, Texas), muitos deles já citados acima, mas também ao Padre Thomas Keating, a Joan Borysenko, Betty Sue Flowers, Oscar Miro-Quesada, Cindy Wieber, Diane Dunn e Estaryia Venus; a Aaron Froehlich, que criou e doou o site www.isdna. org; aos que apoiaram o ISDnA por meio de convenções espirituais e de valores da Comunidade de ONGs das Nações Unidas: Rick Ulfik, Steve Nation, Nancy Roof, Barbara Valocore; e posteriormente aos membros do Conselho Executivo da ONG Committee for Spirituality, Values e Global Concerns das Nações Unidas: Diane Williams, Sharon Hamilton-Getz, Genie Kagawa e Parameshananda.

Aos apoiadores e membros do corpo docente, com o Irmão Wayne, que se tornaram os "Amigos do ISDnA" oficiais, a muitos dos quais já nos referimos acima e também Ronit Singer, Catherine Ingram, Stuart Schwartz, Dasarath Davidson, Calvin Chatlos, Lewis Richmond, Philip Goldberg, Neill Walker,

Ruth Frei, Emmanuel Vaughan-Lee, Richard Schiffman, Michael Johnson; também a Barbara Cushing e Barbara Sargent, da Kalliopeia Foundation, e a meus companheiros do Advisory Board of Evolutionary Leaders. Agradecimentos especiais aos patrocinadores do ISDnA nas Nações Unidas: o National Ethical Service da American Ethical Union, Martha Gallahue, Phyllis e Sylvain Ehrenfeld, Kay Dundorf, Jacqueline e Sharon Pope. Agradecemos ao Humanist Institute (H.I.) por enfatizar as relações entre a visão do Irmão Wayne Teasdale e a de Felix Adler, o fundador da Ethical Culture: Anne Klaeysen, Martha Gallahue, Robert Tapp e o Conselho Administrativo, bem como à Faculdade do H.I.

Um agradecimento caloroso e cordial aos colegas do Irmão Wayne da Spiritual Paths Foundation, do Padre Keating: Thomas Keating, Ed Bastian, Cynthia Bourgeault, Kabir e Camille Helminski, Rami Shapiro e Atmarupananda; aos fundadores e membros da The Contemplative Alliance, que há muito tempo participam dessas conversas: a coordenadora Dena Merriam e os companheiros, membros do Comitê Diretivo, Mirabai Bush, Pir Zia Inayat-Khan, Adam Bucko, Mohammed Bashar, Joan Chittester, Joan Brown Campbell, Sraddhalu Ranade, Ed Bastian, Philip Hellmich, Robert Toth, Judy Lief, Barbara Sargent, Linda Grdina e Atmarupananda; a Michael Holleran e Sam Joanna Ghiggeri, colegas da Contemplative Alliance de Nova York; aos fundadores e membros do círculo The Aspen Grove por seu trabalho pioneiro com círculos interespirituais: Lori Warmington, Michael Abdo, Michael Fuller e os administradores do The Aspen Grove; aos organizadores da Snowmass Initiative, associados ao Padre Keating, pelos três conjuntos de reuniões ao longo dos anos, particularmente a "New Monastic Conversation" de 2012: Padre Keating, Rory McEntee, Adam Bucko, Rob Renehan, Janet Quinn e Matthew Wright; a outros colegas ecumênicos: Charles Gibbs, Deborah Moldow e Monica Willard, da The United Religions Initiative, Alison van Dyk, Irmã Joan Kirby e Marshia Glazebrook, do Temple of Understanding e, ao lado de muitos citados acima, Lawrence Troster, Mirabai Starr, Ralph Singh, Robert Forman, Howie Elmer, Mudra Lipari, Willa Bassen, T. S. Pennington, Jeff Rubin, Rohini Verma, Robert Levine, Rory Pinto, Nita Renfrew, Bernard Starr, Mitchell Rabin, Ellen Friedman e Ernest Wachter, da cidade de Nova York, e outros círculos interespirituais associados.

Calorosos agradecimentos aos colegas membros da Community of The Mystic Heart — todos os 300 —, fundada com o nome de Universal Order of Sannyasa do Irmão Wayne, em 2010, e a seus professores espirituais do Conselho Consultivo: Ken Wilber, Andrew Harvey, Parameshananda, Vidyananda, Ramananda, Lama Surya Das, Thomas Keating, Pir Zia Inayat-Khan, H. H. Sai Maa Lakshimi Devi, Ashok Gangadean, Nina Meyerhof, J. J. e Desiree Hurtak, Ken "Bear Hawk" Cohen, Philip Hellmich, Terry Patten, Philip Goldberg, Grace Sesma, Lucinda Vardey e Miranda MacPherson; um agradecimento especial a Timothy Miner e Jean Leone pela fundação da Order of Universal Interfaith para apoiar este trabalho. Muito obrigado aos nossos amigos do Ashram Sri Aurobindo e de Auroville, na Índia, principalmente ao Sri Aurobindo Ashram Trust, por nos permitir citar os *Collected Works of Sri Aurobindo* e os *Collected Works of the Mother* (somos particularmente gratos a Sraddhalu Ranade, Aster Patel, Manoj Das Gupta, Matri Bhai e Rohini Verma); obrigado também, por nos permitir fazer uma citação, a Gord McFee, do Holocaust History Project, à New World Library por *The Mystic Heart* de Wayne Teasdale, ao Penguin Group (EUA) por *A New Earth*, de Eckhart Tolle, à Random House (Vintage) por "Adagia", de Wallace Stevens, à Lantern por *The Common Heart*, organizado por Netanel Miles-Yepez, e à Foundation for Inner Peace (Mill Valley, CA) pela citação da obra *Um Curso em Milagres*.

Estamos profundamente gratos aos amigos associados monásticos e ecumênicos da Anglican Order of the Holy Cross e à Sisters of St. Helena, em especial ao Padre Roy Parker e à Irmã Ellen Stephen, e à Irmã Edith Raphael da Sisters of St. Mary; e também a velhos amigos do trabalho interconfessional durante os anos tempestuosos de renovação monástica e do início do ecumenismo: James Parks Morton, Ninian Smart, M. Darroll Bryant, David S. C. Kim, Sebastian Matczak, Herbert Richardson, Rachel Spang, Shawn Byrne, Traudl Bachman, Kevin Brabazon e Bruce Casino; a Dorset Graves por suas primeiras introduções à espiritualidade oriental e à poesia de Wallace Stevens, e aos amigos poetas Lucien Stryk, William Stafford, Bill Witt, Norman Macleod, Richard Rackstraw e Norman Holmes Pearson, da Yale Collection of American Literature, por dar prosseguimento a essas discussões ao longo dos anos e reunir cartas.

No mundo da ciência, um agradecimento especial aos mentores na área das ciências profissionais, que incluem evolução, ecologia, sistemática e biologia comparativa (numerosos demais para os mencionarmos aqui), mas especialmente aos grandes professores e mentores científicos de Wisconsin, Iowa, e do Centro de Pós-Graduação da Universidade da Cidade de Nova York: John C. Downey, Charles A. Long e Frederick H. Rindge. Muito obrigado à administração e aos funcionários do American Museum of Natural History e do McGuire Center de biologia tropical e à Coleção de Artrópodes da Universidade da Flórida, por anos de colegialidade produtiva. E muito obrigado aos que apoiaram o importante trabalho desenvolvido em torno da consciência e da ciência de Vladimir Nabokov, incluindo Dmitri Nabokov, Brian Boyd, Don Johnson, Stephen Blackwell, Dieter Zimmer, Steve Coates e, do museu e dos laboratórios de DNA da Universidade de Harvard, Stephen Jay Gould e Naomi Pierce; também a Maurizio e Zaya Banazzo por suas conferências inovadoras sobre Ciência e Não Dualidade.

Kurt Johnson
David Robert Ord

1

O horizonte

"Uma casa dividida contra si mesma não pode se sustentar."
— Abraham Lincoln, citando Marcos 3:25

A AURORA DO TERCEIRO MILÊNIO APRESENTOU UM DILEMA à humanidade. Será que a habilidade que caracterizou nossa espécie e impulsionou seu desenvolvimento continua a nos sustentar ou será que a competição por poder e recursos levará a uma escalada dos conflitos e à nossa extinção final?

A gravidade da situação em que nos encontramos é simbolizada pelo ataque contra o World Trade Center, em 2001, conduzido por um grupo bem organizado que proclamava uma ideologia religiosa extremista. Esse evento desencadeou uma onda de conflitos nos quais milhões de adeptos de uma identidade religiosa e cultural se colocaram em oposição direta contra milhões de outros. Os eventos calamitosos ocorridos no 11 de Setembro aprofundaram uma longa história de desconfiança, desentendimento e até mesmo completo ódio intercultural e inter-religioso.

Por volta do início da segunda década do novo milênio, a indústria financeira global — carente de qualquer senso de responsabilidade final pelo coletivo — coroou um ciclo insustentável de cobiça e corrupção e deixou as economias do mundo perto do colapso financeiro. Apenas os governos que esses estabelecimentos comerciais parecem controlar impediram um desastre. Os salários dos cidadãos comuns foram subsequentemente sequestrados a fim de resgatar os perpetradores desse ciclo — sem que nenhum deles tenha sido responsabilizado —, apenas na tentativa de ganhar tempo, em vez de aprovar mudanças substanciais; isso sem falar do aumento da disparidade entre os ricos e os pobres que ocorre em todo o mundo.

Com a chegada do Terceiro Milênio, algo mais começou a subir à crista da onda. Em todo o Oriente Médio, milhões de pessoas tomaram as ruas — a única via, em suas culturas, pela qual podiam reivindicar emancipação — e exigiram direitos fundamentais. Por volta de 2012, a demanda por uma partilha equitativa dos recursos espalhou-se por todo o planeta pelo Movimento Occupy Wall Street. Ao formar uma reivindicação oposta ao processo financeiro mundial, essa demanda procurou reverter a consolidação da riqueza nas mãos de poucos — fenômeno que tem avançado a passo acelerado por pelo menos meio século. A mensagem foi dirigida a todos: o que estava acontecendo era insustentável.

Esses irrompimentos são paralelos a uma onda que teve seu pico no século XVIII. Após centenas de anos de monarquia e totalitarismo desenfreados, começou a despontar no horizonte um reconhecimento universal dos direitos individuais, evidentes por si mesmos. Varrendo os séculos XIX e XX, essa maré de compreensão removeu monarquias ou as tornou, em geral, cerimoniais.

Hoje testemunhamos uma erupção revigorada de verdades evidentes por si mesmas, dessa vez centralizada no que o compartilhamento dessas verdades acarreta no âmbito de uma comunidade, com implicações para o acesso aos recursos.

Por mais desconcertante que possa ser a atual onda de irrompimentos sociais, é de se esperar sua ocorrência no contexto de nossa história mais ampla. Por volta do século XVIII, com a ascensão de uma visão evolutiva do mundo, os seres humanos vieram a compreender que o nosso nível de consciência, de autopercepção e de inteligência — mais notavelmente nossa capacidade de resolver problemas identificando relações entre causa e efeito — nos distingue das outras espécies. Essa capacidade nos separou das outras criaturas da Terra, nos permitiu ultrapassar todos os nossos competidores e estender nossa civilização a quase todos os cantos do planeta.

À medida que nos defrontamos com novos desafios, o mesmo potencial consciente que nos permitiu modelar lanças e pontas de flechas, dominar o fogo e transformar grunhidos e gestos em linguagem se mantém firme e pronto para nos servir, como o fazia nos tempos primordiais.

Um tique-taque ascendente na consciência

Até recentemente, as percepções mais profundas, aguçadas e esclarecedoras que nos permitiam rever nossos conceitos diante dos atuais desafios com que nos defrontamos permaneciam no domínio de acadêmicos e de *think tanks* (usinas de ideias). Os outros 7 bilhões de nós neste planeta continuavam a tão somente "seguir vivendo", entre extremos que variavam da subsistência na pobreza à entrega a um consumismo desenfreado e a uma cultura do desperdício. Por toda parte, as massas não tinham razão para se preocupar com os maiores problemas do planeta. Foi isso que começou a mudar.

Cerca de 13,75 bilhões de anos de desenvolvimento seguiram-se ao nascimento do cosmos por meio do Big Bang. Em nossa pequena estação secundária na Via Láctea, o planeta Terra começou sua própria jornada há cerca de 4,45 bilhões de anos, e a vida surgiu por volta de 3,8 bilhões de anos atrás, desafiando o eterno tique descendente que marca a descida inexorável em direção à morte térmica inerente às propriedades físicas do universo.

Situados a uma distância correta de nossa estrela, o Sol, habitando um planeta com o tamanho e a massa ideais e protegidos contra a maior parte dos entulhos que vêm do espaço pela gravidade do gigante gasoso Júpiter, desfrutamos 60 milhões de anos de evolução livres de impedimentos, desde que a última grande colisão com um asteroide varreu os dinossauros da face da Terra e permitiu o surgimento de nossa espécie. Entretanto, apenas nos últimos 10 mil anos testemunhamos o surgimento do que chamamos de "civilização" — o crisol no qual todos os desafios com que nos defrontamos hoje têm se desdobrado.

O tique-taque ascendente na consciência em nosso planeta acontece neste momento, independentemente do lugar e do chamado. As massas têm sentido coisas que elas mal conseguem articular. Há dois anos, primeiro nas ruas da Tunísia e depois nas do Egito, pessoas estavam dispostas a morrer por um sonho que haviam apenas começado a vislumbrar. Na Praça Tahrir, do Cairo, cristãos e muçulmanos rezaram juntos e usaram expressões como "unicidade" e "interconectividade".

Embora essas insurreições não removessem de modo miraculoso as realidades dos regimes políticos e econômicos sob os quais as pessoas viviam, a ressonância era idêntica à gerada por expressões como "liberdade" e "dignidade humana" durante a Renascença dos séculos XIV e XV — e, mais uma vez, quando grande parte do mundo mudou de séculos de monarquia para experimentos em democracia alguns séculos mais tarde.

Por volta de 2011, com início em Nova York e espalhando-se pelo mundo todo, uma nova bandeira chegou às ruas, proclamando "Occupy" [ocupar, tomar posse]. Outras bandeiras nas ruas foram adornadas com palavras como *we* (nós), *us* (nós), *ours* (nossos) e *collective* (coletivo). Novamente isso não reduziu de maneira imediata o aperto com que as instituições agarram as pessoas comuns, mas apontou para o surgimento de uma nova consciência nas ruas. O fato de o movimento Occupy somar mais de meio bilhão de entradas no Google em seu primeiro mês de existência é um reflexo dessa poderosa corrente.

Não nos esqueçamos de que os mamíferos, os quais hoje dominam o mundo, há muito tempo foram criaturas pequenas, que mal podiam ser notadas correndo junto às patas dos dinossauros que governavam o mundo em sua era. Quando realizações concretas permeiam as ruas, mudanças estão em andamento, mesmo que demorem para se consolidar. Uma nova consciência da unidade, um senso do coletivo, do "nós", está surgindo no planeta. O que serão suas estruturas e culturas ainda cabe a cada um de nós adivinhar.

A globalização e o multiculturalismo se intensificam

Ao acompanhar o movimento em direção à democratização do mundo, testemunhamos uma tendência rumo à globalização e ao multiculturalismo. Dos 7 bilhões de pessoas no mundo, pelo menos 70% acreditam que a globalização é inevitável. Em âmbito mundial, mais de 60% acreditam que a compreensão mútua e o multiculturalismo serão importantes para tornar essa transição suave ao nosso planeta.

A grande questão consiste em saber se a era global que está despontando será favorável e bondosa para as massas humanas mundiais ou se tomará a forma da tirania econômica, aumentando ainda mais o insustentável consumismo descontrolado que impulsiona a riqueza apenas de alguns. Será que ela promoverá um clima de cuidado em relação aos recursos do mundo ou de lucro sob a rubrica "crescer, crescer, crescer"? A não ser que sejamos capazes de reconhecer que somos um único povo, sem dúvida terminaremos com uma catástrofe da qual nem mesmo a elite mundial estará livre.

O problema é como criar um senso de identidade maior do que "meus interesses", "minha nação", "minha religião", "meu grupo étnico". Uma visão holística centralizada no mundo seria uma obrigação difícil de ser suportada para a maior parte das pessoas. No entanto, para a nossa geração, expressões como "transnacional", "transcultural" e "transtradicional" estão se tornando o chamado emocionalmente encorajador que nos convoca para a ação.

Movimentos de unicidade — de consciência da unidade — estão em andamento em quase todas as arenas, desde os protestos nas ruas até a emergência de uma nova ciência e uma nova tecnologia. O mundo quântico, a teoria das cordas e a teoria M da física estão nos apresentando a uma visão "vibratória" da realidade. Uma cosmologia de multiversos potenciais e de dimensões adicionais também está sendo proposta. Com a anunciada descoberta do campo de energia universal associado ao bóson de Higgs, realizada pelos físicos do CERN em 2012, a ciência pode estar mais perto de compreender como "coisas" se manifestam "a partir do nada". Diante de nós abrem-se novas fronteiras, imensamente criativas e promissoras, que nos oferecem a visão de um mundo no qual a capacidade da humanidade para a consciência que ela tem de si mesma é explorada para o benefício de todos, inclusive do próprio planeta.

Religião e espiritualidade

Embora muitos de nós costumemos conceber a religião e a espiritualidade com base no que conhecemos sobre igrejas, sinagogas, templos, mesquitas e *ashrams*, o panorama da religião e da espiritualidade representa, antropologicamente falando, as narrativas acumuladas nas longas épocas de desenvolvimento de nossa espécie.

O fato de uma ou outra dessas narrativas ser considerada, por muitos, a única verdadeira é algo que se poderia esperar, e perfeitamente natural, uma vez que essas narrativas são subjetivas para as populações entre as quais têm sido transmitidas há milênios. Isso responde pelo sentimento de autossatisfação de estar de posse da verdade absoluta, como no caso dos pilotos suicidas que morreram no 11 de Setembro, quando mergulharam suas centenas de vítimas nos alvos predeterminados.

Essas narrativas estão atracadas a uma lente através da qual todos nós olhamos, em maior ou menor grau, e à qual passaremos a nos referir como lente mágico-mítica. Tendo sido parte de quem nós somos desde as épocas em que éramos caçadores-coletores, essa lente se origina em um mundo esquecido, mas ainda muito vivo em nosso subconsciente. A mentalidade dos povos primitivos que comungavam com os espíritos da natureza e com seus ancestrais ainda nos instiga e nos fascina, o que responde, em parte, pela atração que histórias como *Harry Potter, Star Wars, Jornada nas Estrelas, O Senhor dos Anéis* e *As Crônicas de Nárnia* exercem sobre nós.

Hoje, essa lente mantém contato com uma lente diferente, até mesmo invadindo-a ou afetando-a de algum modo, uma lente que emergiu há cerca de seis séculos: a lente científica do racional, do testável e do verificável. Essa lente mais recente, graças à qual nós dispomos no mundo da ciência e da tecnologia, nos serviu bem, em muitos casos nos proporcionando condições de melhorar nossa saúde e nosso bem-estar, além de um conforto maior.

Ao mesmo tempo, a lente científica por vezes sequestrou nossa atenção para afastá-la do mundo mais profundo do maravilhoso, inclusive de uma percepção — e de um sentido — do mágico, em vez de integrar com habilidade os dois mundos, de modo que ambos pudessem nos enriquecer, uma vez que cada um deles é fundamental para a nossa constituição e, portanto, para o nosso potencial.

Também é importante reconhecer que a espiritualidade e a religião, com frequência confundidas uma com a outra, não são a mesma realidade. A espiritualidade difere da religião em seu valor incondicional, que não é afetado pelas circunstâncias. Na espiritualidade, visto através da lente incondicional do coração, Deus é uno.

Embora seja historicamente a fonte da espiritualidade, a religião está mais focalizada em saber de quem é a visão correta da realidade. Na religião, Deus não é uno. Essa é a antítese de uma receita que se poderia prescrever para um

mundo que é, ao mesmo tempo, bom e preocupado com os interesses e o bem-
-estar de cada criatura.

No entanto, com a virada do milênio, uma visão de *interespiritualidade* passou a emergir do âmago das religiões do mundo. Essa visão, que resultou da exploração interior dos contemplativos, dos meditadores e dos místicos, juntamente com a atividade dos que procuram promover e estimular o avanço de seus companheiros humanos, recorreu, em seu processo de consolidação, a todo o conjunto de atributos comuns embutidos em quase todas as Grandes Tradições de Sabedoria do mundo, tanto religiosas como espirituais.

Quando os que semearam a visão começaram a falar uns com os outros através de continentes e oceanos, e cruzando tradições e culturas, eles discerniram o fato de que a experiência deles, embora imensamente diversificada, era, em última análise, praticamente a mesma. Todas as experiências partilhavam de um sentido de profunda interconectividade e unicidade, além de uma unidade que transcendia as fronteiras de suas tradições teológicas, de seus panos de fundo culturais e de suas narrativas históricas.

A comunidade de atributos comuns surgiu como uma surpresa — e, no entanto, não foi uma surpresa, pois a ciência e a tecnologia também se encaminhavam para a mesma direção. Uma nova unidade emergia entre as disciplinas científicas, perfeitamente exemplificada pela nova física e refletida em novas modalidades na filosofia da ciência e nas teorias integrais emergentes, que proclamavam a inter-relação de *todas as coisas*.

Como se servisse de arauto para o que viria, o primeiro livro a identificar essa tendência com clareza e a chamá-la de "interespiritualidade" apareceu em 1999, bem no vértice do novo milênio. Na medida em que as portas se abriam por toda parte no mundo todo e milhões saíam às ruas para imaginar um mundo novo, o palco havia sido montado para um diálogo global.

A jornada

A palavra "interespiritualidade" não existia até ser cunhada, em 1999, pelo monge leigo católico romano, e líder interconfessional pioneiro, Irmão Wayne Teasdale, em um livro muito adequadamente intitulado *The Mystic Heart: Discovering a Universal Spirituality in the World Religions*. Por volta de 2004, quando o Irmão Teasdale e colaboradores introduziram essa perspectiva no Parlamento Mundial das Religiões, em Barcelona, na Espanha, a expressão ainda era pouco conhecida. Hoje, no entanto, uma busca na internet por "interespiritualidade" ou "interspiritual" leva a mais de 100 mil referências.

É óbvio para muitas pessoas que a interespiritualidade — uma experiência mais universal das religiões do mundo, com ênfase nas experiências compartilhadas do coração, bem como no compartilhamento da consciência da unidade — representa parte do movimento progressivo do mundo em direção à globalização e ao multiculturalismo. Ela pode ser considerada como uma resposta inevitável à globalização — seja esta bem-vinda, como no caso dos defensores de uma cultura mundial e de um sistema econômico planetário em processo de desdobramento, ou repelida por fundamentalistas religiosos ou paroquialistas de mente estreita de todo tipo, incluindo terroristas.[1]

O Irmão Teasdale predisse que a interespiritualidade iria se tornar a visão espiritual global de nossa era:

> Pode-se dizer que a verdadeira religião da humanidade é a própria espiritualidade, pois a espiritualidade mística é a origem de todas as religiões do mundo. E se é assim, e nós acreditamos que seja, poderíamos também dizer que a interespiritualidade — o compartilhamento de experiências supremas, transmitidas de uma tradição para outra — é a religião do terceiro milênio. A interespiritualidade é o fundamento que pode preparar o caminho para uma cultura iluminada de âmbito planetário, e uma comunidade cujo vigor permanece incessante entre as religiões, uma comunidade substancial, vital e criativa.[2]

---

[1] Levantamentos mostram que é difícil avaliar quantas pessoas, em todo o mundo, sustentam pontos de vista fundamentalistas inflexíveis. Isso acontece porque cerca de 50% desses entrevistados acreditam apenas em uma religião e pensam que estão certos, enquanto os outros 50% acreditam que a dedicação a uma única religião é um perigo social potencial (Gallup, Pew, 2005/2007).

[2] *The Mystic Heart* [ao qual iremos nos referir como MH nas próximas notas], p. 26; citações extraídas do livro *The Mystic Heart* (copyright 1999 por Wayne Teasdale), reproduzidas com permissão da New World Library, Novato, CA, www.newworldlibrary.com; veja Teasdale, W., 1999, na Bibliografia.

Hoje, há discussões paralelas sobre a globalização em todos os campos do discurso humano, sejam eles governança, economia, ciência ou sociologia. Uma vez que todos eles estão inter-relacionados, é importante compartilhar alguma compreensão básica a respeito dos muitos fios que formam parte desse desdobramento. Todos provêm da base fundamental da própria consciência: a capacidade para reconhecer a relação de causa e efeito. Há uma percepção universalmente difundida de que muitas coisas não estão bem no planeta neste exato momento, o que leva à pergunta de quais ações — quais mudanças importantes — poderiam endireitá-las.

Um dos objetivos deste livro consiste em examinar os papéis da religião e da espiritualidade no processo de globalização à luz dessa discussão internacional mais ampla. Esse mandato requer que voltemos nossa atenção, ao mesmo tempo, para muitos campos, abrangendo nosso conhecimento atual sobre a cosmologia, a amplitude do conhecimento científico e dos estudos sobre a consciência, os campos da sociologia, da política, da história e da economia, e até mesmo estatísticas pertinentes a respeito do que os cidadãos do mundo, coletivamente considerados (a "pessoa na rua" em toda a sua importância crucial), pensam em relação ao por que estamos aqui e para onde podemos estar indo.

Nossa esperança é colocar, pela primeira vez, a visão de uma interespiritualidade emergente em um contexto internacional e cosmopolita mais amplo. Embora essa compreensão seja importante para a caracterização global da própria globalização e do próprio multiculturalismo, também é importante discernir se a tendência para a interespiritualidade é real e o que isso pode significar para o futuro da religião e da espiritualidade. Mais que isso, tem-se a primeira oportunidade, desde 1999, para se examinar a interespiritualidade, conforme foi identificada pelo Irmão Teasdale, como um fenômeno em si mesmo.

Em particular, queremos explorar os aspectos experimentais, vivenciais, da interespiritualidade. Isso não apenas será capaz de mudar a vida de cada um de nós de maneira pessoal, mas também fazê-lo como parte da tendência planetária que se desdobra rumo à globalização.

O que é interespiritualidade?

Quando olhamos com "os olhos do coração", como dizia o aviador e autor francês Antoine de Saint-Exupéry, nossa visão é temperada pela compreensão, pelo amor e pela compaixão por nossos seres companheiros. Vemos o valor absoluto de tudo, valor ao qual poderíamos dar o nome de divindade.

Em outras palavras, olhamos para além das categorias — atingindo níveis mais profundos do que aquelas superícies que nos apresentam rótulos como cristão, judeu, muçulmano, budista, negro, branco, homossexual e heterossexual. Santos, sábios e heróis, ao longo dos séculos, sempre compreenderam que olhar com os olhos do coração nos possibilita o maior potencial de compreensão, estimulando, por meio disso, a consciência da unidade.

A interespiritualidade é a discussão natural entre seres humanos sobre o que estamos experimentando. Em linguajar acadêmico, é a discussão interssubjetiva, realizada entre todos nós, a respeito de quem somos, por que estamos aqui e para onde estamos indo. No contexto da religião, a interespiritualidade é a herança comum da sabedoria espiritual da humanidade e o compartilhamento dos recursos dessa sabedoria conforme eles chegam a nós por meio das tradições. No âmbito de nossa consciência humana em desenvolvimento, a interespiritualidade é o movimento de todas essas discussões em direção à experiência da interconectividade profunda, da consciência da unidade, e da unicidade.

Uma definição mais sincera e vivencial focaliza as implicações mais profundas dessas frases, combinando-as em uma afirmação como esta: "Uma espiritualidade a tal ponto baseada no coração e no amor incondicional que seria impossível senti-la separada do que quer que fosse". Essa definição tem profundas implicações éticas.

O reconhecimento da interespiritualidade, como ela foi registrada em *The Mystic Heart*, é o resultado de conversas entre líderes religiosos e espirituais de todo o mundo, uma discussão há muito tempo esperada, mas que nunca se realizava. A interespiritualidade representa a culminação de anos de intercâmbios interconfessionais e ecumênicos internacionais centralizados no reconhecimento de uma experiência comum em todas as tradições espirituais — um senso de profunda interconectividade e do que isso implica para a maneira como os seres humanos devem se comportar individual e coletivamente. De maneira alguma esse reconhecimento está separado do sentido universal de unidade que sustenta o avanço do mundo em direção à globalização e ao multiculturalismo. Há uma apreciação crescente do valor das religiões do mundo conversando umas

com as outras. Uma recente pesquisa de opinião indicou que 80% dos norte-
-americanos sentiam que isso era importante.[3]

O desafio central com que as experiências interespirituais se defrontam é o
de saber se as diferenças doutrinárias e teológicas, que tradicionalmente opõem
as tradições religiosas umas contra as outras, podem ser consideradas secundárias — ou se podem até mesmo ser deixadas para trás — em favor de uma ênfase
na compreensão comum de amor, serviço e ética que sustenta todas as religiões.
Trata-se de um propósito difícil de cumprir, do mesmo nível daquele que indaga
se as obrigações nacionalistas, com sua tendência para a competição e o conflito
("combata por sua bandeira"), poderiam se desvanecer e passar a ser, gradualmente, substituídas por um autêntico holismo centralizado no mundo.

Podemos ter esperança diante do fato de os líderes espirituais de todas as
tradições religiosas do mundo indicarem a interespiritualidade como a mais
profunda de todas as explorações espirituais, testemunhando de modo experimental um sentido de profunda e intensa interconectividade e unicidade. Eles
também afirmam que essa experiência, em última análise, torna secundária a
importância das crenças, dos credos e das teologias. É suficiente, eles dizem,
descobrir verdadeiramente isso e viver em amoroso reconhecimento mútuo.

Desse modo, os líderes, no âmago da interespiritualidade, desafiam os adeptos das tradições em todo o mundo a dar um passo ascendente em direção a essa
nova compreensão da religião e da espiritualidade — uma fronteira que não difere
dos ideais do verdadeiro igualitarismo econômico, do abandono do nacionalismo
militante, do desarmamento nuclear e de outros padrões éticos de ouro apresentados pelas vozes seculares da globalização e do multiculturalismo. Eles constituem
os ideais que impulsionam a linha de frente do desenvolvimento humano. Esses
ideais poderiam ser considerados utópicos, mas, apesar disso, a pergunta é esta:
"Quão alto estamos dispostos a elevar os nossos padrões de qualidade?"

Diferenças

É de importância central para a globalização o fato de nossas duas maneiras básicas de conhecer — as explorações externas da ciência e as explorações internas

---

[3] PRRI/RNS *Religion News*, 2001.

da religião e da espiritualidade — ainda não concordarem em muitos aspectos sobre a realidade. Há importantes cruzamentos entre essas maneiras distintas de conhecimento. A maioria deles é relativamente nova e faz parte do próprio processo da globalização progressiva. Também tem havido uma tendência de longo prazo para o holismo. Mais uma vez, só agora essas tendências têm sido realizadas nesta época de globalização.

A diversidade de estruturas sociais e de sistemas de crença no planeta Terra é assombrosa. O fato de as principais culturas do mundo, sejam elas definidas por sistemas políticos ou por fundamentos religiosos, não concordarem quanto a aspectos básicos da realidade do dia a dia tem importância central na dinâmica planetária da atualidade. Isso ocorre principalmente porque cada uma dessas culturas também está lutando para equilibrar os elementos históricos de suas heranças religiosas ou políticas com os avanços científicos e tecnológicos de sua região particular.

Na superfície, no nível das profissões de fé e das previsões apocalípticas, as várias tradições parecem ter pouco em comum, e até mesmo suas práticas religiosas cotidianas apresentam diferenças fundamentais. Porém, com o advento de sistemas de comunicação internacionais, tornamo-nos aguçadamente cônscios não apenas da surpreendente diversidade que ocorre nas visões das coletividades de cidadãos de cada nação, mas também das notáveis semelhanças entre cidadãos separados por todos os tipos de fronteiras nacionais e étnicas. Isso reflete um mundo em transição de identidades etnocêntricas para uma identidade centralizada no mundo.

Essas religiões saturadas por credos e teologias tendem a oferecer uma narrativa fundamentalmente mágico-mítica da realidade. Isso só é natural tendo em vista os antigos suportes da consciência humana e as estruturas sociais que surgiram para refleti-los. Muitas das narrativas religiosas históricas fornecem um elenco de personagens celestiais, governanças e sistemas de recompensa e punição, os quais reivindicam a crença de populações inteiras naquela que impõem a elas como verdade absoluta. Isso é um tipo de religião. Há também religiões que exploram a consciência e sua relação com a procura do amor e de ideais éticos elevados, mas que não oferecem narrativas de personagens celestiais ou cenários teleológicos. E há, naturalmente, misturas dessas duas modalidades gerais.

É importante lembrar que a religião e a espiritualidade estão longe de ser realidades idênticas, fato evidenciado pelo dado estatístico segundo o qual mais de um terço da população mundial define-se como "espiritual, mas não religioso".[4] Em geral, a tendência da religião consiste em valorizar a doutrina sobre a ação [creed over deed], enquanto a tendência da espiritualidade consiste em enfatizar a ação sobre a doutrina [deed over creed]. Isso é um enigma.

Parte da dinâmica da globalização atual está no fato de a pessoa na rua, com frequência, concordar com ideias que diferem totalmente da ciência de sua região ou de sua cultura local de base religiosa. Uma das maiores surpresas que tivemos durante a preparação deste livro foi saber, com base em pesquisas de opinião, que aquilo que parece ter sido comprovado pela ciência ou proclamado por várias religiões exerce pouca influência entre os cidadãos do mundo. Essa foi uma revelação surpreendente. Suas implicações podem ser reconhecidas nas irrupções de pensamento revigorado que caracterizaram o início deste milênio — desde a Primavera Árabe até o movimento Occupy Wall Street. Nesses movimentos, recebemos um vislumbre, com uma nova gravitas,* do que poderia ser possível para a nossa espécie.

Por que os seres humanos discordam

Embora miríades de pessoas em todo o mundo possam concordar a respeito dos padrões comuns que todos observamos, tendemos a diferir, em grande medida, a respeito do que responde por esses padrões. A maior parte das diferenças que ocorrem em nossas visões da realidade, inclusive as que têm levado a guerras, se resume em saber quão bem-sucedidos somos em nossa capacidade para ligar um efeito a uma causa. Discernir o processo que tem respondido por um padrão deveria ser a meta não apenas da ciência, mas também do senso comum. As crises com que nos defrontamos atualmente no planeta diferem apenas em complexidade e em grau dos desafios que nossos ancestrais habitantes das cavernas precisavam enfrentar. Se pontas de lanças ou de flechas eram planejadas para

---

[4] PRRI/RNS *Religion News*, 2011.

* Uma das quatro virtudes cardeais para a sociedade romana, significando "peso", nos sentidos ético e cívico, a qual levava o cidadão a sentir, por exemplo, o peso da honra e das obrigações. (N.T.)

matar animais de caça, e se determinada ponta não penetrasse suficientemente em uma criatura, uma mudança apropriada era feita na maneira de modelar essa ponta — uma mudança da qual dependia a sobrevivência da tribo.

O diagnóstico correto é a chave para se chegar a soluções. Na procura da causa, nosso ponto de entrada tem importância crucial, pois a lente através da qual examinamos o problema influenciará o que vemos, em especial sob os enfoques cultural e religioso. Como exemplo, uma pessoa no século XIV concebia a grande praga desse século — a Peste Negra — como a cólera de Deus (a lente mágico-mítica) ou como um mal causado por um germe (a lente científica racional). Hoje, ainda navegamos entre essas duas lentes, à medida que nos aprofundamos no atual milênio.

A capacidade de que mais necessitamos — a de investigar assuntos com base em muitas diferentes perspectivas — é a capacidade da qual, com frequência, mais carecemos. No entanto, a capacidade de realizar um diagnóstico com base em várias perspectivas comprovaria ser uma das maiores bênçãos para o avanço bem-sucedido da globalização e do multiculturalismo.

O debate internacional centralizado na evolução biológica *versus* a criação teísta é um exemplo clássico. Embora todos possam concordar com o fato de o *Homo sapiens* ser um mamífero, pensamos de modo diferente a respeito do processo que responde por isso — a evolução biológica, o criacionismo ou uma mistura dos dois.

Outro exemplo são as experiências da consciência. Historicamente, muitas pessoas relatam ter visões de Jesus, Maria, Buda e várias figuras religiosas. Outras relatam ver elefantes cor-de-rosa após várias rodadas de bebida ou durante a ingestão de drogas. Dependendo de quem consultar, você será informado de que *todas* essas visões são alucinações visuais, no caso dos elefantes cor-de--rosa, mas não no das figuras religiosas.

Ao revisar o campo relativamente novo dos estudos sobre a consciência, constatamos que a maior parte das descobertas ainda se baseia em perguntar aos indivíduos o que eles vivenciam e depois extrapolar com base em suas respostas. A diversidade resultante desse processo é espantosa. A questão é saber como poderemos nos dirigir para um holismo global, dadas a confusão e as discordâncias.

O dilema não é diferente no que diz respeito à resolução global de problemas. Embora o paradigma científico racionalista proclame-se capaz de resolver os imensos desafios do mundo, os problemas continuam a espiralar-se fora de controle. Não obstante, o *establishment* racionalista é sobrecarregado de exigências que o pressionam a concordar com as tradições espirituais, que declaram ser necessário um diálogo pós-racional, o qual combine os frutos das maneiras de "conhecer" científica (externa) e espiritual (interna). Com frequência, o *establishment* racional, identifica as afirmações da espiritualidade a respeito do "conhecimento interior" como superstição pertencente ao nível pré-racional, e não há progresso ulterior.

Podemos concordar com a posição racionalista no que diz respeito ao fato de que, durante a maior parte da nossa história, a humanidade enxergava a realidade através de uma lente mágico-mítica, a qual, de tantas e tantas maneiras, bloqueou o progresso e levou ao conflito, em vez de mover nossa espécie para frente no caminho da consciência. Essa lente ainda comanda a maior parte das modalidades artísticas e de entretenimento do mundo, como é testemunhado por nossos super-heróis e pelas sagas *best-sellers* e super-heróis, do *Superman*, *Star Wars* e *Harry Potter*.

Quando a lente estritamente racional se desenvolveu, ela se tornou tão profundamente entrincheirada quanto a mágico-mítica, de modo que, ao longo do tempo, as duas maneiras de obter conhecimento se separaram em duas culturas conflitantes, as quais defendem com unhas e dentes sua maneira de compreender a realidade e suas resultantes políticas públicas.

O que tenta surgir agora no processo de globalização do mundo é uma lente integrativa, ou holística, que combina os melhores aspectos de ambos os precursores. No entanto, a necessidade de uma nova discussão holística ainda não é amplamente reconhecida.

Mudança saudável, mudança insalubre

Toda mudança histórica contém as sementes de um resultado positivo ou negativo e, pelo que parece, a história serpenteou em meandros entre esses extremos. Esse é, em especial, o caso para a pessoa nas ruas, que com tanta frequência tem sido vítima das guerras. Uma revolução baseada em altos ideais em um dia é sequestrada no dia seguinte, e a energia é desviada para uma direção inteiramente diferente — fenômeno visto nas Revoluções Francesa e Russa, as quais foram envolvidas em tragédias. Até mesmo o momento de unidade da América relacionada ao 11 de Setembro, quando houve tanta boa vontade internacional para com os Estados Unidos, foi açambarcado para fins políticos, o que resultou em uma divisão ainda maior, em vez de uma união conjunta.

Em todo o mundo, os seres humanos, individual e coletivamente, anseiam por mudança. Procuramos por algo que de fato seja novo, mesmo que seja ao custo de consequências adversas, sem excluir a morte. Esse anseio por mudança é o que impulsiona o fenômeno da pessoa que protesta nas ruas, escolhida pela revista *Time* como a Pessoa do Ano de 2011. O que seria essa nova realidade está longe de ser evidente, suas estruturas são indefinidas e exigem soluções bem pensadas. Hoje, esse movimento global existe na borda de um precipício, sustentado apenas pela ideia de que alguma coisa nova está tentando surgir de uma profunda *gravitas* que irrompe de modo coletivo em nossa espécie.

A tendência interespiritual que emerge como parte da globalização e do multiculturalismo nasceu de passos incrementais provenientes de intercâmbios interconfessionais e ecumênicos, elevando o potencial de uma experiência de espiritualidade transtradicional. Entretanto, essa tendência ainda pode ter resultados variadamente fecundos. Assim como a globalização econômica poderia resultar não em um igualitarismo crescente, mas em uma transferência da maior parte da riqueza para poucas pessoas (o que, hoje, parece ser o caso), a globalização religiosa poderia dar uma guinada patológica e resultar em um perigoso confronto direto entre visões conflitantes da realidade e as sociedades que as estimulam.

Porém, se a interespiritualidade puder tomar raízes em uma descoberta vivencial, baseada no coração, da "espiritualidade universal que há no âmago das religiões do mundo" — a declaração do Irmão Teasdale —, isso poderia representar uma positividade significativa. Poderia tornar a religião um bem valioso para enriquecer o futuro da humanidade, e não a deficiência e a dívida que com tanta frequência provou ser.

Nossa espécie confronta-se atualmente com três cenários apocalípticos: ser eliminada por guerras baseadas na submissão religiosa, por guerras baseadas na submissão nacional ou então pela poluição e pelo aquecimento de nosso planeta a ponto de se tornar impossível para ele continuar sustentando a vida. A maneira como a experiência religiosa perde sua eficácia e se esgota no mundo está ligada a todos esses três cenários.

2

A discussão moderna

*"Uma teologia universal é impossível,
mas uma experiência universal não só
é possível como é também necessária!"*
— Um Curso em Milagres

Se existe uma era interespiritual emergente, como o irmão Teasdale sugeriu, ela deve estar no contexto de uma discussão religiosa e espiritual que não pode ser separada da discussão secular, não religiosa. Ela também não pode ser separada da discussão acadêmica centralizada no desenvolvimento, que ocorre em âmbito mundial e indaga se há tendências históricas identificáveis capazes de nos sugerir para onde o nosso futuro poderá se encaminhar.

Além disso, a discussão religiosa e espiritual não pode ser separada da cosmologia e do que ela nos diz sobre nossa origem nem das pesquisas científicas sobre o surgimento do cérebro humano em toda a sua complexidade e nem das investigações sobre a natureza da consciência. Uma vez que todos esses elementos estão inextricavelmente inter-relacionados, é essencial uma compreensão abrangente, que precisa se estender da época de nossa origem cósmica até as atuais dificuldades complexas com que nossa espécie se defronta.

Para que tenhamos tal discussão, é necessário que incluamos todos os fios emergentes que nos são importantes nos dias de hoje — o movimento da consciência evolutiva, as consequências e a maturidade do movimento centralizado no desenvolvimento[5] (Teoria Integral e Dinâmica em Espiral), os debates científicos sobre a nova física e a procura de uma moderna metafísica praticável, bem como as implicações da revolução popular nos movimentos sociais[6] — e reconheçamos onde uma interespiritualidade emergente poderia desempenhar um papel fundamental.

A essência da interespiritualidade não é nova

A interespiritualidade, em si mesma, não é nova — assim como a teoria da evolução não era nova quando seu grande sintetizador, Charles Darwin, mudou a história ao popularizar a ideia "evolução por meio da seleção natural". A síntese de Darwin teve muitos precursores, os quais combinaram pelo menos meia dúzia de hipóteses anteriores e recorreram às ideias de vários pensadores, desde o grande cientista suíço Augustin de Candolle (que apresentou todas elas como a "Guerra da Natureza") até Alfred Russell Wallace (com quem Darwin compartilhou o anúncio da descoberta na Linnaean Society, em 1858). De qualquer maneira, o que se seguiu foi a introdução de um elemento que mudou tudo no jogo global.

O nome "interespiritualidade", introduzido pelo Irmão Teasdale, foi precedido por uma multidão de visionários e líderes anteriores em todas as tradições religiosas e espirituais do mundo. É interessante observar que os nomes discriminados nessa lista não são os nomes dos fundadores das grandes religiões, que viveram, todos eles, no que agora se conhece como Era Axial, o período de 800 a.C. a 200 a.C.

Os precursores da interespiritualidade foram visionários que perceberam a existência de um fio vivencial comum que sustentava todas as experiências

---

[5] O "movimento centralizado no desenvolvimento" (*developmentalist*) refere-se à Teoria Integral (Ken Wilber) e à Dinâmica em Espiral (Don Beck e Chris Cowan). Como se pode ver no Apêndice I, a Teoria Integral usa cores para os vários períodos de desenvolvimento, de modo que as instituições e os comportamentos representativos possam ser facilmente discutidos ("comportamentos vermelhos", "instituições âmbares", etc.). Algumas cores que tiveram origem com o esquema histórico da Dinâmica em Espiral foram, posteriormente, alteradas pela Teoria Integral a fim de fornecer uma relação mais estreita com o espectro cromático real e os níveis da consciência em desenvolvimento.

[6] Detalhado em *Blessed Unrest*, de Paul Hawken (2007).

espirituais, e é esse fio o arauto de uma "grande fusão conjunta" [*great coming together*] final. Como o Irmão Wayne Teasdale escreveu em 1999:

> Estamos na aurora de uma nova consciência, uma abordagem radicalmente revigorada de nossa vida como a família humana em um mundo frágil. É a essa jornada que a espiritualidade efetivamente se refere. Não estamos destinados a permanecer exatamente onde estamos. Não podemos depender de nossa cultura nem para nos guiar nem para nos apoiar em nossa busca. Precisamos realizar em conjunto o duro trabalho de esclarecimento.
>
> Essa revolução será a tarefa da Era Interespiritual. As mudanças necessárias na consciência requerem uma nova abordagem da espiritualidade, uma abordagem que transcenda as culturas religiosas passadas, da fragmentação e do isolamento. Precisamos compreender, para então de fato apreender, em um nível fundamental, que a revolução definitiva é o despertar espiritual da humanidade.[7]

Teasdale reconheceu que esse paradigma emergente precisaria abarcar toda a experiência, todo o conhecimento e todas as capacidades da humanidade, inclusive o intelecto e a experiência subjetiva profunda. Seria preciso, por fim, tornar disponível ao mundo todos os frutos dos milênios de investigações e descobertas. Essa foi uma visão que introduziu uma varredura de ampla abrangência, e o livro de Teasdale, com um prefácio redigido por Sua Santidade o Dalai Lama, transformou-se em um sucesso instantâneo.

Como podemos explicar esse fenômeno florescente? O dr. José Argüelles, autor de *The Transformative Vision: Reflections on the Nature and History of Human Expression* escreve que os visionários subjetivos são pessoas à frente de seu tempo, que "conhecem" [*cognize*] a realidade. Tempos mais tarde, a verdade de sua visão é "reconhecida" ("re-conhecida") pelo mundo mais amplo.

Convencido de que o vetor primário do supremo desenvolvimento espiritual e ético de nossa espécie não foi nenhum dos incontáveis caminhos espirituais do mundo, mas a direção compartilhada por todos eles, Teasdale cunhou

---

[7] Palavras extraídas de MH, do Irmão Wayne Teasdale (p. 4 em diante), lidas por ocasião da fundação da Universal Order of Sannyasa, em 9 de janeiro de 2010 (http://www.orderofsannyasa. org/joinus.htm).

as palavras "interespiritualidade" e "intermisticismo" e apresentou a visão segundo a qual seu desenvolvimento histórico foi uma única experiência realizada em nome de toda a humanidade – uma convergência existencial que se desdobra de modo contínuo até hoje e define um aspecto da maturidade da nossa espécie. Depois da publicação de seus livros, ele trabalhou incansavelmente no intuito de iniciar instituições e estruturas que pudessem dar apoio a esse reconhecimento antropológico histórico relativo ao desenvolvimento humano.

Como acontece com todos os seres humanos, o Irmão Teasdale foi influenciado pelas circunstâncias e suposições sociais de sua época. As discussões inter-religiosas e ecumênicas que ocorriam no mundo estavam, então, em sua relativa infância, povoadas por pioneiros vindos das fileiras eclesiásticas das religiões do mundo. Em última análise, vivendo como um solitário monge leigo sob os auspícios da Diocese Católica Romana de Chicago, o Irmão Teasdale explorou os ambientes contemplativos dos cenários monásticos de várias tradições, nos Estados Unidos e na Índia. Estreitamente orientado por mentores pioneiros interconfessionais, como o Padre Bede Griffiths,[8] na Índia, e o Padre Thomas Keating, da ordem cisterciense dos Estados Unidos, ele também se tornou amigo próximo de Sua Santidade o Dalai Lama. Embora o chamado de seus escritos seja claro, seu estilo e seus ambientes refletem uma atmosfera não familiar à maioria das pessoas que não faz parte de certos círculos monásticos cristãos, hinduístas e budistas. O estilo de vida *sannyasa* do Irmão Teasdale, como renunciante religioso – repleto de mantos monásticos e de outras formalidades eclesiásticas típicas do período –, o introduziu nos círculos de grandes místicos e contemplativos religiosos de sua época. De modo paradoxal, esse fato pareceu sugerir, a muitos, que ele estava procurando o próprio mundo que seus escritos tinham por meta tornar obsoleto. Entretanto, na obra *A Monk in the World* ele imaginou um papel para os monásticos no qual eles estariam completamente envolvidos no mundo, conduzindo um movimento interespiritual. Mas eles, não obstante, eram monásticos, e nesse sentido se colocavam à parte do mundo.

Para os que o conheciam, a total dedicação do Irmão Teasdale à vida contemplativa transtradicional e sua relação com o serviço sagrado era óbvia. Em

---

[8] Teasdale escreveu sobre as visões interespirituais de Griffith para seu doutorado em teologia, na Universidade de Fordham, em Nova York; veja Teasdale, W., 2003, na bibliografia.

seu comportamento cotidiano, ele era extremamente humilde, jamais se intimidando, se apavorando ou se impressionando pelo que ele próprio estivesse vivenciando ou pela visão que estivesse descrevendo, e, com frequência, perguntava a amigos o que tal experiência ou visão poderia significar. Ele tinha um senso de humor aguçado, e suas piadas eram motivo de diversão para muitos de seus amigos. Mesmo com a subsequente explosão da interespiritualidade, ele provavelmente não teria abandonado seu característico estilo de vida monástico se ainda estivesse vivo. Também é provável que, se tivesse ingressado na cena interconfessional-interespiritual como ela se manifesta no mundo todo atualmente, ele teria sido pioneiro das muitas formas de interespiritualidade experimental que eclipsam, nos dias de hoje, o ambiente monástico. Um homem "santo", segundo qualquer padrão pelo qual as pessoas tenham entendido essa palavra historicamente, ele teve a capacidade de ver a grande figura — ou o que os futuristas chamam de "metanível".

O Irmão Teasdale queria direcionar seus esforços a fim de saber se, por meio da cooperação e da cocriação, as diversificadas experiências interiores e as diversas manifestações de sabedoria de nossa espécie se tornariam uma propriedade valiosa, capaz de transformar nosso futuro, ou apenas mais uma fonte de competição e discórdia que acabaria por contribuir para a nossa extinção biológica. Voz sincera e desafiadora, ele insistia na grande coragem que seria necessária para que os membros de qualquer religião ou tradição espiritual do mundo passassem a seguir um caminho mais universal. Não obstante, ele estava convencido de que esse caminho é o destino de todas as religiões do mundo.

Esse compromisso, sem dúvida, explica sua dedicação ao monasticismo, pois lhe parecia que somente vivendo uma vida de sacrifício, com total devoção a essa visão interespiritual, ele poderia desenvolver e promover sua causa. Ele queria levar a espiritualidade de volta à sua essência vivencial, experimental, mais particularmente aos aspectos que resultam em um comportamento ético exemplar e voltado para o serviço ao mundo. Ele acreditava que, no terceiro milênio, a interespiritualidade e o intermisticismo se tornariam a norma para a humanidade.

O âmago da experiência espiritual mais profunda é sempre o mesmo

No âmago da visão do Irmão Teasdale estava sua convicção de que uma consciência da unidade universal se encontra presente no cerne de toda exploração interior. Uma vez que essa consciência surge naturalmente de todos os caminhos espirituais, Teasdale acreditava que ela se comprovaria como o grande agente globalizador, levando os milênios de jornadas espirituais do mundo a um ponto culminante.

A percepção da consciência da unidade ganhou novo impulso no século XX, quando enfim se tornou possível aos místicos e contemplativos de diversas tradições religiosas do mundo, pela primeira vez na história humana, atravessar continentes e oceanos em uma questão de horas, a fim de promoverem o encontro de suas experiências e discutirem a respeito. De importância central nessa discussão foi a descoberta de que o cerne das experiências espirituais mais profundas é sempre o mesmo — a consciência da unidade. Essa experiência intensa e profunda da unicidade acabou por não ser uma complicada ocorrência mística fantasmagórica envolvendo sinos, apitos, luzes e seres cósmicos (embora todos esses fenômenos possam ocorrer), mas uma experiência de unidade capaz de mudar a nossa vida e que parecia surgir da autêntica indagação e da pesquisa interior. Como resultado da experiência da interconectividade intensa e profunda, a sensação de separatividade simplesmente se afasta de nós.

Embora a experiência não fosse nova, a capacidade do Irmão Teasdale para reconhecer que essa experiência é universal e poderia, portanto, constituir a base de um novo tipo de diálogo entre as religiões do mundo era realmente nova. O que ele chamou de "diálogo interespiritual" poderia ser capaz de sustentar uma nova era de diálogos inter-religiosos e de harmonia religiosa.

Do ponto de vista histórico, a falta dessa discussão foi precisamente o que levou as religiões do mundo, com toda a competição que as caracteriza, com todos os seus conflitos e seu mau comportamento, a não serem reconhecidas como as Grandes Tradições de Sabedoria que proclamavam ser. Porém, se os milênios de investigações espirituais tinham sido, essencialmente, uma única jornada existencial apontando para uma convergência do que os seres humanos poderiam ser como seres éticos elevados, ainda havia uma oportunidade para a religião desempenhar esse papel. Essa mensagem soou como uma vigorosa e convincente convocação proclamada por *The Mystic Heart*.

Se essa visão para a religião é possível sob qualquer condição, é porque o tipo unitivo de consciência torna-se a norma na experiência humana. E se isso acontece, pode muito bem ser porque, pelo menos do ponto de vista científico, o cérebro humano continua a se desenvolver e, de modo coerente com sua longa história, está adquirindo novas habilidades.

Mudanças necessárias na percepção global

O Irmão Teasdale também sabia que as mudanças que estavam ocorrendo nos seres humanos no nível individual precisavam se refletir no nível coletivo. Em um mundo em perigo, no qual o tempo pode muito bem adquirir uma importância essencial, algumas dessas mudanças precisam atingir a dimensão coletiva com impacto direto. É por isso que o Irmão Teasdale enfatizava a importância de uma educação interespiritual ao mesmo tempo individual e coletiva. Nem todo indivíduo é capaz de ter acesso à consciência da unidade neste exato momento, mas o desafio que se impõe às religiões é o de educar sobre seus valores compartilhados e suas metas éticas elevadas, em vez de continuar enfatizando as diferenças que as separam no que se refere às suas teologias, credos ou cenários apocalípticos.

O Irmão Teasdale destacou algumas mudanças fundamentais necessárias à percepção global, algumas das quais já estavam surgindo:

- Apreciação da interdependência de todos os domínios da vida humana e do cosmos circundante.
- Intensificação da percepção ecológica, com o reconhecimento da interdependência da humanidade e da biosfera, incluindo os direitos de todas as espécies biológicas.
- Dedicação à não violência, com o compromisso de transcender a militância e a violência ligadas às identidades nacional ou religiosa.
- Adoção da sabedoria compartilhada em todas as religiões e tradições espirituais do mundo, passadas e presentes.

- Intensificação das relações de amizade e de comunidade entre os seguidores individuais dos caminhos religiosos e espirituais.
- Compromisso com as profundezas da busca contemplativa e do compartilhamento mútuo dos frutos dessa jornada em andamento.
- Cultivo criativo da compreensão transnacional, transcultural, transtradicional e centralizada no mundo.
- Receptividade a uma visão cósmica, capaz de compreender que a humanidade é apenas uma forma de vida e parte de uma comunidade maior, o universo.

Para o Irmão Teasdale, esses elementos marcaram o limiar necessário a uma globalização saudável e à participação das religiões do mundo em — e por meio de — uma Era Interespiritual em desdobramento.

Um marcador final

O Irmão Teasdale foi um dos que propuseram a experiência comumente conhecida como "não dualismo". Para ele, a consciência da unidade se refere a uma experiência não dualista. Os livros extraordinariamente populares de Eckhart Tolle, *O Poder do Agora* e *Um Novo Mundo* — este último ensinado em âmbito mundial graças às recomendações de Oprah Winfrey —, são testamentos igualmente populares da mensagem não dualista.

Na literatura popular, faz-se referência à consciência não dualista — a "percepção unitiva" do Irmão Teasdale — por meio de numerosas palavras e frases, como percepção desperta, percepção da unicidade, iluminação e consciência de Deus ou de Cristo. Nas religiões organizadas, ela é identificada por palavras com iniciais maiúsculas, as quais se referem à natureza divina, como Espírito (hinduísmo, tal como usada por Sri Aurobindo), Brahma (hinduísmo, na obra de Shankara), Deus (nas religiões abraâmicas), Ain Soph (o Nada* Infinito do judaísmo), Sunyata (o Vazio do budismo), O Uno (escola neoplatônica grega, por Plotino e Amônio Saccas), o Eu (filosofia vedanta advaita hinduísta, por Ramana Maharshi), o Tao (taoismo, por Lao Tsé), o Absoluto (idealismo ale-

---

* Ele é o Nada porque qualquer atributo que pudesse caracterizá-lo o limitaria. (N.T.)

mão, por Schelling), o Não Dual (idealismo britânico, por Bradley) e, mais recentemente, a Totalidade (por filósofos que desenvolveram a Visão Integral e filósofos ligados ao pensamento sistêmico).

Incluímos a lista acima apenas para ilustrar a rica herança, antiga e moderna, dessa expressão. Poderíamos oferecer a seguinte definição para satisfazer a todos esses contextos: o não dualismo aponta para a unidade, e não para a dualidade ou a separação, no sentido especial de que as coisas podem parecer distintas, embora não estejam, em última análise, separadas.

Por causa da relação entre a procura pela consciência da unidade e a rápida globalização da Terra, há hoje várias áreas de interesse para onde se volta a procura humana e nas quais a visão não dualista da realidade tem importância central. Três das mais conhecidas são a mecânica quântica e a teoria das cordas, na nova física, várias áreas da psicologia cognitiva, e a experiência mística unitiva que forma o núcleo de todas as Grandes Tradições de Sabedoria. Esse fato é importante para a nossa discussão sobre o tipo dinâmico de pensamento que pode servir melhor a uma era integrativa global.

Historicamente, a experiência não dualista ocorre mais comumente nas culturas orientais do que no Ocidente. As religiões abraâmicas tendem a se concentrar em um Deus criador, que produziu a criação, e sugerir um dualismo entre a divindade (o Criador) e tudo o mais (a criação). Grande parte da teologia protestante do século XX, influenciada por Karl Barth, focalizou em Deus como aquele que é totalmente "outro", uma das várias questões que examinaremos a fim de compreender o dualismo. Nas religiões ocidentais, os escritos espirituais não dualistas podem ser encontrados, mas tendem a representar uma voz minoritária, vinda de teólogos de inclinação mística, como Meister Eckhart, e de poetas, como Rumi. Hoje, o interesse por recursos não dualistas aumentou de modo dramático no Ocidente. Rumi, o poeta sufista da consciência da unidade, que viveu há mil anos, costuma ser citado como o poeta mais lido do Ocidente. O Movimento da Prece Centralizadora, baseado nos escritos do padre cisterciano Thomas Keating, é outro exemplo, além de livros populares como *Everything is God: The Radical Path of Nondual Judaism* de Jay Michaelson, e *The Naked Now* e *Everything Belongs* do padre franciscano Richard Rohr.

De igual importância é o fato de o não dualismo não ser compreendido de imediato pelo intelecto, uma vez que o intelecto, a fala, a narrativa, e assim por diante, tendem a ser instrumentos de separação, identificando as coisas como isto ou aquilo. Mas a compreensão do não dualismo é, em essência, vivencial, experimental. As abordagens intelectuais do não dualismo sempre foram, historicamente, complicadas e particularmente espinhosas em relação àquilo a que a filosofia se refere como monismo, por um lado, e existencialismo, por outro, ou ao monismo e ao dualismo como explicações radicalmente diferentes da realidade.

Quando associada com o não dualismo, a linguagem é paradoxal — como na mecânica quântica ou em um *koan* zen. Na mecânica quântica, pode-se falar de fenômenos aparentemente opostos que não apenas acontecem ao mesmo tempo, mas que também fornecem em conjunto uma metáfora mais nítida para uma compreensão mais profunda da ocorrência do fenômeno holístico. O *koan* zen (por exemplo: "Qual é o som de uma só mão que bate na outra?") também procura deixar que a mente reconheça fenômenos mais amplos de maneira holística.

Talvez o exemplo mais fácil de compreender seja nosso uso comum da expressão "mente-cérebro", em referência à maneira como o nosso cérebro e a inteligência humana trabalham. Sentimos que o cérebro e a mente não são a mesma coisa. Também sentimos que o que quer que sejam o cérebro e a mente, a inter-relação entre ambos nos fornece um modo de sentir como nossa inteligência funciona. A estrutura que conhecemos como cérebro simplesmente não é, em si mesma ou por si mesma, capaz de explicar a inteligência. Há também a mente, que é uma função dos campos elétricos do cérebro. As duas ideias, juntas, entretecidas em linguagem paradoxal, nos dão uma ideia do que de fato está se passando. A "mente-cérebro" é um dos melhores exemplos da linguagem paradoxal que acompanha nossa compreensão do domínio mais sutil do não dualismo.

O não dualismo não é abstrato. Um exemplo prático do pensamento não dualista nas ruas, pertencente à era da globalização, aparece nos comentários de um cantor de *rock* não identificado no concerto Live Earth 2007: "Eu preciso estar ao mesmo tempo ciente de que, sim, eu sou um norte-americano ou um árabe e, sim, nesse contexto há coisas apropriadas para eu fazer, a fim de manter essa cultura em particular honrada e integral. No entanto, ao mesmo tempo também preciso saber, que em absoluto não sou diferente de qualquer outra pessoa no mundo".

Em geral, os cristãos reconhecem que as palavras de Jesus estão cheias de alusões não dualistas, das quais há muitos exemplos, como: "Já não estou no mundo, mas eles continuam no mundo, ao passo que eu vou para junto de ti. Pai santo, guarda-os em teu nome, que me deste, para que eles sejam um, assim como nós".[9]

A enigmática Parábola dos Trabalhadores da Vinha é com frequência citada como exemplo da consciência não dualista de Jesus. Nessa parábola, por que o salário pago aos trabalhadores é o mesmo, quer eles tenham trabalhado o dia todo ou apenas na última hora do dia? A resposta não dualista seria esta: "Porque, em última análise, há somente uma única consciência".

Provavelmente não é por acaso que alguns tratados acadêmicos sobre o não dualismo refiram-se ao próprio mentor do Irmão Teasdale, o Padre Bede Griffiths, que, além de suas credenciais religiosas, foi muito respeitado como um erudito ocidental e uma pessoa de amplo conhecimento. Um desses tratados, escrito por Bruno Barnhart, estudioso da ordem monástica camaldulense, contém a previsão de que a não dualidade poderá engendrar um moderno renascimento cristão. Era exatamente essa a visão do Irmão Teasdale.

Levantando voo

Para iniciar nossa viagem pela paisagem interespiritual, podemos resumir o cerne da visão do Irmão Wayne Teasdale desta maneira:

- A consciência e o coração humanos estão evoluindo em direção a um potencial máximo no que se refere ao tipo de ser que poderemos nos tornar e ao tipo de Terra que poderemos criar.
- Isso vem acontecendo desde a origem conhecida do cosmos como evolução material e como evolução da consciência.

---

[9] "João 17.11", in *Bíblia Sagrada*, 2ª edição, São Paulo: Sociedade Bíblica do Brasil, 1993.

- Isso é reconhecido como um princípio fundamental da visão interespiritual, a saber, que a evolução das religiões do mundo tem sido uma experiência de desdobramento único, a qual reflete o crescimento gradual da maturidade humana.
- Essa tendência está ancorada na experiência da "consciência da unidade" ou do "despertar", que se desdobra de maneira universal, e que também é a experiência da interconectividade intensa e profunda, a experiência da não separação e do mundo do coração.
- Essa consciência da unidade está emergindo em todas as tradições espirituais do mundo.
- Historicamente, temos testemunhado esse desdobramento em miríades de fios identificáveis nas filosofias e nas religiões do mundo.
- Esse desdobramento tem implicações para a maneira como desenvolvemos nossas habilidades coletivas, de modo que essa consciência pode se manifestar no mundo em conjuntos de habilidades tangíveis que trabalham em direção à transformação global.
- Isso tem implicações para os inúmeros domínios e arenas de empreendimentos, representados por toda a humanidade.

Se esses pontos essenciais lhe interessam, então, além de continuar conosco na jornada interespiritual deste livro, procure dedicar algum tempo à leitura dos três livros mais influentes do Irmão Wayne Teasdale: *The Mystic Heart: Discovering a Universal Spirituality in the World's Religions*, *A Monk in the World* e *Bede Griffiths: An Introduction to His Interspiritual Thought*.

O Irmão Teasdale falou com regularidade sobre sua visão em desenvolvimento com aqueles que, com ele, criaram a associação Interspiritual Dialogue[10] em 2001 (estabelecida na cidade de Nova York por causa de seu interesse pelas Nações Unidas). Essas discussões foram particularmente importantes durante os últimos anos de sua vida, quando, lutando contra o câncer, ele tinha dificuldades cada vez maiores para escrever e falar em público. As últimas reuniões de que ele participou com sua associação novaiorquina foram para planejar um

---

[10] www.isdna.org.

programa destinado a apresentar a interespiritualidade e sua visão da Universal Order of Sannyasa no Parliament of the World's Religions de 2004. Designado para ser, ao mesmo tempo, anfitrião e palestrante do discurso principal, o qual anunciaria a plataforma da Ordem, Teasdale estava muito doente e não pôde comparecer. Após sua morte, em outubro de 2004, amigos e cuidadores se reuniram para lhe prestar uma homenagem em Austin, Texas, local de muitas de suas pioneiras discussões interconfessionais com figuras como o Dalai Lama e o Padre Keating.

No último encontro do Irmão Teasdale na associação de Nova York, em 2003, ele descreveu em detalhes o que chamou de sua Omega Vision. Ele próprio nunca foi capaz de escrever sobre ela, embora um relato dessa visão fosse publicado mais tarde por dois de seus amigos, Gorakh Hayashi e Kurt Johnson, em *Vision in Action*, a revista eletrônica de Yasuhiko Kimura, adepto da Visão Integral. A essência da Omega Vision capta a visão interespiritual global do Irmão Teasdale. Ele diz, simplesmente, que Omega (quer essa palavra designe Deus, a Totalidade ou o mais elevado conhecimento espiritual de qualquer tradição espiritual ou individual) sempre excede a soma de todas as experiências que se tem dele. Se tal premissa é aceita como a base de toda exploração espiritual, os seres humanos podem ser capazes de passar a ocupar um assento humilde, juntos, no planeta Terra. Com seu humor habitual, o Irmão Teasdale disse naquela noite da visão: "Talvez isso signifique alguma coisa; talvez seja o $E = mc^2$ da espiritualidade".

3

Cada um de nós é um místico

"Precisamos compreender, para então de fato apreender
em um nível fundamental, que a revolução definitiva
é o despertar espiritual da humanidade."
— Wayne Teasdale

No início da década de 1970, enquanto o irmão Wayne Teasdale pesquisava o misticismo monástico, um promissor aluno de graduação sentiu-se chamado a abandonar, primeiro, seus estudos de medicina e, depois, os que preparava para o seu doutoramento em bioquímica e se entregar à busca de uma "teoria de tudo". Assim como o Irmão Teasdale estava convencido de que havia uma experiência comum, na vida cotidiana, entre consciência e amor, Ken Wilber — e uma multidão de colegas que acabaram se juntando a ele, como Chris Cowan e Don Beck — procurava uma compreensão comum da maneira como os seres humanos vivenciam as coisas e do que isso poderia significar para o futuro. Recorrendo a materiais que integravam um movimento acadêmico surgido no fim do século XIX, cujos adeptos se chamavam "estruturalistas" (*structuralists*), ou "adeptos de uma visão centralizada no desenvolvimento" (*developmentalists*), esses pioneiros inspiraram-se na revolução darwinista para considerar as implicações do desenvolvimento e aplicá-las a interesses mais amplos da humanidade.

Sem que deixassem de sofrer rígida oposição por parte do *establishment* acadêmico — muitas vezes por terem se esquivado à revisão de seus trabalhos, que, convencionalmente, seria realizada por colegas acadêmicos, a fim de levar suas ideias ao público —, Wilber e seus colegas iriam se tornar figuras de importância central na compreensão que temos hoje da maneira como a consciência, a espiritualidade, a ciência e tudo o mais podem estar inter-relacionados. O primeiro livro que Wilber escreveu, O Espectro da Consciência,* foi redigido por volta de 1973, mas vinte editoras se recusaram a publicá-lo, e por isso ele só veio a aparecer em 1977.

Às vezes, considera-se que pioneiros como Wilber, Cowan e Beck são afortunados por terem, enfim, sido ouvidos ou saudados por sua perseverança contra esmagadoras probabilidades adversas. Casos como os deles são frequentes. Na década de 1950, por exemplo, Léon Croizat, cientista venezuelano que trabalhava sozinho (e que também só escrevia em espanhol!), foi um biólogo defensor da teoria da Deriva Continental, que versava sobre o deslocamento das placas tectônicas, que na época foi motivo de zombarias generalizadas. Como Wilber, ele havia abandonado a ciência oficial a fim de dedicar seu tempo para "ler de tudo" e, subsequentemente, apresentar sua própria síntese. Os críticos referiam-se a ele como "idiossincrático" e "vindo da ala dos lunáticos". Incapaz de publicar suas ideias por meio de canais respeitáveis, Croizat casou-se com uma viúva rica e, então, pôde publicar seu trabalho por conta própria. Ainda mais irônico foi o fato de que, uma década mais tarde, só depois que a geofísica (e não a biologia) comprovou que a teoria da Deriva Continental e o movimento das placas tectônicas estava correta, Croizat conseguiu se tornar um homem reconhecido e honrado por seus conhecimentos científicos (com suas obras enfim traduzidas para o inglês).

Os adeptos da abordagem centralizada na Visão Integral, como Ken Wilber, arriscaram-se ao escolher um caminho de investigação independente. Embora ainda não seja considerado um autêntico conhecimento "oficial" por alguns professores dos *establishments* acadêmicos tradicionais, seus livros já foram traduzidos para 39 idiomas diferentes.

Essa busca de uma nova visão por Wilber e pelos estudiosos centralizados na Visão Integral resultou em muitas surpresas. Ele foi levado a reconhecer que

---

* Publicado pela Editora Cultrix, São Paulo, 1990. (fora de catálogo)

a unidade está profundamente encaixada na maneira como os seres humanos compreendem a realidade, ainda mais profundamente encaixada do que ele esperava que estivesse, e a notar que todos os seres humanos vivenciam quatro mundos simultâneos.

Um dia normal para qualquer pessoa é um encontro simples com três destes mundos: o do "Eu" (o individual), o do "Nós" (o coletivo) e o do "Ele (*It*)" (o institucional), acoplados a nossas tentativas de articulá-los em conjunto, de modo que façam sentido. Dar-se bem com o mundo institucional (ou "Ele") é uma dificuldade para quase todas as pessoas. Mas, ao juntar todas essas instituições em um só "pacote" — que inclui tudo, desde as próprias estruturas institucionais até ideias e sistemas de crenças —, você obtém uma quarta arena, com potencial ainda mais intimidante: a arena do "Eles (*Its*)". Com que frequência a maior parte de nossas lutas provém do fato de lidarmos com "Eles"? De fato, é um mundo pequeno.

Posteriormente, ao se empenharem para esclarecer as implicações dos mundos do "Eu", do "Nós", do "Ele" e do "Eles", os adeptos da Visão Integral perceberam logo que a familiaridade que os seres humanos mantém com o "Eu", o "Nós", o "Ele" e o "Eles" deriva da maneira como estruturamos nossas linguagens. Ela é, na verdade, a maneira como nós pensamos — o que, em gramática, é chamado de primeira pessoa (Eu), segunda pessoa (Você, Nós) e terceira pessoa (Ele). Wilber, Beck e outros compreenderam que esse mundo de relações é expresso em todos os aspectos de nossa existência complexa.

A realidade cotidiana do "Eu", do "Nós" e do "Ele"

Um exercício fácil permite-nos ver que há três arenas na vida de cada pessoa. Pode-se compreendê-las experimentalmente pensando por meio dos três passos seguintes.

Passo 1: Seu espaço individual, ou espaço "Eu". Feche os olhos e faça a caminhada que dá sequência ao seu ato de se levantar pela manhã. Isso acontece quando você está completamente consigo mesmo, saindo do sono, entrando no banheiro e realizando todas as pequenas atividades cotidianas que acompanham o "levantar-se e seguir em frente". Essa é sua bolha do "Eu" solitário, que você carregará consigo ao realizar seus movimentos ao longo do dia.

Passo 2: Seu espaço coletivo, ou espaço "Nós". Desloque sua atenção para as primeiras pessoas com quem você se encontra todos os dias. Podem ser pessoas de sua família, amigos, pessoas no transporte coletivo ou colegas de trabalho. De modo repentino, sua bolha do "Eu" expande-se quando você entra em seu mundo particular do "Nós". Seu espaço "Nós" é povoado por círculos de indivíduos com os quais você tem certa medida de intimidade ou familiaridade.

Passo 3: O espaço institucional, ou espaço "Ele". Volte sua atenção para o reconhecimento do seguinte fato: quando você vai trabalhar, ou vai a uma loja ou a uma agência dos Correios — em outras palavras, quando se empenha em todas as atividades que o conectam com o restante do mundo —, você se envolve em uma arena que é menos pessoal ou até mesmo impessoal. Essas situações menos pessoais são, em geral, a fonte de nossas instruções relativas ao que fazer. Dizem a você o que fazer no trabalho, a Receita Federal também lhe diz o que fazer, seu banco lhe diz o que fazer, e lhe dizem o que fazer para tirar sua carteira de motorista. Esse é o espaço institucional, no qual você age como se espera que deva agir. É o mundo da sua igreja e do seu partido político, das ideias pelas quais você assina embaixo e dos grupos que as representam.

Passo 4: Desloque sua atenção de seu espaço "Eu" para seu espaço "Nós" e daí para seu espaço "Ele", ou espaço institucional, tirando disso um sentimento que lhe diga com o que a sua vida se assemelha. Em seguida, pense no fato de que cada um dos 7 bilhões de indivíduos neste planeta faz a mesma coisa todos os dias. O espaço "Ele", ou espaço institucional, desses indivíduos lhes diz o que é verdadeiro, no que devem acreditar e como devem se comportar. Dedique algum tempo para se imaginar em diferentes países e culturas. Nesses casos, a que coisas lhe é possível ter acesso, considerando sua liberdade e seus direitos civis? O que está bom e o que não está bom em relação a seu acesso a livros ou atividades de entretenimento? Que sistema político é forçado sobre você? Que crenças religiosas são esperados que você sustente? Essas dinâmicas o confrontam e confrontam, diariamente, seus 7 bilhões de companheiros humanos.

Os passos de 1 a 4 descrevem o que está acontecendo no mundo — e tudo o que tem acontecido para os 106,5 bilhões de pessoas que, conforme se estima, viveram sobre este planeta desde que os seres humanos começaram a aparecer. Cada pessoa tem lidado com seus espaços "Eu", "Nós" e "Ele" diariamente.

Ao longo de toda a história, a tendência tem sido sempre no sentido de o "Eu" e o "Nós" criarem um espaço "Ele", o qual, em seguida, nos controla. Você já percebeu até que ponto o espaço "Ele", ou espaço institucional, é responsável pelo que acontece no mundo, ordenando ao "Eu" e ao "Nós" — que criaram esse espaço "Ele" — o que fazer?

Nos espaços "Eu" e "Nós", a vida não apenas é mais pessoal, com algum sentido de conexão com o coração, como também há responsabilidade em todos os níveis, do pessoal ao institucional. Quando entramos na miríade de ambientes institucionais que nos circundam — nosso local de trabalho, o *shopping center*, o banco, nossas relações com as autoridades, que vão da polícia à Receita Federal —, estamos em um território muito menos pessoal, que também é menos institucionalmente responsável por nós, e menos pessoalmente responsável, menos sensível e menos capaz de manifestar sentimento e cuidado. Essas arenas não somente podem ser impessoais, mas também podem se comprovar exigentes, importunas e até mesmo hostis. No entanto, são elas que nos dizem como devemos nos comportar, o que devemos comprar e no que devemos acreditar.

Quase tudo o que há de errado com o mundo resulta da maneira como o espaço institucional está desalinhado e fora de controle.

Quando foi a última vez que seu banco lhe fez um favor? Qual sua opinião sobre o socorro de muitos trilhões de dólares que envolveu a indústria financeira e o "sem mais perguntas" com que se respondeu a isso? Quando você examina as estruturas sociais em qualquer lugar do mundo, a desconexão mais óbvia ocorre entre as necessidades e os desejos do "Eu" e do "Nós", os quais constroem o espaço institucional, e a maneira como o espaço institucional se comporta com relação a nós.

A insensibilidade do espaço institucional varia desde a mais tolerável, em sociedades abertas e livres como as democracias, até a mais diretamente intolerável, nas ditaduras. Esse é o caso não apenas no que se refere a sistemas políticos, mas também a economias. Onde vemos responsabilidade — para não falar em sensibilidade — com relação ao público em grande parte do *establishment* econômico, como bancos e corporações? A falta de responsabilidade institucional do setor financeiro é instituída por um *establishment* político dramaticamente desalinhado com o "Eu" e o "Nós" que criaram essas instituições.

Como assinalou o guru da mudança social popular Paul Hawken, em seu *best-seller Blessed Unrest*, pelo mundo afora as posses e as mercadorias têm mais direitos que as pessoas. A saúde das mercadorias e do dinheiro é, em geral, colocada acima do bem-estar das pessoas. O valor é medido pela riqueza e pelo poder, e não pela sabedoria ou pela contribuição para o bem comum da comunidade.

Como um mundo que se encaminha para a globalização começa a corrigir esse desalinhamento?

Frutos da visão integral

Durante seus dois últimos anos de vida, o Irmão Teasdale envolveu-se estreitamente com Ken Wilber e sua visão. O último debate público do qual ele tomou parte, contra a recomendação de seus médicos, foi com Wilber.[11] Era natural que a compreensão da interespiritualidade pelo Irmão Teasdale se conectasse com as visões dos adeptos da abordagem integral. Com efeito ele reconheceu que sua própria visão de um futuro melhor para a humanidade graças à interespiritualidade não apenas está implícita na visão centralizada no desenvolvimento, mas também o está no fato de que a interespiritualidade poderia ter a necessidade de adotar o mapa da Visão Integral, que delineia para qual futuro podemos estar nos dirigindo. Todos precisam de um mapa. Quer estejamos dirigindo um automóvel por uma rodovia, entrando no metrô ou indo para a Disney World, tudo fica mais fácil quando se tem um mapa.

Um dos principais frutos do mapa integrativo é a exploração do terreno comum entre a ciência e a religião — o caminho externo do conhecimento e o caminho interno do conhecimento. Além de nos ajudar na elaboração da diferença entre religião e espiritualidade, ele também prevê a natureza da consciência que poderia ser possível para a nossa espécie.

---

[11] As discussões provocativas entre Teasdale e Wilber, as quais podem ser conferidas no YouTube, caracterizam-se pela ênfase com que ambos destacavam a consciência da unidade emergente no mundo e sua relação com um futuro global positivo.

Como a religião e a espiritualidade diferem entre si

Muitas vezes se brinca dizendo-se que a religião destina-se às pessoas que têm medo de ir para o Inferno, enquanto a espiritualidade é para as pessoas que estiveram lá. Na vida cotidiana, a distinção entre religião e espiritualidade é, em sua maior parte, negligenciada, em particular pela mídia, que raras vezes parece distingui-las — e, por isso, presta a ambas um grande desserviço.

No princípio, os caminhos espirituais envolvem um fundador (ou fundadores) que apresenta(m) uma mensagem cativante e convincente, a qual atrai seguidores. Traduzida pelo nosso mapa integral, essa é uma simples dinâmica Eu-Nós, direta e interpessoal. Ela permanece desse modo até que o fundador crie uma instituição ou abandone a cena. Os seguidores que estão por trás dessa mensagem desenvolvem registros escritos, diretrizes e credos definidores do espaço institucional, ou espaço "Ele". A experiência vital da espiritualidade é, assim, transformada na religião institucional. Essa divergência torna-se ainda mais dramática quando a vida do fundador desaparece no passado. O problema converte-se, então, em saber se os seguidores procurarão imitar a essência da vida desse fundador ou se passarão a se concentrar na adesão a crenças, credos, dogmas e rituais.

A adesão à instituição é muitas vezes estimulada pela ameaça de punição ou pela promessa de recompensa. Religiões da variedade "entrada para o Céu" enfatizam a crença segundo a qual o sectário pertence ao grupo correto, acima do comportamento pessoal de cada um. Em última análise, a religião se refere à crença correta, e a instituição diz ao indivíduo como a realidade deve ser compreendida e coloca o valor mais alto na fidelidade e na obediência a essa compreensão. É por isso que a religião tende a valorizar mais a doutrina do que a ação [*creed over deed*], mais o credo do que o ato. Por sua vez, a espiritualidade refere-se à existência [*being*] correta e à ação correta, e por isso tende a valorizar mais a ação do que a doutrina [*deed over creed*], mais o ato do que o credo.

Essas considerações explicam por que o fundamentalismo costuma estar ligado à religião e não à espiritualidade, uma vez que a espiritualidade é inclusiva e pluralista. Também fica fácil ver como o terrorismo pode ser justificado pela religião, mas não pela espiritualidade. O terrorismo justificado pela religião reflete o comportamento vindo de uma época arcaica do desenvolvimento humano, a qual ligava a crença religiosa ao autoritarismo e atribuía à lealdade à autoridade religiosa um valor mais elevado do que à maneira como as pessoas eram tratadas.

Quanto mais profundamente uma pessoa se empenha na espiritualidade — nas investigações, nos valores e na essência de qualquer um dos grandes fundadores das tradições espirituais —, mais provável será que ela vivencie um estado de profunda interconectividade e o desaparecimento gradual do sentido de separação.

Em última análise, a experiência é a mesma

Imagine uma árvore cujos ramos são todas as religiões e todos os caminhos espirituais do mundo. Essa ilustração apareceu em um capítulo intitulado "Os caminhos são muitos, mas o objetivo é o mesmo" do livro *The Mystic Heart*, do Irmão Teasdale.

As religiões do mundo são, com frequência, consideradas horizontalmente, e não verticalmente, como uma árvore com seu tronco e seus ramos — como se as religiões na Terra, no presente momento, fossem a soma total das religiões. Isso se parece com a abordagem que considera as plantas e os animais encontrados atualmente na natureza como a soma total da flora e da fauna em toda a história do planeta, e que se esquece de que todos esses organismos têm histórias, como espécies mais primitivas, sem falar das incontáveis espécies extintas que desempenharam um papel na evolução da vida. De maneira semelhante, milhares de religiões vieram e se foram.

A história das religiões é uma história de narrativas convincentes, que atraem a atenção de maneira irresistível. Poderíamos comparar essas narrativas a livros, alguns dos quais são atuais *best-sellers*, outros que foram desfrutados por grande número de leitores no passado, e outros ainda que só foram lidos por um pequeno número de pessoas, e mais outros que já estão fora de catálogo. Atualmente, há cinco "*best-sellers*" divulgando as narrativas religiosas favoritas: hinduísmo, budismo, judaísmo, cristianismo e islamismo. Muitos livros que vendem menos também estão no mercado atual, sobre taoismo, confucionismo, xintoísmo, siquismo, bahaísmo, jainismo, babismo e sobre a religião mórmon.

O Irmão Teasdale reconhecia no tronco, nos ramos e nos galhos da árvore da religião partes de uma única procura humana existencial, que se desdobrou ao longo de nossa história como espécie — uma procura que leva, em última análise, ao encontro com nosso potencial para manifestar uma consciência interespiritual. Ele reconheceu que o despertar autêntico era o resultado da busca ao longo de qualquer um desses ramos. Ele tinha a firme convicção de que a experiência religiosa do mundo era realizada em nome do nosso destino como espécie unida em unicidade. Por isso, não se trata de escolher qual caminho é o melhor, mesmo que os caminhos possam ter eficácia variável, mas de perceber que o despertar supremo é possível em qualquer tradição. A mesma visão é adotada pelos seguidores da abordagem centralizada no desenvolvimento.

A procura mística

A declaração do Irmão Teasdale segundo a qual "cada um de nós é um místico" não deveria nos causar surpresa. Em *The Mystic Heart*, ele comentou: "Pode-se dizer que a verdadeira religião da humanidade é a própria espiritualidade, pois a espiritualidade mística é a origem de todas as religiões do mundo". Ele também declarou: "Aquilo a que a espiritualidade de fato se refere é a maneira como nós fazemos essa viagem", e acrescentou: "Não há outra coisa na vida que vale mais a pena fazer".[12]

A procura mística é frequentemente associada apenas à religião e à espiritualidade. Isso acontece porque a palavra "místico" é muitas vezes confundida com "mágico" em contextos seculares e científicos e, por isso, é descartada com facilidade. Fundamentalmente, o misticismo envolve o mesmo tipo de sondagem e pesquisa, o mesmo tipo de atenção à experiência direta, que permeia a consciência cotidiana de todos os seres humanos — em particular a busca por vislumbres iluminadores sobre como a realidade funciona. É a mesma investigação em que a ciência se empenha quando usa um diferente conjunto de instrumentos. Se podemos dizer que o misticismo é, em essência, a exploração da consciência, precisamos apenas repetir as palavras de cientistas como James Watson (o codescobridor do DNA), Edward O. Wilson (o pai da sociobiologia)

---

[12] MH, pp. 26, 18 e 124, respectivamente.

e David Gross (um dos físicos teóricos que fundamentaram a teoria das cordas), os quais afirmaram que a compreensão da consciência é a próxima fronteira para a ciência.

Outro elemento essencial que conecta todas as pessoas com a procura mística é sua relação com a ética. O Irmão Teasdale afirma, em *The Mystic Heart*, que a jornada mística diz respeito à mais elevada compreensão ética possível nesta vida. Os elementos que ele listou para essa jornada refletem as aspirações de todos os seres humanos, independentemente de suas crenças e do pano de fundo de suas vidas. Os mais altos frutos da consciência são os seguintes: vontade, criatividade, sentimento, caráter, imaginação e comportamento. O Irmão Teasdale focalizou aspirações universais, como sabedoria, sensibilidade, centralização no outro, aceitação dos outros como eles são, autotranscendência, sinceridade, presença, escuta, ser, visão, espontaneidade e alegria. Essas aspirações caracterizam documentos fundamentais do nosso mundo moderno, como a Declaração Universal dos Direitos Humanos, a Carta das Nações Unidas e a Carta da Terra.

Os seres humanos também estão unidos em seu anseio por uma visão construtiva. No mundo todo, pesquisas de opinião sobre a globalização indicam que, em média, 80% das pessoas acreditam que o mundo deveria se mover em direção a uma visão global. Cerca de 80% dos que acreditam nisso afirmam que as habilidades básicas de compreensão e de trabalho conjunto são necessárias para se atingir esse objetivo.[13]

Em última análise, se o planeta está à procura de uma abrangente "teoria de tudo", como o matemático e cosmólogo Roger Penrose acredita, essa busca é precisamente a do misticismo — quando o misticismo é verdadeiramente compreendido.

Revertendo um caminho perigoso

Eckhart Tolle expressa, em seu *best-seller Uma Nova Terra: O Despertar de uma Nova Consciência*, o grave desafio com que estamos nos defrontando: "Nossa espécie enfrenta hoje uma escolha difícil: promover ainda mais a evolução do

---

[13] Pesquisas de opinião FT & Harris, de 2007; pesquisas de opinião Yankelovich & Pew, de 1998 e 1999.

nosso abrangente e integral senso de interconectividade, e nosso senso mutuamente compartilhado do valor inerente de toda a humanidade e do planeta Terra que nos hospeda, ou morrer".

As direções compartilhadas que grande parte do mundo tomou até agora para garantir nosso futuro parecem totalmente contraproducentes. De fato, nossas ações nos legaram os problemas que hoje ameaçam provocar catástrofes.[14] Por isso uma abordagem holística, unitiva, precisa emergir.

A globalização é inevitável, como líderes que vão de Kofi Anan (ex-secretário-geral das Nações Unidas), passando por Carlos Salinas de Gortari (economista e ex-presidente do México), a Jian Zemin (ex-secretário-geral e presidente da China) têm declarado publicamente. Pesquisas de opinião mundiais mostram que pelo menos 70% das pessoas acreditam que as ramificações da globalização em andamento precisam ser resolvidas, ou vamos enfrentar consequências mais graves.[15]

No lado positivo, uma pesquisa de opinião Yankelovich, de 1998 — o maior grupo de pesquisas do mundo sobre consumidores e *marketing* —, mostrou que 91% das pessoas, em sua amostragem internacional, concordaram com o fato de que os recursos associados à globalização têm importância particularmente destacada porque promovem um melhor entendimento entre as pessoas. Uma pesquisa de opinião Pew, de 1999, constatou que 71% dos norte-americanos concordaram que o sucesso no que se refere à diversificação cultural pode levar a uma vida melhor para todos.

No lado negativo, a mesma pesquisa de opinião realizada em seis nações mostrou que cerca de 50% ou mais dos países mais ricos temem a globalização, porque ela pode diluir sua riqueza. Nos Estados Unidos, esse medo é maior em áreas conservadoras, menos etnicamente diversificadas, com até 64% das pessoas expressando preocupação com a globalização e o multiculturalismo. Por

---

[14] Uma rápida releitura da nossa lista de mudanças necessárias na percepção global enumera motivos que nos levam a reconhecer que, de fato, esse é o caso. Veja a página 97.
[15] Pesquisa de opinião para Estados Unidos, Alemanha, França, Itália, Espanha e Grã-Bretanha (pesquisa FT/Harris, de 2007).

outro lado, aproximadamente 63% dos países mais pobres[16] aceitam a globalização e esperam que ela lhes garantirá receber sua fatia do bolo.

Especialistas de todo o mundo discutem sobre o que a própria globalização produzirá. Irá por acaso significar ocidentalização, americanização, capitalização? Trará o materialismo e o consumismo desenfreados? Em caso afirmativo, esses resultados serão sustentáveis?

Quase todos os futuristas e cientistas sociais são enfáticos ao declarar que um futuro bem-sucedido só pode ser alcançado se houver uma multiplicidade de pontos de análise e se houver *feedback*. O legado debilitante da Guerra do Iraque para a saúde financeira da América do Norte revela o erro de se tomar decisões com base em informações incorretas ou imprecisas. Nossa direção futura enquanto mundo precisa envolver a transferência das tomadas de decisões para lugares em que informações precisas podem ser encontradas, ou então a transferência das informações para lugares onde as tomadas de decisões estão ocorrendo.

Esse, de modo geral, não é o mundo em que vivemos atualmente. Poucas decisões têm por base uma multiplicidade de pontos de vista. A maioria das medidas relativas a quase tudo gira em torno do produto interno bruto, dos valores das moedas, do crescimento econômico e do número de milionários e de bilionários. Apenas uma nação do mundo, o minúsculo país do Butão, inclui uma medida de "felicidade humana" em sua avaliação da vida nacional.

A situação é ainda mais precária se, como tantas pessoas sentem, o *establishment* financeiro mundial fraudou o "cassino financeiro mundial". É bem conhecido o fato de que a riqueza e o poder financeiro foram transferidos para as mãos de uma minúscula minoria, talvez apenas um por cento da população mundial, privando todos os demais de direitos e privilégios. O sistema, que em sua maior parte fica além da jurisdição dos governos e das instituições reguladoras coletivas mundiais, está nas mãos de uma elite minoritária, que não têm nenhum senso de coletividade mundial. Impulsionado por pontos de vista completamente darwinistas de sobrevivência do mais apto, ou do mais bem

---

[16] Egito, Turquia, Azerbaijão, Irã, Indonésia, Nigéria e os territórios palestinos (Universidade de Maryland, International Policy Program, em WorldPublicOpinion.org).

adaptado, sua mentalidade é do tipo "não façam prisioneiros" e "não deem nada em troca".

Alinhado com — ou em conluio com — governos e líderes mundiais controlados pela riqueza da elite, ou que, pelo menos, estão sob a influência de incontáveis lobistas pagos (isso quando não são completamente subornados), aquele que é "grande demais para falhar" espera que o risco de a situação se agravar seja compensado pelas massas de contribuintes médios, os quais serão obrigados a liquidar suas dívidas quando sua ganância for longe demais. Sem nenhum senso de coletividade, e vivendo na ilusão de que seu mundo não tem contato com nenhum outro, ele simplesmente toma e volta a tomar, sem que nenhum escrúpulo seja capaz de animá-lo a devolver.

Mesmo que essa elite não possa ser tocada, o sistema não é sustentável e, se ele colapsar por completo, em sua queda também derrubará a elite. Poderíamos compará-lo ao pesticida DDT, que não foi proibido até todos conseguirem entender que ele poderia mutilar todo o ecossistema planetário. Temos de perguntar o que será preciso para gerar, na indústria financeira, algum senso de responsabilidade para com o coletivo, antes de o castelo de cartas desmoronar.

Como chegamos a essa grave situação, levados da relativa felicidade e da prosperidade que se seguiram à Segunda Guerra Mundial aos muitos cenários apocalípticos que temos diante de nós?

Se fomos criados para valorizar mais as coisas exteriores do que as interiores, iremos clamar por coisas exteriores e não nos encolheremos diante da escalada da concorrência em conflito, a fim de conquistar nossos objetivos. Nossa sensação de bem-estar será comprada à custa de outra pessoa.

Por outro lado, se fomos criados para valorizar nosso mundo interior mais do que as coisas exteriores, seremos felizes com os recursos interiores e teremos menos necessidade de competir por fatores externos. Nosso sentido de bem-estar será entrelaçado com o bem-estar dos outros. A maior parte dos códigos morais que decorrem das Grandes Tradições de Sabedoria tentou nos ensinar esses valores. Embora tenha havido um malogro geral em se alcançar esses ideais, nossa espécie tem mostrado melhoramentos graduais.

Embora muitos de nós sustentem valores elevados no que diz respeito ao "Eu" e ao "Nós", o grau de desalinhamento com o "Eu" e o "Nós" e de irresponsabilidade com relação a ambos por parte do espaço "Ele" institucional ameaça nos levar por um caminho destrutivo.

Séculos do materialista e do mental

Nos últimos séculos, nossa espécie passou por um enorme processo de "mentalização", o qual colocou a maior parte de seus recursos, para seu próprio risco, exclusivamente nos empreendimentos intelectual e tecnológico. À medida que nos modernizávamos, involuntariamente nos afastávamos de nossa natureza interior, mais subjetiva, enquanto o modernismo rotulava grande parte de nossa antiga subjetividade como "superstição". Esse processo nos dessarraigou de outras qualidades elementares que tínhamos em nós mesmos, o que resultou em uma desconexão entre indivíduos e instituições.

Ao enfatizar o material e o intelectual, criamos espaços institucionais sem coração. Essa é a fonte de paradoxos tais como o fato de podermos colocar homens na Lua, mas não conseguirmos sequer nos dar bem com nossos vizinhos, e como o fato de que muitas pessoas ricas ou que têm *status* de celebridade serem tão infelizes que algumas acabam até se matando.

As religiões, em vez de enfatizar os elementos autênticos das jornadas espiritual e ética, também se voltaram para o mental, promulgando dogmas e proferindo recompensas em uma vida após a morte. Enquanto isso, os *establishments* intelectual, acadêmico e científico satisfizeram-se com o fato de as novas habilidades do modernismo serem suficientes para garantir um futuro brilhante. Consequentemente, apesar de uma nobre intenção de melhorar materialmente nossas vidas, perdemos nosso equilíbrio — situação que não podia continuar para sempre. O período de prosperidade que se seguiu às guerras mundiais terminou de modo abrupto nas décadas de 1960 e 1970, com o surgimento de uma série de confrontos políticos e de ameaças à felicidade humana pessoal, à saúde ambiental, à disponibilidade dos recursos, às questões energéticas, à estabilidade da população, à sustentabilidade econômica e à governança global.

Tão logo a boa vida pareceu estar ao nosso alcance, a possibilidade de destruir a nós mesmos se apresentou. O sino tocou um dobre final para a vida exclusivamente voltada para o exterior. Quando uma vida vivida em exterioridade implode, a única esperança que nos resta é a intensificação e o aprimoramento criativos produzidos por nossa interioridade — nossos imensos recursos interiores, em grande parte ainda inexplorados.

Das cem maiores economias do mundo, 51 não são nações, mas corporações. Diante desse fato, é fácil ver por que a necessidade de ajustes fundamentais coloca o mundo do "Eu" e do "Nós" em conflito com o "Eles" dessas grandes corporações e instituições financeiras.

Para obtermos um mundo saudável no futuro, precisaríamos ter-nos desenvolvido ao longo desses séculos de materialismo e de exterioridade pelos quais passamos. Sem dúvida, eles resultaram em muitos melhoramentos maravilhosos para a humanidade, mas agora é preciso haver um reajuste, ou o resultado será catastrófico. Como o Irmão Teasdale explicou: "Precisamos compreender, para então de fato apreender em um nível fundamental, que a revolução definitiva é o despertar espiritual da humanidade". Essa revolução será a tarefa da Era Interespiritual. As mudanças necessárias na consciência exigem uma nova abordagem da espiritualidade, uma abordagem que transcenda as culturas religiosas do passado, caracterizadas pela fragmentação e pelo isolamento. E acrescentou: "Consideradas conjuntamente, elas estão preparando o caminho para uma civilização universal, uma civilização com um coração".[17]

Essa é a mensagem de todos os futuristas religiosos e seculares, de Wayne Teasdale a luminares como Eckhart Tolle, Ken Wilber, Don Beck, Willis Harman e Paul Hawken.

---

[17] MH, pp. 12 e 5, respectivamente.

4

O enquadramento da grande figura

"Todas as coisas devem seu princípio ao Criativo."
— Lao Tsé, filósofo chinês

O SUTRA AGGANCHCHA DO BUDISMO DESCREVE COMO O GRANDE Brahma põe tudo em movimento. No hinduísmo, o Dia e a Noite de Brahma iniciam *lila* — o jogo divino —, em que Brahman transforma-se no mundo. Nas religiões abraâmicas — islamismo, judaísmo e cristianismo — tudo começa em um dia sem ontem, que jorra de uma singularidade. Para fundamentar as filosofias e metafísicas dessas religiões, supõe-se que há uma primeira causa.

Para a miríade de tradições nativas, também parece haver um núcleo comum. Tudo é sustentado pelo "grande mistério", e aquilo de que somos feitos tem bilhões de anos.

A crença em uma primeira causa é uma coisa. Porém, quando se trata do que aconteceu como resultado da primeira causa, a ciência e alguns segmentos muito expressivos da religião se separam, em especial quando se trata de uma discussão sobre a origem da nossa espécie. A humanidade está dividida entre a crença generalizada no criacionismo e a visão evolutiva sustentada pela investigação racional moderna. As implicações dessa divergência são de longo alcance e impactam a sobrevivência humana.

Processo e senso comum

Todos nós estamos familiarizados com a natureza do processo, que consiste, em essência, de causa e efeito. Se queremos comprar mantimentos, dirigimo-nos ao supermercado, escolhemos os produtos e compramos os mantimentos de que precisamos, levando-os para casa. Ou, então, sentamo-nos diante do nosso computador, percorremos os passos da compra por encomenda *on-line*, e alguém nos traz o que compramos até nossa porta. O que não podemos fazer é estalar os dedos e, como em um passe de mágica, ver os mantimentos aparecerem em nossa cozinha.

Nenhum de nós discordaria do fato de a compra de mantimentos envolver um processo. No entanto, quando se trata de saber como chegamos até aqui em um sentido biológico, o processo gradual conhecido como "evolução" recebe críticas negativas entre os fundamentalistas.

Curiosamente, descobertas recentes nos campos da química e da física — as quais apoiam a compreensão evolutiva — são mais facilmente aceitas. Por exemplo: "Quem tem qualquer dificuldade com a noção de que os seres humanos são feitos de átomos e moléculas?" É também amplamente aceito o fato de que, quando consumimos os alimentos adquiridos por meio do processo de compra, eles são submetidos ao processo gradual da digestão, por meio do qual são convertidos em formas que proporcionam sustento ao corpo. Essas são questões a tal ponto incorporadas ao senso comum que nenhuma pesquisa de opinião jamais precisou ser realizada sobre "quem acredita em átomos" ou "quem acredita na digestão". Além disso, a sinergia de átomos e moléculas em sua formação de combinações e hierarquias mais complexas — a evolução em seu sentido mais amplo — em geral é compreendida pelo público.

Pesquisas de opinião indicam que 41% dos químicos e 40% dos físicos não têm problema com a ideia de Deus,[18] e 40% dos astrônomos profissionais listam uma afiliação religiosa.[19] A física e a química não parecem estar em conflito com a crença religiosa, mas, no caso da biologia evolutiva , as coisas são diferentes. Uma pesquisa de opinião realizada em 2011, pela Reuters, classificou

---

[18] *The Los Angeles Times.*
[19] O prestigiado periódico científico *Nature.*

os Estados Unidos como o país que ocupa o 18º lugar entre os que aceitam a evolução biológica. Uma pesquisa de opinião da Gallup, conduzida anualmente desde 2007, revela que apenas cerca de 13% dos norte-americanos acreditam na evolução naturalista, em que nenhuma divindade desempenha algum papel, enquanto 48% acreditam que uma divindade criou "os seres humanos em sua forma atual, em algum momento nos últimos 10 mil anos, ou quase isso". Uma pesquisa de opinião entre criacionistas estritos, que incluía 48% de norte-americanos e foi realizada pela The Skeptical Society, indicou que 95% pensam que a crença em Deus e a ciência são incompatíveis.

Tomando um caminho médio, 30% dos entrevistados acreditam que "os seres humanos se desenvolveram ao longo de milhões de anos, a partir de formas de vida menos avançadas, mas que Deus guiou esse processo". Outros 9% não têm certeza. Os 78% que reconhecem a ação de Deus no processo contrastam com os 93% de biólogos treinados que rejeitam qualquer ideia de criacionismo ou seu aliado próximo, o projeto inteligente. Note que os entrevistadores não perguntaram se o Deus em que as pessoas acreditam é um Deus que se encontra dentro do sistema ou se ele age a partir de fora do sistema — dois fenômenos muito diferentes.

A ciência, que é a maneira mais pública de a humanidade investigar, avaliar e desenvolver coletivamente um consenso sobre o que é verdade, ganha apenas resultados mistos com o público quando se trata de questões culturalmente controversas. Embora ninguém seja capaz de estalar os dedos e, em um passe de mágica, fazer os mantimentos se materializarem em sua cozinha, uma grande porcentagem de pessoas está convencida de que os 5 a 10 milhões de espécies de seres vivos que, segundo estimativas, habitam a Terra chegaram aqui apenas por meio desse tipo de magia. Talvez nada ilustre melhor a persistência do ponto de vista mágico-mítico do que essa crença.

Como se esperava, a pesquisa de opinião Gallup também correlacionou o sentimento antievolução com culturas altamente religiosas, as quais abrigam populações fundamentalistas significativas. Vários países islâmicos lideram a lista,[20] seguidos de perto pelos Estados Unidos, enquanto os favoráveis à evolu-

---

[20] No entanto, a visão de evolução sustentada pelo islamismo acadêmico é muito positiva.

ção incluem regiões amplamente seculares ou ateias, como a Europa Ocidental e a China. A Índia, cuja religião hinduísta favorece histórias de processos, se posicionou solidamente no campo evolucionista, enquanto a Itália, lar civilmente conflituoso do catolicismo romano, classificou-se perto do topo entre os "indecisos".

De interesse do ponto de vista econômico, a coragem da educação pública segue paralela a esses resultados, com os países antievolução confirmando-se menos competitivos em habilidades educacionais globais, em especial as relacionadas à tecnologia, e com as sociedades pró-evolutivas revelando-se as mais hábeis.

As duas culturas do conhecimento

A raiz desse conflito a respeito de nossas origens deve ser encontrada nas diferentes maneiras pelas quais os seres humanos conhecem as coisas, tanto individual como culturalmente. Em filosofia, esse é o domínio complexo da epistemologia, o estudo do conhecimento, domínio que se torna ainda mais especializado e multifacetado quando a ciência e a filosofia consideram como as relações entre as partes geram ação coletiva e como os sistemas interagem com o ambiente maior. A Humanidade e a Terra são, obviamente, sistemas assim.

Podemos discernir a verdade de uma questão com base em nossas maneiras pessoais de investigar, que nos são exclusivas; pensamos nisso como uma forma subjetiva, interior, de conhecer algo. Também podemos discernir a verdade de uma questão com base em nossas maneiras coletivas e públicas de investigar, incluindo a ciência; pensamos nisso como um modo observacional, exterior, de investigar, que é mais objetivo.

De volta ao exemplo da loja de mantimentos, podemos decidir quais produtos comprar com base na leitura de uma lista em uma loja ou em nosso computador e, em seguida, com a checagem dos itens de que necessitamos. Essa pode ser uma abordagem útil para estocar produtos na despensa. Mas quando se trata de encontrar um parceiro romântico, embora possamos usar *sites* da internet para fazer a "combinação" inicial entre nós e alguém, alguns selecionam um parceiro unicamente examinando uma lista de características. No final das contas, o que queremos é nos apaixonar. Em outras palavras, tanto o conhecimento da cabeça como o conhecimento do coração têm os seus lugares. As maneiras subjetivas e objetivas de conhecer também podem se complementar e dar informações umas às outras, em especial no que se refere a questões de importância pessoal.

E há, é claro, um lugar para uma investigação muito mais profunda, uma investigação diante da qual nosso nível cotidiano de experiência é apenas um microcosmo. A natureza da ciência, da religião, da filosofia, das artes — todas essas naturezas podem ser minuciosamente pesquisadas no nível de uma paisagem mais ampla, como, de fato, têm sido investigadas por nomes famosos como Kant, Spinoza, Goethe, Schelling e Schiller (para falar apenas do Ocidente). No cerne da questão está o desafio de saber como a humanidade pode sondar as profundezas de sua realidade subjetiva, de sua realidade interior (as "fontes secretas da ação" de Kant), e acoplar essa sondagem com a compreensão fornecida pela ciência (a qual precisa reconhecer suas limitações quando se trata de investigar a natureza da realidade).

Nossas vidas são governadas todos os dias por padrões determinados pelo método coletivo, público, de investigar questões e chegar a um consenso. Algumas dessas questões, que nos vêm à mente de imediato, são, por exemplo, o sentido do movimento permitido pelo qual devemos dirigir (ou não) nas estradas e o valor das moedas e do papel-moeda. De maneira semelhante, confiamos de maneira natural no funcionamento da ciência em questões como o troco calculado pela caixa registadora no supermercado ou as notas que o caixa eletrônico do banco nos entrega. Se precisamos de cirurgia, obviamente escolhemos um médico que realizou a operação necessária com sucesso em outras ocasiões, e não um novato — muito menos alguém que nunca cursou uma escola de medicina.

Ninguém parece ter um problema com o consenso necessário nessas áreas da vida cotidiana. No entanto, quando se trata de evolução e, em particular, da questão sobre a origem do ser humano, há uma desconexão, uma ausência de consenso. Nos Estados Unidos, pelo menos, contamos com a evidência do DNA em um julgamento, com 95% de nós considerando essa evidência um teste conclusivo.[21] Então, por que 48% de nós não aceitam essa mesma evidência do DNA quando se trata das relações entre vários animais e plantas?

Essa divisão é particularmente intrigante quando se trata de coisas sobre as quais as pessoas estão curiosas. Embora 91% dos ateus sejam estudantes universitários,[22] uma recente pesquisa de opinião indagou de estudantes universitários quais perguntas eles mais gostariam que a ciência respondesse, e eles não incluíram nessa lista as causas do câncer ou da aids.[23] Em vez disso, incluíram uma lista das questões mais fantasiosas, como efeito placebo, poderes paranormais, percepção extrassensorial, experiências de quase morte, óvnis, *déjà-vu*, fantasmas, desaparecimentos misteriosos, intuição, pressentimentos por "frio na barriga" (*gut feelings*) e relatos persistentes sobre criaturas desconhecidas, como o Pé Grande, o monstro do Lago Ness e seres alienígenas.

Não podemos subestimar a influência exercida pelo conhecimento subjetivo. Um exemplo clássico é o *Culto à Carga*, surgido no sul do Pacífico depois que os nativos locais observaram, pela primeira vez, aviões e navios que deixaram cair cargas na ilha durante a Segunda Guerra Mundial. Com base na lente mágico-mítica de sua cultura, os habitantes da ilha acreditavam que esses objetos eram aparições sobrenaturais vindas do mundo dos espíritos. Por isso, multidões de aborígenes vestidos como soldados criaram grosseiros campos de pouso para aviões, hangares e docas e começaram a marchar pelo local cantando e entoando cânticos, à espera de que a carga mágica aparecesse. Quando as autoridades tentaram acabar com essa atividade, isso levou à violência. As pessoas estavam dispostas a ir para a prisão por sua crença nessa carga mágica! Ainda mais estranho foi surgirem "messias do *culto à carga*". Esse revelou-se um caso extremo, mas ele é paralelo à percepção interespiritual que proclama, para qualquer pessoa que tenha experiências espirituais, que é perfeitamente natural acreditar que sua percepção está correta. A história das guerras religiosas reflete a patologia que pode se desenvolver com base nesse simples fato.

---

[21] De acordo com uma pesquisa de opinião realizada pela CNN.

[22] Who's Who (ukwhoswho.com).

[23] science.com.

Padrão *versus* processo

Embora não pensemos duas vezes se devemos parar ou não diante do sinal vermelho e se devemos seguir em frente diante do verde, e embora compreendamos, também sem pensar duas vezes, que se choveu foi porque gotículas de água sujeitas à atração gravitacional formaram-se nas nuvens ou embora saibamos que o oxigênio entra e sai dos pulmões durante todo o tempo em que dormimos, as simples e triviais realidades envolvidas no processo tornam-se difíceis quando tentamos determinar que tipo de processo responde por certo padrão que observamos.

O problema torna-se ainda mais complicado quando confundimos o *padrão* com o *processo* que usamos para explicá-lo. Por exemplo: se planejava usar o caixa eletrônico durante o tempo em que saiu de casa para comprar mantimentos e não o encontrou mais lá, você poderia imaginar qualquer número de razões para isso, desde a possibilidade de o banco ter-se mudado, passando por ladrões terem fugido com o caixa, até extraterrestres terem visitado o local em um óvni e confiscado o objeto para investigação.

Os problemas que envolvem a identidade humana são especialmente complexos. Uma coisa é concordar que somos compostos de átomos e moléculas, mas outra muito diferente é acreditar que compartilhamos um ancestral comum com os macacos. Isso se torna ainda mais complicado quando a relação sugerida com os macacos, expressa na forma de competição aleatória e de "sobrevivência do mais apto" conforme Darwin, poderia significar que os seres humanos não podem mais ser considerados especiais diante do nosso medo de que essa constatação científica nos reduza à insignificância. Darwin foi cuidadoso em seus livros e publicou cartas enfatizando que sua teoria estava interessada em saber como a causa e o efeito ocorriam no mundo observável, e não em suposições sobre como a vida e o universo passaram a existir.

Menos sensíveis aos cuidados de Darwin, pessoas intelectualmente avançadas costumam identificar experiências religiosas e espirituais com superstições primitivas, descartando-as de imediato — tudo, é claro, sob o disfarce do pensamento crítico. Confundindo padrão com processo, um "por quê?" predeterminado com frequência determina a explicação do "como".

Não podemos nos esquecer de que a mais recente mudança coletiva de paradigma do mundo veio justamente de uma violenta colisão — os eventos e as consequências do 11 de Setembro. A era que se seguiu abismou-se na submissão radical a noções fundamentalistas simplistas de processo no Terceiro Mundo contra visões de processo seculares e ecléticas no Primeiro Mundo, economicamente rico.

A divergência pública a respeito do que significa um padrão observado cedeu a várias explicações que podem ser escolhidas para responder por esses padrões. Em matéria de evolução, um exemplo óbvio é o fato indiscutível de que milhões de fósseis foram encontrados, talvez até mesmo um bilhão. Os modos de explicar esses fósseis podem variar desde remanescentes do processo de criação de sete dias do Gênesis até um padrão de mudança gradual ocorrido ao longo de milhões de anos. Ninguém discute se o *Tyrannosaurus rex* existiu, mas apenas se tal criatura viveu ou não ao mesmo tempo que os seres humanos.

Círculos em plantações são outro exemplo provocativo da diferença entre padrão e processo. Eles estão lá para serem vistos, não há dúvida quanto a isso. Mas são criados por mistificadores, extraterrestres ou algum outro fenômeno? As implicações ligadas aos vários processos que poderiam explicar os círculos são enormes.

Há também exemplos de padrões e processos para os quais só se pode dizer que a resposta à pergunta "o que é verdade" se encontra em algum lugar entre ambos. Considere, por exemplo, a acupuntura. Método terapêutico legalmente licenciado em grande parte do mundo, muitas pessoas acreditam que ele funcione, e sua eficácia terapêutica é amplamente reconhecida. No entanto, a explicação metafísica medieval original para seu sucesso baseava-se nos elementos míticos da terra, do ar, do fogo e da água, o que faz pouco sentido para os padrões científicos modernos. O resultado é um compromisso: muitos cientistas concordam que a acupuntura funciona e apoiam as políticas para licenciá-la para uso público e procuram, ao mesmo tempo, uma compreensão do processo que há por trás dela e que seja compatível com os nossos modernos conceitos da física e da neurobiologia. É uma boa notícia a ciência moderna distinguir com clareza entre padrão e processo — uma indicação de que o senso comum pode prevalecer.

O tema da evolução continua a alimentar a dissidência, pois embora não haja muita dúvida a respeito do padrão, há muita divergência a respeito do processo que produziu o padrão — particularmente entre os fundamentalistas menos instruídos e religiosos. É reconfortante, do ponto de vista demográfico, que a questão pareça refletir níveis de instrução? Talvez sim, talvez não, quando as estatísticas mostram que a visão fundamentalista comprovou ser mais difundida globalmente.

De modo paradoxal, as principais tradições religiosas do mundo exigem uma formação geral robusta de seus clérigos, mas, mesmo assim, eles ainda estão divididos quando o assunto é evolução, com os mais instruídos tendendo a conciliar a evolução com a religião — o que em geral é chamado de "evolução teísta" — ao distinguir os tipos de investigação em que a ciência e a religião se empenham. Uma rápida pesquisa na internet encontra declarações sobre a evolução teísta proclamadas por quase todas as denominações cristãs liberais. Seminários associados com as denominações que dão boas-vindas a uma síntese de fé e evolução também tendem a ensinar "a nova crítica", abordagem desenvolvida na década de 1960 que trata as escrituras do cristianismo como produtos culturais surgidos em cenários históricos particulares.

No islamismo moderado e de instrução liberal, tem ocorrido tentativas vigorosas para sintetizar fé e evolução — até mesmo o darwinismo clássico. O hinduísmo, sempre amigo da ideia de processo, teve pouca dificuldade com a evolução, e vários de seus pensadores clássicos, como o falecido Sri Aurobindo, foram defensores do pensamento processual, tanto no âmbito cientifico como no social. O budismo, espiritualidade arraigada no reconhecimento da mudança, junta-se ao hinduísmo por incluir um grande número de pensadores clássicos e modernos trabalhando de maneira compatível com o modelo evolucionista. O judaísmo reformista, o judaísmo conservador e o judaísmo ortodoxo modernos, como o islamismo liberal, também tendem a sustentar visões da evolução em geral compatíveis com a evolução teísta.

O que há para ver no padrão?

Não conseguimos compreender o fenômeno da espiritualidade de maneira independente do surgimento da consciência em nossa espécie. Nem podemos compreender o surgimento da consciência de maneira independente do desenvolvimento biológico da humanidade — em especial a característica mais notável de nossa espécie, nosso cérebro. Não é sem razão o fato de nos classificarmos como *Homo sapiens*, que significa ser humano "conhecedor" ou "inteligente".

De maneira semelhante, não podemos compreender a espiritualidade sem compreender como nossa espécie teceu, com base em nossa diversidade e nossa complexidade internas, uma teia de diversidade e de complexidade culturais por meio da criação de coisas e, em seguida, passou a contar histórias sobre nossas criações — e, em última análise, sobre nós mesmos.

Se continuaremos a avançar ou se nos extinguiremos como espécie é algo que depende da nossa capacidade de apreciar a jornada a partir da qual nossa constituição biológica surgiu, sem falar da natureza do universo em cujo âmbito podemos ser os primeiros a ter consciência disso e, talvez, até ser os seus exploradores consumados.

Tudo o que sabemos sobre organização, estrutura, ordem, relacionamentos e liderança vem — ou, em uma era de integração, certamente deveria vir — de nossa compreensão da natureza e da cosmologia, por meio das quais tudo funciona e se encaixa de forma perfeita. Não podemos apreciar nada disso sem um breve passeio por essa grande paisagem, resumindo o que nossa espécie tem conjecturado em seus 200 mil anos de atividade inteligente.

No decorrer da história humana, o campo de investigação conhecido como "ciência" produziu cerca de 50 milhões de artigos e livros científicos. Um levantamento recente realizado pelo Learned Publishers indicou que esse número é de aproximadamente 10 milhões para a ciência e a matemática altamente técnicas, sobe para 40 milhões se incluirmos todos os campos da medicina, e fica em torno de 50 milhões se adicionarmos várias outras disciplinas científicas. Essa é a fonte dos padrões de informação disponíveis à humanidade moderna — não se trata de um corpo de informações fácil de ser ignorado!

Confrontados pela relativa terra plana da informação científica e pelas capacidades panorâmicas da mente humana e da consciência, como seremos capazes de distinguir os caminhos de dados factuais simples da fonte espontânea de adjetivos e metáforas que surgem de maneira natural para transmitir esses dados? Será que esse problema se resolverá em uma época integrativa, a da Era Interespiritual que está chegando?

Atualmente, cerca de 30% a 40% das pessoas em todo o mundo adotam uma religião que incorpora tanto a ciência como a religião em uma visão evolucionista teísta, a qual por vezes é apresentada como uma visão que "reconhece o Épico da Evolução". Isso sugere que quando retratamos de maneira inspiradora as descobertas da ciência relacionadas aos temas centrais dos relatos sobre a criação presentes na maioria das religiões, geramos um contexto convincente que aprofunda tanto a fé religiosa como o conhecimento secular.

5

Quatorze bilhões de anos em algumas páginas

"Conhecer suas origens é conhecer sua vida."

— Lao Tsé

MUITO ANTES DA FÍSICA E DA COSMOLOGIA MODERNAS, Francis Quarles, poeta inglês do século XVII, declarou que foi o "sopro de Deus, o qual tudo produz, que explodiu a bolha do mundo". Hoje nos referimos a esse sopro como "Big Bang", teoria formulada no século XX.

Imagine os primeiros seres humanos, à noite, de pé sob as estrelas, perguntando-se sobre o panorama que contemplavam. Não faz muito tempo que cientistas modernos perscrutaram, da mesma maneira, o céu noturno sem qualquer noção de que estivessem olhando para algo muito mais vasto do que meramente a nossa galáxia. Até 1923, quando Edward Hubble determinou que alguns dos pontos luminosos que ele viu com o grande telescópio de Monte Wilson, na Califórnia, estavam distantes demais para fazerem parte da Via Láctea, imaginamos que os objetos que hoje reconhecemos como galáxias eram, então, reconhecidos como simples estrelas. Hoje sabemos que há mais de 100 bilhões de galáxias — na verdade, um supercomputador alemão estimou que o seu número pode ser superior a 500 bilhões — e que cada galáxia contém até centenas de bilhões de sóis.

À medida que os cientistas examinam essas galáxias com a ajuda da tecnologia mais recente, fica evidente que cada galáxia está se afastando não apenas de nós, mas também de todas as outras. Isso faz surgir uma pergunta que nos deixa perplexos: "Como cada galáxia pode estar se afastando de todas as outras?".

Se você sopra dentro de uma bexiga com pontos de tinta uniformemente distribuídos em sua superfície, esses pontos se afastam mais e mais uns dos outros. Isso não acontece porque os pontos estão se afastando uns dos outros, mas porque a superfície do balão está se expandindo. De maneira semelhante, o espaço no qual as galáxias existem parece estar expandindo-se. Como o próprio espaço está inflando, as distâncias que separam as galáxias aumentam cada vez mais, porém sem que as galáxias estejam se movendo de modo individual.

A luz viaja com uma velocidade de aproximadamente 300 mil quilômetros por segundo, e a distância que ela percorre em um ano é chamada de "ano-luz". Quando os seres humanos sondam o espaço que nos separa das estrelas, verificam que as distâncias são tão grandes que, quando sua luz atinge a Terra, ela já tem milhões, e em muitos casos bilhões, de anos de idade. Isso traz consigo um bônus de surpresa, pois nos permite olhar para trás no tempo.

Nossa capacidade de olhar para trás no tempo nos convida a indagar por que tudo se parece como se estivéssemos "rebobinando a fita", expressão favorita do famoso biólogo Stephen Jay Gould. Quando voltamos a fita, embora haja algum desacordo sobre os detalhes do *processo* envolvido no que vemos, há também informações inegáveis sobre o *padrão*.

O momento inicial, quando tudo no universo hoje expandido estava compactado em um ponto infinitesimalmente pequeno, parece ter durado cerca de 0,0000000000000000000000000000000000000000001 de segundo. Isso é 1 precedido de 43 zeros depois da vírgula decimal. Esse momento inicial do Big Bang é conhecido como "época de Planck", ou "era de Planck", em homenagem ao grande físico alemão Max Planck. A temperatura estimada do universo era de 100.000.000.000.000.000.000.000.000.000.000 graus nessa "época", medidos na escala internacional de graus Kelvin. Isso é 1 seguido de 32 zeros. Você pode imaginar o quanto isso mede em graus Celsius subtraindo apenas 273 unidades desse valor imenso. Inimaginavelmente quente, é óbvio.

No relógio cósmico, apenas um tique-taque acima dos 43 zeros após a vírgula decimal, o universo expandiu-se até o tamanho de bilhões de anos-luz. A evidência disso está no fato de que, no instante em que havia 35 zeros depois da casa decimal, a distribuição de matéria e energia no universo já era uniforme ao longo de toda a sua largura observável. Isso significa que a expansão (chamada de "Grande Inflação") ocorreu muito mais depressa do que a velocidade da luz.

Pelo que parece, a luz, cuja velocidade talvez seja a única "constante" conhecida, só passou a ser visível depois de cerca de 400 milhões de anos no cenário que estamos investigando. Isso ocorreu porque, durante essas primeiras épocas depois do Big Bang, o universo era tão quente que seu estado era o de um plasma. Os fótons, constituintes da luz, movimentavam-se livremente, mas em um estado de tamanha compactação que nada os deixava se refletirem para fora. A um observador externo, o universo apareceria negro.

Durante o primeiro segundo do Big Bang, formaram-se a matéria e a antimatéria, que consistiam em elétrons, quarks e antiquarks, prótons e nêutrons, fótons, neutrinos e uma multidão de outros blocos de construção elementares. Quantidades significativas do dinheiro que você pagou em seus impostos destinaram-se à construção de cíclotrons e colisores usados no estudo dessas partículas inimaginavelmente pequenas. Isso aconteceu porque a atividade pública conhecida como ciência convenceu a atividade pública conhecida como política de que isso era importante.

Depois do Big Bang

Após a inflação inicial, o universo começou a esfriar. Ao saltarmos do primeiro segundo para o término do primeiro minuto, os dois primeiros elementos químicos, dos 118 conhecidos atualmente — hidrogênio e hélio —, foram soltos no universo, o qual, então, esfriou-se para cerca de um bilhão de graus Celsius. Como comparação, nosso Sol queima atualmente seu combustível, no interior da estrela, com uma "insignificante" temperatura de mais de 14 milhões de graus Celsius. O esfriamento e a aglutinação que se seguiram forneceram as sementes para a formação das estrelas e galáxias. Também produziram a radiação cósmica de fundo, presente na faixa das micro-ondas, uma energia residual do Big Bang que preenche todo o universo a uma temperatura de cerca de 2,7

Kelvin (aproximdamente -270,45 graus Celsius), a temperatura para a qual o universo esfriou atualmente.

Os primeiros 400 milhões de anos de escuridão do universo foram sucedidos por 600 milhões de anos durante os quais o universo esfriou até o ponto em que a gravidade já conseguia atrair os átomos e dar início a um processo que levou à formação de galáxias anãs, as quais acabaram se aglutinando em galáxias cada vez maiores. A formação de cada galáxia seguiu um padrão semelhante — o gás no centro condensou-se em um buraco negro, um aglomerado de matéria infinitamente compacto e com uma força gravitacional tão intensa que nem mesmo a luz consegue escapar. O restante do gás ao redor desse buraco negro se condensou em pequenos aglomerados, densos o suficiente para produzir reações nucleares, nas quais o hidrogênio e o hélio se combinaram produzindo elementos mais pesados e liberando quantidades cataclísmicas de energia. Esses densos reatores nucleares são o que chamamos de estrelas. Depois de outros dois bilhões de anos, as estrelas aumentaram de tamanho até atingir dimensões tão grandes que, incapazes de se manter estáveis, explodiram violentamente, fenômeno conhecido como supernova. Essas explosões eram tão poderosas que ejetaram no espaço elementos mais pesados — carbono, oxigênio e ferro —, e a gravitação se encarregou de aglomerá-los na sequência. Essas novas estrelas rodopiaram em meio a incompreensíveis mares de fragmentos quentes. Quando esses fragmentos se congelaram, formaram-se planetas, os quais passaram a orbitar essas estrelas. Nosso sistema solar formou-se durante esse processo, há quase 4,6 bilhões de anos.

Vários outros bilhões de anos se passariam antes que o *Homo sapiens* experimentasse noites de maravilha sob as estrelas, enfim nos levando a procurar uma compreensão desse grande panorama. Em nós, o universo tornou-se consciente de si mesmo. A "Grande Radiância", expressão usada em referência ao Big Bang por cristãos evangélicos que aceitam a evolução, finalmente encontraria tanto seu reflexo como seu reconhecimento na humanidade.

Até mesmo quando a consciência estava despontando em nossa espécie, galáxias além de nossa capacidade de ver ou sonhar continuavam a se amontoar em aglomerados galácticos maiores. A nossa é a maior de cerca de 30 galáxias adjacentes. Esses aglomerados se tornariam partes de superaglomerados e, por sua vez, formariam os aparentemente infinitos filamentos desses superaglomerados, como o Telescópio Hubble os revelou — o nível mais elevado de organização cósmica conhecido atualmente. Cerca de 90% desse universo em expansão ainda é vazio, e seus sistemas estelares se estendem em abismos inimaginavelmente imensos. No entanto, aqui estamos nós — uma ilha de matéria e uma ilha de consciência solitária.

O surgimento da vida na Terra

Não sabemos quantos planetas no universo hospedam vida, mas é improvável que estejamos sozinhos. No entanto, até mesmo a possibilidade de vida em outros lugares tem implicações para a nossa jornada interespiritual, pois ela afeta nosso conceito de quem somos.

Em anos recentes, descobrimos que a vida não precisa necessariamente de oxigênio para surgir — que, na combinação correta com outras substâncias químicas, o metano, o sulfeto de hidrogênio e até mesmo o arsênico farão isso. Esse fato expandiu nossa apreciação do que é vida. Um relatório divulgado pela NASA em 2011 descreve sete diferentes processos naturais independentes por meio dos quais a vida poderia surgir. Nossa descoberta da presença de vida em *habitats* de condições inimaginavelmente desafiadoras de calor ou frio, ou até de ausência de luz e em profundidades de quilômetros abaixo da superfície do solo — inclusive muito abaixo do leito oceânico —, mudou de maneira drástica nossa apreciação da tenacidade, da adaptabilidade e da capacidade da vida para inovar.

Não deveria nos surpreender o fato de dois de nossos maiores cientistas da atualidade, E. O. Wilson (o pai da sociobiologia) e Theodosius Dobzhansky (pioneiro da genética), terem afirmado que o processo evolutivo da vida era o consumado ato "criativo" e de o clérigo cristão "criateísta" Michael Dowd ter dado a seu recente livro o título de *Thank God for Evolution*. Dowd observa, como também o fazem muitos outros, que, ao conectar nossas origens à cosmologia, o tema mais unificador é o deleite sutil de saber que somos descendentes da poeira das estrelas.

Uma vez que é a vida o que nos permite fazer perguntas, vale a pena perguntar: "O que é a vida?". Há uma definição simples, comum à biologia, à química e à física. Desde o Big Bang, os tique-taques do universo como um todo seguem uma marcha descendente, fenômeno conhecido como segunda lei da termodinâmica. Desse modo, se você comprar um relógio de pulso ou um automóvel, eles acabarão se esgotando, assim como nosso corpo também se esgota. No entanto, as coisas vivas são capazes de processar materiais vindos de seu ambiente e de criar energia nova para reverter esse inevitável tique-taque descendente — por algum tempo. Quando alguma coisa é capaz de reverter essa tendência inevitável e de gerar energia nova dentro de si mesma, dizemos que ela é viva. Biologicamente, todas as coisas vivas demonstram capacidade, em seu interior, para o metabolismo, o crescimento, a reprodução, as respostas a estímulos e a capacidade de se adaptar ao seu ambiente. Quando o motor do seu automóvel parece "passar a viver" quando você gira a chave da ignição, esse é um fenômeno muito diferente, pois o veículo não pode gerar esse estado dentro de si mesmo.

Quando "rebobinamos a fita" em nosso planeta, em particular, constatamos que o advento da vida foi um processo lento. Depois de passar um longo período congelando-se como planeta, a Terra permaneceu um corpo fundido, apenas desenvolvendo gradualmente uma crosta externa sólida. Quando nós, no devido tempo, nos aventuramos até a Lua, ficamos surpresos ao reconhecer que sua constituição física era a mesma da Terra, o que nos levou à conclusão de que uma colisão dividiu o nosso planeta. Acreditamos que, no estágio de sua primeira infância, a Terra tenha sido atingida por um imenso asteroide, do tamanho de Marte, o qual lhe arrancou um enorme pedaço, que deu origem à Lua.

Os remanescentes dessa colisão continuaram a bombardear a Terra sob a forma de meteoritos. No entanto, a Igreja Católica Romana não reconheceu, até 1751, que objetos vindos do céu caíam na Terra e, em 1794, redigiu, por isso, um documento científico. Compreender que coisas podiam cair do céu — isto é, vir de outro lugar — foi quase uma epifania. Na visão de mundo que vigorava naquela época, a abóbada do céu, azul de dia e negra de noite, era o "domo do Paraíso", acima do qual viviam Deus e os anjos. As estrelas eram orifícios de observação.

Depois de algumas centenas de milhões de anos, a maioria dos vulcões de nosso planeta tornou-se inativa. O puxão gravitacional de Júpiter, acoplado com a diminuição progressiva do cinturão de asteroides situado entre ele e Marte, resultou em um número cada vez menor de meteoritos chovendo sobre a Terra. Isso permitiu que o planeta se esfriasse, o que resultou na condensação de H_2O em forma líquida, criando oceanos, lagos e rios.

A primeira revolução verde na Terra

O ar e os oceanos da Terra estavam repletos de substâncias químicas, sobretudo moléculas complexas constituídas de hidrogênio e carbono. Ao longo das poucas centenas de milhões de anos seguintes, esses hidrocarbonetos passaram a se juntar de diversas maneiras. Em um caso particularmente oportuno, uma cadeia de hidrocarbonetos adquiriu a capacidade de criar uma imagem de espelho de si mesma, arrancando, para isso, da sopa química que a circundava, as substâncias químicas de que ela precisava. Pela primeira vez na história de nosso planeta, alguma coisa havia reproduzido a si mesma! Tratava-se do bloco de construção da vida — o DNA precursor. Do ponto de vista técnico, era provavelmente uma forma de RNA, uma vez que esse processo de reprodução (conhecido por "transcrição", como no mecanismo de tirar cópias) é o processo de gerar uma cópia RNA complementar de uma sequência de DNA.

Aos poucos, esses primeiros blocos de construção da vida organizaram-se em configurações que se comprovaram vantajosas para a sobrevivência, as quais levaram a irrupções de produção de complexidade entre as formas de vida primitivas. Uma combinação particularmente bem-sucedida envolveu o desenvolvimento de uma "blindagem", ou "pele" externa, que protegia uma região interna onde reações químicas sofisticadas podiam ocorrer em segurança. Essa combinação era a célula, o elemento estrutural fundamental de todas as plantas e todos os animais, inclusive os seres humanos. Não demorou muito até que as células também começassem a se combinar, a fim de formar estruturas progressivamente mais bem-sucedidas — primeiro como colônias, nas quais cada célula fazia a mesma coisa que as outras, mas ganhava proteção porque elas viviam juntas, e em seguida em arranjos dentro dos quais diferentes células não apenas dividiam o trabalho necessário à sobrevivência, mas também se especializavam como subpartes que sustentavam um todo maior. Esse foi o nascimento dos organismos.

Nosso mundo surgiu justamente como uma combinação dessas hierarquias naturais, que cooperam umas com as outras, em geral conhecidas como "holarquias". Como já havia ocorrido em nosso passado biológico, a chave para um futuro bem-sucedido está no trabalho em conjunto, ao longo das linhas dos padrões que a natureza precisou de bilhões de anos para aperfeiçoar. Há hierarquias demais no planeta atualmente. Precisamos aprender a compartilhar e precisamos aprender sobre "holarquia", com base na estrutura de nosso próprio ecossistema planetário.

Nosso conhecimento sobre o DNA fornece meios de projetar nosso futuro, aprendendo com base em nosso passado. Conhecer as operações internas dos primeiros organismos, chamados de "primitivos", nos proporciona a capacidade de elaborar nosso futuro de maneira intencional. Compreender como cada bloco de construção da vida prepara o palco para um desenvolvimento renovado serve como um guia para o futuro.

É nos detalhes revelados na "estrutura fina" da natureza que estamos descobrindo maneiras revolucionárias de nos mover rumo ao futuro. Um exemplo convincente envolve energia. Depois de constatarem que estamos já há muito tempo separados da natureza, cientistas especializados no estudo da propulsão acabaram por notar que apenas os seres humanos trabalham contra seu ambiente com o propósito de produzir energia. Os peixes, por exemplo, não geram energia para se mover, mas interagem com a água a fim de produzirem a energia destinada ao seu movimento. Os pássaros fazem a mesma coisa no ar. Isso levou físicos contemporâneos a refletirem sobre como seriam nossas potenciais interações com os campos quânticos que nos circundam.

Muito diferentes de até uma década atrás, as formas de vida mais antigas da Terra são hoje agrupadas sob três termos científicos: arqueias, bactérias e eucariontes. Se as arqueias, as bactérias e os eucariontes têm um ancestral comum ou se têm uma origem independente, essa é uma das questões que nos atormentam quando examinamos padrão e processo. O que de fato sabemos é que cada um desses antigos sistemas de vida prepara o palco para o próximo. Esse conhecimento é de importância crucial para compreendermos como nosso atual sistema de vida, baseado, em sua maior parte, no oxigênio, se desenvolveu.

Sabemos que as arqueias (do grego *archaea*, que significa "antigo") usavam uma variedade muito maior de fontes de energia do que as formas de vida subsequentes, fontes essas que variavam de açúcares a amônia, metais elementares e até hidrogênio. Formas antigas, em particular, produziam, de todas as coisas, metano a partir do CO_2 no ar. À medida que o metano aquecia o planeta por meio do efeito estufa, criavam-se condições vantajosas para um novo conjunto de formas primitivas de vida.

Uma dessas formas, uma simples célula que acabaria por levar a um diversificado conjunto de bactérias (palavra que deriva do grego e significa "semelhante a um bastão"), passou a produzir oxigênio como produto residual. Estávamos no caminho para a criação do sistema de vida baseado no oxigênio que todos conhecemos atualmente. Esse oxigênio residual também se combinou com minerais não vivos e produziu a maior parte das formas de rocha fundamentais, as quais construiriam os continentes. O granito era a modalidade mais difundida.

Por volta de 2,2 bilhões de anos atrás, quantidades consideráveis de oxigênio residual vindo do mar escapavam para a atmosfera. Embora, no início, isso destruísse formas de vida que não tinham afinidade com o oxigênio, outras desenvolveram maneiras inovadoras de controlar o seu uso, produzindo organismos ainda mais energéticos. Esses organismos, mais tarde, semearam uma biosfera ainda em estado germinal.

Por volta de 1,7 bilhão de anos atrás, apareceu uma célula mais complicada, com muitos componentes, que incluíam um núcleo centralizado para reter seu DNA. Ela também apresentava um componente especializado na respiração — a mitocôndria.[24] Essa nova célula era o eucarionte, palavra baseada em raízes gregas que se referiam a estruturas centralizadas. A vitalidade dos eucariontes resultou em uma forma de vida que tinha capacidade de se tornar cada vez mais avançada e levou a organismos multicelulares.

---

[24] Essas células também estão contidas dentro de nós e tornaram-se uma das fontes dos testes de DNA em criminologia e do estudo de relações na natureza.

Criaturas multicelulares como nós — sexo, holarquia e hierarquia

A maneira pela qual os organismos multicelulares funcionam de maneira tão habilidosa é fundamental para grande parte do que sabemos sobre a organização natural e a interação, a holarquia, a hierarquia e até mesmo a liderança. Esses modelos naturais de organização habilidosa desenvolveram-se e diversificaram-se ao longo do bilhão de anos seguinte, e sua diversificação acelerou-se em consequência da quebra constante de massas de terra, grandes e pequenas, o que dividiu as populações em novas variedades e tipos.

Podemos remontar, na história dessa divisão de massas de terra, até o supercontinente único conhecido como Pangeia. A divisão dessa massa de terra produziu avanço na diversidade biológica ao separar, de maneira drástica, populações resultantes de prole cruzada tanto de plantas como de animais. A crescente mobilidade dos organismos multicelulares levou a seu uso como alimento e, desse modo, ao estabelecimento das primeiras hierarquias da natureza – os vários tipos de ecossistema.

Alguns organismos reproduziam-se por meio do sexo, permitindo frequentes trocas dos blocos de construção de seu DNA. Isso manteve seus genes robustos contra a constante marcha descendente do tique-taque cósmico, resultante da segunda lei da termodinâmica. Com o aumento da variedade de genes que eram trocados, foram acrescentadas vitalidade e diversidade, além da utilização de recombinações constantes de diversificados elementos de DNA e das características que sua codificação implicava.

Entre os organismos desenvolvidos desse modo, os mais espetaculares foram os que, ao ser banhados pelos fótons que atingiam a Terra como luz solar, podiam converter as substâncias químicas em seu interior em novos alimentos. Essa foi a base da primeira revolução verde da Terra, a origem da fotossíntese. Com base nessas plantas verdes uma nova camada de vida se desenvolveu: os animais que usam plantas para alimentação.

Entretanto, o período das colisões planetárias ainda não havia terminado. Também não haviam cessado os episódios de vulcanismo cataclísmico, a possibilidade de oscilações e de deslocamentos do eixo de rotação planetário da Terra e mudanças drásticas na energia que vinha de nossa estrela. Cada uma dessas intervenções provocava efeitos disruptivos na atmosfera, nas marés e nas temperaturas oceânicas, por vias que, às vezes, se mostraram fatais para miríades de organismos primitivos. Algumas dessas colisões foram quase fatais para toda a vida no planeta.

Essas colisões resultaram em épocas que poderíamos comparar com gargalos, seguidas por períodos de recuperação e de criatividade revigorada. Tempos de crise parecem pontuar quase todos os avanços da história da humanidade. Nas épocas primitivas, esses retrocessos, gargalos e períodos de recuperação podiam durar milhões de anos antes de levar a dramáticas inovações nas formas de vida que habitavam o planeta e de preparar o palco para o que estava por vir.

Alguns desses períodos iniciais apresentavam condições quase inimagináveis atualmente. Sabemos que, por volta de 800 milhões de anos atrás, a Terra era ainda mais fria do que a temperatura que vigorava naquela que seria mais tarde conhecida como a Era do Gelo. Neve e gelo estavam quase por toda a parte. Esse período da "Terra Bola de Neve" durou até 600 milhões de anos atrás. Cerca de 70% da vida multicelular primitiva, vegetal e animal, pereceu em sucessivas flutuações de diversificação e extinção. No entanto, como acontece em todos os cataclismos, o velho clichê se manteria verdadeiro: a necessidade tornou-se a mãe da invenção.

Em nosso tempo, quando uma era de integração se desdobra, prevê-se que os seres humanos se dedicarão a aprender mais com base nas estruturas naturais de nosso universo e nas maneiras como elas interagem e, a partir daí, desenvolverão conjuntos de habilidades de importância crucial para o futuro.

O desastre leva a novas oportunidades

Quando a Terra, mais uma vez, passou a aquecer-se de modo gradual, permitiu o desenvolvimento de organismos que exibiam complexidade cada vez maior e mais mobilidade. Por volta de 670 milhões de anos atrás, o movimento ondulante das águas-vivas e os padrões de rastejamento de muitas criaturas vermiformes estavam em evidência.

Então, duas características importantes apareceram: carapaças duras para proteção, que permitiram a existência de corpos maiores, e — por volta de 600 milhões de anos atrás — versões primitivas de olhos sensíveis à luz. Você pode imaginar um mundo sem olhos, para não mencionar sem câmeras? Obviamente, as implicações desses desenvolvimentos foram enormes — tanto que cientistas, ao especular sobre os estados de vida avançados em outras regiões do cosmos, nos garantem que a visão precisa ser uma característica-padrão universalmente presente.

A camada de ozônio que envolve a Terra tornou-se espessa, bloqueando quantidades cada vez maiores de raios ultravioletas nocivos vindos do Sol e facilitando o desenvolvimento de corpos progressivamente maiores. Como consequência, o conteúdo de oxigênio na atmosfera aumentou cerca de dez vezes. Essas circunstâncias permitiram que a vida se desenvolvesse sobre o solo — e em abundância. Ancestrais da maioria dos grupos mais importantes de animais conhecidos apareceram em um período relativamente curto. Essa explosão de abundância é conhecida como Explosão Cambriana e durou de 540 milhões até 490 milhões de anos atrás.

A vida se espalhou pela terra firme, primeiro com os invertebrados e, em seguida, com os vertebrados, os quais se tornaram os ancestrais da maioria das criaturas que nos são familiares, incluindo nós mesmos. A utilização dessa nova zona levou à era dos dinossauros, iniciada há 500 milhões de anos.

No período que se seguiu, a própria crosta terrestre passou por grandes mudanças: um dos dois pedaços do antigo megacontinente Pangeia, o supercontinente meridional Gondwana, lentamente derivou em direção ao polo Sul. Ali, a criação de massivas calotas de gelo fez com que o nível, as temperaturas e a química do mar se alterassem de maneira drástica. Cerca de 60% da vida marinha então existente foi exterminada.

O aquecimento que se seguiu resultou em outra alteração dos mares, a qual permitiu que a vida, no mar e na terra, respondesse com outra explosão de fecundidade. Os invertebrados floresceram, com o surgimento das primeiras plantas complexas — aquelas internamente percorridas por tubulações organizadas, que rapidamente moviam água e substâncias nutritivas por todo o seu interior, conhecidas como "plantas vasculares".

A porcentagem de oxigênio do ar aumentou muito, atingindo 35% (hoje, essa porcentagem é de 20%), o que resultou em plantas que chegavam a 30 metros de altura e aranhas e insetos cuja envergadura atingia de 60 a 90 cm, por volta de 420 milhões de anos atrás. Encerrando essa era, por volta de 300 milhões de anos atrás ocorreu um desenvolvimento de extrema importância — o ovo amniótico (o ovo como o conhecemos hoje). O ato de botar ovos e a sua incubação, graças aos quais a geração seguinte podia receber proteção e nutrição adequadas antes de emergir plenamente desenvolvida, levaram a uma nova explosão da capacidade de se reproduzir em terra.

Justamente quando a vida experimentava um desenvolvimento explosivo, uma catástrofe aparentemente multifacetada resultou na maior extinção em massa da história de nosso planeta, a grande extinção que recebeu o nome de transição Permiano-Triássico, ou a Grande Morte. Muito provavelmente envolvendo a colisão de um asteroide, sua magnitude foi tamanha que ela desencadeou um vulcanismo maciço em nível global e alterou de maneira drástica a química do ar e do mar. Pelo que parece, cerca de 70% da vida na Terra e 95% da vida oceânica pereceram.

Cada morte é um renascimento. Paradoxalmente, nos milhões de anos que se seguiram, essa extinção abriu caminho para linhagens totalmente novas, muitas das quais prenunciaram as espécies animais e vegetais necessárias à emergência dos seres humanos e com as quais estamos familiarizados hoje. Entre essas mudanças estava uma inovação essencial, que iria adquirir a maior importância para, finalmente, permitir o desenvolvimento de vida inteligente no planeta. As grandes florestas de plantas semelhantes à samambaia foram substituídas por plantas cuja descendência estava encerrada em sementes, as quais lhes garantiam proteção e mobilidade inigualáveis para propósitos de reprodução. Aparecendo há 245 milhões de anos, essas gimnospermas comprovariam ser a chave da agricultura milhões de anos mais tarde. Elas são atualmente conhecidas como coníferas e pinheiros.

Nesse ambiente, há 215 milhões de anos, apareceram os primeiros pequenos mamíferos, tão exíguos que, de início, foram negligenciados por completo, mas, em retrospectiva, prenunciavam não apenas todo o panorama do ambiente agora familiar da humanidade, mas também a própria humanidade. Dinossauros dominaram durante os 150 milhões de anos seguintes, enquanto esses humildes antepassados dos mamíferos conseguiam subsistir ao lado de enormes patas, e sob elas. Nessa época, os campos de petróleo foram depositados, tendo início por volta de 200 milhões de anos atrás. Também nessa época ocorreu o advento de organismos que continuariam a ser os únicos vestígios de nossa herança desse mundo dos dinossauros — os pássaros. Durante esse tempo, as modernas coníferas (ou pinheiros) apareceram pela primeira vez em suas formas hoje reconhecíveis. O clima permaneceu quente, um aquecimento global alimentado por níveis de dióxido de carbono cerca de três vezes maiores que os atuais.

O megacontinente Pangeia completou seu colapso, com o supercontinente meridional de Gondwana separando-se em América do Sul e África e criando, entre eles, o grande Oceano Atlântico. A Índia e Madagascar também se desprenderam das margens ocidentais da Austrália e da Antártida e formaram o Oceano Índico. Além disso, a América do Norte e a Eurásia também começaram a se separar. Nesse espalhamento, cerca de 90 milhões de anos atrás, canais e trechos de mar rasos invadiram muitos dos continentes, incluindo as Américas do Norte e do Sul, a África e a Eurásia.

Há 65 milhões de anos, exatamente quando o *Tyrannosaurus rex* tornava-se um invencível predador, um enorme asteroide colidiu contra o Golfo do México e jogou tanta sujeira para cima que bloqueou a luz e o calor do Sol. As plantas começaram a desaparecer. A isso se seguiu a morte dos animais que se alimentavam de plantas e, em seguida, dos que se alimentavam de carne. Para os dinossauros, que dominavam nessa era, o resultado foi catastrófico. Ao todo, 65% de todas as espécies marinhas e cerca de 15% de outras espécies terrestres — inclusive muitos dos primeiros mamíferos — foram extintos.

O advento da vida inteligente

Os mamíferos começaram a se manifestar como uma presença pouco perceptível. Depois que a colisão do asteroide levou à extinção dos dinossauros, todos os animais terrestres de peso superior a cerca de 20 kg, aproximadamente o tamanho de um cão de grande porte, desapareceram. Somente os que exigiam quantidades pequenas de alimento sobreviveram.

Esses mamíferos habilidosos, de sangue quente e que cuidavam da vida de sua prole, passaram a ocupar quase todas as partes da paisagem ecológica — preenchendo os nichos, lugares onde se podia "ganhar a vida". O ambiente fervilhava com animais insetívoros e mamíferos semelhantes a roedores. Enquanto os mamíferos de tamanho médio procuravam quaisquer alimentos que pudessem encontrar nas florestas, os primeiros mamíferos maiores, mas ainda não gigantescos, alimentavam-se da vegetação cada vez mais abundante. Cerca de 65 milhões a 55 milhões de anos atrás, carnívoros maiores começaram a perseguir suas presas. Nessa época, a temperatura média era de aproximadamente 29,4 graus Celsius, a mais quente durante os últimos 65 milhões de anos. Do polo Norte ao polo Sul, a temperatura variava pouco, e, por isso, praticamente não havia gelo, e a precipitação era alta.

Por volta de 50 milhões de anos atrás, os continentes como nós os reconhecemos moviam-se em direção às suas posições atuais. Nessa época, a Austrália separou-se da Antártida, e a Índia colidiu com a Ásia há 45 milhões de anos, empurrando o Himalaia para as alturas.

Os mamíferos permaneceram pequenos, o que talvez fosse algo fortuito, pois há mais ou menos 41 milhões de anos mudanças no planeta prenunciaram renovadas épocas de frio, muito provavelmente como resultado das novas posições continentais e dos oceanos. Essa era a paisagem sobre a qual a humanidade, muito mais tarde, passaria a caminhar.

A ideia de que pode existir vida inteligente em qualquer lugar do universo é fascinante.[25] Em nosso planeta, o período que se estendeu de 50 milhões a 45 milhões de anos atrás produziu as circunstâncias únicas nas quais a criatura que chamamos de ser humano poderia surgir.

Flutuações regulares entre períodos relativamente quentes e períodos relativamente frios foram características desse grande lapso de tempo. Embora possa não ser evidente, essas oscilações criaram uma variedade mais ampla de *habitats* e, portanto, uma oportunidade muito maior para o aparecimento de novas espécies de animais e plantas, as quais interagiam umas com as outras e utilizavam recursos umas das outras.

Uma criatura muito diferente que surgiu no planeta nesse período foi o primata — os macacos e seus parentes. Entre outras inovações evidentes no pri-

---

[25] Uma pesquisa de opinião da CNN, realizada em 2010, indicou que 86% dos entrevistados compartilham dessa fascinação.

mata, estava a forma da mão, com um polegar e os dedos, o que lhe permitiu um leque potencialmente amplo de novas atividades comportamentais.

Por volta de 30 milhões de anos atrás, os antropoides — primatas superiores — apareceram na África, antepassados diretos dos macacos e de outros símios modernos. Essa linhagem diversificou-se com rapidez, e aqueles macacos que migraram da África para o que se tornaria a América do Sul, ainda vizinha do continente africano, tornaram-se criaturas puramente do Novo Mundo, à medida que os continentes se afastavam cada vez mais um do outro. Por volta de 22 milhões de anos atrás, os macacos do Velho Mundo e os do Novo Mundo haviam se separado por completo, a ponto de alguns símios já não terem mais cauda!

Outro fato que ocorreu nesse período de oscilações climáticas viria a ter importância primordial para o advento da humanidade. Por volta de 25 milhões de anos atrás, um novo tipo de planta apareceu: a gramínea. Essa planta permitiu que novas espécies de animais aparecessem e prosperassem, em especial as que se tornariam parte da paisagem que deu apoio à ascensão dos macacos superiores. Concomitantemente com o desenvolvimento das gramíneas, por volta de 19 milhões de anos atrás, muitos animais pastoreadores, inclusive os ancestrais dos que a humanidade iria posteriormente caçar, surgiram e prosperaram.

Por volta de 18 milhões de anos atrás, os símios também migraram da África para a Ásia, onde se dividiram em símios menores (pequenos macacos) e símios maiores (grandes macacos). Seguiu-se um período de troca de linhagens entre essas áreas de terra, a qual resultou em uma diversificação adicional, por cerca de dez milhões de anos, que levou a orangotangos, gibões, siamangs, e assim por diante. Por volta de 7 milhões de anos atrás, gorilas começaram a aparecer na África. Há cerca de 6 milhões de anos, os símios maiores se dividiram em chimpanzés e hominídeos — os precursores dos seres humanos.

Como se tivesse ocorrido algum tipo de coreografia cósmica, também nesse período os futuros "melhores amigos" dos seres humanos — os gatos domésticos e os cães — viram o advento de seus ancestrais. Por volta de 8 milhões de anos atrás, os gatos modernos apareceram, e os cães os seguiram há 6 milhões de anos, juntamente com o cavalo, o castor, o veado, o camelo e a baleia. Cerca de 95% das modernas famílias de plantas que se reproduzem por sementes já existiam há 6 milhões de anos, e nenhuma delas foi extinta.

Esses períodos se caracterizaram por temperaturas flutuantes, as quais fizeram com que vários ecossistemas em todo o mundo se espalhassem e se retirassem. A sazonalidade desenvolveu-se em escalas maciças. Temperaturas caíram, outra vez de modo acentuado, por volta de 6 milhões de anos atrás e levaram as expansões de gelo perto dos polos até quase seus níveis atuais.

De enorme importância para o advento dos seres humanos, a África e a Arábia — conduzidas sobre as placas tectônicas africana e árabe — entraram em contato com a Eurásia, o que permitiu um grande intercâmbio de flora e fauna. Sublevações da crosta da Terra na África, o lar ancestral da população que assentou os fundamentos da humanidade, fizeram com que a África Ocidental central fosse úmida, e a África Oriental, mais seca. Há cerca de 6 milhões de anos, o Mar Mediterrâneo também se tornou isolado, separando-se do oceano pela contiguidade entre Gibraltar e o Norte da África. O crisol estava pronto para o desenvolvimento dos primeiros seres humanos.

O enigma da humanidade

É surpreendente como a visão científica do advento dos seres humanos mudou em apenas algumas décadas. Não existe mais um debate simples sobre as características de uma única linhagem distinta, com os nossos antepassados seguindo-se uns aos outros em sequência vertical. Em vez disso, há hoje um número diversificado de precursores do *Homo sapiens*, com várias espécies anteriores consideradas membros de nosso gênero *Homo* imediato. Essas espécies estão muito espalhadas, no tempo e no espaço, em especial diante da disponibilidade de fósseis, em uma colcha de retalhos de sobreposições e conexões incertas.

Uma das lacunas que a ciência ainda não soube preencher está no fato de que não costuma haver nomes comuns para muitos desses antepassados. A fim de dar uma ideia mais nítida de quem eram eles e onde viviam, precisamos informar seus nomes científicos e a localização de seus fósseis. O *Homo sapiens* é o único sobrevivente de todos estes pioneiros: *Homo antecessor* (Espanha), *H. cepranensis* (Itália), *H. erectus* (África, Eurásia, Java, China, Índia e Cáucaso), *H. ergaster* (leste e sul da África), *H. floresiensis* (Indonésia), *H. gautengensis* (África do Sul), *H. georgicus* (Geórgia), *H. habilis* (África), *H. heidelbergensis* (Europa, África e China), *H. neanderthalensis* (Europa e Ásia Ocidental), *H. rhodesiensis* (Zâmbia), *H. rudolfensis* (Quênia) e *H. sapiens idaltu* (Etiópia).

Na visão moderna, a nossa espécie costuma ser designada como "o último homem de pé". Isso porque, em uma época mais recente, há 70 mil anos, parece ter havido pelo menos quatro "homens de pé". Dois deles eram nós mesmos, os primeiros *Homo sapiens*, e um primo mais selvagem e defeituoso, o *Homo neanderthalensis* (homem de Neandertal), que, de acordo com evidências atuais, inclusive de DNA, teria sido uma espécie distinta, mas que de vez em quando cruzava com os seres humanos primitivos. Os outros dois são inclusões muito recentes às listas científicas. Um deles é o *Homo floresiensis* (homem de Flores), humanoide semelhante a um *hobbit*, com cerca de 90 cm de altura, dizimado por erupções vulcânicas na Indonésia, cerca de 70 mil anos atrás. É provável que o homem de Flores tivesse contato com nossos ancestrais quando nos espalhamos pela Austrália. A outra inclusão recente é o *Denisova hominin* (homem de Denisova), descoberto recentemente, em 2008. Foi uma surpresa de grande importância porque em seu material remanescente descobrimos DNA testável, o qual revelou sua identidade como um primo humano primitivo.

Em um debate informativo, duas visões diferentes competem com relação à nossa origem direta — a visão da origem "a partir da África", ou visão de uma origem única e recente, que até há pouco tempo desfrutava da maior parte do apoio, e a visão alternativa multirregional. A primeira sustenta que o *Homo sapiens* teve origem na África e migrou para fora do continente entre 50 mil e 100 mil anos atrás, substituindo as populações de *Homo erectus* na Ásia e de *Homo neanderthalensis* na Europa. Por sua vez, a segunda visão postula que o *Homo sapiens* evoluiu geograficamente de maneira separada, mas que houve cruzamento entre as espécies, de modo que as populações surgiram de uma migração mundial do *Homo erectus* para fora da África cerca de 2,5 milhões de anos atrás.

O ponto crucial do argumento parece residir na maneira como evidências secundárias são avaliadas. Por um lado, existe o genoma (DNA) compacto ligado ao *Homo sapiens* durante o período de nosso surgimento na África. Por outro lado, há evidências de que genomas suplementares antigos (complexos de DNA), inclusive o homem de Neandertal e o recentemente descoberto homem de Denisova, também interagiram. Uma grande surpresa surgida do estudo do

DNA dos homens de Neandertal e de Denisova foi a de que os componentes de seu DNA estavam bem caracterizados no DNA dos seres humanos modernos.

Além desse debate, há concordância em relação à ideia de que houve um Grande Salto para Frente na emergência dos primeiros seres humanos, depois de ter ocorrido um grave gargalo evolutivo. Esse gargalo significou uma extinção generalizada entre os primeiros seres humanos por causa de uma mudança climática avassaladora, em decorrência de uma erupção vulcânica regional calamitosa, do supervulcão Toba, da Indonésia. A poeira atmosférica produzida pela erupção do Toba mergulhou a Terra em uma época fria, que durou séculos.

O consenso científico relacionado a essa catástrofe parece explicar as evidências de que o genoma dos seres humanos modernos é extremamente homogêneo. Por exemplo, os DNAs presentes nos seres humanos são muito mais semelhantes entre si do que é habitual para a maioria das espécies de animais. Nos seres humanos, diferenças externas, como traços faciais, cor da pele e várias adaptações respiratórias a altitudes elevadas não se refletem em diferenças significativas em seu DNA.

Esses fatos são considerados evidências de que um gargalo populacional ocorreu abruptamente entre os primeiros seres humanos, há cerca de 70 mil anos. Seu efeito foi restringir, de maneira radical, a variedade de heranças genéticas nas gerações subsequentes. Uma metáfora convincente que decorre do modelo "A Partir da África" está na identificação, pela ciência, de uma Eva Mitocôndrica. Com base em pesquisas que utilizaram o DNA mitocôndrico feminino e o cromossomo masculino Y, sugeriu-se que todos os seres humanos que surgiram desse gargalo populacional poderiam ter sido a prole de uma única mulher. Isso criou um momento interessante no debate religioso *versus* científico que procura explicar a origem da humanidade.

Tipos de criacionismo

Enquanto nos empenhávamos em identificar com precisão a tendência que promoveu o desenvolvimento da consciência da unidade na evolução da nossa espécie, também notamos as visões divididas em meio aos povos de todo o mundo no que diz respeito ao processo que explica nossa origem e o lugar que ocupamos no universo. Isso nos leva a indagar se haveria um fim de jogo no qual essa divisão cessa, em especial à luz da Era Interespiritual que se desdobra.

Uma coisa é igualar a evolução com a simples realidade cotidiana dos padrões e processos, o que nos leva a tornar a volatilidade da palavra mais palatável ao senso comum, e outra, muito diferente, é abordar as implicações da divisão em todo o mundo, em tempo real, a respeito desse tema — em especial tendo em vista o fato de que ela desempenha internacionalmente seu papel em um palco de inflexível polaridade e até mesmo de conflitos.

Embora quase todas as tradições religiosas que envolvem algum nível de instrução geral para seu clero tenham hospedado a ideia de evolução, e a filosofia científica seja razoavelmente clara em relação aos limites de sua investigação, a massa de cidadãos do mundo, coletivamente considerados, ainda está travada nessa batalha divisiva que poderia ameaçar a sobrevivência da nossa espécie.

Um aspecto perturbador e preocupante do debate criação-evolução é o retrato dos dois campos como amplamente divididos, sem nenhum terreno em comum. As diferenças entre os vários "jogadores", como a ciência da criação, o projeto inteligente, a ciência reducionista e a evolução teísta, não se encontram nos detalhes, mas nos "modos de conhecimento" elementares que eles põem em jogo — em outras palavras, na lente cultural através da qual eles olham.

Como a batalha entre os combatentes tem sido travada sobretudo por meio da mídia da política, do direito e da educação, o debate internacional acabou colocando em oposição o equivalente a *lobbies* sofisticados. No lado criacionista, por exemplo, está o Center for Science and Culture, que agora defende o projeto inteligente, depois que os tribunais decidiram que a ciência da criação é uma forma de crença religiosa. Do lado secular, há uma coalizão diversa sob a bandeira do National Center for Science Education. Destacamos esses dois porque representam várias décadas de coalescência dentro e por meio dos movimentos de defesa criacionista e evolucionista.

O Deus das lacunas

Desde o princípio, argumento básico dos antievolucionistas tem sido o que é conhecido como "o Deus das lacunas". A ideia é que, se é possível identificar áreas de dúvida, de incompletude ou até mesmo de complexidade na visão científica, pode-se argumentar que apenas a ação de Deus (ou de outro agente metafísico) é capaz de explicar de modo adequado essas lacunas.

Um exemplo dessa maneira de pensar é um relógio. Argumenta-se que se algo tão complexo como um relógio exige um relojoeiro, então algo tão complexo como a Terra também precisa de um construtor, uma vez que muitos processos da natureza são muito mais complexos do que relógios. Os defensores dessa visão dizem que somente a inteligência de um fabricante poderia explicar a sintonia fina de tal complexidade.

Um dos problemas com os argumentos criacionistas é que seus pontos gerais, independentemente de quão modernizado seja o estilo da linguagem, têm histórias que remontam ao século XIX. Em sua maioria, essas histórias são construídas com base nos mesmos pontos de vista proclamados nos dias de Darwin e empregam as proposições teológicas e filosóficas britânicas padronizadas da época, como o famoso "argumento com base no planejamento" (desde os antigos gregos e romanos, passando por Averróis, Tomás de Aquino e por John Locke, até chegar, finalmente, a David Hume, em seus famosos *Diálogos Sobre a Religião Natural*).

Outra estratégia de importância central para a abordagem de alguns criacionistas[26] consiste em representar a discussão por meio de opostos dramáticos, como: "Pode alguém acreditar tanto em Deus como na evolução? Pode alguém aceitar os ensinamentos científicos e se envolver na crença e na prática religiosas?" Conectados a esse nível de discussão, eles põem em jogo os medos cristãos ocidentais do materialismo, do comunismo, do reducionismo científico, do paganismo, da moral e da ética, os quais eles desaprovam. Esses pontos de vista são particularmente influentes entre os que acreditam em cenários mágicos de fim dos tempos.

Praticamente todas as religiões do mundo têm algum tipo de subcultura ou *lobby* que defende o criacionismo ou o projeto inteligente. No islamismo, há uma iniciativa estabelecida relativamente há pouco tempo, a BAV (Bilim Arastirma Vakfi, que se traduz como Fundação de Pesquisas Científicas), que atua em contracorrente no que diz respeito à longa história do islamismo de acomo-

---

[26] Como é apresentado no documento The Wedge, do Center for Science and Culture.

dar, com habilidade, a ciência a si mesmo, em particular nos períodos clássicos (Nasir al-Din al-Tusi, Al-Dinawari, Ibn Maskawayh e Ibn Khaldun, para não generalizar em excesso), e, desde o século XIX, Jamal-al-Din al-Afğhām e Ghulam Ahmad Pervez. Todas esses pontos de vista se manifestam no modo evolutivo teísta. É significativo o fato de o proeminente periódico *Science* ter indicado, recentemente, que a visão de evolução nas atuais sociedades islâmicas é mista, com aceitação geral da cosmologia, da química, da física e da genética, embora elas se recusem a aceitar a ancestralidade compartilhada entre seres humanos e primatas. Há definitivamente alguma coisa envolvendo esses macacos!

O judaísmo tem-se mostrado abertamente contra o projeto inteligente, com um grande número de organizações judaicas e instituições acadêmicas identificando-o como pseudociência. Uma exceção a essa tendência quase unânime é a de Moshe Tendler, rabino e professor de biologia na Universidade Yeshiva, em Nova York.

O budismo e o hinduísmo, ambos centralizados na compreensão profunda do processo e de mudança, também se opuseram quase em unanimidade ao projeto inteligente. As publicações da International Society for Science and Religion incluem argumentos contra o projeto inteligente por V. V. Subbarayappa, do hinduísmo, e por Trinh Xuan Thuan, do budismo.

A grande população, globalmente considerada, cujas religiões apoiam uma visão da evolução teísta, dá apoio ao fato de visões puramente antievolucionistas operarem principalmente no domínio da política mundial, em cujo âmbito esperam exercer e impor sua influência por meios políticos. Constatar se essas crenças impermeáveis à informação podem produzir uma visão mais inclusiva, mais holística, a qual a espiritualidade definiria como a visão do coração, será um teste fundamental para a Era Interespiritual e a emergente consciência da unidade.

Um fim de jogo biológico?

Embora seja duvidoso que alguma evidência científica possa persuadir um fundamentalista impermeável à informação, precisamos descobrir se é possível identificar quaisquer linhagens de dados científicos que sejam tão convincentes, tão evidentes para o senso comum, que tornem praticamente inegável a visão da evolução.

Os defensores da moderna visão evolutiva listam 23 linhas de evidência, sem contar as principais subcategorias, que, conforme acreditam, corroboram a visão científica. No que se refere aos argumentos para rejeitar a evolução, dois aspectos das descobertas biológicas modernas muitas vezes não são reconhecidos, nem compreendidos, por aqueles que passam inúmeras horas alegando ter argumentos razoáveis e racionais contra a moderna ciência evolucionista.

Evidências provenientes da sequenciação molecular (DNA, RNA e suas linhagens de "retrovírus" ERV [*endogenous retrovirus*] relacionadas) fornecem as provas mais convincentes e, possivelmente, irrefutáveis para o parentesco genealógico de toda a vida, que partilha o código genético baseado na molécula de DNA e em sua molécula de RNA relacionada.

Esses métodos oferecem cálculos de probabilidade extremamente impressionantes, os quais demonstram quão bem as previsões de descendência comum com modificações coincidem com nossas observações. A moderna teoria evolucionista, juntamente com informações provenientes de estruturas e mecanismos biológicos moleculares, nos oferece previsões biomoleculares testáveis e precisas. Esses argumentos adotam a forma de uma singularidade, pois constituem um exemplo no qual se pode concluir diretamente que a ligação implica parentesco, e o termo para isso é impressão digital genética.

Uma vez que os elementos genéticos podem ser analisados e as sequências podem ser comparadas, todo um novo meio de acesso abriu-se às pesquisas, as quais permitiram aos cientistas examinar as sequências de genes e identificar suas relações. Mesmo que os cientistas estejam trabalhando às cegas no que se refere ao local de onde vem uma amostra genética, eles ainda podem avaliar suas relações por meio dessa metodologia.

Graças ao fato de se poder ir diretamente à fonte — o próprio código genético —, hoje é mais possível do que nunca testar a evolução *versus* outras teorias das origens. Dito isso, não há dúvida de que a precisão e a complexidade da ciência moderna constituem um problema em si mesmos no que se refere às relações públicas. O nível de detalhes e os jargões técnicos são tão complexos que foi difícil até mesmo preparar o breve resumo acima. Há dificuldade semelhante quando tentamos discutir as várias teorias científicas sobre a consciência. Muito mais poderia ser dito e muito mais exemplos poderiam ser dados por meio da ciência. No entanto, às vezes não há termos comuns disponíveis para o que o cientista procura transmitir, há somente jargões técnicos. Como resultado, grande parte do mundo continua a aderir a respostas simplistas, uma vez que essas respostas são reconfortantes. Assim como acontece com a dúvida pública, no mundo desenvolvido, sobre as mudanças climáticas e o aquecimento global, e com a crença, no Terceiro Mundo, segundo a qual a aids é causada por espíritos, infelizmente essas adesões trazem consigo o potencial para consequências trágicas.

Muito antes do nosso conhecimento do DNA, a compreensão de como incontáveis elementos do material genético atuam dentro e através de igualmente incontáveis populações de plantas e animais individuais convenceu praticamente cada biólogo que compreendeu esse fato (em geral ensinado apenas no nível do doutoramento) de que ele explica a maneira como a evolução faz seu trabalho. Esse campo complexo e dinâmico poderia ser chamado de "a matemática que está sob o que você pensa que vê".

O problema é que, na ausência dessa compreensão, os que trabalham com base no ponto de vista do "Deus das lacunas" continuam a alegar sua compreensão simplista do material genético, e a seleção natural possivelmente não poderia explicar muitas das coisas assombrosas que vemos no mundo natural. Houve inúmeras reuniões entre criacionistas e evolucionistas, até mesmo amigáveis, e esses últimos tiveram de deixar essas reuniões no fim do dia dizendo coisas como "eles não entendem de genética da população". É como se alguém dissesse a você que o espectro de luz visível em um quarto é tudo o que existe, quando você sabe que, se recorrer a um determinado conjunto de óculos especiais, poderá ver com facilidade tanto a luz infravermelha como a ultravioleta.

Talvez a maneira mais simples de compreender a genética da população seja imaginar um complexo jogo de cartas. Apenas cerca de 15% do material genético é de fato usado em um organismo para produzir as características que observamos, isso sem mencionar o fato de que esse organismo faz intercâmbio com outros em sua reprodução populacional mais ampla. Imagine que apenas 15% das cartas estão em jogo em qualquer momento, e que as outras 85% são deixadas de fora para o jogador trapacear. Se, além disso, permitirmos que os 15% das cartas em jogo possam ser mudadas sem que o outro jogador perceba, ele também terá algumas grandes surpresas.

Outra metáfora que poderia nos ajudar consiste em pensar sobre o que você vê ao olhar imagens obtidas com ultrassom. A maioria das pessoas está familiarizada com ultrassonografias, e muitas já observaram no monitor a aplicação de uma dessas técnicas. Imagine que as rajadas individuais de ultrassons enviadas para os objetos que são ultrassonografados e que se refletem para trás, compondo no monitor uma imagem em movimento, representam o material genético disponível em uma população. Assim como acontece com a ultrassonografia, você vê movimento dinâmico na tela. O operador pode variar o foco, indo até mais fundo ou ficando em uma profundidade mais rasa, e também pode se deslocar para a direita ou para a esquerda, a fim de revelar os movimentos de diferentes características anatômicas. É esse movimento dinâmico de elementos gigantescamente compartilhados no *pool* genético de populações que, em qualquer caso, mostra coisas muito diferentes. Isso ilustra como formas de aparência drasticamente diversificada surgem na natureza ao longo do tempo. A matemática da genética da população prevê e rastreia essas mudanças dinâmicas, as quais explicam os desenvolvimentos radicais, que não são facilmente compreendidos por meio de uma visão simplista do processo.

Um final feliz?

Um resultado da falta de acerto final nas divergências sobre a evolução é a crescente polarização entre as religiões "frias" e as religiões "quentes". As religiões frias, que já não manifestam suas reivindicações metafísicas de modo estridente, em especial seus cenários de fim dos tempos, adaptaram-se para acomodar diferenças de opinião. Essas religiões incluem a maior parte das tradições caracterizadas por altos níveis de instrução entre seu clero, frequentemente envolvido em atividades ecumênicas. Por sua vez, o comportamento das religiões quentes é exatamente o oposto, como testemunhamos desde 11 de Setembro no movimento da "direita" na política norte-americana.

Durante o "iluminismo" do século XVIII, quando a democracia substituía globalmente a monarquia, alguns dos grandes líderes do mundo eram incapazes de conciliar o fato de o Deus de seu passado — um Deus envolvido — parecer não estar mais diretamente em atividade em suas vidas. O resultado foi o deísmo, a religião de Jefferson, Hamilton, Madison, Paine, Franklin e outros fundadores norte-americanos. Uma visão religiosa do tipo "refrigerante", o deísmo racionalizou que, depois de Deus ter criado tudo, ele afastou-se e deixou a humanidade com seus próprios dispositivos. Embora tivesse instigado alguns dos homens mais talentosos da época, hoje, para nós, essa visão parece obsoleta. De maneira semelhante, tem havido surtos de religião quente ao longo de toda a história, os quais se estendem de episódios de extremo fanatismo — como os judeus macabeus, as cruzadas e as rebeliões Taiping chinesas — até a emergência de religiões novas e vigorosas (como o mormonismo e a Fé bahá'í) e o culto à figuras carismáticas (como David Koresh e Jim Jones).

Hoje vemos movimentos favoráveis ao evolucionismo até mesmo no cristianismo evangélico, os quais tentam estabelecer um novo tipo de discussão em torno dos dados convincentes da ciência, sem por isso descartar uma fé cujos textos estão ancorados em modos de vida de idade milenar. Também vemos o reconhecimento, em muitos círculos religiosos em todo o mundo, do valor da psicologia evolutiva. Uma vez que os problemas de pessoas reais, em tempo real, estão sendo abordados com sucesso por uma psicologia construída sobre grande parte da visão evolutiva moderna da ciência, muitas pessoas têm de admitir que é preciso haver alguma verdade nisso. Fundamentalmente, evolução envolve adaptação — o processo de sobreviver e de prosperar que, de maneira inevitável, tanto na natureza como na sociedade humana, leva a revolução após revolução e tende, em última análise, à Era Interespiritual.

Outro advento de importância crucial é a filosofia analítica, que aborda problemas filosóficos contando com a vantagem proporcionada pelo método científico, com sua concepção de visões de mundo sofisticadas, holísticas e integrais. Essas duas perspectivas oferecem a possibilidade de não apenas compreender sistemas complexos, mas também de apreciar a perspectiva segundo a qual qualidades inteiramente novas ("emergentes") podem surgir à medida que esses sistemas evoluem.

O potencial transformador das visões de mundo integrais — como a Visão Integral, a Dinâmica em Espiral e outros sistemas semelhantes — é sua apresentação de abordagens abrangentes e dinâmicas, nas quais muitas atividades até mesmo aparentemente conflitantes podem ser vistas atuando ao mesmo tempo. Nesse contexto, o lugar, o valor e a integridade de cada uma delas podem ser discernidos (como o lugar da percepção profunda e aguçada, seja ela científica ou espiritual), e potenciais complementaridades e sinergias podem ser reconhecidas. Em todas elas reside grande esperança para o futuro.

Uma vez que o *Homo sapiens* surgiu na África, saímos de uma situação um tanto difícil em relação à perene controvérsia criação-evolução, mesmo que os detalhes sobre a relação dos seres humanos modernos com outros, mais primitivos (homem de Neandertal, homem de Flores e homem de Denisova) sejam incertos. De fato, os literalistas bíblicos ocidentais argumentam que não nos encontramos em terreno comum até cerca de 10 mil anos atrás, do ponto de vista das escrituras judaicas e islâmicas, mas, pelo menos, a humanidade está finalmente no palco. A partir desse ponto, parece haver poucos argumentos afirmando que o desenvolvimento de nossa espécie apenas segue as regras do senso comum de causa e efeito. Consequentemente, o debate sobre as origens pode passar a ocupar um assento traseiro, em vista do que acontece em seguida.

6

A aurora da espiritualidade

"Sinto, logo existo."

— Neurologista António Damásio, sobre a réplica mordaz de Espinosa a Descartes

É POSSÍVEL VISUALIZAR A RELAÇÃO ENTRE O DESENVOLVIMENTO DA MENTE-CÉREBRO, a emergência da consciência e o princípio das atividades espiritual e religiosa. O que chamamos de "consciência" surgiu quando os primeiros seres humanos começaram a apreender a relação entre causa e efeito. Em primeiro lugar, veio a percepção geral de causa e efeito e, em seguida, a ação relacionada com esse reconhecimento, como a fabricação de ferramentas.

Em estudos sobre a mente-cérebro, essa relação direta de um reconhecimento, ou percepção, seguido por uma ação costuma ser chamada de "consenso de integração". Sempre que os animais reconhecem a relação de causa e efeito, surgem ações e habilidades. Essa relação entre percepção e habilidades não apenas desempenhou um papel fundamental para o desdobramento de nossa história, mas também se mostrou importante para sabermos se, no presente milênio, podemos reconhecer e resolver os problemas com os quais nos confrontamos.

De maneira coerente com essa compreensão da consciência, vários conjuntos de habilidades adquiridas apontam para o surgimento gradual da consciência nos seres humanos, incluindo a fabricação de ferramentas, a produção de fogo, o sepultamento dos mortos, a arte pré-histórica e a origem e a transição da fala e dos gestos para linguagens completas. Especialmente importante é a relação entre a linguagem e o desenvolvimento de uma mente analítica, com a projeção dessa capacidade em atributos como a introspecção e a reflexão.

Isso sugere o desenvolvimento, em primeiro lugar, do que chamamos de "mente", a qual poderia ser vista como um *loop* reflexivo de causa e efeito entre cérebro e corpo — e, ao longo do tempo, à medida que esse processo se tornava progressivamente mais complexo, desenvolveu-se também o que passamos a chamar de "consciência". Esta última envolve habilidades como introspecção, reflexão, análise de múltiplas opções e projeção dessas opções como uma percepção do eu, juntamente com uma percepção do passado e do futuro.

Com a consciência, veio o ato de dar nome às coisas, inclusive a nós mesmos e a diversos itens, o que foi acompanhado pela narração de histórias sobre tudo isso. Uma vez que haja um mundo de histórias, é possível uma pessoa sentir, ou efetivamente criar, uma existência mais ampla do que apenas seu estado atual. Se você está sentindo aqui a presença da espiritualidade e da religião, está sentindo corretamente.

A maior parte dos cientistas remonta a aurora desses conjuntos de habilidades — por eles chamadas de "plena modernidade comportamental" — a cerca de 50 mil anos atrás, às vezes recuando ainda mais no tempo, para 100 mil anos atrás, mais ou menos o período em que o *Homo sapiens* estava migrando para fora da África e se encontrando com outros membros primitivos do gênero *Homo*.

Assim como há uma divisão relacionada à evolução biológica, também há uma divisão relacionada ao que é consciência. As duas principais visões reconhecem qualidades em geral consideradas partes da consciência: subjetividade, percepção, experiência de sentimentos, vigília, senso de individualidade (*selfhood*) e comando das faculdades mentais. Mas será que a consciência deve ser considerada apenas como uma reunião das qualidades produzidas pelos cérebros individuais de seres humanos e animais? Com algumas exceções, essa seria a visão estritamente científica. Ou será que ela é o reconhecimento de um campo coletivo mais amplo, do qual a experiência do indivíduo faz parte? Esse último caso seria a visão familiar à religião e à espiritualidade.

Como no caso da evolução, a elite mais instruída da ciência está, mais uma vez, em minoria. Embora a própria ciência tenha, pelo menos, meia dúzia de concepções muito diferentes e igualmente complexas sobre a consciência, a maior parte do mundo seguiu com alegria o caminho mais cômodo e adotou outras suposições sem muito exame crítico. Para propósitos gerais, vamos nos referir a essas duas diferentes compreensões da consciência como "A Consciência da Ciência" (a consciência ocorre apenas no corpo-mente individual) e "A Consciência da Espiritualidade" (a consciência ocorre em um campo coletivo mais amplo).

Consciência — o poder de um nome

Independentemente da maneira como reconhecemos a consciência, o que é único a nosso respeito é o fato de que cada um de nós é caracteristicamente autoidentificado e, no entanto, cada um de nós também existe, ao mesmo tempo, como parte intrínseca de uma coletividade interdependente e comunicante, a qual, conforme estabelece a tradição, é o clã ou a tribo. Com base na autopercepção, particularmente no sentido de se ter um nome pessoal cuja existência na linguagem pode viver muito mais tempo do que a pessoa real, surge o sentido de permanência da identidade, com suas implicações de passado e futuro, que levam a atividades espirituais e religiosas reconhecíveis.

Nomear é a primeira evidência do mundo subjetivo, o mundo de uma "ideia" sustentada dentro da humanidade e independente do mundo em torno dela. Enterrar os mortos, particularmente com rituais, é outra marca de identidade pessoal. Além disso, podemos apontar para criação da arte, em especial como um objeto de devoção. A sugestão de um pensamento dialógico, reflexivo e introspectivo é inerente a essas atividades. Na visão científica, esses aspectos são os mais frequentemente utilizados para caracterizar a consciência.

Cientistas destacam o fato de que uma afinidade inerente pelo ensinamento e pela aprendizagem é exclusiva de nossa espécie. Quando experimentos de aprendizagem primitivos são apresentados a macacos adultos e a crianças, os macacos raramente têm inclinação para transmitir, de maneira coletiva, o que eles próprios aprenderam e, em geral, nem sequer raramente. Os próprios chimpanzés que descobrem alguma coisa podem não passar adiante esse conhecimento. Se o fazem, o transmitem apenas a um membro de seu grupo imediato.

Em contraste, as crianças humanas, habitualmente, transmitem o que aprendem ao ambiente coletivo, e com frequência o fazem com excitação e bravata.

Antropólogos sugerem que nossa inclinação para o ensino e a aprendizagem foi o que definiu nossa espécie como "o último homem de pé". Não podemos saber sobre o pequeno homem de Flores parecido com um *hobbit*, pois essa espécie desapareceu. Mas parece que nossos primos europeus, os homens de Neandertal, malograram em mudar grande parte de seus hábitos durante a Era do Gelo, pois isso fez com que eles acabassem sucumbindo à extinção. Diferentemente deles, nós criamos roupas, abrigos e técnicas de caça para resistir às intempéries dessa era mortal. Esses comportamentos nos ajudam a indagar se, aos nos confrontarmos com os desafios que nos foram impostos pelo atual milênio, mais uma vez seremos capazes de nos adaptar diante da mudança.

Essas atividades sempre em expansão, conforme elas ficam mais e mais complexas ao longo do tempo, se tornam reconhecíveis como atividade espiritual ou religiosa.

A fabricação de ferramentas, o uso do fogo e o desenvolvimento da consciência

O uso de ferramentas significa que o usuário reconhece a relação entre os objetos e seus efeitos. No reino animal, o uso de ferramentas foi observado em vários macacos, golfinhos, elefantes, lontras, pássaros e polvos. Entre os símios, as ferramentas são usadas de várias maneiras, desde a caça até a preparação de alimentos, desde a criação de dispositivos para dar apoio ao próprio corpo (varas para ajudar a caminhar, antepassados das bengalas, e talvez até mesmo primitivas varas de medida) e dispositivos de defesa. Sabe-se que os chimpanzés constroem longas varas com extremidades pontudas e as usam como armas. Os chimpanzés bonobos, por exemplo, atacam manequins de laboratório de uma maneira que indica que eles sabem causar sérios ferimentos e até a morte. Portanto, não causa surpresa o fato de que o uso de vários tipos de ferramenta estava difundido entre as primeiras formas do *Homo*.

Uma medida do progresso no uso de ferramentas envolve a flexibilidade em introduzir mudanças nesse uso de modo a acomodá-lo a diferentes circunstâncias. Antigas ferramentas de pedra (ferramentas de madeira não seriam preservadas) remontam aos primitivos ancestrais africanos do *Homo*, de 2,6 milhões a 1,5 milhão de anos atrás, e evidenciam sofisticação crescente até 300 mil anos atrás. A modelagem de ossos e de armações de cervídeos em ferramentas mais complexas (anzóis para apanhar peixes, botões e agulhas) data de 50 mil a 70 mil anos atrás. As evidências são tão extensas e complexas, que os arqueólogos agrupam a amplitude desse desenvolvimento do uso primitivo de ferramentas em categorias "tecnocomplexas".

A sofisticação das ferramentas de pedra desenvolveu-se gradualmente até cerca de 40 mil a 50 mil anos atrás, com cada grupo (*H. habilis*, *H. ergaster*, *H. neanderthalensis*) parecendo começar em um nível mais alto que o anterior, mas com poucos desenvolvimentos ulteriores dentro de cada grupo. No entanto, depois de aproximadamente 40 mil anos atrás, o *Homo sapiens* introduziu mudanças com uma velocidade muito maior. Esse fato é coerente com a visão de que a plena modernidade comportamental para a humanidade data de cerca de 50 mil anos atrás. Também fornece sugestões relacionadas à superioridade do *Homo sapiens*. Enquanto a inovação das ferramentas diversificou-se rapidamente nos seres humanos modernos, vimos que as populações adjacentes do *Homo neanderthalensis* que sobreviveram nessa época manifestaram poucas variações em suas tecnologias primitivas.

O uso do fogo também indica um reconhecimento da conexão entre causa e efeito. Deixar de temer o fogo, bem como quase todos os animais, foi um grande passo, o qual permitiu aos seres humanos encontrar fogo em um lugar, aprender a controlá-lo, transportá-lo e aproveitá-lo para ser usado em outro lugar, além de aprender a produzi-lo deliberadamente.

Lareiras e outras evidências de uso do fogo são encontradas para cada um dos *Homo erectus*, *Homo heidelbergensis* e *Homo sapiens*, com o uso passivo do fogo natural às vezes remontando a 1,5 milhão de anos atrás e evidências nítidas de produção deliberada de fogo há 300 mil anos. Por volta de 70 mil anos atrás, o fogo também era usado na preparação de pedras para a fabricação de ferramentas.

A conexão do fogo com a preparação de alimentos tem importância muito mais crucial do que se poderia imaginar. Datado de uma época que pode estar situada entre 1 milhão e 250 mil anos atrás, o alimento cozido estendeu, ao mesmo tempo, a variedade dos alimentos que podiam ser comidos e seu valor nutritivo — uma ligação dinâmica com a robustez física aumentada, inclusive com o tamanho do cérebro.

A cozedura de alimentos implica escolha consciente. Além disso, a importância cultural do cozinhar não pode ser subestimada, pois o advento dessa atividade não apenas estimulou a criatividade e a inovação, mas também introduziu o sentido da preferência, tanto na espécie de alimento como no método de preparação.

Consciência e linguagem: a conexão fundamental

Muitos pesquisadores consideram o desenvolvimento da linguagem como um acontecimento de importância-chave para a compreensão do surgimento da consciência — de início, talvez como uma mente mais reflexa ou mais próxima da natureza animal, que tem menos necessidade de atividades calculadoras e reflexivas, e, em seguida, como uma mente mais e mais consciente (isto é, mais voltada para o cálculo, a reflexão e a introspecção).

Antropólogos e pesquisadores cognitivos datam a origem da linguagem há cerca de 50 mil a 35 mil anos. Então eles reconhecem que a transição da mente para uma consciência mais espaçosa surgiu como uma diferenciação que se estendeu ao longo de várias circunstâncias culturais e de várias linhas do tempo. Apesar de muitos suporem que os habitantes de todas essas eras tinham as mesmas faculdades mentais e conscientes que nós, especialistas afirmam que não é esse o caso. Uma vez que a mente e o comportamento humanos estão em desenvolvimento constante, eles variaram muito em diferentes épocas. Se isso for verdadeiro, as maneiras como e por que as circunstâncias mudaram ao longo da história das culturas do mundo também experimentaram mudanças em diferentes épocas e culturas.

Essa perspectiva nos ajuda a compreender o dinamismo das culturas mundiais conforme nos movemos em direção à globalização. Atualmente, vemos diferenças dramáticas nas culturas que vigoram em todo o mundo. Há sociedades abertas com sistemas democráticos e alguma compreensão dos direitos humanos universais, e sociedades fechadas controladas por ditadores ou por visões culturais compartilhadas restritivas e baseadas no medo. Com frequência, essas visões culturais estão conectadas a crenças religiosas e comportamentos fixos dominados por conceitos de recompensa ou punição definitiva.

A visão geral que se tem é a de que a linguagem começou como gestos e falas semelhantes a grunhidos que, no início, eram usados mais para comunicar comandos e orientações, como ainda hoje ocorre com alguns símios, tornando-se, em seguida, progressivamente mais complexa, enquanto se estabelecia em um sistema simbólico mais e mais diferenciado. Talvez a semente original fosse o reconhecimento da individualidade, seja ela a de uma pessoa ou de uma coisa, seguido pelo sinal que indica essa pessoa ou coisa — em outras palavras, seu nome.

Nos primatas, as áreas do cérebro chamadas áreas de Broca e de Wernike controlam os músculos da face, da boca e da garganta ligados à produção de sons. Os símios fazem chamados usando essas partes do corpo, e suas respostas a esses chamados mostram que os indivíduos e seus parentes são separadamente identificados dentro do grupo. De maneira semelhante, chimpanzés de laboratório associam com facilidade sons característicos a objetos característicos.

Alguns cientistas sugerem que uma protolinguagem primitiva (sons que indicam comandos, em especial vindos do líder do clã) precisou ter sido parte da estrutura social aparente do *Homo habilis*, a qual se manifestou em um período que remonta, pelo menos, a 2,3 milhões de anos atrás. Outros sugerem que a comunicação simbólica se manifestou no *Homo erectus* e no *Homo heidelbergensis* de 1,8 a 1,6 milhão de anos atrás. Em contraste com a eventual presença de uma linguagem, a primitividade da fala, nessa época, parece indicada por um elemento a mais, a saber, o fato de o *Homo neanderthalensis*, contemporâneo do primitivo *Homo sapiens*, não evidenciar uma estrutura anatômica suficiente para permitir uma linguagem plenamente desenvolvida.

A verdadeira linguagem costuma ser atribuída apenas a seres humanos modernos. Ela começa antes de 100 mil anos atrás, em sincronia com a emergência de nossa espécie, vinda da África, como consequência do gargalo populacional relacionado à catástrofe do vulcão Toba. A redução drástica da população humana nessa época, seguida pela expansão da população depois disso, com uma sucessão de habilidades que a acompanhou, pode explicar a uniformidade geral da linguagem primitiva no mundo todo.

Linguagens extremamente primitivas consistem, em sua maior parte, em substantivos, verbos e adjetivos, com alguns elementos complexos, como artigos, preposições, conjunções ou verbos auxiliares. A gramática é, com frequência, muito fixa, e as palavras não são enunciadas com inflexão. Não obstante, essas linguagens ficam complexas com muita rapidez, até mesmo em uma única geração. E, quando o fazem, mostram notáveis semelhanças em suas inovações, mesmo que tenha havido pouco contato entre os grupos que as desenvolveram.

Esse fato surpreendente, que confundiu antropólogos por muitos anos, sugere uma unidade intrínseca na psique herdada da humanidade — um elemento importante na visão de uma Era Interespiritual em desdobramento.

A linguagem está relacionada, de maneira inata, ao desenvolvimento de uma consciência mais ampla. Quando a linguagem se move em direção a uma estrutura metafórica que se torna progressivamente mais complexa, ela reflete o crescimento — como resultado do desenvolvimento progressivo do cérebro — de um terreno mais espaçoso de autopercepção, de consciência reflexiva e de complexas sequências de pensamento. Ela envolve o passado e o futuro, preferências, gostos e aversões, compreensão de causa e efeito, cálculos relativos a esses sistemas de referência de alto nível, como números e cômputos, e até mesmo a projeção de imagens mentais por cujo intermédio os indivíduos se imaginam fazendo algo em particular.

Os cientistas que seguiram esse padrão de desenvolvimento, no período de tempo que vai de 50 mil anos atrás até a aurora do que chamamos de tempo histórico — o qual pode ser estudado por meio de diversos remanescentes e artefatos e, finalmente, pela linguagem escrita —, acreditam que tenha ocorrido um gradual incremento de complexidade no âmbito dessa mente "animalesca" e originalmente mais reflexa.

A relação entre a linguagem e o desenvolvimento do pensamento metafórico tem importância particular em todo esse processo. Para a nossa consideração da espiritualidade, é o desenvolvimento do pensamento complexo e metafórico, a linguagem da narração de histórias e o fornecimento de ideias primordiais a respeito de quem somos, de onde viemos e para onde estamos indo que abrangem a paisagem espiritual.

Primeiras evidências da espiritualidade

Uma das primeiras atividades espirituais, que reflete a percepção do indivíduo como uma identidade, envolvia a remoção ritualizada do corpo humano após a morte de um indivíduo. Evidências de enterro dos mortos entre os primeiros seres humanos remontam a tempos mais recuados do que se poderia imaginar. Elas têm implicações importantes para a maneira de datar a origem do autor-reconhecimento, da individualidade e da percepção de um sentido de essência ou de alma. A antiguidade dos enterros de seres humanos nos registros antropológicos sugere que a percepção espiritual pode ter existido antes mesmo da linguagem plenamente desenvolvida.

Há evidências discutíveis de que os neandertaleses podem ter enterrado seus mortos com rituais. Remanescentes do *Homo heidelbergensis* também foram encontrados em covas especialmente construídas. Os corpos eram colocados em túmulos rasos, acompanhados não apenas de ferramentas, mas também de animais. Com frequência, os cadáveres eram dispostos em posturas específicas, e podiam inclusive ser colocados com o rosto voltado para pontos de referência proeminentes. O que é conhecido como "a provisão de bens da sepultura" sugere uma conexão emocional com os mortos e uma possível crença em uma vida após a morte. Esses enterros remontam a cerca de 100 mil anos atrás. Arqueólogos e antropólogos de todo o mundo consideram esses rituais funerários como evidências de atividade religiosa.

A arte pré-histórica oferece outra linha de investigação sobre o tipo de consciência que estava surgindo nos seres humanos primitivos. Não deveria nos surpreender o fato de as formas mais sofisticadas dessa arte datarem de até cerca de 50 mil anos atrás. Elas incluem estatuetas e ornamentos e as famosas pinturas rupestres europeias, que datam de 10 mil a 40 mil anos atrás.

Como também ocorreu com outros conjuntos de habilidades surgidas entre os primeiros seres humanos, precursores que sugerem o uso artístico podem ser rastreados até uma antiguidade que se estende a 300 mil anos. Essas manifestações ao longo do tempo variam de criações utilitárias, como vasos de cerâmica e de pedra, a objetos que transmitem motivos óbvios. Os mais interessantes para a compreensão da consciência são objetos que implicam devoção religiosa, os quais podem ser rastreados a até 70 mil anos atrás, em peças entalhadas e esculpidas, pinturas e figuras (com base nas quais se desenvolveu o totemismo) que indicam culto de animais e atividade xamânica.

Muito além de um sentido consciente de individualidade e de permanência de identidade, essa arte e as práticas cerimoniais conectadas a ela — e atribuídas tanto ao homem de Neandertal como aos primeiros *Homo sapiens* — ligam esses primeiros seres humanos a experiências místicas. Essas experiências incluem a atribuição de poder a entidades imaginadas ou pressentidas, a possibilidade de contato com espíritos auxiliares e a atribuição de espíritos a presas que lhes serviam de alimentos. Também estava implícito nisso a ligação inevitável do objeto com a coisa que ele representa, prenunciando o papel religioso dos ídolos.

A existência de totens individuais e coletivos, e de práticas nas quais o indivíduo ou o clã identifica-se por meio do totem, sugere ligação entre identidade religiosa primitiva e organização social, envolvendo os Reis Deuses e as hierarquias religiosas. A natureza interativa dessas práticas — por exemplo, a relação cerimonial entre o caçador e a presa pictoricamente representada — implica uma relação entre entidades coletivas, tanto reais como projetadas. Também implica um campo coletivo de experiências subjetivas, mais uma vez reais ou imaginadas.

Uma vez considerados todos os outros aspectos do comportamento humano primitivo nesse horizonte de 100 mil a 50 mil anos atrás, não deveria nos surpreender o fato de evidências de religião também surgirem à tona quando os seres humanos modernos saem para o palco do mundo como "o último homem de pé". A cada encruzilhada após o advento dos seres humanos modernos, vemos que cada nova adaptação na evolução também é, muitas vezes, uma revolução.

7

Evolução e revolução

*"Aqueles que não conseguem aprender com a
história estão condenados a repeti-la."*

— Atribuído ao filósofo George Santayana

TODOS ESTÃO FAMILIARIZADOS COM O AFORISMO SEGUNDO O QUAL se não aprendemos com a história, somos obrigados a repeti-la. Esse aforismo e suas diferentes variantes parecem remontar a comentários do filósofo George Santayana, em seu volume *La razón en el sentido común* [A Razão no Sentido Comum], de 1905. Essas palavras se tornaram sabedoria perene. A era integrativa sugere que podemos ser capazes de saltar um passo à frente e evitar o destino de repetir a história!

Pesquisas de opinião indicam que quase 80% das pessoas acreditam haver padrões discerníveis na história. Desde o século XIX, acadêmicos têm se empenhado em fazer uso de uma abordagem transcultural e centralizada no mundo para extrair laboriosamente esses padrões históricos. Conhecidos como desenvolvimentistas [*developmentalists*], defensores de uma abordagem centralizada no desenvolvimento, ou estruturalistas, seu trabalho evoluiu no dos integralistas [*integralists*] modernos, como Ken Wilber, Don Beck e Chris Cowan, cuja abordagem é centralizada na integração.

Você se lembra do coloquialismo "É só uma fase"? Assim como é comum para cada um de nós reconhecer etapas ou fases na vida de alguém porque observamos os padrões, os defensores das abordagens centralizadas no desenvolvimento e na integração veem padrões na história e sugerem o que esses padrões podem significar, em especial com relação ao futuro.

Da cosmologia ao desafio da história humana

Quer concordemos com a crença na evolução biológica ou na criação teísta, sabemos que o processo que se seguiu ao surgimento dos seres humanos envolveu adaptação, como todos reconhecem. O sucesso no desenvolvimento de conjuntos de habilidades tem sido, e continua a ser, de importância fundamental para a nossa sobrevivência.

A amplitude da história tem fascinado a humanidade e formado a base de interpretações que são, por um lado, seculares e, por outro, religiosas. Essas interpretações têm-se aproximado e se afastado de nós ao longo dos séculos e variam desde abordagens elaboradas, como a do materialista Karl Marx — que se estende desde o comunismo primitivo e as sociedades baseadas no escravagismo, passa pelo feudalismo, pelo capitalismo e pelo socialismo, e vai até uma aperfeiçoada forma de comunismo —, às crenças mais audaciosas de várias seitas apocalípticas. Religiões organizadas apoiam suas próprias visões propositadas da história, e cursos do tipo "O objetivo da história redentora" ou "Resumindo todas as coisas em Cristo" abundam na internet ocidental, com cursos semelhantes para o islamismo no Oriente Médio. Acadêmicos têm almejado sínteses globais, como a elaborada pelo psiquiatra e filósofo Karl Jaspers em *The Origin and Goal of History* [A Origem e o Objetivo da História] (1953), que nos trouxe o reconhecimento da Era Axial.

Tudo isso ilustra a compulsão de nossa espécie em buscar um significado mais profundo na história, evidenciada por uma pesquisa de opinião na qual se revelou que 77% dos entrevistados acreditam existir um propósito na história.[27] Não nos causa surpresa o fato de que visões da história baseadas no desenvolvimento e até mesmo supostamente providenciais serem reconhecidas pelo movimento interespiritual como evidências do interesse da humanidade pelos padrões de nossa história.

---

[27] Yahoo Answers (RU), 2009.

A literatura que aponta para uma visão da história centralizada no desenvolvimento inclui os ensinamentos básicos do budismo e da tradição védica da Índia, os quais, no Ocidente, têm-se destacado com proeminência nos escritos e na influência exercida por filósofos e teólogos como Pierre Teilhard de Chardin, Henri Bergson, Alfred North Whitehead e os filósofos idealistas alemães. Essas visões, desde o fim do século XIX, coalesceram-se no corpo de conhecimento acadêmico conhecido como estruturalista ou centralizado no desenvolvimento, cujos proponentes incluíram filósofos e psicólogos como Jean Gebser, Clare Graves, Jane Loevinger, Abraham Maslow, Lawrence Kohlberg, Jean Piaget e Susanne Cook-Greuter.

O público para essa abordagem foi ampliado pelos futuristas já mencionados, com a obra de Ken Wilber, ao lado da obra de Don Beck e Chris Cowan, atualmente disponíveis em cerca de 40 idiomas. No entanto, embora haja uma necessidade urgente de tornar o público em geral ciente dessas visões e de suas implicações para o nosso futuro, a maioria das instituições educacionais está a tal ponto entrincheirada na especialização — vício encorajado por nossa sociedade atual —, que tudo o que as visões holística ou futurista conseguem filtrar para o mundo mais amplo é apenas o que passa pelos livros comerciais e pelos periódicos. E ainda assim há um recuo, em especial por parte dos estabelecimentos empresariais e financeiros que têm muito a perder com a mudança. A fim de compreender as forças que se agrupam contra o avanço de nossa espécie em sua crise atual, precisamos apenas nos lembrar da oposição, apoiada por muitos milhões de dólares, aos esforços para controlar a poluição, reformar as leis sobre o tabaco e promover o desenvolvimento da energia alternativa.

Em nossa era de globalização inevitável, a busca transdisciplinar e transcultural por padrões históricos informativos, foco de importância significativa tanto para a dimensão religiosa como para a secular, não pode ser ignorada. Se, como o irmão Teasdale previu, a interespiritualidade é a direção mais provável para a religião no Terceiro Milênio, precisamos identificar os elementos que apontam para uma Era Interespiritual emergente.

O cruzamento entre percepção científica e percepção religiosa

As atividades e os conjuntos de habilidades associadas ao que os cientistas chamam de "o Grande Salto para Frente" — que inclui ferramentas, armas, roupas, produção de fogo, desenvolvimento progressivamente mais complexo da linguagem, criação de arte e sepultamento dos mortos — implicam a presença de uma mente analítica, reflexiva e introspectiva, ou o que chamamos de "consciência".

Essas qualidades internas engendraram um desenvolvimento externo explosivo, envolvendo a expansão dramática do âmbito geográfico dessa criatura inteligente. Esse início de nossa narrativa coletiva coloca-nos diante do cruzamento da percepção científica com a percepção religiosa. Aqui é possível fazer uma conexão com a história de Adão e Eva ao deixar o Jardim do Éden. Há mais paralelismos com essa história do que, a princípio, se pode imaginar.

Em uma discussão sobre questões bíblicas, desenvolvida em gotquestions. org, foi perguntado aos leitores como eram Adão e Eva.[28] As respostas incluíam comentários como o de que Adão e Eva eram primitivos, mas não homens das cavernas. Um levantamento das respostas indica que a maior parte das características humanas datadas em aproximadamente 50 mil anos atrás pelos estudiosos centralizados na Visão Integral e identificadas como da época "mágico-animista" pelos estudiosos centralizados no desenvolvimento é muito semelhante a algumas ideias criacionistas sobre Adão e Eva. Também foram mencionadas características como o sentido do bem e do mal, o apego a rancores e ressentimentos, os ciúmes e os assassinatos por vingança, além de crenças e rituais do clã e da tribo e o respeito a anciãos e a espíritos com poderes mágicos. As histórias do Gênesis têm tudo isso, da serpente no Jardim do Éden ao assassinato de Abel por Caim.

O sentido do bem e do mal e o apego a ressentimentos e rancores certamente se ajustam à narrativa do Gênesis, bem como o tipo de atividade social e religiosa que ele relata. Todas essas características tipificam culturas "animistas" primitivas (a expressão acadêmica para culturas primitivas mergulhadas em crenças no mundo dos espíritos). Os escritores integrais também identificam

---

[28] www.gotquestions.org.

os elementos vestigiais dessa época que permanecem conosco hoje. O comportamento mágico-animista ainda ocorre em culturas primitivas do Terceiro Mundo.

Essa cultura de códigos de honra, maldições, vingança, rituais secretos e celebração da força bruta também é encontrada em sociedades mais desenvolvidas, sob a forma de cultura de gangues tatuadas, códigos de máfias e até mesmo em certas subculturas militaristas, ou que envolvem o culto atlético do corpo, ou de natureza corporativa. Basta assistir a propagandas pró-militares para reconhecer como esses códigos estão alojados e ocultos nessas culturas: há expressões e frases como "o aperto de mão secreto", "o emblema da elite", "expulse-o antes que ele o expulse" e "dar tiros em coisas, explodir coisas, é o sonho de um homem". As manifestações atléticas de bravata, provas de "iniciação" em associações, obrigações em clubes fechados e trotes universitários são outros exemplos. Os estudiosos da abordagem centralizada na Visão Integral sugerem que esses comportamentos ainda são operativos em cerca de 10% do nosso mundo moderno.

Embora cientistas e criacionistas concordem com os atributos gerais dos primeiros seres humanos modernos, não temos tanta sorte assim quando rebobinamos um pouco mais a fita. A época anterior ao período Mágico-Animista é chamada de período "Arcaico-Instintivo" e refere-se à era que vigorava imediatamente antes de o *Homo sapiens* se tornar "o último homem de pé", há cerca de 100 mil anos. Os dados científicos vindos desse período, em especial os que se referem à mente-cérebro, são importantes. Era essa a humanidade que vivia antes de serem adquiridas as habilidades do Grande Salto para Frente e antes de ela partir de seu ponto de origem e se dirigir ao restante do mundo. São essas as características dos "últimos *poucos* homens de pé", que incluíam o homem de Neanderthal, o de Flores, o de Denisova e os primeiros seres humanos modernos — muitas vezes também chamados de "homem de Cro-Magnon", a criatura que superou, em esperteza, todos as outras e acabou herdando a Terra.

A origem da espiritualidade — a experiência de vivenciar "os deuses"

Um tipo de comportamento mais instintivo, reflexivo, automático e voltado para a sobrevivência — na verdade, muito animalesco — era uma característica dessas criaturas antigas. A mente humana primitiva era menos analítica, reflexiva e introspectiva, com uma percepção menos intensa de um eu individual. Há paralelismos entre esse reconhecimento e a profunda e aguçada percepção que o psicólogo dr. Julian Jaynes, de Princeton, apresentou em 1976, em um estudo que se tornou um *best-seller*, intitulado *The Origin of Consciousness in the Breakdown of the Bicameral Mind*. Jaynes apresentou evidências convincentes, coletadas em histórias antigas e em artefatos primitivos, de que a mente humana reflexa primitiva, apelidada por ele de "mente bicameral", funcionava com base no fato de certas partes do cérebro dizerem diretamente a outras partes do cérebro o que fazer. Sua análise de textos antigos, no contexto do que sabemos hoje sobre a patologia cerebral, levou-o a concluir que povos antigos provavelmente recebiam essa orientação dirigida ao cérebro como vozes e imagens visuais interiores. Ele sugeriu que essas orientações foram identificadas pelos primeiros seres humanos inicialmente como espíritos da natureza e ancestrais e, finalmente, como "deuses", sobre os quais lemos nos textos antigos. Evidências desse diálogo interior no cérebro refletem-se não apenas em histórias desses deuses, mas também nos inúmeros ídolos criados para representá-los.

Como resultado do uso de uma linguagem cada vez mais complexa, o cérebro desenvolveu-se no sentido de abranger um volume de uma envergadura maior, o que permitiu à mente dialogar consigo mesma sobre a ação que o indivíduo deveria tomar, em vez de esperar que os deuses lhe dissessem. A partir desse desenvolvimento, foram surgindo constantemente todos os aspectos das habilidades analíticas e computacionais, de introspecção, de reflexão e de criatividade que refletem nossa mente consciente moderna.

Jaynes mostrou que esse desenvolvimento ocorreu em ritmos diferentes em diferentes culturas, uma vez que a taxa de aprendizagem de novos conjuntos de habilidades estava correlacionada com certas condições sociais, por exemplo graus de liberdade e de lazer. Ele também mostrou que a substituição gradual da mente bicameral mais reflexa, semelhante à manifestada no comportamento animal, pela mente cada vez mais consciente refletiu-se em mudanças sociais tumultuosas. Sociedades primitivas que, antes, requeriam pouca autoridade civil e pouca imposição de leis passaram a ter, depois de um século ou dois dessa mudança no cérebro, necessidade de um regime totalitarista para manter a ordem. Essas antigas transformações sociais, anteriormente inexplicáveis, passam a fazer sentido se considerarmos que as mentes dos cidadãos comuns se diversificaram e passaram a se tornar discordantes.

A visão de Jaynes é apoiada pela atual compreensão da antropologia, a qual reconhece que os seres humanos diferem de todos os primatas em sua capacidade sem paralelo para ensinar e aprender. Se essa característica nos diferenciou originalmente, é muito fácil, então, compreender a taxa de obtenção de conjuntos de habilidades que passou a ocorrer à medida que a cultura humana tornava-se mais e mais complexa.

Não é necessário interpretar as ideias de Jaynes apenas como uma questão de natureza materialista que envolve o cérebro físico e a mente emergente. No contexto da nova física, compreende-se que há um *continuum* entre a relativa ausência de forma e a forma, o que nos permite considerar o modelo bicameral de Jaynes sob uma luz mais holística. Podemos indagar qual seria a implicação do progressivo desenvolvimento desse aumento de envergadura do volume do cérebro, ao qual nos referimos mais acima, e o que isso nos diz no contexto da atual era integrativa e holística. Além disso, podemos perguntar o que isso significa no que se refere ao desdobramento da espiritualidade criativa na Era Interespiritual que está chegando.

A proposta de Jaynes, segundo a qual a mente bicameral primitiva foi gradualmente substituída pela mente consciente, mais complexa, calculadora, reflexiva e introspectiva, reflete-se na ideia da história centralizada no desenvolvimento, advogada pelos defensores das abordagens centralizadas no desenvolvimento e na perspectiva integral. Ela nos permite considerar as origens humanas primitivas, o desenvolvimento do cérebro, a consciência emergente e o fluxo da história com base em uma única perspectiva.

Considerando que os vestígios da época Mágico-Animista que permaneceram conosco incluíam uma superabundância de comportamentos baseados na lealdade ao clã, na competição, no ciúme, no rancor, no ressentimento e na vingança, felizmente os vestígios da época anterior, a Arcaico-Instintiva, parecem manifestar-se hoje apenas em um pequeno número, talvez de cerca de 1%, de nossa espécie em todo o mundo. Esses vestígios podem ser observados em vários comportamentos debilitados, que incluem o comportamento infantil, a senilidade e vários tipos de deficiência mental ou neurológica, natural ou induzida.

Os pontos de vista que Julian Jaynes defende sobre o desenvolvimento cognitivo sugerem, com muita clareza, que no cérebro primitivo dos primeiros seres humanos, mais semelhante ao dos animais, as mensagens de uma parte do cérebro para a outra eram vivenciadas como vozes interiores ou como anseios, ou exibidas como experiências visuais. A literatura antiga está repleta de narrativas sobre essas experiências, apesar de ser difícil para os seres humanos modernos compreender o que essas experiências significavam. Com frequência, elas eram descartadas como simples "mitologia". No entanto, agora ficou evidente que os primeiros seres humanos vivenciavam uma relação direta, e muitas vezes urgente, com esse ambiente interior.

A natureza esmagadoramente convincente dessas experiências fica óbvia não apenas nas referências feitas a elas na literatura e na arte antigas, mas também em outros comportamentos vindos da história primitiva e que, de outra maneira, pareceriam peculiares. Compreender que os primeiros seres humanos vivenciavam a experiência dessas vozes e visões como informações que dirigiam seus passos, suas crenças e atitudes nos ajuda a explicar comportamentos que, de outro modo, seriam inexplicáveis, como o que os levava a acreditar em ídolos, em oráculos e na adivinhação (tirar a sorte, jogar ossos etc.), os quais permeavam as culturas primitivas da Terra. Embora a mente moderna possa considerar as ações de tirar a sorte ou de jogar ossos como apelos ao acaso, o estudo das religiões antigas mostra-nos que essas atividades não estavam relacionadas a um sentido de acaso, mas sim a uma busca de orientação. Isso torna perfeitamente compreensível o fato de antigas civilizações, como as da Grécia e de Roma, terem, por um lado, competências tecnológicas surpreendentes, mas, por outro lado, consultarem oráculos ou tirarem a sorte (jogando ossos e fazendo a leitura da disposição em que eles caíam), a fim de tomarem decisões civis e militares estratégicas.

Paralelamente a essas observações, a análise de sonhos narrados por indivíduos em sociedades primitivas revela que tais sonhos envolviam comandos diretos de personagens sonhados em número muito maior do que ocorre com as personagens experimentadas nos sonhos de indivíduos das sociedades modernas. Isso explica a ocorrência de fenômenos como os sacrifícios humanos em massa no início da cultura maia, do México, decorrentes de um sonho registrado por seu rei, o qual relatou ter recebido a ordem de oferecer esses sacrifícios ao Deus Sol.

Pesquisas sugerem com clareza que o discernimento espiritual da humanidade tem-se desenvolvido de maneira gradual, com base em um conjunto primitivo de experiências que acabou resultando em uma variedade mais complexa e sofisticada de conjuntos de habilidades. Essas pesquisas nos ajudam a compreender por que a lente mágico-mítica foi tão atraente e convincente para a nossa espécie. Até mesmo centenas de anos depois do surgimento da lente racional humana, anseios interiores subjetivos persistem como um dos grandes árbitros do que os seres humanos acreditam sobre a realidade, motivando a maneira como eles vivem suas vidas.

É importante relacionar nosso conhecimento sobre o desenvolvimento do cérebro ao que parece constituir a contínua expansão da amplitude (*spaciousness*) da mente e da consciência, inclusive a tendência mundial que a interespiritualidade identifica como uma emergente consciência da unidade. Grande parte das pesquisas sobre a cognição e a consciência humanas geralmente tem sido feitas no contexto da visão científica da consciência, que as limita à experiência de corpos-mentes individuais — uma visão que difere da consciência coletiva mais ampla compartilhada, e que as religiões e tradições espirituais do mundo sustentam.

Uma visão integrada

A ciência, por natureza, emprega abordagens puramente racionais. Para ela, os seres humanos primitivos passaram por um período pré-racional, que, ao longo de milhares de anos, desenvolveu-se até resultar na atual época racional e, em última análise, científica. Além de caracterizar o período pré-racional como uma época de superstição inconsistente, a ciência identifica grande parcela da religião e da espiritualidade modernas como parte de uma experiência pré-racional irrelevante.

As religiões e tradições espirituais do mundo têm uma visão diferente. Embora reconheçam um período pré-racional primitivo e os períodos subsequentes dominados pelo racionalismo e pelo materialismo, sugerem que ambas as formas de conhecimento são importantes para o nosso futuro e aconselham que deve haver uma discussão pós-racional que desenvolverá sua própria síntese. A interespiritualidade e a perspectiva centralizada na visão integral identificam a era que vivemos como o tempo para uma abordagem mais holística e integrativa.

O problema está em saber se a ciência e a espiritualidade serão capazes de concordar com a necessidade de uma discussão pós-racional como essa. A generalizada difusão dessa "navalha divisiva" que, por toda parte, separa uma da outra é ilustrada por uma entrevista na televisão com o dr. James Watson, o codescobridor do DNA. Ele afirmou que a próxima fronteira para a humanidade será a compreensão da consciência, e que as religiões do mundo nada têm a contribuir para essa conversa. Por sua vez, a afirmação do filósofo integral Ken Wilber, segundo a qual essa visão de James Watson é "o padrão-ouro da ignorância", enfatiza o desacordo fundamental.

Propomos que o período pré-racional reconhecido tanto pela ciência como pelas religiões tenha sido uma experiência não dualista primitiva. Esse período foi substituído pelo dualismo da época racional e, por sua vez, está sendo substituído pela tendência que nos inclina para uma experiência não dualista mais avançada. Pensamos que isso reflete a marcha progressiva do cérebro e do desenvolvimento cognitivo. Ela sugere que aquilo que está impulsionando a tendência atual em direção à consciência da unidade é algo extremamente fundamental — a mesma tendência em andamento no cérebro e no desenvolvimento cognitivo que vem impulsionando o desenvolvimento humano o tempo todo ao longo da história.

8

Os grandes avanços da história humana

"O amanhã não é um movimento no tempo.
O amanhã é um movimento na consciência."

— Rafael Nasser

A ÉPOCA DAS CULTURAS SIMPLES E TRADICIONAIS, FORMADA EM torno de clãs e tribos, continuou ao longo de um período que se estendeu, pelo menos, de 50 mil a 10 mil anos atrás. Trata-se de um lapso de tempo significativo, o qual inclui as épocas mágicos-animistas. Vamos chamá-la de o Primeiro Grande Avanço, pois ela é caracterizada pelo movimento para fora da África e para dentro da região do Oriente Médio adjacente a ela, da região mediterrânea e da Europa — e, finalmente, ao longo da Ásia.

Esse extenso período foi marcado por oscilações nos climas regionais, influenciadas pelas enormes capas de gelo do norte. Essa circunstância parece ter ajudado a dispersão humana, pois a capacidade de se adaptar às oscilações de calor e frio abriu aos seres humanos o acesso a novas terras. No início, os gêneros alimentícios tinham por base, principalmente, a caça e a pilhagem, reforçando, mais uma vez, a necessidade de os seres humanos vagarem à procura de áreas convenientes na qual pudessem subsistir por longos períodos. Estima-se que, há cerca de 25 mil anos, a população de seres humanos modernos na Terra era de aproximadamente 300 mil habitantes.

Os seres humanos modernos expandiram-se para o sul do Mediterrâneo e do Oriente Médio há cerca de 60 mil anos, para a Índia e a Austrália há 50 mil anos, para a Europa e o norte da Ásia há 45 mil anos, e para o leste da Ásia e a China há 40 mil anos. Além disso, há 40 mil anos, uma segunda onda expandiu-se para a Austrália e a Mongólia, e para a Sibéria há 30 mil anos, para a América do Norte, saindo da Sibéria por terra e mar, há 15 mil anos, e para a América do Sul há 13 mil anos.

Nesse período, áreas do Oriente Médio, como o Crescente Fértil, que é o divisor de águas e a vizinhança que circunda os rios Tigre e Eufrates, propiciavam prosperidade e regiões climaticamente confortáveis. Esse foi o resultado de uma interação entre o calor vindo do sul e o derretimento glacial vindo do norte. Particularmente a partir de 13 mil anos atrás, a confluência de temperaturas quentes, de água em abundância e de solos ricos, resultante de oscilações glaciais e do escoamento das águas, provavelmente explica as abundantes histórias do "tipo Éden" na memória cultural dessa região, as quais foram transmitidas por meio de tradições orais e escritas. Elo semelhante foi encontrado no Antigo Egito, onde a tradição oral trata do Nilo antes que sua cheia em direção ao sul começasse, por mais incrível que isso possa parecer.

A atividade expansiva que distribuiu o *Homo sapiens* pelo Velho Mundo nesse período também resultou em acentuadas divergências em vários aspectos da aparência física, como feições, cor do cabelo e cor da pele. Isso, em si mesmo, foi significativo, uma vez que, antes de o *Homo sapiens* se tornar o "último homem de pé", éramos apenas uma dentre várias criaturas humanoides de aparências muito diferentes entre si. Por volta da época do Primeiro Grande Avanço, tornamo-nos criaturas nas quais vigorava essa diversidade na aparência, embora também permanecêssemos uma população única e governada por cruzamentos internos.

Vamos comer: a agricultura é inventada

A distribuição dos primeiros seres humanos por regiões progressivamente mais amplas exerceu um profundo efeito sobre a diversificação ulterior de nossas habilidades e inovações, como também o fizeram as elevações do nível do mar que acompanharam o fim da última Idade do Gelo, há cerca de 13 mil anos. Por causa das mudanças no nível do mar, muitos grupos de seres humanos ficaram isolados em regiões ecologicamente diversificadas, o que levou à especialização na produção de alimentos e ao começo da agricultura, em particular no Sudoeste Asiático.

A compreensão de que as plantações podiam ser cultivadas a partir de sementes foi tão convincente e atrativa para todos os que ouviam sobre isso que desencadeou uma revolução. As inovações da agricultura espalharam-se rapidamente, e os rápidos avanços em todas as áreas da produção de alimentos ao longo do planeta, resultantes de nossa capacidade para ensinar e aprender, foram espantosos. Na Mesopotâmia, esses avanços incluiram o plantio de forragens com grãos silvestres há 19 mil anos, a invenção do arco e da flecha há 15 mil anos, o desenvolvimento da moagem e do armazenamento há 14 mil anos, a domesticação de cabras, carneiros e cães há 12 mil anos, a colheita anual de sementes há 11 mil anos, o uso comum de trigo, cevada e ervilha, e a criação de porcos há 10.500 anos, o uso comum de centeio e a criação de gado há 10 mil anos e o uso comum de fibras do linho há 9 mil anos.

Somando-se a esses desenvolvimentos na Mesopotâmia, constatou-se, no Vale do Jordão, há 11.500 anos, o uso comum de adornos e de pequenos objetos trabalhados, enquanto na China o uso comum do arroz já ocorria há 9 mil anos.

A agricultura espalhou-se para o sul da Europa, o Egito e a Índia por volta de 6000 a.C., para o norte da China por volta de 5000 a.C., por toda a Europa continental por volta de 5500 a.C. e para as Ilhas Britânicas por volta de 5000 a.C. Também em 5000 a.C., a agricultura do algodão teve início na Índia, com a agricultura espalhando-se para o Sudão por volta de 3500 a.C. O milho já era cultivado no México em 2800 a.C. A introdução da agricultura no Peru ocorreu em 2500 a.C., na América do Norte por volta de 2200 a.C. e no oeste da África, bem como na região do Saara, por volta de 2000 a.C. O milho, por sua vez, já era cultivado em todo o Novo Mundo por volta de 1500 a.C.

A domesticação dos animais começou com os bodes, pois eles podiam se alimentar por si mesmos, e foi seguida pela introdução de outros animais de criação assim que os seres humanos aprenderam a cultivar plantas. A relação entre os seres humanos e o cão doméstico, a qual, pelo que parece, expandiu-se em um período muito curto depois de ter surgido no nordeste asiático, teve importância particular. Como na época não havia cercas, os seres humanos contavam com os cães para impedir que seus animais de criação perambulassem para longe. Animais maiores, como os bois, eram postos para trabalhar em tarefas mais complexas e pesadas, como na construção de edifícios, na tração de cargas e de mercadorias e na irrigação.

Esses avanços ofereceram ajuda suplementar à explosão da população humana. Estima-se que, por volta de 15 mil anos atrás, a população mundial tenha crescido até atingir 700 mil habitantes. Durante os 7 mil anos seguintes, como resultado da revolução agrícola, o surgimento de aldeias e cidades maiores e a estabilidade ecológica de novas terras liberadas pelo gelo, o qual recuava, a população ultrapassou 5 milhões de pessoas. Nesse período, também vemos a especialização nas sociedades locais, inclusive a construção de moradias, a provisão de água e de sistemas de irrigação, a construção de estradas, a construção de implementos, o desenvolvimento de defesas e de habilidades militares, o armazenamento de alimentos para a proteção contra eventuais ocorrências de inanição e até mesmo o planejamento de longo prazo. Tudo isso levaria à era seguinte, das metrópoles e das cidades-estados, uma segunda revolução.

Nossa herança dessas eras remotas

Elementos positivos e negativos permanecem conosco desde as eras mais remotas da humanidade.

Do lado positivo, estão os laços inerentes de relacionamento que a maioria dos seres humanos sente com relação à natureza. Por que, por exemplo, quase todos os lares e casas comerciais têm figuras nas paredes, muitas das quais representam flores, montanhas, oceanos e outras cenas da natureza? Essa conexão faz parte de nossa natureza.

A questão é a seguinte: "Quão habilidosos somos em viver com base nas implicações dessa conexão?" Quantos de nós temos imagens da natureza em nossas paredes e, no entanto, nada fazemos para proteger o meio ambiente? Apenas por termos uma percepção inerente de alguma coisa, isso não significa que agiremos em conformidade com essa coisa. Tão logo teve início a intensificação da complexidade das sociedades, os seres humanos passaram a se sentir separados da natureza. À medida que a história progride, as implicações desse sentido de separação obviamente se tornam mais e mais complexas. Esse problema remonta a essas épocas antigas.

Uma herança de importância ainda mais crucial vinda desse período é a nossa conexão inerente com a lente mágico-mítica. Em nossa era racional, científica, pode ser difícil compreendermos que a maior parte da população do mundo adere a crenças religiosas fundamentalistas e adota conceitos que, para muitas pessoas no mundo moderno, parecem irracionais, absurdas. Apesar disso, os *best-sellers* do mundo desenvolvido, na literatura e no cinema, destacam super-heróis e provedores de poderes mágicos. Um sentido do mágico está profundamente arraigado na humanidade. O que se indaga é se podemos equilibrar essa conexão inerente com o pensamento mágico aliando-a com o pensamento crítico, bem como com as dádivas que a revolução racionalista dos últimos séculos nos trouxe. O perigo é cair na armadilha de acreditar em soluções mágicas ou em destinos apocalípticos que, simplesmente, não são verdadeiros.

Não podemos subestimar as implicações do fato de a ciência e a espiritualidade, que são as duas maneiras mais convincentes de que dispomos para conhecer a realidade, coexistirem como culturas que têm pouco a ver uma com a outra. Ao refletir sobre a atual era integrativa, todos os livros básicos da interespiritualidade – desde os escritos do Irmão Teasdale até os de seu mentor, o padre Bede Griffiths – incluem copiosas páginas discutindo a interface ciência/espiritualidade e os avanços que, em ambas, apontam para uma realidade mais dinâmica e compartilhada. Esse elemento foi uma das principais mudanças na percepção que, segundo o Irmão Teasdale, caracterizaria a emergente Era Interespiritual.

O Segundo Grande Avanço: das cidades às metrópoles e aos impérios

Por volta de 10 mil a 7 mil anos atrás, isto é, entre 8000 a.C. e 5000 a.C., cidades, seguidas por metrópoles e, finalmente, por impérios, surgiram por todo o Velho Mundo, enquanto a humanidade ingressava tecnologicamente na Idade do Bronze Inicial. Na marcha das épocas de desenvolvimento reconhecidas por escritores que defendem a abordagem integral, as quais, portanto, foram significativas para a Era Interespiritual em desdobramento, esse é o período dos "Deuses Poderosos, Egocêntricos e Dominadores [*Dominionists*]", datado de aproximadamente 7000 a.C.

O crescimento social explosivo dessa época foi possível graças a vários fatores, e um dos principais é o desenvolvimento de uma cidadania em camadas, que constituiu um sistema de classes. Isso levou a uma divisão de mão de obra para atividades de trabalho físico, como a produção de alimentos, acompanhada pela distribuição regional de bens e por uma atividade comercial — inclusive de comércio de troca — mais ampla. Isso permitiu aos seres humanos se diversificarem em dois agrupamentos principais. O primeiro deles foram as comunidades agrícolas rurais. O segundo foram as cidades, seguidas de metrópoles, que estimularam o desenvolvimento de modos de vida especializados.

O sociólogo europeu Jacques Ellul concentrou-se no estudo do quão revolucionário foi o desenvolvimento da vida urbana. No entanto, como acontece em todas as revoluções, esse processo também se revelou uma espada de dois gumes. O movimento de grande número de pessoas em cidades e metrópoles, sustentadas pelas áreas rurais que as circundavam e, por sua vez, devolvendo a essas áreas mercadorias mais sofisticadas, criou uma vida melhor para muitos. Isso também possibilitou o lazer, que estimulou o interesse pela matemática, pela arte e pela invenção. Ao mesmo tempo, criou sistemas de classe fixos, hierarquias autoritárias e conceitos novos e complicados, como os de posse da terra e da propriedade, sem falar do valor da terra e da propriedade. Talvez um desafio ainda maior foi o fato de que ele marcou o surgimento de uma classe de cidadãos que se consideravam separados da natureza — uma mudança que acabaria por gerar enormes consequências.

A emergência dos reis deuses

A caracteristica mais significativa desse período foi a ascensão daqueles que são conhecidos como "Reis Deuses". Sua entrada em cena constituiu o fundamento para os impérios da igreja-estado, os quais dominariam o mundo por milhares de anos, em especial nessa era e na subsequente época Totalitarista.

Para que essa estrutura social surgisse foi necessária a convergência de duas das principais tendências de desenvolvimento: o poder da lente mágico-mítica e, com ele, a complexidade progressiva da estrutura social humana e das capacidades tecnológicas. O Rei Deus significava a transferência da autoridade mágico-mítica do líder do clã da época Arcaica para o líder tribal da época Mágico-Animista e, depois, para esse novo monarca cosmopolita da cidade, da metrópole ou do império. Não houve mudança real na própria lente mágico-mítica, mas apenas sua transferência para as estruturas sociais monolíticas e hierárquicas da nova ordem. Não só o Rei Deus mantinha essa posição social exaltada, mas também era a voz titular dos "deuses".

Nos tempos modernos, para nós é quase impossível, imaginar as estruturas sociais monolíticas e a mentalidade que respondia por esses tipos de civilização. A reivindicação do Rei Deus ao *status* sacrossanto era incontestável. O atributo de "intocável" que o caracterizava é o que pode explicar a tolerância dos antigos, que suportavam déspota após déspota, com esse fato vigorando enquanto eles representassem "a linhagem". Felizmente, é mais fácil compreender esse tipo de mentalidade no contexto do avanço gradual por cujo intermédio os seres humanos passavam desde os primórdios da mente reflexa (*reflexive*), mais presente no comportamento animal, até a mente consciente reflexiva (*reflective*) do pensamento crítico. Nas primeiras cidades-estados monolíticas, e nos impérios monolíticos, sobretudo antes que qualquer um desses estados interagisse com cada um dos outros, não era nada fácil romper a aura mágica que circundava o poder de governo do Rei Deus.

Essa é a era de algumas das primeiras grandes civilizações que nos vêm à mente e que estudamos nos nossos livros de história, como a da Suméria e a do início da Mesopotâmia. A área do Crescente Fértil foi testemunha da emergência dessas cidades-estados e desses impérios. Alguns dos achados mais intrigantes, como Göbekli Tepe, no sul da Turquia — que parece ter surgido enquanto muitos indivíduos da população que habitava ao seu redor ainda viviam na idade da pedra —, só foram descobertos recentemente.

Cidades e cidades-estados do período do Rei Deus, que precedeu a Idade do Bronze, incluem Göbekli Tepe, no sul da Turquia (9000 a.C.), e, a partir da Idade do Bronze Inicial, Jericó, na Palestina (4500 a.C.), Ali Kosh, no sul do Irã (4000 a.C.), e Uruque, na Suméria (Iraque, 3500 a.C.).

A importância do surgimento dos Reis Deuses e dos impérios que dominariam o mundo durante milênios não pode ser apreendida sem a apreciação dos avanços tecnológicos obtidos pelos seres humanos na época. Até mesmo em nossa era moderna, comentamos que nossas capacidades tecnológicas eclipsam nossas habilidades morais e éticas. Esse problema perene da humanidade é um dos grandes desafios com que nos defrontamos na época atual. Alguns dos grandes avanços da era dos Reis Deuses podem parecer banais atualmente, mas um pouco de reflexão nos mostra quão revolucionários eles eram naquele momento.

O ouro e o cobre foram introduzidos por volta de 5000 a.C., o arado por volta de 4000 a.C., a roda por volta de 3700 a.C., a escrita a partir de 3200 a.C. — e, posteriormente, de maneira independente em muitos lugares — e a fundição do bronze por volta de 3200 a.C.

A escrita, um dos grandes avanços ocorridos no período dos Reis Deuses, teve implicações profundas para a espiritualidade, uma vez que reflete um desenvolvimento radical do pensamento simbólico e da consciência. Conhecido pela primeira vez no império da Suméria, por volta 3000 a.C., o método consistia em fazer marcas em tabuletas de argila. Conhecida como escrita cuneiforme, ela provavelmente surgiu de práticas mais primitivas, evidentes na mesma região desde cerca de 4000 a.C. Testemunhando, mais uma vez, o quão rapidamente os seres humanos aprendem, a adição da linguagem escrita à palavra falada logo se espalhou por todo o mundo antigo.

O estudo histórico da escrita é o domínio do complexo e intrigante campo da linguística. A evolução de capacidades da linguagem cada vez mais simbólicas, abstratas e metafóricas juntamente com a relação de estilos de escrita que iam do pictórico ao alfabético reflete as maneiras como a mente humana e a consciência estavam se desdobrando. Como ilustração suplementar da estreiteza da mente mecânica em seu período inicial, mais primitivo, podemos dizer que a escrita não era usada para qualquer tipo de comunicação ou pensamento complexos, mas sobretudo para a contabilidade, a fim de se manter o controle do armazenamento de alimentos e dos impostos. Os primeiros exemplos também carecem de pensamento abstrato ou metafórico, outra evidência de que a mente consciente mais complexa ainda estava se desenvolvendo apenas de maneira gradual.

A era dos Reis Deuses reflete as expressões que os escritores cujas abordagens estão centralizadas na perspectiva integral e na perspectiva baseada no desenvolvimento têm usado para descrever esse período: "egocêntrico", "dominador (*dominionist*)" e sujeito a "deuses poderosos". Nessa era os súditos acreditavam que o rei estava ligado ao mundo espiritual eterno e que transmitia a ele sua identidade de Rei Deus. Essa época, na qual o ego se afirmava descaradamente, se refletia não apenas no rei, mas também em personagens heroicas e em suas sagas exaltadas, que os bardos da época cantavam e que, eventualmente, eram relatadas por escrito na literatura épica, bem como nos relatos míticos sobre poderosos espíritos mágicos, feitiços, dragões e coisas semelhantes. As histórias bíblicas mais antigas também revelam que essa era uma época irregular e confusa. Os heróis viviam suas vidas luxuriosamente, pouco se preocupando com os danos colaterais causados por suas ações. Vestígios dessa mentalidade ainda marcam grande parte do comportamento humano atual.

A transição dos reis deuses para os impérios totalitários

A época das civilizações dos Reis Deuses, por volta de 4 mil anos atrás, foi gradualmente substituída, em todo o Velho Mundo, por um tipo diferente de império, um sistema que exigia um regime totalitário rigoroso com o propósito de manter a lei e a ordem. Embora a demarcação dessa mudança, ocorrida por volta de 3000 a.C., seja bem conhecida, a razão de sua ocorrência frequentemente ilude os historiadores.

Pelo que parece, as civilizações dos Reis Deuses foram estruturas sociais de rígido conformismo monolítico, construído em torno do reconhecimento generalizado do Rei Deus e de sua família real, bem como da lealdade natural a ele. Embora houvesse magníficos projetos de obras públicas nesse período, que incluíam a construção de metrópoles e de monumentos, há poucas evidências da necessidade de estrita imposição da lei e de coerção social.

O oposto tornou-se verdadeiro quando os impérios do Norte da África até a Ásia Central surgiram e prosperaram, nas Idades do Bronze Média e Recente.

Não apenas os novos reinos desse período posterior foram muito mais totalitários, mas até mesmo os primeiros impérios dos Reis Deuses pareceram se desagregar em um crescente caos social, que precisou ser compensado por meio de um regime autoritário ainda mais rigoroso.

As razões para justificar uma maior necessidade de controle social parecem residir em mudanças fundamentais que ocorrem na mente e na consciência. As sociedades estavam se ajustando à mente e à intensificação da complexidade social do período, mais livres e mais expansivas, mais analíticas e reflexivas, para as quais aponta uma profusão de evidências religiosas, sociais, artísticas e linguísticas. Isso se torna ainda mais claro se postulamos que, no período dos Reis Deuses, a mente, então menos complexa, não analítica e não reflexiva — uma continuação da época Arcaica —, ainda dominava.

À medida que surgiam situações que impulsionavam o desenvolvimento da mente em direção a um modo mais indagador, o tecido social monolítico se rompia. Estamos pensando em situações que envolveram diferentes povos e idiomas, os quais se encontraram — o que levou a discussões, a lutas relacionadas a deuses e a visões de mundo — e trocaram mercadorias e populações de escravos. Uma coisa é esperar lealdade natural a um Rei Deus ou a um conjunto de deuses, e outra coisa, bem diferente, é ter opções em competição. É provável que a confusão inerente a essa incerteza social recebesse a opressão como resposta.

Evidências de uma ordem social naturalmente monolítica, em civilizações do período dos Reis Deuses, estão muito difundidas e vão desde o uso da escrita para a enumeração de bens e a transmissão de ordens vindas de superiores até o cuidado para não haver falhas no posicionamento permanente, em todas as habitações, das efígies dos deuses e dos Reis Deuses. A arte manifestada no período, expressa em murais, frisos e mosaicos exibidos publicamente, retrata, de maneira regular, o Rei Deus ouvindo o que os deuses lhe diziam, e também exibe pessoas adorando o Rei Deus — uma ilustração inconfundível de posicionamento social e hierarquia.

Diferentemente de como a nossa mente moderna poderia ver isso, os cidadãos desses reinos não eram robôs, mas havia uma unidade inerente formada em torno de um *zeitgeist*[29] compartilhado, constantemente reforçado pela estrutura social. Pelo menos no início, teria havido pouco contato com qualquer visão de mundo contrária ou competidora, exceto em tempos de guerra.

Uma ilustração notável da divisão entre a cultura dos Reis Deuses e a dos impérios totalitaristas posteriores é o encontro dos conquistadores espanhóis com as tribos incas sul-americanas. Os estudiosos de história achavam muito difícil compreender como algumas centenas de europeus, a milhares de quilômetros de suas casas, puderam conquistar centenas de milhares de guerreiros incas que, por sua vez, haviam conquistado e escravizado a maior parte da região oeste da América do Sul. No entanto, se a mentalidade medieval europeia representava uma mente mais calculista e analítica, e até mesmo mais traiçoeira, enquanto a psique inca seguia o modo mais simplista, monolítico, do tipo "siga o líder", associado aos estados governados pelo Rei Deus, não é difícil compreender o que aconteceu. O Rei Deus podia ser rapidamente sequestrado e morto por esses visitantes estrangeiros, e então o mito ficava despedaçado, ou os estrangeiros eram vistos como representantes de deuses mais poderosos.

A época dos impérios totalitários

Não há dúvida de que, à medida que a Idade do Bronze amadurecia e as culturas isoladas da cidade-estado passavam a se misturar, comercializar, lutar, discutir sobre seus deuses e trocar grandes populações de escravos, um novo tipo de império espalhava-se a partir do Norte da África, passando pelo Oriente Médio e penetrando na Ásia. Como não era mais possível sustentar as estruturas sociais monolíticas dos Reis Deuses, os impérios regionais que surgiram e floresceram não podiam sobreviver graças ao poder mítico de um Rei Deus, mas, sim, pela imposição da força bruta. Esse período é frequentemente chamado de Era das Civilizações Regionais.

Seis civilizações regionais costumam ser reconhecidas: as civilizações associadas aos rios Tigre e Eufrates, na Mesopotâmia, originadas por volta de 3500 a.C.; as civilizações associadas ao Rio Nilo, no Egito, a partir de 3100 a.C.; a

---

[29] O espírito ou estado de espírito que define um período da história e se reflete nas crenças dessa época.

civilização minoica, na Ilha de Creta, a partir de 2800 a.C.; as civilizações associadas ao Rio Indo, na Índia, a partir de 2500 a.C.; e as civilizações associadas ao Rio Amarelo, na China, a partir de 2000 a.C. Essa foi a maré alta da época dos impérios do Velho Mundo. Impérios também floresceram no Novo Mundo, embora seu isolamento os deixe de fora de nossa discussão.

À medida que a construção de impérios no Velho Mundo atingiu seu ponto extremo, por volta de 3000 a.C., constatamos a presença de mais e mais evidências do gradual colapso da ordem social e do surgimento de estruturas sociais repressivas para contrabalançar a velha ordem. Até mesmo nas raras civilizações que faziam a ponte entre a era do Rei Deus e a era Totalitarista posterior, como a da Assíria, essa perda da ordem social é evidente. Ela encontra paralelo nos escritos e na arte da época, que deixam entrever, entre os monarcas locais, insegurança em seu relacionamento com os deuses, bem como a busca de novas maneiras de obter orientação divina. Frisos assírios que, antes, representavam o rei de pé na frente da imagem do deus, escutando-o com atenção, passam a representá-lo na frente de um trono vazio, aparentemente sem nenhum deus presente, muitas vezes assistido por outros, que também tentam ouvi-lo, esperando por orientação. Em sua obra, Julian Jaynes destaca esse fato como uma representação do colapso gradual da mente monolítica primitiva, para a qual a voz dos deuses era clara. Isso sinaliza o princípio de eras nas quais a mente consciente em desenvolvimento, sem estar completamente segura do que deve ouvir, ou se deve dar mais ouvidos à sua própria análise individual, acabou semeando e disseminando, no mundo antigo, uma espécie de caos psíquico. As pessoas deveriam prestar atenção nos deuses de quem, e quem os deveria representar?

O potencial para revoltas sociais resultou na supressão política, o que mergulhou o mundo em quatro milênios de regime social ditatorial. Para os escritores que defendem a abordagem integral, essa é a era da Ordem Mítica de Obediência Absolutista e do Autoritarismo Propositado.

Essa era pode ser dividida aproximadamente em três períodos. Primeiro vieram a Idade Média do Bronze e a Idade Recente do Bronze, seguidas pela Idade do Ferro, nomes esses que definiam o tipo de tecnologia dominante nesses períodos. Por último, veio a Era Axial, período no qual surgiu a maioria das religiões atualmente ativas no mundo. Considerando a incerteza e a instabilidade sociais que caracterizaram a Era Totalitarista, isso não deveria causar nenhuma surpresa. Se os velhos deuses haviam falhado, ou não eram mais acessíveis, era perfeitamente natural que os desejos mágico-míticos da humanidade procurassem uma nova lista de candidatos a deuses — ou começassem a imaginar a possibilidade de um único Deus.

Nasce o patriotismo

Em 40 séculos de regime totalitários, não é surpreendente que, das oito mudanças de paradigma delineadas pelo irmão Wayne Teasdale para a designação de uma nova era, seis delas têm a ver com a dissolução dos laços de lealdade ao clã, à nação, à religião e à cor da pele, além da abstenção da violência na resolução de problemas, acoplada com o sonho de se mover em direção a perspectivas holísticas, que aliem arte e coração,* transtradicionais, transculturais e transnacionais. A herança da lealdade humana a líderes e bandeiras, nações e nomes, hinos e histórias patrióticas — que resultou na morte de incontáveis milhões de pessoas em guerras — arraigou-se em todos nós, o que reflete o poder dessa época, que durou cerca de 4 mil anos!

Nós todos nos identificamos com a lista de impérios que vêm desde o início da época Totalitarista, seja com base em filmes, livros ou mesmo na escola dominical, período que se estende de 3000 a.C. a 1000 d.C., o período das Idades do Bronze e do Ferro. Os impérios do Velho Mundo inicial incluem as sucessivas dinastias do Egito, a civilização minoica recente de Creta, os impérios aqueu e micênico da península grega, as civilizações posteriores do vale do Rio Indo, na Índia, as culturas Majiayao e Shang, na China, a cultura Dong Son do Vietnã, os impérios assírio e babilônico recentes e as culturas do Oriente Médio de Canaã, Ugarit, Cades, Megido, o Reino de Israel, os hititas, Troia, Hekla, Urartu e Frígia. Os impérios do Velho Mundo recente foram Fenícia, Grécia, Pérsia, Roma, Macedônia, o Império Selêucida, Báctria, o Império Máuria, o Império Parta, os sassânidas e Bizâncio. Os impérios do Novo Mundo abrangem a civilização olmeca, o centro urbano Teotihuacan e as civilizações maia, zapoteca, mixteca, huasteca, purépecha, tolteca e asteca.

---

* Trocadilho intraduzível em adjetivo neologista, que une "coração" e "artístico": *heartistic*. (N.T.)

Em contraste com os padrões culturais homogêneos da época dos Reis Deuses, durante essa era a miscigenação social, o comércio, a guerra e o sistema escravagista revelam um império único, e seus deuses e estilos culturais rivalizam um contra o outro. As visões de mundo não apenas estavam se misturando e sendo constantemente desafiadas, mas também novas ideias eram espalhadas. As sementes dessas novas ideias produziram raízes em sociedades amplas, nas quais a classe ociosa abastada tinha tempo para se dedicar à arte, à matemática e à invenção (ou promover o cultivo delas em outras pessoas por meio do patrocínio). Por mais estranho que possa parecer, as estruturas totalitaristas que sustentaram esses sistemas também geraram as estruturas para a mudança interna revolucionária — contanto que isso fosse feito com cuidado e não deplorasse abertamente o ditador, imperador ou rei local.

É difícil, talvez impossível, para nós imaginar a confusão que resultou do contato, dos conflitos e da absorção entre povos com diferentes e singulares compreensões da realidade. Talvez tenhamos captado parte disso ao pensarmos na grande era da imigração mundial do século XIX, mas até mesmo essa percepção se desvaneceu para muitos.

As ironias da época Totalitarista são muitas. Enquanto os tiranos da velha ordem continuavam a governar, a filosofia ocidental surgiu e avançou. Mesmo enquanto esse novo pensamento semeava em alguns as sementes da pesquisa científica e das primeiras invenções, outros procuravam oráculos e recursos divinatórios com o propósito de voltar a captar as antigas vozes dos deuses. Historiadores enfatizam o fato de as vozes dos oráculos nunca terem sido colocadas em dúvida — um testemunho de quão imóvel se tornara a humanidade com relação às suas primeiras experiências com as vozes dos deuses.

As vozes dos velhos deuses estão particularmente associadas aos oráculos gregos, os quais se estenderam de 560 a.C. a 390 d.C. Estes incluíam a pítia, ou pitonisa, em Delfos; Dione e Zeus em Dodona; e Apolo em Dídimos, Corinto, Bassas, Delos e Egina. Enquanto isso, vozes do novo pensamento, que surgiam com a filosofia ocidental, incluíam, em ordem cronológica, os filósofos gregos — e também dramaturgos, historiadores e médicos — Esopo, por volta de 600 a.C., Pitágoras, Ésquilo, Sófocles, Eurípides, Heródoto, Sócrates, Hipócrates, Demócrito, Platão e Aristóteles, por volta de 350 a.C.

Nascem as grandes religiões

Ironicamente, a história mostra que, nesses estados rígidos, o efeito da especialização e da criação do lazer produziu, para alguns, avanços fundamentais no pensamento e na tecnologia. A angústia existencial que afetou as massas levou outras pessoas a procurar respostas revigoradas na reflexão e na introspecção, o que resultou no nascimento das grandes religiões e filosofias, as quais ainda incitam grande parte do mundo hoje. Desse modo, a época do Totalitarismo tornou-se a Era Axial, que gerou as bases de muitas das atuais filosofias e religiões do mundo.

Os primeiros textos incluem o épico de Gilgamesh da Pérsia, de 2700 a.C. aproximadamente, os textos védicos do hinduísmo, de cerca de 1500 a.C., os textos do monoteísmo no Egito, sob o faraó Aquenáton (ou Amenhotep IV), por volta de 1300 a.C., os textos do monoteísmo na Pérsia, por meio de Zoroastro, por volta de 1200 a.C., e os textos da Torá no judaísmo, com início por volta de 960 a.C.

Os fundadores das religiões do mundo foram Lao Tsé, na China, e Zoroastro, na Pérsia, por volta de 600 a.C.; Confúcio, na China, que nasceu em 551 a.C., Buda, na Índia, nascido em 542 a.C., Jesus, na Palestina, que nasceu por volta de 5 a.C., e Maomé, na Arábia, nascido em 570 d.C.

Alguns dos eventos mais essenciais na história das religiões incluem o fato de os textos judaicos terem sido compostos de 900 a.C. a 100 a.C., e os Upanixades, do hinduísmo, terem surgido por volta de 500 a.C. Por volta de 300 a.C., o budismo diversificou-se no Ceilão, em Burma e no Tibete, com os primeiros textos budistas compostos por volta de 100 a.C. Penetrando na Era Comum (antes abreviada como AD, de *Anno Domini*, ou Ano do Senhor, e depois como d.C., ou depois de Cristo), Paulo de Tarso expandiu a seita judaica do cristianismo entre os gentios, e o movimento cresceu tão depressa que, por volta de 313, o imperador Constantino o reconheceu como a religião oficial do Império. Em 622, Maomé mudou-se para Medina e tornou-se líder da nova fé islâmica. Por volta de 600 d.C., o sacerdócio bramânico estabeleceu-se no hinduísmo, e a expansão muçulmana na Europa atingiu seu pico em 732 d.C.

Apesar de tão prolífica, a explosão de pensamento e de religião da Era Axial ainda refletia o rígido autoritarismo da época. Novas crenças, que deram vida a uma orientação revigorada, com frequência recorriam à coação, na forma de novas estruturas autoritárias, muitas das quais perduram até hoje, no limiar da Era Interespiritual. Códigos de conduta absolutistas modelavam o certo e o errado, com comandos de fidelidade reforçados pelo conceito de recompensa eterna ou de punição eterna em uma vida após a morte. Frequentemente, novas crenças eram projetadas na forma de sacerdócios exclusivos, cenários de fim dos tempos conflitantes e contraditórios e adesão [rígida] a textos sagrados, todos eles estabelecendo obstáculos imóveis ao diálogo.

Quando as culturas de religiões emergentes entremesclaram-se com as estruturas autoritárias da época, levaram às formas autoritárias europeias e asiáticas de religião estatal. Ao decidir não compartilhar das dádivas subjetivas que seus novos caminhos ofereciam, as diferentes religiões seguiram o caminho do exclusivismo, o qual levou a séculos de guerra e crueldade quando a própria religião se aliou com o Estado. As consequências trágicas disso talvez só possam ser remediadas por meio de uma Era Interespiritual em desdobramento.

Dentro das estruturas rígidas das religiões recém-emergentes e das sociedades que elas engendraram, ainda havia a possibilidade de alguma coisa fundamentalmente diferente e de importância imensurável emergir. Onde a espiritualidade e a livre investigação poderiam ser procuradas, da investigação filosófica às buscas pela experiência mística e pelo despertar espiritual, e realizadas pelos novos caminhos orientais e pela experimentação contemplativa ocidental, algo mais estava acontecendo. Mesmo quando as filosofias axiais mostravam a mente consciente evoluindo para o pensamento dualista complexo, os caminhos espirituais da Era Axial evidenciavam a emergência da não dualidade.

De repente, tivemos o nascimento das filosofias ocidentais e, opondo-se à velha religião dos oráculos orientais e ocidentais, o nascimento do sofisticado misticismo das novas religiões do mundo, orientais e ocidentais. Nesse misticismo, estavam contidos novos dons de percepção e compreensão, por meio dos quais as religiões poderiam reivindicar seu outro rótulo, o de Grandes Tradições de Sabedoria.

Avanços no pensamento prenunciam uma nova época

O cadinho da Era Totalitarista, por mais peculiares que fossem seus efeitos sobre a religião e o pensamento, também se caracterizou como um manancial de onde jorraram avanços literários, matemáticos e científicos, refletindo um paradoxo que ocorre em estruturas sociais rígidas, a saber, o de transmitir a algumas pessoas um clima de reflexão e inovação. Os resultados surpreendentes prepararam o palco para o progresso da ciência e da tecnologia.

O número e a variedade de avanços ocorridos na ciência, na tecnologia e nas artes são surpreendentes. A seda, por exemplo — tão valorizada por sua alta qualidade e pela sensação exuberante que transmite ao tato —, foi usada pela primeira vez na China, por volta de 2700 a.C., e chegou ao Egito por meio do comércio em 1000 a.C., aproximadamente. Existiam versões escritas da *Ilíada* e da *Odisséia* na Grécia, por volta de 850 a.C. Em torno de 520 a.C., Pitágoras, na Grécia, determinou que a Terra é redonda. A geometria foi inventada no Egito, por Euclides, por volta de 300 a.C. A inovação dos números de 1 a 9 surgiu na Índia, entre 300 a.C. e 200 a.C. Por volta de 260 a.C., Arquimedes, na Grécia, inventou a alavanca e calculou o primeiro valor de pi. Exatamente 20 anos depois, em 240 a.C., Eratóstenes, também na Grécia, calculou a medida da circunferência da Terra. Quarenta anos mais tarde, por volta de 200 a.C., a produção da seda estendeu-se para além da China. Em um feito surpreenden-te, Hiparco, na Grécia, em 130 a.C., mediu a distância entre a Terra e a Lua. Com a crescente sofisticação da astronomia, o calendário Juliano, inventado em Roma, introduziu o ano bissexto em 46 a.C. Tornando o trabalho consideravel-mente mais fácil, o carrinho de mão foi inventado na China, em 5 a.C., e pou-cos séculos depois, em 1 d.C., o comércio da seda chegou à Roma e à Grécia. No entanto, seria necessário mais meio milênio até a produção da seda alcançar a Europa, em 500 d.C., o mesmo ano em que os indianos inventaram o zero. Por volta de 825 d.C., os números indianos já estavam popularizados em todo o mundo. Por volta de 850 d.C., Angkor Wat havia se tornado a maior cidade do mundo, com uma população de 250 mil habitantes.

Desse modo, encerra-se o enigma da época da Obediência Absolutista à ordem mítica, a era do autoritarismo proposto. Ela acrescentou 40 séculos completos aos 40 séculos anteriores, período que marcou o predomínio do Rei

Deus — oito milênios de metrópoles ditatoriais, cidades-estados e impérios. No entanto, a partir dessa época rígida, egoica e etnocêntrica, começou a ascensão das filosofias e religiões, precursoras de grande parte da matemática e da tecnologia modernas, que vigoram atualmente no mundo.

Comportamentos lamentáveis e estruturas sociais provenientes dessas épocas primitivas ainda dominam grande parte da existência humana sob a forma de visões de mundo fixas, fidelidades agressivas a nações e religiões, veneração da violência, glorificação do patriotismo e da guerra, da ditadura e da opressão — em suma, todas as formas imagináveis de comportamento conflitivo.

Considere as seguintes linhas do épico grego *A Ilíada*:

Pelo nosso país, morrer é uma felicidade (Livro 15);
Seremos mais capazes de usar nossa armadura, que nunca se cansa, e combater nossos inimigos para todo o sempre (Livro 19);
E que todos os que foram deixados com vida, após o odioso massacre, lembrem-se da comida e da bebida — de modo que mais ferozmente possamos combater nossos inimigos, sem parar, sem misericórdia, tão durável quanto o bronze que envolve nossos corpos (Livro 19).

Agora compare essas palavras com as do comandante Heinrich Himmler, da SS nazista, o arquiteto do Holocausto, ditas quando ele explicava a seus oficiais, em 1943, como foi possível desempenhar seus deveres de extermínio e, ainda assim, se considerarem pessoas boas e honradas:

Está em nosso programa — eliminação dos judeus, extermínio, um pequeno problema... [fazer] isso e, ao mesmo tempo, permanecer uma pessoa decente — com exceções por causa das fraquezas humanas — nos fez fortes, e esse é um capítulo glorioso.[...] Vamos dar graças a Deus porque tínhamos fortaleza suficiente dentro de nós, que dispensa explicação, para nunca discutir isso entre nós e nunca conversamos sobre isso. Cada um de nós ficou horrorizado, e ainda assim todos entenderam claramente que iriam voltar a fazer isso quando a ordem fosse dada e quando isso se fizesse necessário.[30]

---

[30] "Discurso Poznan", proferido por Himmler em 4 de outubro de 1943, extraído de The Holocaust History Project, com sua permissão (http://www.holocaust-history.org/himmler-poznan/).

A combinação de uma visão de mundo fixa e do perdão pelo comportamento violento: eis como todo terrorismo se justifica, como nesse caso de Himmler, pois ele de fato acreditava que a violência era justificada por uma visão religiosa correta.

Escritores que defendem a abordagem integral reconhecem a presença de vestígios semelhantes do nosso passado nas estruturas das gangues urbanas, das gangues de motocicleta e das gangues do crime organizado, na veneração do comportamento do astro e da estrela de rock *bad boy/bad girl*, no comportamento sexual irresponsável de celebridades e políticos, nos excessos dos soldados e dos empreiteiros mercenários em guerras no estrangeiro, e até mesmo na liderança excessivamente egocêntrica e dinástica que vigora no mundo dos negócios. Os defensores da abordagem integral identificam esses comportamentos em cerca de 20% da nossa população moderna, inclusive nos que detêm 5% do poder mundial.

De maneira semelhante, a época autoritarista sobrevive em comportamentos ainda mais corriqueiros, como nas crenças literalistas e fundamentalistas, em controles do comportamento — por parte de autoridades religiosas — baseados na culpa, em cegas lealdades patrióticas e militaristas a identidades etnocêntricas ou nacionalistas, no perdão à violência patrocinada pelo Estado em nome da lei e da ordem, nas "maiorias morais" autoritárias, na punição corporal e na pena de morte. Esses comportamentos autoritários ainda estão ativos em 40% da população do mundo, inclusive nas pessoas que detêm 30% do poder mundial. Tudo isso são vestígios de 80 séculos nos quais estruturas autoritárias e totalitárias vigoraram sobre a humanidade.

9

A aurora da época racionalista

"Penso, logo existo."
— Descartes

POR VOLTA DO ANO 1.000 D.C., O TECIDO SOCIAL DOS IMPÉRIOS absolutistas começou a se desfazer, processo que, ironicamente, fora impulsionado pelos resultados cumulativos de subculturas e oportunidades sociais que seu próprio sucesso havia criado — nichos para a arte, para o pensamento criativo e para um sentido crescente de individualidade. Talvez ainda mais significativo seja o fato de calamidades naturais imprevistas também terem exigido que as populações do Velho Mundo explorassem novos caminhos, que lhes permitissem ser levadas aonde pudessem sobreviver e prosperar.

Assim começou o que os escritores que defendem a abordagem integral chamam de período Multiplicador-Realizador (*Multiplistic-Achievist*)/Científico e Estratégico. Nesse período, as visões de mundo mágico-míticas receberam a oposição de novas visões de mundo racionalistas, razão pela qual ele é, muitas vezes, conhecido como Era Pré-Moderna.

O encontro e o conflito entre visões de mundo mágicas e racionais estavam em andamento, o que, é claro, continua até hoje. De fato, um dos principais desafios para a Era Interespiritual que se aproxima será o de equilibrar, habilmente, nossas experiências vindas do domínio interior subjetivo com nosso conhecimento dos domínios exteriores objetivos, como a ciência e a tecnologia. A partir de 1000 d.C., o milênio seguinte consistiu em experimentar uma gangorra — a qual, às vezes, se aproximava mais de uma montanha-russa — entre esses extremos.

O autoritarismo colapsa

À medida que a humanidade se aprofundava no segundo milênio depois de Cristo, uma fragmentação começou a ocorrer na religião e nas estruturas da religião-estado da época. Essa fragmentação não se baseou apenas nas rivalidades paroquiais e nas lutas pelo poder, mas também no efeito da riqueza privada cada vez maior. A ascensão de famílias abastadas, clãs e guildas de mercadores criou fulcros alternativos de poder. Se, por um lado, as nobrezas feudais haviam explorado quem estava abaixo delas, baseando-se, para isso, no poder autoritário, por outro lado, depois que essas classes passaram a reter riqueza graças aos negócios, ao comércio e aos serviços bancários, a nobreza logo precisou delas para permanecer no poder. O resultado disso, que passou a se manifestar em grande parte da Europa, foi um novo tipo de estrutura civil, que consistia em pequenas cidades-estados, ou repúblicas mercantis.

Além disso, os cidadãos desses prósperos estados locais e regionais intensificaram o acesso à educação — resultado da revolução desencadeada pela invenção da máquina de imprensa, ou impressora, e pelo intercâmbio de conhecimento, de tecnologia e de materiais, que ocorria quando os representantes comerciais das famílias e clãs viajavam por amplas distâncias e se entremesclavam. Nesse novo ambiente cosmopolita nada poderia continuar sendo paroquial por muito tempo.

Essa nova estrutura civil passou a emergir mesmo quando a unidade da Igreja Católica Romana, emancipada desde o período autoritário romano recente, enfraqueceu. Enquanto dividia Oriente e Ocidente, a corrupção vigorava em abundância, agravada pelos hediondos excessos da Inquisição — conduzida a partir do século XII — e por nove cruzadas militares contra o islamismo (1095 d.C. — 1291 d.C.), econômica e socialmente desastrosas. Esse comportamento evidenciava vestígios da mentalidade mágico-mítica autoritária.

À medida que o catolicismo se rompia, as sementes da Reforma Protestante eram semeadas, começando com os valdenses na década de 1170 d.C. e culminando, quatro séculos mais tarde, com as Noventa e Cinco Teses (1517), de Lutero, e com o Tratado de Vestfália (1648). No contexto da Reforma, ocorreu um surto igualmente poderoso de pensamento racionalista e humanista, impulsionado não apenas pela paisagem educacional em expansão que vigorava na época — havia uma profusão de universidades por volta do século XII —, mas também pela questão central do livre-arbítrio, defendida pela Reforma. Ambas foram ajudadas pelo rápido crescimento da invenção tecnológica gerada pela nova liberdade da investigação aberta. A ruptura na igreja significava acesso a nova literatura, inclusive a traduções do original grego do Novo Testamento, defendidas pela nova elite intelectual e finalmente colocadas à disposição do público.

No mundo da educação, o movimento do racionalismo se pôs em andamento por toda a Europa, graças aos sistemas universitários em expansão, trazendo de volta os grandes estudiosos do grego e do árabe, os escritos dos romanos Cícero, Tito Lívio e Sêneca e o grande médico romano Galeno. Abrangendo todos os aspectos da investigação intelectual e da arte, esse movimento foi observacional e investigativo, antecipando o método científico. A partir dele emergiria o paradigma historicamente fundamental da "representação" (*representational*), ou do "mapeamento".

As implicações desse novo paradigma escolástico eram simples, mas intensas e profundas. Em vez de voltar os olhos para as histórias sobre o conhecimento subjetivo nas narrativas fornecidas pela religião, por que não olhar para fora e estudar o mundo ao nosso redor? Isso levaria a uma revolução. A partir de um mundo que havia tomado como base o que o sacerdócio religioso "dizia", a nova ordem escolástica enfatizava a evidência empírica, a razão e o estudo e a comparação dos textos originais de muitos idiomas.

Esse paradigma da representação permaneceria dominante até que, no século XX, tornou-se evidente que suas capacidades, baseadas, em sua maior parte, no conhecimento dos objetivos externos, podem ser inadequadas para defender um mundo cujos fundamentos, mais uma vez, estão balançando.

Uma praga global estimula um renascimento na consciência

Enquanto essas condições se desdobravam a partir dos séculos XI e XII, o cosmopolitismo crescente da era precipitou uma calamidade sobre todo o continente europeu. Uma doença pandêmica se espalhou, a partir da China, ao longo das rotas comerciais da Crimeia e do Mediterrâneo. Por volta de 1350, de 30% a 60% de toda a população europeia havia perecido. A Peste Negra, hoje considerada uma confluência de infecções bubônica, hemorrágica e pneumônica, acompanhadas por antraz (ou carbúnculo) e tifo, aniquilou parte da população da Europa pelos 150 anos seguintes.

Como acontece com todas as grandes extinções, essa praga também abriu revigoradas oportunidades. O clima civil da era, que havia começado a cavar a sepultura da lente mágico-mítica da religião, contra o pensamento racionalista emergente, questionou se essa catástrofe horrível havia sido um castigo de Deus ou se havia outras explicações convincentes para a mente racional indagadora.

A resposta surgiria das consequências econômicas e sociais da praga. Como a dramática perda na população aumentou o poder das classes comercial e trabalhadora, os preços dos terrenos e dos alimentos diminuíram em cerca de 30% a 40%, o que desencadeou uma nova mobilidade social. Essa ascensão suplementar de trabalhadores e comerciantes selou o sucesso da estrutura social da cidade-estado e da república mercantil emergentes. Um novo nivelamento social havia ocorrido. Entremesclando os aspectos da sociedade civil, das artes, da educação, da ciência e da invenção, esse renascimento — *la rinascita*, a Renascença — floresceu por mais dois séculos.

As grandes realizações que se destacaram no período do Renascimento incluem a invenção da imprensa, por Gutenberg, em 1450, com mais de 10 milhões de livros impressos por volta de 1500. Também por volta de 1500, as obras de Michelangelo, Leonardo da Vinci e de outros 80 grandes artistas e arquitetos floresceram nesse período extremamente fecundo. Shakespeare e outros 12 autores de primeira grandeza apareceram por volta de 1600, juntamente com Thomas Tallis e outros 20 compositores famosos. A eles podemos acrescentar Cristóvão Colombo e mais 12 exploradores de destacada importância histórica, seguidos por Kepler e Galileu, por volta de 1610, aos quais podemos acrescentar outros 12 grandes astrônomos, geógrafos e alquimistas.

Do Renascimento ao Iluminismo europeu

Os historiadores divergem a respeito de quando o Renascimento se fundiu ao movimento ascendente mais amplo das nações-estados europeias, do Sacro Império Romano (proclamado em 1512) e do subsequente Iluminismo europeu. Por razões óbvias, os escritores que proclamam a abordagem integral tratam os dois como partes do emergente Período Racionalista. No entanto, usualmente, a transição é datada a partir do período de declínio da Itália e de ascensão das outras potências europeias — tipicamente por volta de 1550, com base na pilhagem de Roma pelo exército do imperador Carlos V, do Sacro Império Romano-Germânico. Depois dessa época, o domínio da Itália deu lugar a nações mais fortes, situadas a oeste em relação a ela.

Em geral, considera-se que esse período de dominação da Europa Ocidental amadureceu por volta de 1650, e o fim da época racionalista ocorreu em torno de 1850, com o Terceiro Grande Avanço, quando o desenvolvimento ocorrido nos Estados Unidos e no restante do Novo Mundo produziu uma paisagem política e comercial planetária. No entanto, a contribuição do Renascimento e do Iluminismo europeu para a história mundial é extremamente significativa, pois estabeleceu a maior parte das normas para a sociedade mundial.

Nessa época, a população mundial havia atingido 500 milhões de pessoas. As marcas de referência políticas e científicas do Iluminismo europeu incluem o fim de 30 anos de guerra religiosa na Europa, com a assinatura do Tratado de Vestfália, em 1648, e a interrupção das invasões muçulmanas em Viena, em 1683 — o mesmo ano em que o *croissant* foi inventado. Por volta de 1689, o Império Britânico obteve grandes partes do território da Índia. Em 1756, houve guerras entre a Inglaterra e a França na Europa, e também na América e na Índia, com o movimento de independência norte-americano e a Guerra Revolucionária que se seguiu, em 1776. Seguindo os passos da independência norte-americana, a Revolução Francesa irrompeu em 1789, com Napoleão subindo ao poder, na França, em 1798. Logo depois, em 1807, a Grã-Bretanha proibiu o tráfico oceânico de escravos; no mesmo ano, os Estados Unidos proibiram a importação de escravos, o que se efetivou em 1º de janeiro de 1808. A infortunada invasão da Rússia por Napoleão ocorreu em 1812, e em 1813 Simón Bolívar lutou contra a Espanha a fim de libertar a América Latina. Nesse mesmo ano, os britânicos tomaram o controle de toda a Índia e derrotaram os franceses em Waterloo, em 1815.

Avanços monumentais foram realizados na ciência e na indústria nesse período. Em 1687, Newton publicou seu *Principia Mathematica*. Em 1764, a invenção de um modelo básico da máquina de fiar, a *Spinning Jenny*, automatizou a fiação, e James Watt inventou a máquina a vapor apenas cinco anos mais tarde, em 1769. No mesmo ano em que a Declaração de Independência norte-americana foi emitida, Adam Smith publicou seu manifesto capitalista em *A Riqueza das Nações*. Em 1795, os franceses adotaram o sistema métrico, e a vacina contra a varíola foi testada apenas um ano mais tarde, em 1796. A era da comunicação instantânea também foi inaugurada nesse período, com a invenção do telégrafo, por Morse e por Wheatstone, em 1837.

Essa foi uma era prolífica para a filosofia, as letras clássicas e os estudos de história, e as principais figuras do Iluminismo europeu deixaram sua marca entre 1630 e 1840. Na religião, na ciência e na filosofia, entre os indivíduos proeminentes estavam incluídos Descartes, Hegel, Hume, Kant, Leibniz, Locke, Spinoza e Lineu. Na literatura, os nomes mais famosos eram Balzac, Byron, Cervantes, Dickens, Goethe, Hugo, Keats, Milton, Molière, Poe, Pushkin, Racine, Rousseau, Schiller, Scott e Voltaire. Na música, destacaram-se, entre outros, Bach, Beethoven, Berlioz, Chopin, Handel, Haydn, Liszt, Mendelssohn, Monteverdi, Mozart, Schubert, Schumann, Verdi e Wagner. Na arte, Bernini, Caravaggio, Delacroix, Goya, Rembrandt e Velázquez foram notáveis. Por fim, na matemática podemos citar Abel, Bernoulli, Descartes, Euler, Fermat, Fourier, Galois, Gauss, Lagrange, Legendre, Leibniz, Lobachevsky, Newton, Pascal e Wallis.

A consciência no Renascimento e no Iluminismo europeu

Ao olharmos através da lente da abordagem centralizada no desenvolvimento, um fato típico que podemos constatar no fluxo da história é que o pior de uma época tende a abrigar, dentro de si, a lenta expansão de dimensões de valor muito mais elevado. Os períodos clássicos grego e romano da filosofia e das ciências humanas, por exemplo, floresceram mesmo quando as estruturas civis definhavam no totalitarismo. De maneira semelhante, a marca distintiva da consciência no Renascimento e no Iluminismo europeu não está apenas no fato de esses períodos manifestarem um retorno às eras clássicas grega e romana, mas também porque conseguiram então adquirir uma vida própria, criativa e inovadora, que impulsionou toda a gama das atividades humanas — políticas, científicas e tecnológicas, assim como o mundo da filosofia, das artes e da literatura —, até atingir níveis ainda mais novos de desenvolvimento.

Como acontece no estudo da história natural, apenas em uma visão que nos escapou no momento, mas da qual tivemos consciência depois, em retrospectiva, podemos ver as dimensões, distribuídas em muitas camadas, do que estava se desdobrando no amadurecimento contínuo da humanidade. A nova experiência do racionalismo desafiava a lente mágico-mítica mais antiga — um desafio que continua até hoje. A mente humana em evolução ainda estaria respondendo, em sua maior parte, a mensagens vindas de seu interior, de seus "deuses"? Ou será que o próprio diálogo do cérebro agora teria se tornado dominante? Teria a Peste Negra nos ensinado sobre a ira de Deus ou teria desencadeado ainda mais descobertas sobre nosso próprio potencial humano?

A justaposição dessas questões na psique dessa época reverbera por meio das biografias de seus personagens famosos. Pense em Leonardo apoiando financeiramente seu gênio mais amplo, graças a uma carreira dedicada à invenção de artefatos militares; em Michelangelo pintando para o papado durante o dia e, à noite, secretamente, participando como membro do movimento do livre pensamento; ou na igreja patrocinando a arte renascentista e a literatura, embora essa mesma arte e literatura fizessem parte de um movimento que se dirigia para novas liberdades.

O dinheiro era um árbitro poderoso. Novas riquezas, concentradas nos intercâmbios, nas atividades comerciais e nas cidades-estados politicamente independentes, permitiram que alguns revolucionários, como Lutero e os livres pensadores de Florença, fossem protegidos e apoiados, enquanto, apenas algumas centenas de quilômetros de distância, essas riquezas caíam nas mãos de indivíduos como Maquiavel e o corrupto papa Bórgia. Tudo isso representava a guinada dramática que se afasta da lente mágico-mítica e se aproxima da mente racional emergente, o que explica uma das características atribuídas, pelos pensadores da perspectiva integral, às figuras que fundaram essa era Realizadora--Estratégica: realize seus objetivos, mas sem levantar suspeitas ou sem incorrer na ira do *establishment* entrincheirado. Em outras palavras, sua própria sobrevivência também poderia significar a sobrevivência de sua visão.

Essa era de desenvolvimento foi, em grande medida, um fenômeno europeu, pois só na Europa havia estruturas políticas e civis suficientemente variadas capazes de promover as liberdades necessárias a um movimento que se afastasse da mente autoritária. O restante do mundo fez outras escolhas, de Kublai Khan e Genghis Khan, na Mongólia e na China, aos impérios muçulmanos a leste. A Índia viu-se sujeita a tensões entre as influências muçulmana, budista e hinduísta que a solicitavam. Os toltecas, astecas e incas estavam isolados no Novo Mundo.

O legado que recebemos da época racionalista

Ao paradigma racionalista pode-se creditar os feitos de ter prenunciado o caminho da humanidade para a idade moderna e depois tê-la conduzido. No entanto, apesar de todos os benefícios revolucionários proporcionados à humanidade, uma poderosa herança dessa época, que ainda influencia uma direção para o mundo, é a natureza quase inflexível do paradigma racionalista.

Embora esse paradigma tenha sido uma grande recompensa para a nossa espécie, a restrição de investigar apenas o que é visível, previsível, palpável e testável limitou seriamente nossa capacidade para compreender aspectos muito mais dinâmicos da realidade. Essa é a raiz do lamento: "Temos uma tecnologia tão avançada e, no entanto, não conseguimos lidar uns com os outros". Entre a lente racionalista e a lente espiritual, desdobrou-se um abismo que permanece até hoje, o que motivou saber se uma época integrativa posterior poderia romper esse beco sem saída. Uma reportagem da CNN, de 2011, relatou como a ciência e a religião correm em pistas paralelas, e apenas ocasionalmente apresentam intersecções.[31]

Outro vestígio da época racionalista é a veneração pela concorrência, pela competição, com sua ênfase em ficar à frente a qualquer custo, e a tendência para fechar os olhos aos danos colaterais causados pela exploração da natureza e dos nossos companheiros humanos, a fim de usá-los e de tirar partido deles. Essa visão pressupõe que, para o futuro, serão deixadas épocas que precisarão acrescentar a sensibilidade e a ética necessárias ao equilíbrio que perdemos com esses danos e abusos.

A insensibilidade inicial do desenvolvimento tecnológico para com as consequências naturais dessa exploração irresponsável foi uma culminação da ideia errada de que os seres humanos e a natureza estavam separados — sintoma que já havia sido observado logo no início da história, quando os seres humanos começaram a se afastar, em massa, da paisagem em favor das cidades e metrópoles. A natureza dinâmica da evolução e da revolução é tal que cada passo resulta em uma nova recompensa, bem como em uma nova sombra.

---

[31] "God No Longer in the Whirlwind" [Deus Não Está mais no Redemoinho], 29 de agosto de 2011.

10

O advento da civilização mundial

"Nós que nascemos budistas, hinduístas, cristãos, muçulmanos ou de qualquer outra crença podemos nos sentir muito confortáveis nos templos uns dos outros."

— Ari Ariyaratne

AO MAPEAREM O CURSO DA HISTÓRIA, OS PENSADORES CUJA VISÃO está centralizada na perspectiva integral e na abordagem baseada no desenvolvimento dividem, com frequência, em dois níveis as épocas em que esse desenvolvimento ocorre. O primeiro representa épocas que ainda investem fundamentalmente na subsistência humana, legando à humanidade, e em escala mundial, um estilo de vida em que se pode desfrutar de razoável conforto. Essa característica esteve presente em todas as épocas e vigora até hoje.

O segundo nível reconhece a emergência de um padrão de vida, em escala mundial, suficientemente confortável para permitir o cultivo do tipo de valores humanos e de visões que anunciam a Era Interespiritual.

Por volta de 1850, uma civilização global ligada pelos meios de comunicação, viagens e atividades comerciais começou a surgir. A rápida preparação que levou a essa paisagem globalizada salpicou-se de mudanças e sublevações internacionais sem paralelo. Em 1848, as revoltas operárias em Paris se espalharam para a Itália e a Alemanha. Dois anos mais tarde, em 1850, os países europeus repartiram a África em colônias. Por volta de 1854, a Rússia lutava contra a Turquia, a Inglaterra e a França na Guerra da Crimeia.

Enquanto isso, nos Estados Unidos, os estados do sul (a Confederação) tentaram deixar a União, no período de 1860 a 1865, durante o qual Lincoln emitiu a Proclamação de Emancipação, libertando os escravos, em 1863.

Quatro anos mais tarde, em 1867, Karl Marx publicou O *Capital*, no qual previu o sistema comunista. Em 1870, a Prússia, unida aos estados alemães, derrotou a França. O Japão emergiu como potência mundial na guerra russo--japonesa de 1905, e na China uma república substituiu a Dinastia Qing, em 1912, pondo fim a 2 mil anos de império.

Seguiu-se a Primeira Guerra Mundial, que se estendeu de 1914 a 1918. Durante essa guerra, em 1917, o czar russo foi derrubado, e as primeiras eleições democráticas foram realizadas nesse mesmo ano, seguidas pela derrota do governo democrático russo, empreendida pelos comunistas liderados por Lenin, antes do fim do ano. A isso seguiram-se três anos de guerra civil no país, de 1918 a 1921, durante os quais Lenin consolidou o poder para os comunistas.

Também nesse período, em 1919, os Impérios Otomano, Alemão e Austro--Húngaro foram dissolvidos. Mais para o leste, na Índia, 1920 viu o início da revolta não violenta de Gandhi contra a Inglaterra, e em 1921 a Grã-Bretanha concedeu a independência à Irlanda do Sul. No ano seguinte, 1922, a União Soviética (URSS) foi constituída a partir de nações do Império Russo anterior.

Quando o Japão invadiu a China, em 1931, isso o levou a entrar em conflito com os Estados Unidos. Dois anos depois, em 1933, na Alemanha, Adolf Hitler foi nomeado chanceler, dissolvendo a democracia em agosto de 1934 após a morte do presidente Hindenburg. Em 1935, a Alemanha nazista começou a perseguir os judeus, acabando por assassinar 6 milhões de pessoas de origem judaica. No mesmo ano, o Japão ocupou Pequim, inaugurando sua conquista da China. Dois anos mais tarde, em 1939, a Segunda Guerra Mundial estava em curso na Europa e espalhou-se para a África e a Ásia. Por volta de 1940, o mundo havia se dividido na guerra entre potências do Eixo e potências Aliadas. Finalmente, em 1945, a Alemanha se rendeu, e os Estados Unidos usaram bombas atômicas no Japão para acabar com a guerra no Pacífico. Nesse mesmo ano, a Alemanha e o Japão adotaram constituições democráticas.

O começo do modernismo

Por volta de 1850, a população mundial havia chegado a quase 1 bilhão e 250 milhões de habitantes. Nas Américas, a Guerra Civil dos Estados Unidos (muitas vezes chamada de primeira "guerra moderna" do mundo) foi um divisor de águas na aplicabilidade dos valores democráticos a todos os povos, assinalando, além disso, o envolvimento das nações do Velho Mundo em uma guerra no Novo Mundo e o poder da guerra para promover um rápido desenvolvimento tecnológico e industrial. Pela primeira vez, o mundo foi interconectado por meio de importantes inovações tecnológicas, pelo comércio e pela migração aberta. A ciência alimentou desenvolvimentos da tecnologia, como o aproveitamento da eletricidade (Edison e Tesla), a emergência de uma visão de mundo evolucionista, balizada pela teoria de Darwin sobre a origem das espécies, e o trabalho de Pasteur em imunologia.

Economicamente, o capitalismo apareceu para esmagar e, assim, tornar obsoleta a velha ordem feudal europeia, produzindo novas riquezas não apenas para cidades-estados e centros mercantis, mas também para números cada vez maiores de cidadãos. O aquecimento central, a água encanada, a eletricidade, trens, automóveis, aviões, telégrafos e telefones, filmes, música gravada, produtos farmacêuticos, hospitais e vacinação serviram para revolucionar a vida cotidiana de alguns cidadãos do mundo. A agricultura tornou-se mecanizada, e a migração e as viagens se tornaram lugares-comuns, o que permitiu o deslocamento, rumo às cidades, de 95% da população envolvida em atividades agrícolas, a qual se somou a mais de 50% da população que já vivia em metrópoles.

Uma enxurrada de desenvolvimentos econômicos e tecnológicos transformou a vida em escala mundial. Em 1840, a construção de estradas de ferro teve início na Europa e na América do Norte; elevadores seguros foram inventados, tornando práticos os arranha-céus em 1854; e Alfred Nobel inventou a dinamite, instituindo o Prêmio Nobel em 1866.

O ano de 1869 viu o Canal de Suez e a ferrovia transcontinental norte-americana serem completados. Em 1876, Alexander Graham Bell e Elisha Gray patentearam o telefone, enquanto Thomas Edison inventou uma lâmpada elétrica prática em 1879. Por volta de 1905, Henry Ford inventou a linha de montagem, produzindo automóveis de baixo custo, em massa, e, nesse mesmo ano, os irmãos Wright voaram em seu primeiro avião bem-sucedido.

Em 1923, os Estados Unidos interromperam a imigração ilimitada. O primeiro filme falado de sucesso entre o público veio com o lançamento de *O Cantor de Jazz*, de 1927. No mesmo ano, uma transmissão de imagem de Washington para Nova York inaugurou a televisão. Em 1930, iniciou-se a transmissão televisiva comercial, ironicamente o mesmo ano que viu o início da Grande Depressão. Por volta de 1931, a hiperinflação europeia levou os nazistas ao poder na Alemanha. Em 1937, E. I. DuPont inventou e patenteou o náilon.

Tal era a vida no Primeiro Mundo. Enquanto isso, nações com forças navais dominavam o mundo. Da Índia à África e às Américas, as pessoas enfrentavam a implementação do colonialismo — o domínio do mundo pelos que controlavam esses avanços sociais e tecnológicos. A Inglaterra, a França, a Bélgica, a Alemanha, a Holanda e, até certo ponto, os Estados Unidos dividiram o mundo.

Nas artes e na arquitetura, Picasso e outros artistas introduziram a arte abstrata. O aço estrutural e os elevadores deram origem à era das grandes pontes e dos arranha-céus. Novas descobertas e invenções mudavam a visão de mundo e o estilo de vida dos cidadãos em uma base quase anual.

As realizações científicas e artísticas ocorridas nesse período dispararam às alturas quando o cientista Louis Agassiz explicou a história geológica do mundo em 1840, Hermann von Helmholtz descobriu a lei da conservação da energia, expressando-a em uma formulação anunciada em 1847, e Florence Nightingale introduziu os hospitais modernos em 1854. Quatro anos mais tarde, em 1858, Charles Darwin e Alfred Russell Wallace descreveram a evolução, e Darwin publicou sua teoria da evolução em 1859.

Por volta de 1862, Louis Pasteur propôs a teoria dos germes e inventou a pasteurização. As equações de James Maxwell uniram as teorias elétrica e magnética em 1865. No ano seguinte, 1866, Gregor Mendel descobriu a herança genética, e em 1869 Dmitri Mendeleyev propôs a tabela periódica dos elementos.

Em 1896, Pablo Picasso realizou os primeiros trabalhos de uma carreira que iria revolucionar a arte moderna. No mesmo ano, Marie e Pierre Curie descobriram a radioatividade. No ano seguinte, 1897, J. J. Thompson descreveu o elétron e, em 1900, Max Planck propôs a existência dos quanta, o que levou à física quântica. Em 1901, Frank Lloyd Wright inovou no *design* de habitações baseadas no conceito de "planta aberta" (*open housing*). Em 1902, William James publicou seu clássico *As Variedades da Experiência Religiosa* seguido pela publicação da teoria especial da relatividade, de Albert Einstein, em 1905, e por sua teoria da relatividade geral, em 1915. Então, em 1917, medições das posições de estrelas periféricas ao disco do Sol, realizadas durante um eclipse solar, comprovaram a teoria geral da relatividade de Einstein. Em 1919, Edwin Hubble descobriu que o universo está povoado de galáxias. Werner Heisenberg desenvolveu a mecânica quântica e o Princípio da Incerteza em 1927. No ano seguinte, 1928, Hubble descobriu que o universo está se expandindo. Também nesse ano, partículas subatômicas foram descobertas, Paul Dirac descobriu o pósitron e Wolfgang Pauli, o neutrino. Em 1931, Kurt Gödel apresentou sua obra pioneira para o futuro da lógica matemática, introduzindo os teoremas da incompletude, e em 1933 Guglielmo Marconi descobriu as micro-ondas.

Desse modo, o palco para uma civilização de âmbito mundial estava preparado. Uma nova época começou a se desdobrar, caracterizada por ideias que combinavam adjetivos como relativista, personalista, comunitária e igualitária. Suas características marcantes seriam um pluralismo crescente, o relativismo, a harmonia grupal, o diálogo e a diplomacia, o dar e o receber, a sociedade aberta e a boa vontade. No entanto, como acontece com os padrões de toda evolução e de toda revolução, ela só iria surgir na esteira da catástrofe, sob a forma das guerras mundiais.

A competição leva à calamidade: as guerras mundiais

O ponto fraco mais sombrio do mundo cosmopolita emergente envolveu a competição pelo poder e por recursos diretamente relacionados ao *ethos* da época da razão que precedeu esse mundo.

Nesse período, marcado pelo comportamento violento, latente na era do Rei Deus local e regional, bem como na era autoritária das cidades e metrópoles, a humanidade colheu os frutos do turbilhão em que mergulhou a competição global pelo poder político e pelo domínio econômico, enquanto emergia outro confronto histórico direto na consciência humana em evolução — a questão relativa ao que as grandezas política, econômica e social abrangem.

Será que a grandeza surge por meio do modelo capitalista democrático, como no Ocidente, com suas doutrinas econômicas plutocráticas contrárias de exploração e autoritarismo fiscal? Ou será que a grandeza surge por meio de sistemas totalitaristas inclinados a impor a conformidade e o planejamento social e econômico, como no comunismo e no nacional-socialismo (os nazistas)?

A Primeira Guerra Mundial, travada de 1914 a 1918, viu os impérios alemão, austríaco e otomano empunharem armas contra os impérios inglês, francês e russo. Ambos os lados extraíam livremente recursos militares de suas colônias, o que tornou a guerra multinacional e multirracial. Como os lados estavam equilibrados econômica e tecnologicamente, cerca de 10 milhões de pessoas morreram. O pesadelo só acabou quando, por causa dos Estados Unidos, que entraram na guerra em 1917, o equilíbrio do poder pendeu para esse lado. No mesmo ano, o Império Russo desabou internamente nas mãos dos revolucionários comunistas.

A Segunda Guerra Mundial, que durou seis anos, de 1939 a 1945, irrompeu quase como uma consequência de disputas não resolvidas vindas da Primeira Guerra Mundial, como também a depressão econômica global que se seguiu a ela e levou a uma tumultuosa convulsão social em toda a Rússia, resultando em 50 milhões de mortes. Paralelamente a esse fato, ocorreu a ascensão de Hitler na Alemanha, a emergência de Mussolini como um homem forte na Itália e a galvanização das forças imperiais sob o imperador Hirohito no Japão. Enquanto isso, as potências ocidentais, que também estavam economicamente muito fracas para reagir, ficaram de lado, em estado de prontidão, até que fosse tarde demais para impedir o mundo de ser engolido pelo conflito. Quando os objetivos militares da Alemanha finalmente precipitaram a guerra, ela uniu essas três ditaduras, conhecidas como as potências do Eixo, em controno direto contra as potências Aliadas, compostas pela maior parte das repúblicas ocidentais e nações capitalistas restantes, mais a Rússia Soviética. O uso das primeiras armas nucleares do mundo, em 1945, marcou não apenas o fim dessa guerra, mas também a emergência de uma nova era tecnológica.

O advento da bomba atômica também sinalizou o colapso das redes colonialistas das potências europeias, seguido pela emergência dos Estados Unidos e da União Soviética como superpotências. Todas as nações colonialistas haviam contribuído muito para que a guerra mundial não insistisse na própria independência de suas colônias. Com os Estados Unidos e a União Soviética se destacando como as potências mundiais titulares, os interesses das potências coloniais europeias se desvaneceram. Por volta de 1950, elas já desistiam de seus impérios ultramarinos.

Emerge um pluralismo mundial

As lições cruéis da Segunda Guerra Mundial ensinaram grande parte do mundo a reconhecer que havia a necessidade de descobrir melhores maneiras de competir e acertar as contas. O resultado foi a emergência de uma nova cultura mundial de tratados e acordos. A Organização das Nações Unidas formou-se em 1945, seguida por tribunais mundiais e por organizações equipadas para lidar com assuntos que vão desde o comércio até os direitos humanos. Essas instituições assinalaram uma consciência do pluralismo mundial e o desejo pela coexistência pacífica entre as nações, e esses fatores garantiriam que o progresso e o desenvolvimento não mais seriam interrompidos pela guerra, com exceção das guerras regionais limitadas. Embora muitas nações ainda fossem governadas por regimes autoritários, uma nova paisagem diplomática e pluralista havia emergido.

O mundo do pós-guerra refletiu o *ethos* cultural dessa era, centralizado no personalismo, no relativismo, no comunalismo e no igualitarismo. As atitudes que caracterizaram essa era adquiriram importância fundamental na discussão em andamento sobre o futuro do mundo. No entanto, embora o período gerasse um *ethos* com qualidades fundamentais para um futuro positivo para o mundo, ele também estimulou falhas que, se não fossem identificadas e tratadas, poderiam protelar ou até mesmo matar o progresso global. Isso ocorreu porque, embora os valores pluralistas e relativistas dessa era tenham valor óbvio, eles também podem gerar a patologia muitas vezes chamada de "a tirania da mediocridade".

Um dos maiores problemas de ouvir a todos é que pode ser difícil discernir, e muito mais realizar, o melhor curso de ação. Compromissos que acompanham de modo inevitável a diplomacia pluralista podem cair muito aquém da abordagem de questões de importância crucial. Embora o *ethos* da era fosse destinado a equilibrar falhas das eras anteriores, uma falta de equilíbrio, de sabedoria e de visão resultou em uma ingênua supressão de toda estrutura e de toda hierarquia, limitando, por meio disso, o crescimento competitivo saudável. De fato, foi essa a derrota da experiência com o socialismo. Os sonhos da "Grande Sociedade" malograram por causa da emergência das mentalidades de bem-estar. Trata-se sempre de uma linha tênue.

Revoluções que não navegam com sucesso por essa linha tênue muitas vezes tornam-se vítimas de recaídas desastrosas no tipo de mentalidade anterior, do Rei Deus, voltando-se para uma autoridade que oferece soluções simplistas aos problemas — um exemplo catastrófico disso foi o colapso de Pol Pot no Camboja. Em nome da criação de uma utopia camponesa agrícola, todas as estruturas sociais, de qualquer complexidade, foram propositadamente destruídas, incluindo escolas, hospitais, bibliotecas, transportes e departamentos de serviço do governo. Como o bebê jogado fora com a água do banho, 25% dos cidadãos da nação pereceram. Apenas em retrospectiva ficou evidente que o sonho de uma sociedade integrada havia sido sequestrado por um comportamento autoritário de Rei Deus. Será que isso nos surpreende?

A espiritualidade também foi transformada pela mudança rumo a um pluralismo mundial. Por um lado, isso resultou em uma intensa e profunda mistura entre as tradições, a qual tornou muitos diferenciados ensinamentos e práticas espirituais disponíveis em uma base global, e levou a dialogos ecumênicos, interconfessionais e interespirituais. Nesses diálogos se alicerçou o movimento em direção a uma Era Interespiritual. Por outro lado, isso resultou em um sequestro da experiência espiritual mais profunda, seja por parte das ingênuas superstições que dominavam o movimento Nova Era, seja por parte da interpretação errônea de valores mais profundos, baseados em serviços, como a permissão de servir meramente às nossas próprias necessidades com uma mentalidade do tipo "restrinja-se a fazer o seu trabalho".

Ninguém duvida do valor de tudo o que é bom no que diz respeito ao movimento em direção ao pluralismo. No entanto, quando o pluralismo é sustentado como uma visão estática, ele restringe nossa visão do futuro do mundo. Nações pluralistas confortáveis podem se tornar cegas aos desafios do mundo, uma das razões pelas quais vemos alguns políticos norte-americanos pregarem que uma vida como a vivida nos Estados Unidos pelos cristãos da década de 1950 deveria ser um ideal de vida para o mundo inteiro. Outros afirmam que a participação dos Estados Unidos nos negócios mundiais não é necessária ou que as ameaças ambientais que pairam sobre o mundo não são reais. A reação antiamericana a essas visões é evidente, e um estudo[32] realizado em 2011 indica que 63% das pessoas entrevistadas fora dos Estados Unidos temem que a globalização signifique americanização. As bênçãos e maldições da mudança rumo ao pluralismo destinam-se a continuar em jogo ainda por um longo tempo.

O início da época integrativa

A começar com o fim da era do pluralismo, pensadores cuja abordagem está centralizada no desenvolvimento e pensadores voltados para a perspectiva integral identificam uma aceleração dramática dos acontecimentos mundiais, das mudanças culturais e das mudanças de paradigma. Os seres humanos, pelo que parece, ou estão correndo para satisfazer as implicações de uma era recém-integrativa, que inclui a interespiritualidade, ou estão nos condenando a consequências calamitosas.

Mudanças sem precedentes são inevitáveis quando um planeta superpovoado, de recursos escassos, procura integrar uma população cosmopolita de bilhões de habitantes e miríades de raças, cores, crenças e idiomas. Como acontece na história natural, desse ponto em diante poderemos conquistar estratégias adaptativas bem-sucedidas ou, se mergulharmos na cegueira e se estivermos desprevenidos, esse novo mundo cosmopolita cairá na incoerência e no caos.

Como observamos anteriormente, à medida que a época atual se aproxima de seu fim, o mundo se defronta com três cenários de extinção: no mundo todo há guerras com armas de destruição em massa baseadas em fidelidade re-

---

[32] Conduzido por worldpublicopinion.org.

ligiosa; há guerras com armas de destruição em massa baseadas em identidades nacionalistas; e há destruição do planeta produzida pela degradação do meio ambiente. Paul Ray, autor de *The Cultural Creatives*, descreve o que ele chama de mudança "raquete de hóquei": a raquete de hóquei é reta até que, de repente, ela se curva e, em seguida, curva-se de novo dramaticamente. Dependendo da maneira como ela é segurada, essa curvatura pode se dirigir para cima de modo admirável ou para baixo de modo calamitoso.

O período posterior à Segunda Guerra Mundial muitas vezes é chamado de A Era do Sentir-se Bem. As guerras haviam acabado e, em sua maior parte, os cidadãos do mundo poderiam concentrar-se em "criar uma boa vida" onde quer que a oportunidade tornasse isso possível. Educação, trabalhos, economias emergentes, leque muito amplo de bens e serviços, aparelhos domésticos e várias formas de transporte contribuíram para esse tempo do "sentir-se bem". Até mesmo a música e a arte dessa era — desde a arte expressionista até os poetas "beat", incluindo a música, o cinema e a televisão, celebravam a nova "família" e a "boa vida" — refletiam a busca por uma existência voltada para o "ser". Apenas em sociedades exploradas e politicamente fechadas essa era não oferecia a promessa enaltecedora da boa vontade e de uma vida melhor.

O aspecto positivo dessa sociedade emergente mundial estava na esperança de um novo futuro na "busca da felicidade". No entanto, o obstáculo era o investimento quase total em um novo materialismo e um novo consumismo, com sua irresponsável visão fiscal e comercial, acompanhada por uma destruição ambiental sem paralelo.

Guerra Fria, corrida espacial e guerra cultural

Enquanto o Ocidente e a União Soviética se enfrentaram naquela que se tornaria uma Guerra Fria de 50 anos de duração, a corrida espacial entre as duas superpotências impulsionou a tecnologia a níveis de avanço progressivamente mais elevados. Os soviéticos lançaram seu primeiro satélite, o Sputnik, em 1957, e em 1969 os Estados Unidos levaram, com sucesso, astronautas até a Lua. A expressão "guerra cultural" emergiu quando o Ocidente democrático e o Oriente autoritário competiam para provar qual modelo de civilização conseguia responder melhor aos enormes desafios impostos pelo mundo.

A ciência foi inextricavelmente apanhada nessa justaposição. Nesse mesmo ano, James Watson e Francis Crick divulgaram o conhecimento do DNA, o que precipitou uma nova época na compreensão biológica, e o Grande Smog [fumaça + nevoeiro] de Londres matou 4 mil cidadãos e incapacitou outros 100 mil. Depois dessa catástrofe, ocorrida em 1953, o livro *Primavera Silenciosa*, de Rachel Carson, publicado em 1962, inaugurou um movimento de repulsa responsável contra a poluição desenfreada. Apesar disso, o espectro de um mundo próximo a um desfecho tornava-se cada vez mais vívido.

Em 1968, *The Population Bomb*, livro de grande impacto popular, escrito por P. R. Ehrlich, anunciou um dilema perturbador: "controle populacional ou corrida para o esquecimento?" Seguiu-se a ele uma série de livros sobre a catástrofe mundial, de *Our Plundered Planet* a *Famine 1975!*. Esses livros, nos quais "rugem proclamações semelhantes às dos profetas do Antigo Testamento", definidos assim por um escritor da época, representaram uma bênção mista. Enquanto livros como *The Limits to Growth* inauguravam novos paradigmas responsáveis ao avaliar a economia do consumo descontrolado, o mundo foi poupado da calamidade iminente pela Revolução Verde que se seguiu e que, em grande parte, era imprevista: houve iniciativas na agricultura que se centralizaram em variedades de alto rendimento, em projetos de irrigação expansiva, na modernização de equipamentos e da gestão agrícolas, além da aplicação de fertilizantes e pesticidas. Essa revolução poupou o mundo por algum tempo. Mas, como acontece com toda mudança do tipo "raquete de hóquei", as consequências da assustadora enormidade dessa aplicação da engenharia genética e química à biosfera ainda estão à espera, prontas para entrar em ação.

A polinização espiritual cruzada entre Oriente e Ocidente

Outras mudanças paradigmáticas estavam varrendo o mundo. A autobiografia *A Montanha dos Sete Patamares*, de um pioneiro interespiritual, o padre Thomas Merton, foi publicado em 1946, e *Sementes de Contemplação*, *The Tears of the Blind Lions* e *The Waters of Siloe* [As Águas de Siloé] vieram logo depois, em 1949. As obras de Sri Aurobindo, pioneiro teólogo evolucionista da Índia, apareceram pela primeira vez em edições norte-americanas em 1949 e 1950. *O Fenômeno Humano* livro que estivera proibido por muito tempo, escrito por Pierre Teilhard de Chardin, teólogo evolucionista e paleontólogo católico romano, foi tornado público em 1955.

Somando-se à polinização cruzada Oriente-Ocidente, e escondida na invasão do *rock* britânico da década de 1960 (dos Beatles a Ravi Shankar e ao *rock* psicodélico), ocorreu a popularização do que havia se acumulado em várias décadas de infiltração de ideias e ensinamentos filosóficos e espirituais do Oriente no Ocidente. Inaugurada com a visita ao Ocidente dos swamis Vivekananda e Yogananda, no início do século XX, uma nova era havia começado, como foi proclamado pelo escritor norte-americano dr. Wendell Thomas, em seu livro *Hinduism Invades America*

O livro *Autobiografia de um Iogue*, de 1946, livro extraordinariamente popular de Paramahansa Yogananda, alimentou ainda mais essa semente e uniu um gênero literário vindo do próprio Movimento Transcendentalista norte-americano, que incluía Emerson, Thoreau e Whitman, para citar apenas alguns clássicos, com escritores modernos, como Hermann Hesse, da Alemanha, Jorge Luis Borges, da Argentina, e J. D. Salinger e o padre Thomas Merton, dos Estados Unidos. Esse gênero instilou, de maneira sutil, a espiritualidade oriental no Ocidente. Combinada com a cultura dos *hippies* e com a cultura das drogas psicodélicas, na década de 1960, as quais trouxeram mudanças radicais nas atitudes relacionadas à sexualidade, essa semeadura de ideias orientais teve efeitos inegáveis sobre uma cultura mergulhada no desejo pelo pluralismo integrativo.

Essa era Integrativo-Sistêmica transitou para a calamitosa década de 1970. Icônica do chamado Segundo Nível da consciência humana, que se estendeu para o desenvolvimento do ser e do potencial individuais, as décadas de 1950 e 1960 já haviam iniciado um movimento de emergência, em âmbito mundial, da ética da autoexpressão radical e da busca interior. Isso acarretou uma reunião de consumismo e de hedonismo potenciais com a busca da jornada interior e com uma expressão do ideal pluralista global de não agressão.

Naturalmente, houve resistência por parte dos entranhados e violentos padrões autoritários de comportamento herdados, juntamente com a tendência para criar uma terra plana de mediocridade pacífica, que não deixava a ninguém qualquer capacidade para discernir uma borda criativa. A violência dos anos da Guerra do Vietnã, tanto na Indochina como nas ruas norte-americanas, cujo ápice se deu em 1968, com os assassinatos de Martin Luther King e Robert Kennedy, juntamente com a violência nas convenções políticas nesse ano, retratam perfeitamente essa dinâmica.

A época integrativa, por volta de 1950, e a subsequente época holística, que passou a se desdobrar por volta de 1970, estavam inter-relacionadas, e isso não apenas por causa dos curtos períodos envolvidos, mas também porque as perguntas e os desafios reconhecidos no período anterior seriam abordados na era posterior, como se esperava com ansiedade. Em recente entrevista concedida a uma revista, o dr. Don Beck, fundador da Dinâmica em Espiral, explicou que a era integrativa envolveu o lado esquerdo do cérebro, o lado analítico, e procurou incluir sentimentos, enquanto a era holística posterior envolveu o lado direito do cérebro, o lado do sentimento, e tentou usar os dados com habilidade.

O maior desafio com que se defrontam as revoltas e incertezas que tipificam o período integrativo é o de não confundir a identificação do problema com a solução do problema. Assim como acontece com uma pessoa frenética, que nunca consegue se manter tranquila o bastante para ser capaz de resolver problemas, é provável que um mundo apanhado em convulsão se reverta para soluções vindas de níveis anteriores, as quais não funcionariam, ou seja incapaz de prever e de iniciar novas estruturas, as quais poderiam solucionar os problemas. Isso se torna particularmente desafiador em situações sociais e políticas complexas, uma vez que as pessoas que identificam os problemas podem não ser as mesmas que são capazes de criar soluções por meio de novas estruturas. Em uma atmosfera intensa ou frenética, os que possuem esses dois conjuntos de habilidades podem não ser capazes de localizar ou de ouvir uns aos outros.

O período integrativo foi mais uma época para indivíduos e pequenas coletividades identificarem problemas e procurarem respostas, e o período holístico subsequente foi uma época para coletividades efetivas funcionarem de maneira holística.

Um exemplo dessa tensão atual é o vício que levou o mundo a se apegar compulsivamente aos valores relacionados ao crescimento e ao consumismo cego, mesmo quando a urgente importância de um sentido de sustentabilidade, e não de constante crescimento, ergue-se na consciência internacional. O reconhecimento da necessidade de um futuro sustentável é fútil se as potências existentes não são capazes de controlar a constante ênfase no crescimento linear e nas economias do consumidor, baseadas apenas na criação de novos desejos.

Outro exemplo é o perigo de o desejo de identificar problemas e resolvê-los se limitar à predileção inerente que esse desejo tem por soluções puramente analíticas. Muitas pessoas que trabalham na arena do diálogo mundial, como as Nações Unidas, observam que o problema está no "falar, falar, falar", com pouca percepção de que soluções puramente intelectuais para os nossos problemas globais provavelmente não existem.

O Quinto Grande Avanço: a automação e o sonho emergente do holismo

A época holística, que se desdobra atualmente e começou por volta de 1970, vê um mundo que continua a oscilar entre as implicações de extraordinárias realizações tecnológicas e de perigos civis e ambientais em potencial. A revisão de uma dúzia ou mais de acontecimentos críticos do período enfatiza esse clima perigoso. Há evidentes abismos civis e políticos entre culturas mágico-míticas mais austeras, mais fechadas, e culturas racionalistas liberais, com frequência materialistas e corruptas. As liberdades no Ocidente liberal oscilam entre o idealismo de movimentos sociais e políticos populistas em expansão e a realidade da transferência de riqueza monetária e comercial para as mãos de apenas alguns. Sociedades do leste asiático criam economias robustas misturando capitalismo e autocracia. Velhos impérios autocráticos que ainda sobrevivem veem convulsões sociais de base popular exigirem liberdades sociais e econômicas básicas. O mundo parece equilibrado entre o desejo emergente, em especial na base popular, por um novo holismo centralizado no mundo e a contenção de despesas em padrões mais antigos, alimentando-se a esperança de que eles não terão de mudar a fim de sobreviver a um futuro incerto.

Vale a pena destacar alguns dos acontecimento e marcas de referência altamente contrastantes do período que vai de 1968 a 2001. Como mencionamos antes, o ano de 1968 viu os trágicos assassinatos de Martin Luther King Jr. e do senador Robert Kennedy. Com o crescimento da população influenciado por diversos fatores, inclusive por uma desaceleração da marcha da fertilidade humana, por volta de 1970 a população humana era de 3,7 bilhões de habitantes. No mesmo ano, o padre Thomas Berry lançou o movimento da ecoespiritualidade (ele gostava de ser chamado de "acadêmico da Terra" (*Earth scholar*). Em 1974, o projeto SETI (Search for Extraterrestrial Intelligence ou Busca por inteligência extraterrestre) foi colocado em andamento. No ano seguinte, 1975, a crise da biodiversidade mundial foi claramente identificada. Em 1977, o lançamento do Apple II inaugurou a era do computador pessoal (PC). Por volta de 1980, o movimento pela sustentabilidade mundial foi identificado. Em 1981, a IBM começou a produção em massa de PCs. Esse também foi o ano em que se lançou o *software* Microsoft e em que nasceu o microchip Intel.

O período de 1984 a 1991 testemunhou episódios contínuos de violência sectária entre hinduístas e muçulmanos, na Índia e no Sri Lanka. A morte do último ditador soviético importante, Konstantin Chernenko, ocorreu em 1985, também o ano em que Mikhail Gorbachev iniciou reformas. O Muro de Berlim, construído em 1962, foi demolido em 1989, marcando o fim da Guerra Fria.

Em 1990, a população humana chegou a 5,1 bilhões de habitantes, e o telescópio espacial Hubble foi colocado em órbita. As informações que ele passaria a enviar revolucionariam a nossa compreensão do universo. A internet e a web mundial (*worldwide web*), desenvolvidas desde o fim da década de 1980, tornaram-se plenamente comercializadas em 1995, com o acordo internacional NSFNET. Perto da virada para o novo milênio, três décadas de desenvolvimento do telefone móvel levaram telefones celulares e outros dispositivos portáteis a cerca de 5 bilhões de famílias em todo o mundo. Os primeiros animais foram clonados em 1997. Em 1999, o irmão Wayne Teasdale cunhou o termo interespiritualidade. Um ano mais tarde, em 2000, o aquecimento global e as mudanças climáticas globais foram claramente identificados. O genoma humano foi sequenciado em 2001.

Episódios contínuos de violência sectária judeu-islâmica predominaram no Oriente Médio, de 1993 a 2001, com os Estados Unidos intervindo em regiões islâmicas, primeiro na Somália, em 1993, depois no Afeganistão, em 2001, e no Iraque, em 2003, e o ataque islâmico extremista contra o World Trade Center, realizado em 2001.

Holismo e interespiritualidade

Com o despontar da era holística, o movimento interespiritual passou a existir.[33] Para os escritores que elaboraram a Visão Integral, e que resumiram as visões dos pensadores que, em todo o mundo, defendiam uma abordagem centralizada no desenvolvimento, esta é a era na qual a humanidade precisa começar a desenvolver conjuntos de habilidades capazes de equilibrar o interesse próprio com os interesses do todo. Essas habilidades precisam incluir a capacidade para pilotar um futuro em rápida evolução — um futuro imprevisível —, a avaliação de múltiplas fontes para a solução criativa de problemas e a obtenção de *feedback* crítico, além da capacidade para levar informações até o local em que a tomada de decisões acontece.

O desenvolvimento da interespiritualidade é de importância fundamental para a nossa capacidade de sair da situação de relativa imobilidade, característica da época relativista-pluralista, de modo que possamos nos empenhar na pilotagem dinâmica do futuro. Esse desenvolvimento resume o sonho da dimensão interior criativa da humanidade de se aprimorar de maneira gradual até a implosão das dimensões exteriores criadas tão cegamente nas épocas anteriores.

Será que alcançaremos o próximo estágio, a época da Mente Global prevista pelos pensadores que defendem a Visão Integral? Ou iremos deslizar para o cataclismo global, que possivelmente terminará com a nossa extinção? Nesse último caso, será que essa extinção resultará da natureza ou da atividade humana no planeta?

Ao menos podemos suspirar aliviados ao saber que os desastres naturais *inevitáveis* que recairão sobre nosso planeta ainda estão bem longe. Todos os continentes deverão reunir-se, outra vez, em cerca de 250 milhões de anos. Em aproximadamente 5 bilhões de anos, o nosso Sol deverá seguir o caminho das supernovas, destruindo todo o nosso Sistema Solar em sua explosão. De qual-

---

[33] A era holística incluiu o alto voo expresso no dramático esboço do movimento progressivo, de base popular e âmbito mundial, elaborado em 2007, por Paul Hawken, em *Blessed Unrest: How the Largest Movement in the World Came into Being and Why No One Saw It Coming* e a publicação das principais obras sobre a história da abordagem centralizada no desenvolvimento (*Integral Spirituality*, de Ken Wilber, de 2007, e seus 30 e poucos livros sobre sua Teoria Integral), e *Spiral Dynamics: Mastering Values, Leadership and Change*, de Don Beck e Chris Cowan, de 1996. Veja essas citações na bibliografia.

quer maneira, em 3 a 5 bilhões de anos, nossa galáxia Via Láctea colidirá com a galáxia de Andrômeda. Esses são os mais prováveis limites da sobrevivência de nosso Sistema Solar. O cosmólogo Stephen Hawking prevê que os seres humanos se mudarão para outro lugar no cosmos antes de esses eventos ocorrerem. Se for assim, o universo deverá durar, pelo menos, mais outro trilhão de anos. Ou poderá nunca mais acabar.

11

O campo

"Lá fora, além daqui... há um campo. Eu o encontrarei lá."
— Jalal al-Din Rumi

AO APARECEREM JUNTOS, HÁ ALGUNS ANOS, NO *TALK SHOW* de televisão de Charlie Rose, solicitou-se ao codescobridor do DNA, o dr. James Watson, e ao pai da sociobiologia, o dr. E. O. Wilson, de Harvard, que respondessem à seguinte pergunta: "Se a descoberta do DNA definiu a atual era científica, o que definiria a próxima era?" Ambos concordaram que a próxima era científica seria definida por uma compreensão da consciência.

A mesma previsão havia sido feita por Roger Penrose, pioneiro britânico da nova física, e David Gross, um dos fundadores da teoria das cordas, que recebera o Prêmio Nobel. Essas visões, relativamente novas para a ciência — e revigorantes, para dizer o mínimo —, refletem a emergência, desde a década de 1970, do período Integrativo e Holístico da história, que se desdobra no presente momento.

Desacordo a respeito da consciência

Pelo menos desde o Renascimento, a lente racional da ciência e a lente mágico--mítica, que sustenta a maior parte da religião e da espiritualidade, estiveram em caminhos separados. Em todo o mundo, elas se desenvolveram em duas culturas de conhecimento coexistentes, mas fundamentalmente diferentes. Como observou o reverendo dr. Stephen Prothero, da Universidade de Boston, comentarista teológico da CNN [Cable News Network] e da NPR [National Public Radio], esses caminhos paralelos raramente se cruzaram no passado.

Essa divisão não apenas se refletiu nas ciências exatas (matemática, física e química), mas também nas ciências naturais e humanas (os domínios mais subjetivos da biologia e da psicologia). A ciência tem certeza sobre a evolução. Uma vez que a maior parte dos cidadãos do Primeiro Mundo cursa, pelo menos, a escola secundária, que 30% dos norte-americanos têm diploma em alguma faculdade e 99% deles são alfabetizados, é surpreendente que apenas 13% dos cidadãos dos Estados Unidos acreditem na evolução biológica.

A divisão também se refletiu na psicologia. Isso não significa que a psicologia convencional não tenha conhecimento sobre a experiência da consciência da unidade. Sigmund Freud se referia ao sentimento da unidade com tudo como a "experiência oceânica". No entanto, a psicologia do modernismo optou por não investigar essa experiência, observando (como Freud o fez) que provavelmente não havia base física para que ela pudesse ser testada. Apenas na última década, livros sobre a relação entre o cérebro e a mente se tornaram comuns. Até os cientistas que nos ajudaram a compreender nosso desenvolvimento com base em uma mente reflexa (*reflexive*) primitiva, um tanto semelhante à mente animal, até uma mente mais consciente, analítica e reflexiva (*reflective*), chamaram esse desenvolvimento de a própria consciência ou não souberam exatamente o que fazer com a palavra "consciência".

Duas ideias diferentes

A ideia que emergiu de uma realidade quântica, com um *continuum* entre o infinitamente grande e o infinitesimalmente pequeno, mudou o contexto da discussão. As tradições espirituais do mundo haviam suposto, durante séculos, que a consciência é um campo coletivo, o qual incluiria coisas vivas e não vivas, enquanto, de um ponto de vista científico tradicional, a consciência não é um fenômeno coletivo e tem uma inter-relação questionável — se é que, de fato, tem alguma relação — com a realidade mais ampla ao seu redor. Até o ponto em que isso, em geral, diz respeito à ciência, a consciência é uma qualidade emergente dos corpos físicos individuais.

Propostas excitantes estão sendo apresentadas na ciência, as quais nos levam a reconhecer que o campo que abrange o cérebro, a mente e a consciência encontra-se em um estado de fluência. Em geral, novas visões oriundas da linha de frente da ciência levam anos gotejando até o cientista médio que trabalha em um laboratório ou ensina em uma universidade, para não dizer nas ruas. A diferença que alguns anos podem fazer é notável. Na entrevista com Charlie Rose, que foi realizada em 2005, nem Watson nem Wilson distinguiam religião de espiritualidade. Nem consideravam que a espiritualidade poderia dizer respeito à consciência, o que refletia uma notável falta de percepção de toda a história da espiritualidade oriental.

Além disso, Watson afirmou que a compreensão da consciência era fundamental, mas duvidava que as religiões do mundo ou a espiritualidade tivessem grande coisa a contribuir para a discussão. Wilson não discordou — embora ele, por compreender a *gravitas* que a experiência subjetiva ainda retém para a humanidade, tenha escrito de modo eloquente sobre a mutualidade da ciência e da religião em anos recentes.[34] O episódio de Charlie Rose é bem conhecido na mídia da ciência e da religião e, no entanto, ficaríamos surpresos ao ver que no YouTube, onde o vídeo foi postado há muito tempo, houve menos de mil visitas. Em contraste com isso, a maioria das celebridades, dos lutadores profissionais de luta romana ou dos pilotos de *stock cars* recebem dezenas de milhares de visitas, até mesmo centenas de milhares.

Essa discrepância de valores reflete tanto o abismo existente entre a compreensão científica e a espiritual quanto a superficialidade com a qual o assunto costuma ser tratado.

Assim, a dificuldade para a ciência e a religião tem sido dupla: a falta de um terreno comum sobre a consciência e posições de partida fundamentalmente diferentes sobre o que a consciência poderia ser. A discussão dos filósofos sobre a consciência é outro campo distinto. Além disso, os cientistas com frequência não conversam uns com os outros, cruzando suas disciplinas, e isso significa que cada um deles segue a própria rotina. Qualquer discussão mútua ocorreu apenas em anos relativamente recentes.

---

[34] Em *Consilience* e *The Future of Life*, livros pelos quais Wilson foi colocado na lista negra pelo celebatheists.com, por ter, supostamente, feito comentários pró-religiosos.

O grande "passar adiante"

No campo emergente dos estudos científicos sobre a consciência, é quase um clichê nos referirmos à questão da consciência, no âmbito da hitória da ciência, como "o grande passar adiante". Com certeza, a tendência tem sido essa, e ninguém nega isso. Durante décadas, os cientistas consideraram que o tema "consciência" estava fora de seu domínio, no campo da filosofia ou da teologia. A causa disso era uma crença inerente segundo a qual algo que parecia puramente subjetivo provavelmente não poderia ser abordado por meio de técnicas experimentais objetivas. Por isso, Freud e os primeiros psicólogos "passaram adiante" o estudo da experiência oceânica — isto é, a consciência da unidade — e, infelizmente, os estudiosos que poderiam acolher essa pesquisa continuaram a passá-la adiante. Eles precisavam procurar por contextos nos quais alguma coisa subjetiva pudesse ser efetivamente mensurável e, de fato, descobriram alguns ângulos — como o estudo da subjetividade no que diz respeito a medir a atenção. Mas esses primeiros estudos foram muito lentos no início.

A ideia de que os estudos sobre a consciência não podem ser objetivos ainda é o principal argumento usado pelos cientistas que não acreditam que o estudo da consciência possa ser realizado cientificamente. Ao considerar essa questão, eles argumentam que metade dos métodos usados pelos cientistas que realizam modernos estudos científicos sobre a consciência conta apenas com o que as pessoas relatam. As outras abordagens são estudos fisiológicos dos sistemas do corpo humano, como o neurológico e o somático — abordagens que, segundo eles, não são únicas.

O atual campo de estudos científicos sobre a consciência surgiu na década de 1980 e se constituiu sobretudo de psicólogos, neurocientistas e biólogos comportamentais, os quais ousaram aventurar-se nesse novo território. Muitos eram jovens e pretenderam encontrar um caminho para deixar sua marca única na marcha da descoberta científica. Eles fundaram novos institutos e publicaram periódicos. O periódico acadêmico *Consciousness and Cognition* começou a ser editado em 1992, e o *Journal of Consciousness Studies*, em 1994. Por volta de 1997, uma Association for the Scientific Study of Consciousness passou a atuar.

Esses desenvolvimentos seguiram um período anterior, na década de 1970, de estudos pioneiros sobre a mente-cérebro. A maior parte desse trabalho emergiu do campo da neurociência. A Society for Neuroscience foi formada em 1969. Em 1970, 1973, 1977 e 1981, vários prêmios Nobel foram concedidos a pioneiros do estudo da mente-cérebro e da neurociência, por avanços desbravadores nas áreas da química do cérebro, das redes neurais cerebrais, dos papéis dos hemisférios cerebrais no comportamento e das novas tecnologias para estudar o cérebro. O escaneamento detalhado da atividade cerebral por máquinas de Ressonância Magnética Nuclear tornou-se disponível em 1974, o que resultou em outro Prêmio Nobel. Por mais seis anos, até o ano 2000, mais prêmios Nobel foram concedidos por pesquisas relacionadas à mente-cérebro.

Entre 1973 e 1979, a ciência MBE (*Mind-Brain-Education*), um campo inteiramente novo, emergiu nas ciências cognitivas. O neuropsicólogo Michael Posner, famoso pioneiro, contribuiu com cerca de 300 livros e artigos. Nesse surto de interesse pela mente-cérebro e pela consciência, três sociedades pioneiras de neurociência foram formalizadas no fim da década de 1970.

O debate filosófico

A discussão filosófica sobre a consciência é antiga, remontando a nomes famosos como René Descartes (nascido em 1596), John Locke (nascido em 1632) e Immanuel Kant (nascido em 1724). Assim como nos primórdios do debate científico, a principal questão filosófica indagava se a consciência era um tema legítimo. Essa questão tem se revelado muito controversa. Mesmo hoje, facções discordam se a subjetividade é real ou não (os "realistas" dizem que não) e, caso seja, se sua informação é legítima (os "idealistas"). Descartes sentia não haver esperança de se compreender a consciência de maneira científica.

Locke e Kant relegaram a consciência àquilo que, em filosofia, é chamado de *"qualia"*, termo latino fundamental cujo significado é "sentimento bruto". Os problemas filosóficos envolvendo *qualia*, naquela época e hoje, são imensos. Seriam os "sentimentos brutos" mensuráveis de alguma maneira? Em caso afirmativo, isso significaria alguma coisa? A conversa é complicada pelos próprios desacordos da filosofia a respeito do conhecimento — as escolas do objetivismo (segundo o qual a realidade externa a nós pode ser efetivamente conhecida), do positivismo (de acordo com o qual só podemos conhecer com base na experiência dos sentidos combinada com o que nos foi ensinado) e do construtivismo (segundo o qual o conhecimento é sempre uma construção puramente humana).

Como podemos suspeitar, a moderna discussão filosófica sobre a consciência é extremamente intelectual.[35] Os debates se resumem à subjetividade. Quando um dos principais filósofos realistas sintetizou a visão não subjetiva em um livro intitulado *Consciousness Explained*, seus detratores entre os idealistas referiram-se a essa visão como "*consciousness explained away*" [a consciência banalizada pela explicação].

Os desenvolvimentos na ciência e na filosofia estabelecem um paralelismo não apenas com as eras Integrativa e Holística, mas também com a mudança na "mente global" a que Willis Harman se refere em seu *best-seller Uma Total Mudança de Mentalidade* .* Estudos sobre a mente-cérebro refletem o que Harman chamou de avanço dualista ou dialético da ciência — compreendendo que o cérebro e a mente não são a mesma coisa e procurando uma linguagem na qual a relação entre os dois pudesse ser estudada e discutida. Por volta da época em que os estudos científicos sobre a consciência emergiram, na década de 1980, eles refletiram a previsão de Harman de que a ciência se deslocaria de uma abordagem dualista ou dialética de problemas complexos para uma abordagem mais alinhada com a nova física, envolvendo um *continuum*.

O que é consciência?

Por mais surpreendente que isso possa parecer, a indagação sobre o que é a consciência tem muito a compartilhar com a indagação sobre o que é o espaço. David Chalmers, do Centre for Consciousness da Austrália, um dos cientistas pioneiros nas pesquisas sobre a consciência, assinalou que a humanidade poderia ser inteligente o bastante para tratar ambos da mesma maneira. O que ele quer dizer é que o espaço (pelo menos o "espaço vazio" convencional da ciência) é apenas espaço — não existe nada nele. Desse modo, no que diz respeito ao espaço e à ciência, pouco restou para que se pudesse fazer testes diretos sobre

---

[35] Essa discussão tem ideias elaboradas, como a teoria da Percepção de Ordem Superior, a teoria do Pensamento de Ordem Superior, a teoria da Autorrepresentação, a teoria do Funcionalismo, a teoria do Naturalismo Biológico, e muitas mais.

* Publicado pela Editora Pensamento, São Paulo, 1994. (fora de catálogo)

o espaço. Apesar disso, a física, a cosmologia, a astronomia e outras disciplinas disseram "sim" à realidade do espaço e "sim" ao fato, evidente por si mesmo, de que a matéria e a energia (que agora sabemos ser um *continuum*) ocorrem no espaço. No entanto, como o dr. Chalmers assinalou, a ciência tem se mostrado relutante em conceder a mesma suposição à consciência.

Nas Grandes Tradições de Sabedoria dos caminhos espirituais do mundo, há muito se tem suposto que fenômenos como os pensamentos, as emoções e os sentimentos surgem na consciência, e que a consciência é distinta deles — assim como o espaço é distinto da matéria e da energia. Como David Chalmers afirmou, nós até mesmo compreendemos isso no domínio do senso comum cotidiano.[36] Falamos sobre perder a cabeça (*losing our mind*), sobre nossa cabeça estar "estourando" (*having our mind "blown"*) ou sobre "estar fora de mim" [ou louco] (*"being out of our mind"*), mas nenhum desses estados requer perda de consciência. De modo semelhante, quando perdemos a consciência, dormimos ou estamos sob o efeito da anestesia, não identificamos esses estados como uma perda de nossa mente.

Essa distinção óbvia acaba por mediar grande parte do desafio com que nos defrontamos atualmente quando temos de explorar a questão da consciência. Como Chalmers disse, ela cria alguns domínios de investigação sobre a consciência que são relativamente fáceis e outros domínios que são extremamente difíceis. Os fáceis são aqueles associados ao corpo físico e ao que pode ser observado e medido diretamente na fisiologia e na neurologia. Era disso que os primeiros psicólogos diziam precisar como ponto de referência para examinar a experiência oceânica da consciência da unidade.

O problema difícil é a própria subjetividade — o que acontece nesses domínios mais profundos e mais enigmáticos da experiência que motivam criticamente a reação e o comportamento humanos e, no entanto, parecem deixar poucos traços que possam ser tocados ou medidos. Tem sido tão difícil para os cientistas abordar esse problema quanto tem sido difícil para eles estudar o comportamento e a emoção em outros animais. O problema que dificulta a

---

[36] Em uma entrevista por telefone que foi divulgada em livescience.com.

investigação dessas coisas pela ciência está no fato de elas não se encontrarem facilmente divididas em componentes identificáveis ou abordáveis.

A abordagem da consciência, assim como a abordagem do espaço, não é nada fácil para muitos cientistas convencionais. O filósofo da Visão Integral Ken Wilber considera o Eu, o Nós, o Ele (*It*) e o Eles (*Its*) e coloca cada um desses pontos de vista em um diferente quadrante. Quando esses quadrantes de experiência são arranjados em uma sequência que varia da mais interna para a mais externa, e da mais singular para a mais plural, a ciência termina no terceiro quadrante (o quadrante superior direito). Como Wilber comenta, embora os cientistas vivam em um mundo que contém todos os quatro quadrantes (o pessoal, o coletivo, o institucional singular e o institucional plural), eles estão a tal ponto acostumados a fazer sua ciência apenas no terceiro quadrante (onde tudo é tangível, visível e mensurável), que tudo o que não estiver prontamente disponível para ser estudado dessa maneira é, em geral, ignorado.

Wilber refere-se a isso como "a fixação no Quadrante 3", que descarta qualquer coisa fora desse quadrante como algo que, provavelmente, é irrelevante. Ao que parece, essa é a base para a suposição de James Watson no *show* televisivo de Charlie Rose (embora ele pudesse, naquele momento, estar sendo leviano, e não crítico) ao dizer que a espiritualidade e a religião não têm grande coisa a acrescentar à nossa compreensão do que poderia ser a consciência.

Mudanças no pensamento científico

O campo dos estudos científicos sobre a consciência só se manifestou por volta da década de 1980. Os dois atores principais desse evento foram a revolução na filosofia científica, ocorrida nas décadas de 1970 e 1980, a qual se originou sobretudo da obra do filósofo da ciência Sir Karl Popper, e a gradual mudança de paradigma na ciência, que a afastou do materialismo puro. Popper desempenhou um papel fundamental no movimento que levou a ciência a deslocar sua ênfase da coleta indutiva de fatos para o processo dedutivo de responder de modo satisfatório a uma ideia visionária e, em seguida, testá-la a fim de verificar se era verdadeira.

A ciência deu saltos rápidos ao permitir a si mesma pensar "grande e extensamente" e, em seguida, testar uma ideia para constatar se ela podia ser confirmada. Grande parte do que conhecemos em física e em cosmologia vem desse método. Primeiro tivemos as teorias e, depois, construímos os aceleradores de partículas e os telescópios em órbita para testá-las.

Como Willis Harman deixou claro, em 1998, no seu livro fundamental *Global Mind Change*,* a maneira de pensar que sofria uma mudança era aquela segundo a qual todos os fenômenos tinham por base apenas causas físicas. A visão de Harman, que se tornou universalmente aceita, foi a de que, a partir do momento em que a nova física reconhece a realidade como um *continuum* que vai do infinitesimalmente pequeno ao infinitamente grande, a ciência passa a se mover para uma compreensão da maneira como coisas relativamente sem forma poderiam ser causais. Essa, naturalmente, é uma constatação de absoluta importância para a compreensão da consciência.

As qualidades da consciência

É seguro dizer que, mesmo que a ciência e a espiritualidade pareçam não concordar sobre a maneira como o estudo da consciência deveria ser abordado — de modo objetivo, subjetivo ou alguma combinação dos dois —, elas pelo menos concordam sobre o padrão que veem. O desacordo é a respeito do que ele significa.

Todos parecem concordar que a consciência, seja ela o que for, é vivenciada por todos os seres humanos, a menos que haja uma anormalidade no cérebro, e parece envolver a percepção em geral, a experiência subjetiva, a capacidade para ter sentimentos, um sentido do eu e a capacidade para exercer controle sobre a mente. Outra maneira de abordar a consciência é listar os atributos ativos que ela parece ter: a subjetividade, a capacidade para mudar, a continuidade e a intenção.

Mesmo com esse acordo, a consciência permanece um enigma porque é, ao mesmo tempo, totalmente familiar para nós e, ainda assim, incessantemente misteriosa. De maneira inevitável, sempre indagamos se a consciência se refere a alguma coisa. Ela diz respeito a alguma coisa que seja mais do que o espaço? A universalidade dessa questão ligada ao "estado de dizer respeito a" (*aboutness*) é pungente quando nos lembramos de que, segundo pesquisas de opinião, 77%

---

* *Uma Total Mudança de Mentalidade: As Promessas dos Últimos Anos do Século XX*, publicado pela Editora Pensamento, São Paulo, 1994. (fora de catálogo)

das pessoas acreditam que a vida tem um propósito e somente 6% afirmam não verem necessidade alguma de a vida ter um propósito.[37]

Definições de consciência

A maioria das definições de consciência reflete o domínio da experiência representada: espiritual, científica ou filosófica. No entanto, uma contribuição universal para o debate filosófico tem sido a de fornecer uma definição funcional de consciência.

A mente é consciente quando ela tem a percepção de outro estado mental, como o pensamento. É óbvio que esse é o tipo de mente que tem a capacidade para considerar opções. Esse estado mental consciente permite que ela decida: "Devo fazer isto ou aquilo? Devo lembrar-me disto ou daquilo? Devo prever este resultado ou aquele? Devo me ver como isto ou aquilo?"

A essa visão ajusta-se a definição usada pelo dr. Julian Jaynes em seu livro *The Origin of Consciousness in the Breakdown of the Bicameral Mind*, que respondeu pela transição dos primeiros seres humanos ao saírem da primitiva mente reflexa e ingressarem em uma mente racional gradualmente mais consciente. A ela também se ajusta o padrão histórico da consciência que emergiu na espiritualidade. Mas, a fim de compreender sua adequação à espiritualidade, é preciso estender o modelo para além da era racional, ponto no qual Jaynes interrompe seu percurso. Se há um desenvolvimento em andamento de uma mente progressivamente mais espaçosa e dos conjuntos de habilidades éticas e cognitivas que a acompanham, a essa mente e a essas habilidades é preciso que se ajustem as características frequentemente associadas pela espiritualidade a pessoas de consciência superior.

Outra razão que nos atraiu para a visão de Jaynes está no fato de a carência desse tipo de consciência em seres humanos primitivos explicar a natureza enigmática dos comportamentos espirituais e religiosos nessas eras remotas. Por exemplo, a falta de uma percepção do acaso esclarece por que gregos e romanos se empenharam nas atividades de tirar a sorte e consultar oráculos antes de tomar decisões políticas e militares importantes na época dos imperadores.

---

[37] adherents.com, 2011.

Os resultados eram considerados orientações explícitas vindas dos deuses. A obediência cega à autoridade, em especial a instruções internas assimiladas a deuses, explica a conformidade simplista dos cidadãos nos primeiros impérios do Rei Deus, ao lado do colapso da autoridade civil nos períodos subsequentes, quando esses cidadãos, expostos a outras ideias da realidade, passaram a questionar as autoridades e a se rebelar.

Uma extensão da visão de Jaynes é coerente com visões básicas da consciência e do desenvolvimento do cérebro humano. A maioria dos cientistas concorda com o fato de que a capacidade consciente cada vez maior dos seres humanos obviamente tinha valor de ajuste em relação à sobrevivência e à prosperidade. O prêmio Nobel Sir John Eccles, em sua obra pioneira sobre a relação mente-cérebro, sugeriu que desenvolvimentos característicos, tanto anatômicos como fisiológicos, no córtex cerebral dos seres humanos levou ao surgimento da consciência. O dr. Bernard Baars, famoso neurocientista norte-americano, sugeriu que esses desenvolvimentos explicam as funções e habilidades adicionais que a consciência humana proporciona. Ele chamou essa combinação de desenvolvimentos anatômicos e fisiológicos com a expansão de conjuntos de habilidades funcionais de "consenso de integração".

12

A importância de levar a sério as experiências espirituais

"As coisas vistas são as coisas como elas são vistas."
— Wallace Stevens

NOS TEMPOS PASSADOS, NÃO TINHA IMPORTÂNCIA SABER O QUE era verdadeiro. O que importava era saber o que as pessoas pensavam ser verdadeiro. Mas será que as coisas são muito diferentes hoje?

Com frequência supomos que as verdades descobertas pela ciência e os princípios ensinados por religiões específicas dominam a visão dos 7 bilhões de seres humanos da Terra. É exatamente o oposto disso. Vimos que cerca de 70% da população mundial tem uma visão de mundo não científica. Embora 85% dela esteja pelo menos culturalmente associada a uma religião em particular, somente 35% dessas pessoas dizem ser ativas nas religiões de suas culturas, enquanto 65% afirmam não acreditar em nenhuma religião, em absoluto.[38] Isso sugere que a grande maioria das 7 bilhões de pessoas deste planeta realmente não têm uma visão específica da realidade.

A ciência gastou pelo menos duas décadas movendo-se gradualmente em direção a um bem focalizado estudo científico da consciência. A principal dificuldade da ciência em seguir adiante com os estudos sobre a consciência tem

---

[38] Pesquisa de opinião Millenium, da Gallup, 2011.

girado em torno da metodologia — em especial se os métodos dependem, como alguns cientistas céticos dizem, "apenas do que as pessoas relatam". O que as pessoas relatam é importante? Com certeza, a informação que apresentamos acima, derivada de pesquisas de opinião, indica que isso de fato importa. Pelo que parece, o que as pessoas acreditam é a plataforma sobre a qual nosso amplo mundo está construído.

Por exemplo: mesmo que a evolução fosse verdadeira, se apenas 13% dos norte-americanos acreditassem na evolução biológica, haveria poucos motivos para nos surpreendermos de que muitos norte-americanos votam em candidatos políticos que apoiam o ensino de visões religiosas em escolas públicas, opõem-se a várias formas de pesquisa médica, e defendem outras políticas públicas que refletem a posição dos Estados Unidos como o 18º país do mundo no que diz respeito a ter cidadãos bem informados.[39]

Por que as pessoas acreditam no que elas acreditam

Embora só recentemente a ciência tenha voltado sua atenção para o fenômeno da consciência, pelo menos durante dois séculos, nas bibliotecas de todo o mundo, o número de relatos com descrições de experiências dos seres humanos era abundante, quase todas refletindo a visão da consciência defendida pelas Grandes Tradições da Sabedoria — uma visão muito mais de acordo com o que as pessoas afirmam vivenciar na vida cotidiana.

Isso não significa que as pessoas não possam estar enganadas. Todo um campo da psiquiatria estuda como nosso cérebro pode ser enganado quando vê algo que não aconteceu. Mágicos comerciais contam com isso, e seus resultados são, por vezes, surpreendentes.

As pessoas tendem a relatar coisas tendo como pano de fundo o contexto da cultura de seu tempo. Antes de começarem a relatar visitas noturnas de alienígenas vindos do espaço externo, e de terem sido abduzidas por eles, como hoje, elas descreveram ocorrências extremamente semelhantes nos tempos medievais, com a diferença de que os culpados na época eram espíritos malévolos com os nomes pelos quais eles eram conhecidos na época. Independentemente

---

[39] Reuters, 2011.

de quantas pessoas relatam avistamentos de óvnis, estamos todos familiarizados com a controvérsia de os óvnis poderem ou não ser considerados dignos de crédito. Esse tópico fornece interessantes dados estatísticos sobre o que as pessoas dizem que vivenciam, quer tenham inclinações espirituais ou científicas. Assim como acontece com todos os fenômenos aparentemente não normais, as pesquisas de opinião são divididas entre crentes, céticos e aqueles que consideram esses fenômenos pertencentes à ordem das alucinações.

No que se refere aos norte-americanos, cerca de 56% acreditam em óvnis, e 48% dizem que eles provêm de outros planetas, enquanto 72% acreditam que tem ocorrido acobertamento de óvnis, e 68% acreditam que também houve um acobertamento de vida extraterrestre.[40] As opiniões sobre "o que você de fato viu" se repartem de maneira igualmente interessante: 48% disseram se tratar de espaçonaves alienígenas, 12% de programas secretos do governo, 9% de alucinações, 19% de fraudes, e 7% de viajantes vindos de outra dimensão.[41]

Nos relatos sobre óvnis, a questão a ser respondida é: "O que de fato aconteceu?" Estamos familiarizados com o debate sobre "o que de fato aconteceu" nos tribunais dos júris. Testemunhas que presenciaram um evento são chamadas, e pede-se que façam seu relato. As pessoas podem se lembrar de eventos de maneira muito diferente umas das outras, ou até mesmo não se lembrar de nada. Como diz o poeta na epígrafe, "as coisas vistas são as coisas como elas são vistas". É por essa razão que o júri vota. Literalmente falando, ele vota no que é verdade! Consideramos isso a tal ponto certo que, provavelmente, poucos de nós consideram o que isso diz sobre a credibilidade do que as pessoas relatam.

A validade da experiência direta também confunde a ciência oficial. Em 2005, quando um cientista relatou ter visto um pica-pau-de-bico-de-marfim, supostamente extinto, em um pântano do sudeste norte-americano, e gravado em fita o seu canto, investiu-se dinheiro para mais pesquisas. Quando outros cientistas apresentaram um vídeo de um pássaro não identificado, extremamente grande, e pediram dinheiro para pesquisá-lo, nada receberam. Por quê? De acordo com os cientistas cognitivos, isso aconteceu porque todos concordavam com o fato de o pica-pau-bico-de-marfim de fato ter existido, como fora testemu-

---

[40] Pesquisa de opinião Roper, 2002.
[41] Pesquisa de opinião Roper, 1999.

nhado por muitas pessoas no passado distante – por isso o relato de alguém que afirmou tê-lo visto novamente encontrou ressonância. Com o outro pássaro, as evidências não eram convincentes, porque não faziam referência a alguma coisa já conhecida. Devido a experiências anteriores, seu grande tamanho sugeria, mesmo que subliminarmente, que poderia se tratar de uma farsa.

É claro que, subjacente a todo esse dilema, está o fato de que todos os relatos da experiência humana – independentemente de os fenômenos relatados serem "reais" ou não – consistem, em última análise, em experiências na consciência e, na linha de fundo, no cérebro de alguém. Com base nisso, vem o enigma muito citado: "Se não há ninguém em algum lugar para vivenciar diretamente alguma coisa, ou para vivenciá-la de segunda mão, por meio do registro de uma terceira pessoa, com uma câmera ou outro sensor, será que essa coisa existe mesmo?" Em última análise, pelo menos neste planeta, todo "conhecimento" é filtrado através do cérebro humano.

O que as pessoas dizem ter vivenciado

Com relação à consciência, eis algumas pesquisas de opinião que refletem o que as pessoas afirmam ter vivenciado. Incluímos categorias que podem ser consideradas "normais" e outras mais suscetíveis de serem consideradas "não normais".

Pesquisas de opinião sobre atividades da consciência normal

Acreditar em uma prece e praticá-la (Estados Unidos: 49%, NBC, *Time*)
Acreditar em milagres (Estados Unidos: 69% *Time*; 79% NBC)
Praticar meditação (em todo o mundo: 14% do mundo (hinduístas), 6% do mundo (budistas), 10% dos norte-americanos, independentemente da tradição, Yahoo.answers 2011)
Praticar yoga (Estados Unidos: 7%, *yogajournal* 2008)

Pesquisas de opinião sobre experiências de consciência "não normais" que os norte-americanos dizem ter vivenciado (Pesquisa de opinião Gallup, 2011)

Percepção extrassensorial, ou PES (41%)

Assombrações (37%)

Fantasmas (pessoas voltando dos mortos) (32%)

Telepatia (comunicação de mente para mente) (31%)

Clarividência (conhecimento singular do passado ou do futuro) (26%)

Astrologia (25%)

Comunicação (de qualquer tipo) com os mortos (21%)

Pessoas com poderes sobrenaturais (21%)

Reencarnação (renascimento em um novo corpo após a morte) (20%)

Canalização (entidade espiritual falando por meio de uma pessoa) (9%)

Poderes de cura do espírito ou da mente (55%)

Resultados combinados das categorias acima: 22% acreditam em cinco ou mais categorias, 32% acreditam em pelo menos quatro categorias, 57% acreditam em pelo menos duas categorias paranormais, e 1% acredita em todas as categorias.

Aquilo em que as pessoas acreditam (Pesquisa de opinião Gallup, 2011)

Qualquer uma das experiências mencionadas acima (73%)

[mesma pergunta formulada há dez anos (76%)]

Em nenhuma das experiências mencionadas acima (27%)

Que possessão por espíritos pode ser parte de doença mental (42%)

Essas pesquisas de opinião não mostram quaisquer diferenças significativas relacionadas com o *background*. Pessoas religiosas tendem a relatar apenas um pouco mais de experiências não normais do que as não religiosas (75% *versus* 66%, que é estatisticamente insignificante em comparação com a considerável maioria que relatou essas experiências).

Outro fator no controvertido debate sobre a consciência é a questão de saber o que é pré-racional (isto é, não racional, como no processo de pensamento dos primeiros seres humanos), o que é racional (como se desenvolveu gradualmente ao longo da história humana e se tornou predominante no pensamento moderno) e o que é pós-racional (se é que esse nível existe, uma combinação do atual e do futuro, que inclui tanto os frutos do conhecimento espiritual como os do conhecimento científico). Embora as tradições espirituais do mundo — em particular os pensadores interespirituais e os que defendem a Visão Integral — insistam em que um paradigma pós-racional é real e necessário, grande parte da comunidade puramente racionalista identifica o pós-racional com o pré-racional ou o não racional.

Essa divisão explica aqueles programas, muitas vezes vistos na televisão convencional, nos quais alguém relata uma experiência não normal, e outra pessoa, da Sociedade Internacional dos Céticos, passa então a desacreditá-lo. Esses confrontos raramente se constituem em diálogos. Quem relata sua experiência — às vezes pilotos, ex-militares de alto posto ou funcionários civis e até governadores de Estados — conta sua história e apresenta suas evidências, caso tenha fotos ou outras provas. O convidado da Sociedade dos Céticos então, basicamente, diz que nada daquilo pode ser verdade, uma vez que essas coisas não existem, e acrescenta de uma maneira complacente ser lamentável a pessoa, ou o grupo de pessoas, ter sofrido tal alucinação.

Demorou quase dez anos para mais de 10 mil pessoas que, sabidamente, sofriam da doença de Morgellons (estranha condição, que, entre outros sintomas debilitantes, produz fibras multicoloridas sob a pele) terem essa síndrome estudada pelo US Center for Disease Control and Prevention e por várias das grandes universidades. Antes disso, a síndrome havia sido descartada pelo *establishment* médico como um problema mental chamado de "parasitose delusória", com a presença das fibras explicada como "artefatos implantados por pessoas com sérios distúrbios psicossomáticos". Hoje, a síndrome foi rastreada até os primeiros relatos, que vinham da Idade Média. Há um registro mundial das pessoas que padecem dessa síndrome, embora ainda não compreendamos o que ela é ou por que ocorre.

O terreno comum da religião e da espiritualidade na consciência

Quase todas as tradições contemplativas e místicas do mundo reconhecem que fenômenos como pensamentos, sentimentos e emoções surgem na consciência, apesar de serem distintos dela. É isso o que leva às narrativas sobre a natureza eterna e imperecível da "alma", que, muitas vezes, é identificada como a própria consciência. Essa visão da consciência é o que explica a visão espiritual histórica dominante, segundo a qual a consciência é um campo coletivo compartilhado que envolve todas as coisas, dentro do qual algumas dessas coisas, como a vida inteligente plenamente consciente, estão mais ativamente envolvidas em interações sensíveis.

Cada uma das tradições religiosas ou espirituais do mundo tem enfatizado aspectos elementares particulares da consciência, o que lhes dá a aparência de que suas visões diferem. Na realidade, as diferentes tradições apenas destacam determinados aspectos — de maneira muito parecida com a milenar história dos homens vendados que tocam um elefante, e então cada um tenta descrevê-lo.

Três aspectos coessenciais da consciência acabaram por ser enfatizados de maneira diferente pelas diversas tradições do mundo, o que levou à confusão histórica e à divisão das religiões em tradições e seitas. O primeiro aspecto é o dominante: ele afirma que a consciência é a natureza abrangente, inerente, imperecível, *transcendente* de todas as coisas, circunscrevendo e contendo todas as coisas, de modo que as diferenças são apenas uma questão de aparência temporária. Esse é o âmago da consciência da unidade, coerente com a visão da ciência de uma realidade quântica que inclui tudo e segundo a qual tudo é feito da mesma coisa. Na espiritualidade, essa ênfase está, em sua maior parte, associada a caminhos orientais, como o budismo e o hinduísmo, embora, na forma em que a reconhecemos como mais verdadeira, ela não privilegie uma ênfase em relação a outra.

O segundo aspecto da consciência é o de que a singularidade absoluta de tudo é também parte do mistério incluído em todas as afirmações a respeito do transcendente. Isso, de certo modo, é paralelo à visão da relatividade pela ciência. Na ciência, é simultaneamente verdadeiro que na Terra as leis básicas da física newtoniana clássica e da geometria euclidiana governam, enquanto no universo mais amplo elas são substituídas por outras leis e princípios, como os da física quântica e da geometria esférica.

A ênfase na natureza absolutamente única da pessoa, embora não esteja ausente das tradições orientais, tem-se destacado mais como uma característica das tradições ocidentais, as quais incluem o cristianismo, o judaísmo e o islamismo. É provável que a diferença de ênfase explique por que a crença na reencarnação está mais associada a caminhos orientais, e a singularidade da alma individual a caminhos ocidentais. A grande figura da visão transcendente também é absolutamente única, não sendo apenas a soma de suas partes. Essa é, naturalmente, a razão pela qual tantas tradições personificam uma ideia de "Deus".

O terceiro aspecto é o reconhecimento de que todas as coisas estão relacionais. Embora a grande figura transcendente seja verdadeira, e a pequena figura do indivíduo único imanente também seja verdadeira, elas são mutuamente dependentes. No corpo humano, por exemplo, todos os nossos órgãos são únicos e executam funções específicas, embora estejam reunidos para formar um organismo multicelular.

A fonte da divisão

Quando determinadas religiões ou tradições espirituais enfatizam quer a transcendência quer a imanência, cismas tendem a resultar dessa ênfase, subdividindo as religiões do mundo em uma miríade de tradições e seitas. Esse é o problema subjacente que a interespiritualidade procura abordar. As mesmas divisões têm ocorrido na filosofia e na ciência, quando as discussões enfatizam visões subjetivas *versus* visões objetivas, com os proponentes tornando-se, no âmbito histórico, "idealistas" ou "realistas" (também conhecidos como "reducionistas"). É como se os físicos se dividissem em facções conflitantes para discutir se a luz é uma onda ou uma partícula, quando a teoria quântica permite que ela seja ambas.

A mensagem da interespiritualidade é a consciência da unidade que devolve esses três aspectos à sua unicidade inerente. Como o Irmão Teasdale disse sobre a dinâmica que vigora na consciência da unidade: "Todas as verdades relativas são produtos da percepção dualista e do pensamento dualista, e todas as verdades absolutas são frutos da percepção não dualista e do pensamento não dualista".[42]

O elemento não dualista mais significativo do corpo é o "coração". Até mesmo o uso dessa palavra, que é realmente uma metáfora, revela as interações sutis dos três aspectos inter-relacionados que descrevemos. O que é o "coração"? Quando usamos a palavra, as pessoas sabem o que queremos dizer. Elas sabem que não estamos nos referindo apenas ao órgão físico do corpo. Há outros elementos inerentes em jogo — amor, bondade, compaixão, compreensão, unanimidade, e assim por diante.

A experiência espiritual da consciência

Por que a visão espiritual da consciência continua a surgir, até mesmo em um mundo no qual a maior parte da ciência insiste em que tal visão não passa de superstição primitiva? Por que os seres humanos continuam a ler seus *qualia* — seus "sentimentos em estado bruto" —, por meios que, com frequência, são mais atraentes, e mais convincentes, para eles do que as informações objetivas que a ciência tem oferecido?

Como se costuma dizer, não há nada como um "verdadeiro crente" para assustar e afastar outras pessoas de uma conversa indagativa. Assim como esclarecemos a diferença entre religião e espiritualidade, também precisamos distinguir a literatura espiritual baseada na experiência (*experiential*), contida nas Grandes Tradições de Sabedoria, da literatura mais dogmática das religiões de todo o mundo, com seus livros sagrados e suas teologias. Estamos falando dos milhares de volumes da literatura espiritual clássica escrita por sábios e santos, que manifestam as miríades de tradições espirituais do mundo — literatura soberbamente elaborada e eloquente, bem como profundamente atrativa e convincente.

A dificuldade está no fato de que grande parte dessa literatura nem sempre ter sido compreendida como deveria. Na verdade, ela tem sido muito mal interpretada, com frequência por meio dos olhos da crença religiosa rígida, estrita, em vez de sê-lo por meio da realidade vivencial que lhe é subjacente. Interpreta-

---

[42] MH, p. 58.

ções errôneas costumam resultar de um embotamento, o qual, por sua vez, provém do fato de essas percepções iluminadoras serem examinadas segundo uma perspectiva excessivamente romântica ou mágico-mítica. Muitas interpretações religiosas da sabedoria antiga causam danos na mesma escala que os provocados quando essa sabedoria é examinada por meio de uma lente puramente racional.

O resultado é que, no que diz respeito aos fenômenos não normais, pode-se ter conversas úteis e dignas de crédito sobre esses acontecimentos, mas também é possível nos envolvermos em discussões totalmente inúteis conduzidas por indivíduos bem-intencionados, mas irremediavelmente mal informados. Na maioria dos casos, trata-se de um problema de lente excessivamente romântica ou mágico-mítica.

Um exemplo simples serve. Poderíamos sugerir ter sido brilhante Heinrich Schliemann considerar as lendas sobre Troia como verdadeiras, pois, de fato, em 1871-1872, ele descobriu as ruínas da cidade lendária. Ao mesmo tempo, seria muito improvável que todas as pessoas, no passado e no presente, ao procurarem a antiga cidade feita de ouro — conhecida como Eldorado —, fossem igualmente bem-sucedidas. Por quê? Porque é fácil identificar, nas lendas do Eldorado, o elemento da projeção psicológica relacionado à ganância. Que ganancioso aventureiro medieval não teria sido atraído pela promessa de uma cidade feita inteiramente de ouro ou motivado a embelezar ainda mais essa promessa? Não houve esse incentivo irrealista no que diz respeito à busca por Troia. De maneira semelhante, essa tendência para embelezar ou exagerar deu à grande parte do movimento Nova Era a fama de não fazer juz ao nome.

Em seus muitos escritos sobre a sabedoria oriental, Ken Wilber tem-se empenhado em esclarecer com eloquência os danos perpetrados contra a sabedoria antiga pela mentalidade ocidental baseada no ego e acionada pelo consumidor. Como ele se expressou, essa mentalidade transformou em "mingau" — isto é, em conversas tolas — o que poderiam ser diálogos potencialmente muito úteis, em especial os que transcorressem entre as arenas da ciência e da espiritualidade.

O gênio na geladeira

Quando a filosofia da ciência é ensinada nas faculdades e nos cursos de pós-graduação, uma metáfora é empregada para expressar a frustração da ciência na tentativa de levar experiências espirituais a sério, em especial experiências não normais. A metáfora leva o nome de "o gênio na geladeira".

Segundo a ciência, isto é o que as pessoas espirituais afirmam: "Há um gênio na geladeira. Ele está mesmo lá, acredite em mim. Mas a natureza do gênio é tal que, quando abre a porta, você não consegue vê-lo". Esse é o argumento usado para convencer as pessoas de que elas não deveriam prestar nenhuma atenção a esse domínio da experiência.

Todos concordam que todas as experiências mentais acontecem dentro do sistema neural dos seres humanos. Em seguida, compartilhamos as nossas experiências, falando sobre elas. Cada aspecto da realidade que tomamos como certo provém desse tipo de relato coletivo.

No entanto, muitas experiências — sobretudo as visuais, auditivas, táteis e olfativas — são vivenciadas surgindo de fora da pessoa. Sons, ações ou cheiros provêm de uma outra pessoa ou objeto. Isso também é verdadeiro quando uma experiência não normal é vivenciada, como uma experiência mística ou uma alucinação. Os dados científicos obtidos com tecnologias de formação de imagens provenientes do cérebro mostram que a mesma área do cérebro é usada tanto quando uma coisa é vista fora do corpo como quando ela é vivenciada em um sonho. De maneira semelhante, a mesma parte do cérebro está envolvida no ato de se pensar em uma pessoa e relatar que a presença dessa pessoa foi sentida.

Esse aspecto é importante porque resume o dilema da ciência, manifestado quando ela tenta investigar a consciência e a cognição. Os únicos métodos disponíveis dependem do relato humano, o qual varia desde algo tão subjetivo quanto pedir uma descrição do que foi vivenciado até estreitar a pergunta a algo do tipo: "Você percebe alguma coisa quando eu faço isto?"

Grande parte dos estudos relacionados à consciência provém do que os seres humanos relatam. A realidade da presença do gênio na geladeira parece balançar sobre esse fulcro. Se ele não pode ser fotografado, gravado ou verificado de alguma outra maneira, a crença em sua existência depende de o "sentimento em estado bruto" da experiência ser convincente ou não.

A experiência sempre parece governar

No enigma do gênio na geladeira, há outra dificuldade. Com base em estatísticas sobre relatos apresentados por pessoas reais, pessoas que acabam se afastando da visão segundo a qual a consciência reside apenas em nosso sistema físico o fazem por causa de algo que aconteceu em sua experiência individual. Isso é particularmente verdadeiro no caso de o indivíduo ser um cientista.

A relação entre crença e experiência é intrigante. Algumas das organizações materialistas empenhadas em ridicularizar experiências espirituais não normais sugerem que a crença nessas coisas está relacionada à educação. Por exemplo, quando uma pessoa de documentado alto grau de instrução ou de grande inteligência acredita em experiências não normais, crê-se que isso é o resultado de algum tipo de falha, como sua personalidade ou sua constituição emocional. Embora possa haver alguma verdade nesses pontos de vista, vamos também deixar claro que sustentar pontos de vista predeterminados puramente materialistas é tendencioso.

Quase todos os grupos materialistas consideram a crença em Deus ou na experiência espiritual como "impossível de se corroborar" ou "logicamente impossível".[43] Esses pontos de vista muitas vezes consideram o que não é diretamente mensurável ou não é mentalmente lógico como falso. Além disso, esses grupos reconhecem publicamente que despendem enormes quantias de dinheiro para difundir esses pontos de vista, o que dificilmente pode ser chamado de ciência objetiva.

Como observa o filósofo Ken Wilber, o risco para a ciência reside em generalidades predeterminadas de ambos os lados. Ao citar o exemplo de pessoas que supõem que a luz visível é tudo o que existe, ele assinala o fato de a opinião dessas pessoas mudar assim que elas colocam óculos que lhes permitem ver o infravermelho ou o ultravioleta! A ciência só pode falar sobre o que ela observa. Contudo, historicamente, o que a ciência tem sido capaz de observar em um século ou outro, ou em uma década ou em outra, tem mudado de maneira dramática.

---

[43] Consulte o site da The Skeptics Society.

O melhor da ciência atual prefere usar a máxima "nunca diga nunca". A ciência da década de 1960 ria da noção *hippie* de "vibrações" (*vibes*) e, no entanto, atualmente, a Teoria M elaborou a visão de um universo vibratório. A teoria da Deriva Continental, a realidadeo campo atual das placas tectônicas, foi desprezada por gerações. Ser um especialista no conhecimento de como os pássaros vieram de dinossauros poderá render a você um prestigiado emprego nos dias de hoje, mas há algumas décadas significaria ruína para uma carreira científica.

Hoje vivemos em um universo reconhecido como um *continuum* que vai do infinitamente grande ao infinitesimalmente pequeno. Não se trata mais de um mundo no qual o normal e o paranormal são considerados dualidades estritas. Desse modo, quando os cientistas se aventuram em proclamações sobre Deus, eles se desviam de sua atividade de fazer ciência. Ao dizer isso, nunca podemos ter certeza do que a verdadeira ciência será capaz de fazer a seguir. Essa constatação deverá informar nosso debate em andamento sobre o que é de fato real ou não real.

Outro problema se refere às estatísticas sobre a crença. Que uma experiência possa ser interpretada por meio da lente de uma crença ou de uma narrativa cultural não altera o fato de a pessoa ter realizado a experiência. A pesquisa de opinião Gallup anteriormente citada não encontrou correlação significativa. Outros estudos, como pesquisas de opinião sobre óvnis e fantasmas, mostram que a experiência direta motiva cerca de 90% das opiniões pessoais, ao passo que as crenças em geral respondem apenas pelos 10% restantes.[44]

O público poderia esperar um diálogo útil entre indivíduos que tiveram tais experiências e os que procuram ridicularizá-as. Mas o diálogo fecundo não ocorre porque, como temos visto muitas vezes na televisão, o cientista, o piloto, o astronauta, o oficial militar de alto nível ou mesmo o ex-governador que relata uma experiência é polidamente rejeitado sob o argumento de que teve uma alucinação.

O verdadeiro problema é que essas experiências não podem ser repetidas, ao que parece, sob condições controladas. Apesar disso, os que tiveram essas experiências, em sua maioria, continuam a acreditar no "sentimento em estado

---

[44] Associated Press/pesquisa de opinião Ipsos, 2007.

bruto" e, portanto, na validade de suas experiências. Mesmo em uma época relativamente recente, como há 30 anos, não havia um campo de estudos científicos sobre a consciência, e por isso é provável que essas questões venham a ser elucidadas em um grau muito maior no futuro — em especial quando as épocas integrativas e holísticas se desdobrarem. Por enquanto, como a divisão ciência--espiritualidade está há tanto tempo entrincheirada, a maior parte da atenção da mídia começa com a suposição de que as duas arenas se excluem mutuamente.

13

Estudos científicos
sobre a consciência

"A teoria das cordas requer todas essas dimensões extras."
— Sir Roger Penrose

Os ESTUDOS CIENTÍFICOS SOBRE A CONSCIÊNCIA COMEÇAM com a percepção de que o cérebro é composto de miríades de elementos e de caminhos e atalhos neurológicos, os quais parecem reunir-se, de algum modo, em uma unidade coordenada. A interferência nesses elementos ou vias por meio de produtos químicos ou de intrusão física, sobretudo em certas partes do cérebro, apaga, inibe ou acentua determinados elementos do sistema e pode perturbar a unidade da coordenação.

Essa abordagem predominantemente física da consciência por meio da manipulação de certos aspectos do cérebro é importante, uma vez que uma parte específica do cérebro controla o nosso sentido da diferença entre nós mesmos e o nosso mundo. Estamos falando das áreas da parte superior traseira do cérebro, que a ciência chama de lobo parietal superior. Quando essa área é inibida, como certos estudos mostram que ocorre na prece ou na meditação, o resultado é uma sensação de holismo e de conectividade.

A experiência básica da consciência está correlacionada às redes no cérebro que envolvem as experiências comuns do dia a dia, as quais compartilhamos. Quer estejamos despertos ou sonhando, a consciência é vivenciada por todos como fenômenos que surgem no cérebro — sob a forma de pensamentos, percepções pelos sentidos, mensagens, visualizações, emoções, e assim por diante — para, em seguida, desaparecerem no pano de fundo de nossa experiência, apenas para serem substituídos por outros fenômenos. Essa paisagem da consciência cotidiana e do senso comum é paralela ao mais simples conceito de consciência das Tradições de Sabedoria — por exemplo, a doutrina clássica hinduísta do vedanta, na qual os estados regulares experimentados por todas as pessoas são distinguidos como vigília, sonho e sono profundo sem sonhos, além do estado que se encontra consciente de tudo isso ao mesmo tempo (*moksha* em sânscrito).

É notável que essa paisagem de fenômenos que vêm e vão seja, ao mesmo tempo, tão simples, mas também tão complexa. Como a "sensação bruta" de tudo isso acontece, e qual é sua significação, se houver? Obviamente, a "sensação bruta" acompanha a aprendizagem, um componente fundamental de qualquer desenvolvimento humano. Mas a "sensação bruta" serve a que propósito? Esse dilema tem deixado numerosos estudiosos da consciência perplexos, os quais fazem perguntas como esta: "O que a umidade da água nos diz?" Mais que isso, muitos encontram a suprema satisfação nesse mistério e dizem que jamais poderia ser de outra maneira, nem jamais se pretendeu que o fosse. O que seria da maravilha se não houvesse a admiração? Será que todas as pessoas concordariam em estar um pouco certas e, ao mesmo tempo, um pouco erradas? Esse é o tipo de satisfação que um mundo interespiritual poderia instilar entre todos os seres.

Ideias quânticas sobre a consciência

A importante fronteira aberta pelo estudo científico da consciência é a relação entre a consciência, os campos quânticos e os campos eletromagnéticos do ponto de vista da nova física. A teoria quântica, com sua visão dinâmica, permite que fenômenos paradoxais se manifestem, interajam e permaneçam em interação, em um sentido que podemos comparar a uma "ducha" solar na qual a chuva e o sol estão ambos presentes ao mesmo tempo. De maneira semelhante, campos eletromagnéticos envolvem uma interação entre elementos elétricos e magnéticos. Tais paradoxos apresentam paralelismos com afirmações paradoxais ocorridas na literatura de sabedoria do mundo todo, como "a forma é o sem forma, e o sem forma é a forma".[45]

O que tem sido difícil é encontrar uma síntese entre a maneira como a consciência poderia ser explicada como campos quânticos e a maneira como ela poderia funcionar como campos eletromagnéticos. No entanto, os defensores de ambos os grupos concordam que a física clássica não é capaz de oferecer uma explicação da consciência.

As teorias adotam alguns nomes fantasiosos, mas isso é típico da ciência. Os físicos mais conhecidos que propõem explicações sobre a consciência com base em campos eletromagnéticos são Susan Pockett e Johnjoe McFadden, com sua "Teoria do Campo EM". Outras duas equipes propuseram visões que combinam o eletromagnetismo com a teoria quântica: Mari Jibu, Kunio Yasue e Giuseppe Vitiello, com sua "Dinâmica Cerebral Quântica", e E. Roy John e os gêmeos idênticos Andrew e Alexander Fingelkurts, com sua "Arquitetrônica (*Architectronics*) Operacional".

Nessa visão, quando as células nervosas do cérebro, chamadas "neurônios", disparam, elas criam minúsculos campos eletromagnéticos. Esses campos, combinando-se e somando-se, tornam-se exponencialmente maiores e adquirem várias configurações, dependendo de quantas miríades de redes de neurônios estão disparando e quais são elas. Os diferentes níveis formados por esses campos ou as frequências das vibrações eletromagnéticas que os constituem retêm informações digitais (aparentadas às notas em uma pauta de partitura), e as modulações dos níveis (semelhantes às linhas da pauta da partitura) correspondem a experiências sentidas, na "sensação bruta", como objetivas, subjetivas, escolha de opções, reconhecimentos simples e reconhecimentos complexos. Um dos principais proponentes dessa visão que assimila a consciência a campos eletromagnéticos, a qual é coerente com a visão científica da consciência, acredita que esses campos ocorrem apenas localmente, isto é, em cada indivíduo. Mas outro dos principais proponentes, coerente com a visão espiritual da consciência, acredita que há um campo coletivo compartilhado por todos.

---

[45] O *sutra do coração*, um clássico do budismo.

Os físicos mais conhecidos a propor ideias que relacionam a consciência com a teoria quântica são Karl H. Pribram e David Bohm (a teoria do Cérebro holonômico da mente quântica), além de Stuart Hameroff e Roger Penrose (a teoria Orch-OR da mente quântica). Outro proeminente cientista, Gustav Bernroider, trabalhou expandindo os conceitos de Bohm. Essas visões são muito mais difíceis de descrever para o não cientista do que as que envolvem apenas o eletromagnetismo.

A palavra *quantum* vem do latim e significa "quanto?". Ela foi adotada porque a teoria quântica envolve a explicação do comportamento extremamente peculiar e paradoxal dos elementos de energia e de matéria, de tamanho extremamente pequeno, mas finito, que formam a base da nossa realidade. Em outras palavras, o *quantum* se refere ao "quanto" mede essa unidade elementar irredutível. É a peculiar estranheza do comportamento do *quantum* que fez com que a ciência lutasse durante décadas antes de ser capaz de compreender o mundo do infinitesimalmente pequeno e, enfim, a energia que opera no nível subatômico.

Um aspecto que torna esse domínio quântico ainda mais difícil de ser compreendido está no fato de as regras e as relações convencionais de tempo e de espaço não se aplicarem a ele. Isso acontece porque, quando se lida com esse domínio misterioso e enigmático, ocorre a "intersecção" da consciência do observador com a matéria e a energia.* É necessário o uso de uma abordagem matemática altamente avançada para se compreender adequadamente esse domínio, o que explica por que pioneiros como Einstein, Heisenberg e Gross viveram a maior parte de suas vidas envolvidos com o domínio da matemática. Até mesmo para entrar no campo da teoria quântica é preciso conhecer áreas da matemática, ou áreas da física que utilizam maciçamente a matemática, como cálculo avançado, equações diferenciais, geometria diferencial, teoria da probabilidade e mecânica estatística. A tecnologia eletrônica que bombardeia nossas vidas cotidianas — e se manifesta em circuitos integrados, fibras ópticas, memória do computador, *lasers*, CDs, DVDs e sistemas GPS Garmin — depende dessa nova percepção de como o mundo do infinitamente pequeno opera.

---

* O original refere-se, de maneira sucinta, apenas ao domínio "intersecção entre matéria e energia", onde o colapso da função de onda ocorre. (N.T.)

No cerne desse domínio quântico estão aquelas que poderiam ser chamadas, talvez com mais propriedade, de ondas de informação — na verdade, ondas de probabilidade matemática, as quais se referem às probabilidades de que isto ou aquilo possa acontecer. Por exemplo, se você anota em um caderno todas as coisas que poderiam lhe acontecer, desde o momento em que sai de sua casa, a cada manhã, isso pode ajudá-lo a compreender essa matriz de possibilidades. Essa lista pode incluir cenários quase ilimitados. Imagine que algumas dessas possibilidades poderiam de fato se manifestar, e outras não. Em seguida, imagine esses cenários acontecendo, diminuindo de intensidade até se estabilizar em um nível baixo, ou simplesmente não acontecendo — como ondas surgindo e se desfazendo. Essa contínua atividade das ondas de informação poderia permitir que miríades de pensamentos, emoções, sentimentos, análises, pontos de vista e opções possíveis surgissem na mente, fossem resolvidos, se desvanecessem e, em seguida, emergissem e se erguessem outra vez. Essa é uma metáfora pouco precisa, mas que nos dá alguma ideia de como esse mundo — descrito com nomes tão fantasiosos como teorias quânticas sobre o cérebro, Dinâmica Cerebral Quântica, Arquitetrônica Operacional, teoria holonômica do cérebro e teoria Orch-OR — poderia funcionar.

Muito trabalho de apoio ainda será necessário para convencer a comunidade científica mais ampla de que tanto os conceitos que relacionam a consciência a campos eletromagnéticos como os que a relacionam a campos quânticos têm algo importante a dizer, pois talvez ajudem a ciência a desenredar o mistério de como a consciência funciona.

O futuro da consciência

Há duas décadas, provavelmente ninguém teria imaginado que os cientistas viessem a concordar com a ideia de que a compreensão da consciência definiria a próxima era científica. No entanto, essa compreensão é paralela ao desdobramento das eras históricas, Integrativa e Holística, bem como às previsões feitas por filósofos da ciência de que esta viria a adotar uma visão coerente com a realidade como um todo unificado, no qual a consciência estaria incluída.

A capacidade única de nossa espécie para ensinar e aprender não tem paralelo em nenhum dos primatas. Quando chimpanzés adultos recebem os mesmos testes usados para ensino e aprendizagem de crianças humanas muito jovens, os chimpanzés só às vezes passam adiante as novas habilidades aprendidas — e, em geral, apenas no curto prazo e dentro de sua família ou clã. Ao contrário dos chimpanzés, quando seres humanos jovens aprendem algo novo, eles são inerentemente pró-ativos quanto a passar adiante o que aprenderam. Esse fato não ignora as evidências científicas recentes de que a inteligência e as emoções em grande número de espécies de animais é muito mais avançada e complexa do que se suspeitava — símios superiores, golfinhos e elefantes entre eles —, mas aquilo de que estamos falando com relação às habilidades cognitivas em seres humanos é de outra ordem de grandeza.

A história nos mostra que novos conjuntos de habilidades, depois de terem recebido o influxo da inovação, espalham-se pela humanidade com uma velocidade de tirar o fôlego. Quando os primeiros seres humanos desenvolveram a agricultura, os métodos mais antigos levaram 500 anos para se espalhar no nível continental, e inovações adicionais significativas ocorrerram no lapso de um milênio. Em uma época arcaica que durou 7 mil anos, isso aconteceu com extrema rapidez. De maneira semelhante, quando a escrita se desenvolveu, ela se espalhou por quase toda parte em um milênio. A noção foi tão convincente e atrativa que a habilidade parece ter surgido de maneira independente, ao longo de várias culturas, tão logo as pessoas apreenderam a ideia.

Uma escalada de energia proveniente dessa relação entre novos conhecimentos e a rápida disseminação de novos conjuntos de habilidades impulsiona o nosso mundo moderno em um ritmo vertiginoso. Estudantes universitários do Segundo Mundo e do Terceiro Mundo dominam as mesmas habilidades que os do Primeiro Mundo e competem pelas mesmas carreiras *high-tech*. Miríades aprendem a trabalhar no computador com textos e redes virtuais e, então, inovam, tornam-se empresários e desenvolvem novos produtos e serviços.

Visões de mundo modernas mudam com uma rapidez notável. O campo acadêmico de "estudos do discurso", também conhecido como "teoria discursiva", cujo desenvolvimento ocorreu apenas a partir da década de 1990, explica como, quando a informação e as narrativas sobre a realidade entram no diálogo público, o comportamento muda de acordo com elas, e rapidamente. É como se elas estabelecessem aquilo que o dr. Rupert Sheldrake chama de "campo mórfico", o qual, por sua vez, transforma a visão de realidade das pessoas e, de modo tácito, a própria realidade.

Por exemplo, quando o aquecimento global entrou pela primeira vez, em meados da década de 1990, na percepção mundial, quase 70% dos norte-americanos não estavam cientes dele como um problema. Só em 1997 é que ele se tornou um tema regular em pesquisas de opinião.[46] Por volta de 2007, os números haviam invertido, e 87% das pessoas já estavam cientes do fenômeno do aquecimento global.[47] Desses, 75% consideravam esse fenômeno um perigo, um número que a pesquisa não identificou com filiações políticas particulares.[48] Quando ele se tornou um problema político e um assunto de propaganda na mídia, os números mudaram outra vez, e assim, por volta de 2011, 76% dos democratas acreditavam que o fenômeno era real, ao passo que apenas 41% dos republicanos acreditavam nele. Na mesma época, 90% dos europeus acreditavam no aquecimento global.

O ponto essencial está no fato de conjuntos de habilidades humanas relacionadas à experiência cognitiva e às visões de mundo das pessoas povoarem o ambiente humano em um ritmo muito mais rápido do que o faria a evolução puramente física. Os fatores que os impulsionam também flutuam freneticamente. No entanto, como é possível perceber com clareza nas visões da história proporcionadas pela abordagem integral e pela Dinâmica em Espiral, juntamente com o rastreamento do desenvolvimento gradual da mente consciente realizado pelo psicólogo Julian Jaynes, as tendências de longo prazo sempre permanecem coerentes.

A nosso ver, a consciência continuará a se expandir, como no passado, mas em um ritmo mais rápido. Essa dinâmica será impulsionada, em particular, pela relação entre novos conhecimentos e conjuntos de habilidades auxiliares, e se direcionará para uma mente mais espaçosa* e criativa, juntamente com as

---

[46] Gallup, 1997.

[47] Neilsen, 2007-2009.

[48] Stanford, 2007.

* Em vista de uma observação de Ken Wilber, segundo a qual "o não dualismo é uma imensa abertura na qual todas as experiências entram e saem", esse aumento da espaciosidade já pode estar anunciando uma incorporação mais efetiva do não dualismo na consciência e na experiência humanas. (N.T.)

habilidades que acompanham essa expansão. A direção ao longo da qual ocorrerá esse desenvolvimento seguirá paralela ao desdobramento da Era Integrativa para a Era Holística, e uma parte desse holismo emergente será constituído por uma compreensão e uma sinergia habilidosas entre nosso interior e nosso exterior, entre maneiras subjetivas e objetivas de conhecer e de trabalhar. A natureza desse crescimento da espaciosidade e desse aumento do número de habilidades será aquilo que, precisamente, irá constituir a consciência da unidade e o movimento em direção a uma transformação holística do mundo, justamente a consciência e o movimento de que se fala na visão da Interespiritualidade e em todo o espectro internacional dos movimentos de consciência integrais e evolutivos.

Essa tendência já se reflete universalmente, e não apenas por meio dos importantes cientistas, filósofos e líderes espirituais detalhados aqui. Indagados se acreditavam em um espírito universal ou em um poder universal unificador, 92% deles responderam de modo afirmativo, incluindo 21% que afirmavam ser ateus.[49] Na comunidade Nova Era, constatou-se que 52% das pessoas que adotam esse pensamento em todo o mundo acreditam na existência de um campo quântico compartilhado que inclui toda a realidade.[50]

O sociólogo dr. Paul Ray, em sua famosa obra *The Cultural Creatives* — os "criativos culturais" são as pessoas, distribuídas por toda a população do mundo, que apoiam uma mudança progressiva e transformadora do mundo —, sugeriu que no ano 2000 havia mais de 50 milhões de criativos culturais nos Estados Unidos (cerca de 25% da população adulta), com outros 80 a 90 milhões de pessoas na Europa. Originalmente, Ray sugeriu que os criativos culturais poderiam dominar as populações ocidentais já por volta de 2020. O site Enlightened Economic acredita que isso poderá ocorrer até mesmo antes. Se for verdade, os criativos culturais poderiam responder pela rápida explosão do movimento Occupy em todo o mundo, o qual cresceu até adquirir proeminência internacional, apenas um mês depois de seu início, no outono de 2011. Uma pesquisa de opinião realizada pela Reuters um mês depois de deflagrado o movimento Occupy Wall Street, em Nova York, indicou que 67% dos nova-iorquinos apoia-

---

[49] Pesquisa de opinião realizada pelo *Washington Post*, 2008.
[50] Levantamento realizado pelo DMT-nexus Forum.

vam sua visão geral, enquanto 87% deles apoiavam o direito do movimento se estabelecer no Zuccotti Park, em Nova York, e protestar a partir dele.

A visão de mundo predominante segundo a qual o domínio subjetivo das humanidades e o domínio objetivo da ciência permaneceriam separados, defendida em uma famosa palestra proferida em 1959, por Charles Percy Snow, e no livro As Duas Culturas,[51] publicado no mesmo ano, viu o surgimento de uma terceira cultura, a qual ele previra. Em A Terceira Cultura,[52] John Brockman, historiador da literatura científica e fundador da The Edge Foundation, parece apoiar ainda mais a rápida aceleração rumo a uma visão de mundo global e holística, prevista pela visão da história centralizada no desenvolvimento. Esse desdobramento inevitável foi anunciado na reimpressão, em 1993, do próprio clássico de Snow, em uma nova introdução do professor Stefan Collini, da Universidade de Cambridge.

Essa convergência já é evidente em muitas novas abordagens de pesquisa, inclusive em ambas as perspectivas científica e espiritual da consciência, em especial desde a descoberta do escaneamento pela ressonância magnética nuclear (RMN). Essa tecnologia de ponta, cujo desenvolvimento respondeu pela conquista de uma série de Prêmios Nobel em 1943, 1944, 1952, 1991, 2002 e 2003, permite que os pesquisadores tenham uma visão simultânea da forma e da função. Um trabalho amplamente divulgado, desenvolvido por pesquisadores interdisciplinares como o dr. Joseph Chilton Pearce e o dr. Andrew Newberg, da Universidade da Pensilvânia, utilizou a RMN para ligar a neurociência à experiência espiritual e à crença. O trabalho do dr. Newberg foi muito divulgado em livros como Why God Won't Go Away e Why We Believe What We Believe.

Outro pioneiro é o dr. Bruce Lipton, biólogo do desenvolvimento, cujos livros A Biologia da Crença e Evolução Espontânea exerceram ampla influência.[53] Em 2009, Lipton recebeu o Prêmio da Paz Goi internacional. A compreensão do entrelaçamento que relaciona o eu, a mente-cérebro e nosso desenvolvimento em andamento, no rumo de um mundo pacífico e harmonioso, também

---

[51] Ver Snow, C. P., [1959] 2001, na bibliografia.
[52] Ver Brockman, J., 1995, na bibliografia.
[53] Ver Lipton, B. H., 2011, na bibliografia.

ecoou em livros recentes, como *New Self, New World*,[54] do dr. Philip Sheperd, e *The Whole-Brain Path to Peace*,[55] do dr. James Olson. A relação entre a espiritualidade e a própria consciência tornou-se um tema proeminente na linha de frente da ciência e da filosofia. Um estudo internacional de 1997, *Nonduality*,[56] escrito pelo dr. David Loy e publicado pela Universidade de Yale, já foi traduzido em três idiomas.

---

[54] Ver Sheperd, P., 2010, na bibliografia.
[55] Ver Olson, J., 2011, na bibliografia.
[56] Ver Loy, D. L., 1997, na bibliografia.

14

O mundo espiritual

"Esforçai-vos por entrar pela porta estreita."
— Jesus de Nazaré, Lucas 13:24

EM TODO O MUNDO, CERCA DE 6 BILHÕES DOS MAIS DE 7 BILHÕES DE habitantes do planeta acreditam em algum tipo de reino espiritual. A ideia de que essa visão vai simplesmente desaparecer à medida que ingressarmos no Terceiro Milênio é apenas um desejo ilusório, sem correspondência com a realidade. Então, o que é o mundo espiritual e que herança ele transmite da história do nosso planeta para um futuro incerto?

A expressão "mundo espiritual" geralmente se refere à dimensão da consciência em sua totalidade, o que inclui o "reino dos espíritos", ou "reino astral", a que praticamente todas as tradições religiosas se referem. Todas as narrativas coletivas da humanidade registram histórias dessa dimensão, e essas histórias contêm todos os mistérios que acompanham essa noção etérea e esquiva.

O mundo espiritual é real? Como se relata que esse mundo foi vivenciado ao longo dos séculos? Há fios comuns estendendo-se desde esse grande, mas esquivo capítulo de nossa história humana, os quais poderiam de fato informar a modernidade e, além disso, iluminar o caminho em direção a um futuro positivo? Ou tudo isso é apenas "conversa fiada", que não deveria preocupar os seres humanos modernos?

Quais os desafios, e até as *patologias*, que a nossa espécie tem enfrentado ao se aventurar nesse reino da experiência relatada? Pergunta e enigma, sutileza e nuança têm historicamente permeado as discussões sobre o reino espiritual. Não se trata de nenhuma discussão fácil para a nossa espécie, sobretudo na era moderna, dominada como ela é pela lente racionalista.

A amplitude histórica da experiência do mundo espiritual

Praticamente cada uma das culturas modernas é sustentada por narrativas enigmáticas sobre o reino espiritual. Para as dezenas de milhares de tribos indígenas que precederam o mundo moderno e, em alguns casos, persistem ainda hoje, o mundo espiritual era o reino dos ancestrais e dos espíritos da natureza. Palavras antigas vindas dessas culturas se traduzem como "os antepassados animais" e "as formas da terra". Xamãs, ou curandeiros e curandeiras, eram mediadores entre o mundo humano e o reino dos espíritos ao nosso redor. A posição do xamã era reservada não apenas aos que receberam treinamento especial, mas também para instrução nas bordas daquela que muitos de nós consideram a realidade. Adeptos que desejavam ser xamãs precisavam ingressar nas dimensões mais sutis da realidade e aprender como "trabalhar" lá.

Com o desenvolvimento progressivo da civilização humana, a noção de reinos espirituais só aumentou em complexidade. O antigo Egito, típico de muitas das antigas culturas do período histórico do Rei-Deus, concebia os seres humanos como um amálgama de essências transportadas para uma vida após a morte como "essência *Akh*", caracterizada em seus hieróglifos como um pássaro voando.

Cada um dos impérios do mundo na época histórica dos Reis Deuses tinha suas próprias visões idiossincráticas altamente desenvolvidas dos reinos espirituais, as quais semearam o conjunto mais vasto de narrativas culturais sobre essas dimensões quando os impérios totalitários se espalharam por todo o mundo nos séculos seguintes. Todas essas narrativas traziam consigo esse elemento, em última análise misterioso, das bordas rarefeitas do desconhecido.

Para os antepassados que nossos próprios historiadores registram como a semente do nosso mundo moderno — a Grécia antiga —, esse reino espiritual era o *aether* (céus), lar do *pneuma* (espírito). Platão escreveu sobre as raízes xamânicas dessas crenças e recordou antigas tradições de "ouvir e aprender com as plantas", incorporadas nas tradições orais que precederam até mesmo a Grécia antiga. Nos reinos vizinhos do Oriente Próximo, da Pérsia e da Índia, os termos utilizados eram *akasha/atman* (princípio vital como estado de ausência de forma e estado de forma) ou *prana* (a natureza vital). Para as primeiras tribos nômades germânicas e escandinavas que se dirigiram para o oeste, esse reino era identificado com uma miríade de palavras que apontavam para sopro ou vento. No berço do monoteísmo, a antiga Judeia e a Arábia adjacente, toda uma multidão de palavras apontava para um mundo superior, um reino astral.

A noção de reinos astrais caracterizava a consciência no Oriente e no Ocidente, desde as religiões de mistérios e as seitas que se seguiram à época dos filósofos clássicos da Grécia até as narrativas, no Alcorão, da ascensão do Profeta aos "sete céus" e à narrativa do Sêfer Yetzirá (O Livro da Formação, ou Criação) no misticismo judaico. Para os cristãos primitivos, que estavam certos do retorno iminente de Jesus, havia o *pleroma* (plenitude) celestial, lar do divino, em uma região superior de luz, à qual eles estavam destinados a subir.

Os reinos espirituais dividem-se em céu e Inferno

À medida que a era dos antigos impérios totalitaristas se desdobrava, poderia haver uma melhor maneira de impor a primazia de seu construto social e de suas crenças religiosas do que torná-los uma questão de salvação ou de danação? Foi assim que a mensagem da recompensa e da punição definitivas ingressou na compreensão que a humanidade adquiriu sobre os reinos espirituais.

Houve cerca de 30 culturas totalitárias principais nos 40 séculos dessa época totalitarista. A mais importante e familiar para nós foi a de Roma. A partir de Roma, evoluíram não apenas as estruturas do início da Europa moderna, mas também as estruturas sociais e religiosas da maior parte do Primeiro Mundo atual. Esse Primeiro Mundo, constituído pela Europa e por suas colônias, no oeste, e pelas fronteiras da Rússia com a China, no leste, dominou o palco mundial até o recente período pluralista, que emergiu após a Segunda Guerra Mundial.

A mensagem da Igreja de Roma relativa ao reino espiritual, assim como a de seus rivais há séculos, os califados do Islã, no leste, foi a divisão dos reinos espirituais em céu e Inferno — em alguns casos, com reinos intermediários, como o purgatório da Roma ortodoxa ou o *Barzakh, alam al-mithal* de algumas tradições islâmicas. Pelo menos na religião de Roma, como é definida pelos textos bíblicos escolhidos para o imperador Constantino por Eusébio, a primazia do céu em relação ao Inferno continha toda a hoste celestial. Nela se poderia encontrar não somente as almas dos que haviam partido da Terra, mas também anjos e demônios — e, em última análise, nesse mundo dominado pelo masculino, "*o próprio Deus*".*

A coexistência dessas visões baseadas na igreja com a popularidade culturalmente entrincheirada da astrologia, e a persistência das crenças mais complexas de várias escolas de mistério era frágil. A astrologia, muito diferente do esoterismo no que se referia aos mundos espirituais, desfrutava um lugar mais cômodo dentro da igreja medieval. Tendo feito parte da cultura europeia desde tempos antigos, seus códices eram consultados até mesmo por funcionários da igreja. As noções não ortodoxas de reinos espirituais das escolas esotéricas pós-gregas, judaicas e do início do cristianismo faziam parte de outro assunto. Dependendo de onde essas artes eram praticadas, do século XII até o século XVI, inquisidores da Igreja não poderiam estar muito atrás. A mesma coisa aconteceu com a alquimia.

Apesar disso, a paisagem da política europeia era diversificada o suficiente para que os principais recursos das escolas esotéricas sobrevivessem. Com o surgimento de uma liberdade religiosa, filosófica e científica maior, os recursos, há muito escondidos, das escolas de mistérios não só vieram à tona outra vez como também ganharam destaque no pensamento público, ressurgindo, em particular, com o Renascimento e a fusão de abordagens, associadas ao novo pensamento, das artes espirituais e de cura, das religiões de mistério, das seitas gnósticas e dos cultos de cura.

Um grupo influente, o dos hermetistas medievais — cujo símbolo se tornou o familiar logotipo da medicina moderna, o bastão alado com as duas serpentes,

---

* No original, a ênfase no gênero fica mais evidente: "God *himself*". (N.T.)

ou *caduceu* –, surgiu com base em escritos antigos atribuídos a Hermes Trismegisto, retratado como uma combinação do deus grego Hermes e do deus egípcio Thoth. As visões herméticas, combinando misticismo e medicina, tiveram grande influência porque se acreditava que representassem a sabedoria do primeiro centro intelectual da civilização mediterrânea, Alexandria. Outras duas influentes escolas de cura místicas originaram-se com dois médicos ocultistas do século XV – Paracelso, suíço de nascimento, e Christian Rosenkreuz, alemão de nascimento. Cada uma dessas escolas veria suas cosmologias do mundo espiritual sobreviverem até os dias de hoje. Com base nessas raízes também surgiu, na Suécia do século XVIII, a famosa obra do renomado místico, médium e clarividente Emanuel Swedenborg.

Por volta do auge do século XIX, no pico de sua popularidade, o espiritismo surgiu como uma religião. Suas atividades envolveram alguns dos mais prestigiados líderes políticos e culturais do mundo, fato com frequência esquecido pelo racionalismo atual. O espiritismo, nessa época, integrava-se muitas vezes com a ciência do século XIX e era muito influenciado por ela, em particular por suas ideias dualistas ocidentais sobre a realidade. Os espíritas falavam de miríades de níveis ou esferas de reinos espirituais, cada um deles complexo e cada um diferindo drasticamente do outro, dependendo da natureza das almas ou dos espíritos que os habitam. Descrições desses níveis geralmente envolviam todos os detalhes secretos da vida no planeta terreno — inclusive locais e vizinhanças, hábitos e ocupações e a natureza dos relacionamentos e das características da personalidade.

Antigas noções persistem nos dias de hoje

Por volta dos séculos XIX e XX, surgiu a vasta literatura da teosofia, que procurava fundir as noções místicas das Grandes Tradições da Sabedoria (em particular as do Oriente) com a ciência do século XIX. Teosofistas famosos, como H. P. Blavatsky e C. W. Leadbeater, descreveram com grande número de detalhes as esferas e regiões do Mundo Espiritual.

Com base nesse movimento socialmente influente, as visões de mundo espirituais dos paracelsianos (remontadas a Paracelso) e dos rosacruzes (remontadas a Christian Rosenkreuz, cujas narrativas demoraram dois séculos para ser publicadas) se manifestaram. Com base nesses grupos, que ainda têm seguidores atualmente, surgem as raízes da visão dos reinos espirituais que permeiam uma vasta literatura esotérica, em muitos idiomas. Nessa literatura, antigas visões orientais e ocidentais se unem quase "sem costura", em particular porque a maior parte das escolas ocidentais encontram suas raízes no Oriente. Todas essas descrições dos reinos espirituais experimentaram um ressurgimento com a vinda das imprensas livres, da Europa e dos Estados Unidos, nos dois últimos séculos. A revitalização alcançou milhões de pessoas em todo o mundo.

No Oriente, a paisagem dos reinos espirituais foi retratada por Sri Aurobindo, cujo corpo de escritos menos esotéricos (sobre artes, política e sociologia) formou parte da pedra fundamental da nacionalidade emergente da Índia e serviu como recurso de importância-chave para os pensadores ocidentais centralizados no desenvolvimento. No Ocidente, representações desses reinos foram incluídas nos populares livros de Alice Bailey (cuja Escola Arcana — ou da Sabedoria Eterna — semeou grande parte do movimento Nova Era da atualidade) e nos escritos sobre o Quarto Caminho, de G. I. Gurdjieff e P. D. Ouspensky,* ainda seguidos por muitos como a Obra de Gurdjieff.

Naquele que talvez seja o *best-seller* espiritual de maior sucesso de todos os tempos, a *Autobiografia de um Iogue*, de Paramahansa Yogananda, o autor descreve, com detalhes, os reinos astrais e discute sua importância para as milenares visões da vida e da morte. Na era psicodélica, Timothy Leary e seus colegas Ralph Metzner e Richard Alpert guiaram adeptos das drogas psicodélicas por meio das dimensões do antigo *Livro Tibetano dos Mortos* em seu manual A *Experiência Psicodélica*. Além disso, poucos de nós poderiam se esquecer da era que abrangeu o fim da década de 1960 e a de 1970, com os *hits* de livraria escritos por Carlos Castañeda, narrando os relatos semifictícios de seus estudos com um xamã do norte do México, Don Juan.

---

* A Editora Pensamento editou alguns livros fundamentais desses autores, em especial: G. I. Gurdjieff, *Encontros com Homens Notáveis*, São Paulo, 1980 (fora de catálogo); P. D. Ouspensky, *O Quarto Caminho*, São Paulo, 1987 (fora de catálogo); P. D. Ouspensky, *Psicologia da Evolução Possível ao Homem*, São Paulo, 1981; e, principalmente, P. D. Ouspensky, *Fragmentos de um Ensinamento Desconhecido*, São Paulo, 1982. (N.T.)

Cenários modernos e modernos estudos acadêmicos

Mesmo que, pessoalmente, não façamos referência à noção de um mundo espiritual, ou mesmo que talvez consideremos a ideia de um mundo espiritual irrelevante ou "maluca" [wacko] (na linguagem do dr. James Watson, codescobridor do DNA), estamos circundados por um mundo firmemente enraizado nessas heranças. A fim de vermos a imponente variedade de narrativas que pertencem a esse patrimônio, basta examinarmos o uso da palavra "espírito" ao longo das muitas culturas.

Os idiomas do nosso planeta estão repletos de usos efêmeros, finamente matizados e multidimensionais da palavra "espírito", cada um deles cheio de complexos e múltiplos significados e alusões: Geist em alemão, l'esprit em francês, ruach (vento no sentido de espírito) em hebraico, gi (sopro no sentido de espírito) em chinês, e assim por diante. Geist em alemão é enigmático em seu significado. Traduzindo-o para o inglês, é comparado a palavras como mente, espírito ou fantasma, ou então usado em combinações de palavras como "espírito/mente" ou "espírito (mente)" com o propósito de expressar o complexo significado. Em francês, l'esprit é igualmente esquivo. Sempre combinado com outras palavras para fornecer nuanças de significado, a palavra esprit deriva da palavra latina para espírito. No lado mais obscuro, palavras para espírito nos deram nossas modernas gírias, como "bogey man" (assombração) ou "humbug", vindo de húm ou ium, que significa "sopro" nos idiomas germânicos e escandinavos, unido à palavra que nesses idiomas significa fantasma ou duende, bug.

Na vida cotidiana norte-americana, a palavra "espírito" está em toda parte e carrega múltiplos significados. Usamos, por exemplo, as expressões familiares "o espírito da época" (ou "o espírito do tempo", principalmente em sua grafia alemã, zeitgeist) e "o espírito da lei, e não a letra da lei". Nos esportes, usa-se a expressão de encorajamento "você tem o espírito, vamos ouvi-lo", e também falamos de um cavalo "animado" [spirited]. Depois, há o RSVP* de uso comum na vida cotidiana: "Estou preso nesta tarefa e não posso comparecer, mas estarei aí em espírito". Levando em consideração o fato de mais de 50%[57] dos cidadãos

---

* Sigla usada nos Estados Unidos, mas de origem francesa: "Répondez, S'il Vous Plaît", isto é, "Responda, por favor". (N.T.)

[57] Nos Estados Unidos, 83%, de acordo com o American Religious Identification Survey, 2008.

de todo o mundo participarem das religiões de sua cultura, esses conceitos do reino espiritual ainda permeiam a cultura moderna.

Explicações particularmente elaboradas dos reinos espirituais ocorrem no hinduísmo místico (vedanta, advaita vedanta), em muitas variedades de budismo místico, no cristianismo místico (gnosticismo e as escolas de mistério cristãs), no misticismo judaico (a cabala), no islamismo sufista e não sufista e no xamanismo dos povos indígenas modernos. Outras visões detalhadas ocorrem no estudo acadêmico da religião ou com adeptos de seitas menores: as escolas místicas gregas (hermetismo e neoplatonismo), as disciplinas esotéricas como o shaivismo da Caxemira, no norte da Índia, ou a escola mística dos drusos, no Oriente Próximo, a escolas especializadas de yoga (como as de Sant Mat e Surat Shabd), os ressurgentes seguidores dos rosacruzes e dos paracelsianos, a literatura da teosofia (Blavatsky,Leadbeater e outros) e da antroposofia (Rudolf Steiner) e contribuições mais atuais, como Eckankar (a escola da Luz e do Som de Deus) e as várias escolas ligadas aos Mestres Ascencionados do movimento Nova Era.

Se contássemos quantas pessoas participam, hoje, dessas visões, constataríamos que o número inclui cerca de seis sétimos da população mundial.[58] O fato é que essa influência, simplesmente, não pode ser ignorada pelo bilhão de pessoas restantes.

Integração de estudos esotéricos e místicos na corrente principal das academias do mundo

Uma lista em inglês dos principais recursos acadêmicos,[59] da Universidade do Sul da Flórida, identifica pouco menos de 400 compêndios ou manuais de estudos acadêmicos sobre misticismo, incluindo aqueles sobre os reinos espirituais. Um *Who's Who in Mysticism* [Quem é Quem no Misticismo], publicado por essa mesma universidade e abrangendo apenas os assuntos ocidentais de interesse antes do ano 1700, inclui cerca de 100 místicos ou escolas místicas e cerca de 40 manuais acadêmicos. A American Academy of Religion (cujo lema é "promover a excelência no estudo da religião") inclui um Grupo de Estudos Místicos e um

---

[58] adherents.com, 2011.

[59] Publicado pela Universidade do Sul da Flórida sob o título "Mysticism and Modernity" (http://pegasus.cc.ucf.edu/~janzb/mysticism/).

Grupo de Estudos Esotéricos Ocidentais e lista quase 150 grupos adicionais de origem acadêmica para seus estudos e atividades. O "The Academic Study of Sufism at American Universities" [Estudo Acadêmico do Sufismo nas Universidades Norte-Americanas], levantamento de estudos sobre o misticismo islâmico nos Estados Unidos, publicado pela Universidade Loyola, enumera quase 20 programas acadêmicos e 80 fontes de referência. No judaísmo, a associação denominada "Israel: Society, Culture and History" representa estudiosos em sete universidades, nos Estados Unidos, no Reino Unido e em Israel, e em 2010 dedicou um volume ao estudo do misticismo na literatura hebraica do século XX.

Este livro registra apenas algumas das atividades mais recentes em inglês. É provavelmente impossível estimar o número de estudos acadêmicos sobre noções místicas em todo o planeta e redigidos em outros idiomas. Quando o dr. Watson afirmou que qualquer pessoa hoje interessada em religião é provavelmente um "*wacko*" (maluco), ele simplesmente mostrou desconhecer as proporções do corpo dessa obra em todo o mundo.

Grandes mentes são necessárias para a visão de grandes figuras

Alguns dos mais famosos pesquisadores que deram importantes contribuições para a abordagem atual, mais evolutiva, dos milênios de experiências espirituais em todo o mundo muitas vezes recebem o rótulo de "polímatas", estudiosos que dominam várias áreas de especialização e compreensão. Vale a pena mencioná-los, pois precisamos desse tipo de mente para compreendermos a paisagem complexa do mundo de hoje. Eles constituem uma importante estirpe de estudiosos e diferem dos que propõem apenas um ou dois pontos de vista sectários.

A perspectiva de um polímata aceita com naturalidade múltiplas fontes de informações e múltiplas fontes de *feedback* e de análise. Juntamente com a volumosa obra de Ken Wilber sobre a história dos fenômenos espirituais, dois extraordinários exemplos históricos que influenciaram, em grande medida, a atual compreensão da narrativa espiritual milenar do nosso planeta são o polímata romeno/francês dr. Mircea Eliade e o dr. Michael Harner, dos Estados Unidos.

Eliade, que era fluente em cinco idiomas e podia ler em três outros, costuma ser creditado como o fundador do que é conhecido como escola Patternist de religião comparada. Essa abordagem centralizada no próprio mundo (world-centric) procura reconhecer padrões gerais e significados coletivos com base nas miríades de mitologias do planeta. Claude Lévi-Strauss, da França, muitas vezes apelidado de "pai da antropologia moderna", e Joseph Campbell, dos Estados Unidos, autor do influente livro sobre o mito do herói, O Herói de Mil Faces, também são mundialmente famosos por sua abordagem semelhante dessas histórias antigas.

Eliade e Harner também se destacam porque foram pouco influenciados por sua fidelidade à religião organizada. Ambos podem ser considerados pioneiros interespirituais. Eliade concretizou, com coragem, seu desejo de desconstruir os perigos comportamentais inerentes à religião organizada e seus dogmas, perigos que ele mesmo havia vivenciado em primeira mão quando, como romeno, teve de decidir a quem se alinhar na Segunda Guerra Mundial, podendo concordar apenas com o "menor dos males". Sua teoria mais famosa, a das "hierofanias", explica como a experiência religiosa está diretamente relacionada a comportamentos e estruturas sociais que impulsionam, de modo inevitável, a história em direção a resultados mais ou menos éticos. Ele enfatizou que a natureza da narrativa religiosa e da atividade religiosa cria estruturas que servem efetivamente para desmontar o potencial ético da nossa espécie.

As visões de Harner, decorrentes de seus estudos sobre as antigas experiências religiosas e o xamanismo moderno, fazem paralelo a essa sensibilidade. Ele também nos advertiu de que o fato de ignorarmos a herança da sabedoria coletiva de nossos mitos antigos e de nossa prática espiritual só poderia resultar em perigo para nós mesmos. Wilber foi ainda mais direto, ao chamar a difamação ou a negação dessa herança coletiva de "o padrão ouro da ignorância".

No que as pessoas de fato acreditam a respeito do mundo espiritual

A natureza de uma discussão sobre o mundo espiritual quando as pessoas envolvidas estão familiarizadas com noções antigas ou esotéricas sobre os reinos espirituais é diferente da discussão ocorrida quando elas apenas foram expostas à narrativa de céu versus inferno. Se as nações islâmicas e hinduístas são omitidas, os Estados Unidos ocupam a posição número três no ranking da crença no céu (87,5%), em uma lista liderada apenas pelas Filipinas (96,5%) e pela África do Sul (90,7%).[60] A Irlanda e o Canadá também ocupam classificação elevada (80%). Cerca de dez países — incluindo o Japão e a Coreia, países da Australásia e da América Latina e países da Europa, como a Itália — encontram-se na faixa que vai de 60% a 70%. Vários dos principais paises da União Europeia têm números mais baixos, na faixa de 30% a 50%, como o Reino Unido, com 55%. Os números mais baixos (de 10% a 20%) vêm de nações do Leste Europeu e escandinavas. Quanto às nações islâmicas e hinduístas, várias delas se aproximam de 100%, como a Arábia Saudita, o Egito, a Indonésia e Bangladesh. A Índia hinduísta chega a 72%.

Questões específicas sobre o Inferno levam a uma resposta diferente. Enquanto nas nações islâmicas e hinduístas um número aproximadamente igual de pessoas acredita tanto no Inferno como no céu, no Ocidente os números caem de modo drástico. Em toda a Europa e nas nações da Australásia, de 20% a 30% menos pessoas acreditam no Inferno do que no céu, o que inclui quase todos os principais países da União Europeia. Nos Estados Unidos, o número é 13% menor. Curiosamente, cinco países têm mais pessoas que acreditam no Inferno do que no céu — interprete isso como quiser. Esses países são México, Grécia, Alemanha, Islândia e Itália (a diferença é de cerca de 10% a mais).

Se 30% a mais de pessoas na Europa e em nações da Australásia acreditam mais no céu do que no Inferno, o que isso significa em relação à sua visão do reino espiritual? Em outros levantamentos, 87,5% dos norte-americanos acreditam no céu, e apenas de 34% a 56% acreditam em espíritos. Então, quem habita o céu? De acordo com uma pesquisa de opinião realizada pela Fox News, 92% dos norte-americanos acreditam em Deus, ao passo que apenas 71% acreditam no diabo (os números do diabo subiram 10% nos últimos anos). Os jovens são mais propensos a acreditar tanto no céu como no Inferno, em Deus e no diabo; as mulheres costumam acreditar 10% mais do que os homens em ambos os casos, e os republicanos de 10% a 20% mais do que os democratas.[61]

No que se refere aos habitantes dos reinos astrais, as pessoas de crença religiosa incluem Deus (92%), anjos (78%), o diabo (71%) e outros tipos de espírito

---

[60] O levantamento World Values Survey, 2007.
[61] Opinion Dynamics Corp., 2003.

(34%).[62] A crença em espíritos celestiais subiu para 78%, ou até mesmo para 85%, dependendo da maneira como a pergunta foi formulada.[63]

Um estudo realizado pelo Pew, em 2008, indicou que 74% dos cristãos norte-americanos acreditam que o céu é o lugar para o qual as almas boas vão após a morte, com apenas 64% acreditando no Inferno como o destino das almas más. Muitos acreditam que o céu interage com os assuntos da Terra, 75% estão convencidos de que Deus intervém na vida cotidiana e 34% que Deus ou outros mediadores respondem às suas preces. Para judeus e hinduístas, os números são semelhantes, embora, em cada caso, cerca de 10% menos que os relatados pelos cristãos.

Uma pesquisa de opinião semelhante realizada pelo *Christian Post*, em 2009, indicou que 78% das pessoas entrevistadas acreditam que as almas emigram para o céu ou o Inferno após a morte, enquanto a pesquisa de opinião Harris de 2003 coloca essa porcentagem em 84%. A Gallup[64] também revelou que de 21% a 38% acreditam em comunicação interativa com os espíritos dos mortos, de 9% a 15% em canalização de entidades espirituais, 41% em demônios e em possessão demoníaca, e 25% na reencarnação de espíritos (em 2003, a Harris obteve 40% para esse item). Um estudo surpreendente realizado em 2006 pela Universidade de Monash, na Austrália, indicou que 70% dos entrevistados haviam dito que sua vida tinha sido influenciada pela intervenção de outros reinos espirituais. Talvez refletindo nossas antigas raízes xamânicas, um levantamento realizado para empresas de casacos de pele[65] nos revelou que 32% dos entrevistados acreditavam em espíritos animais no mundo espiritual, enquanto uma pesquisa de opinião de 2011, realizada pela ABC News, indicou que 47% dos donos de animais acreditavam que seus bichos de estimação vão para o céu.

Estatísticas semelhantes indicam a força que a influência da lente mágico--mítica continua a exercer. Um estudo realizado em 2001, pela National Science Foundation dos Estados Unidos, constatou que 32% dos norte-americanos e 46% dos europeus acreditam que números da sorte influenciam a realidade. No

---

[62] Fox News, 2004.
[63] ABC News, 2005.
[64] 2001, 2005.
[65] FoxyCreations, 2011.

lado mais humorístico do paradigma mágico-mítico, uma pesquisa de opinião realizada pela CBS, em 2011, indicou que, em todos os grupos étnicos e filiações religiosas, 43% dos entrevistados acreditam que os reinos espirituais ajudam os atletas a ganhar jogos, em especial quando os atletas são "crentes". Essa porcentagem varia de 59% a 80% entre algumas filiações religiosas e alguns grupos étnicos. Embora a ideia convencional de Deus atribua a "Ele" o poder de assistir a todos os jogos de uma só vez, seria interessante saber como os favoritos são escolhidos! O paradigma mágico-mítico ainda é forte até mesmo em pessoas supostamente não religiosas, como uma pesquisa de opinião Harris, de 2003, indicou ao descobrir que 27% das pessoas que afirmam não serem cristãs ainda assim afirmam crer na Imaculada Concepção e na ressurreição.

Quem vai para o céu de quem ou para o Inferno de quem?

Para os que acreditam na visão simplificada, popular, dos reinos espirituais, restringindo-os apenas ao céu e ao Inferno, surgem mais perguntas interessantes. Quem vai para o céu de quem e para o Inferno de quem? Essa pode parecer uma pergunta bem-humorada à primeira vista, mas torna-se assunto sério no contexto dos casamentos que cruzam tradições religiosas e em situações da vida cotidiana nas quais os adeptos de diferentes religiões são amigos preocupados com os destinos uns dos outros. Entre os cristãos, apenas os grupos sectários mais rígidos, que abrangem 21% deles, acreditam que apenas seus seguidores irão para o céu.[66] Entre as denominações cujos membros representam, demograficamente, largas seções transversais, o número de pessoas que acreditam nessas exclusões varia de apenas 50% a, no mínimo, 40%.[67] No entanto, a importância da "crença correta" ainda é forte, e 30% acreditam que a vida eterna depende da crença e 29% que ela depende do comportamento.[68]

Uma pesquisa de opinião realizada pela Century Landscape, em 2007, indica que mais de 70% dos cristãos consideram a possibilidade de os não cristãos poderem ir ao céu. Sabendo disso, um proeminente mestre budista, o Venerável

---

[66] Pew, 2008.
[67] ABC News, 2005; Pew, 2008.
[68] Pew, 2007.

Thích Tâm Thiên, brincou e disse supor, então, que um budista razoavelmente bom poderia ir para o céu, enquanto um budista de fato bom iria para o Nirvana.

As principais religiões diferem em sua visão sobre esses "o quê", "onde" e "quem" celestiais, mas grande parte da diferença resulta da simplificação excessiva da discussão. O site beliefnet.com fornece um resumo útil do que as principais religiões ensinam sobre a vida após a morte. O levantamento inclui o que o cristianismo (dividido em catolicismo e protestantismo), o judaísmo, o islamismo, o hinduísmo e o budismo acreditam a respeito do reino espiritual. Em geral, as religiões ocidentais ensinam a dicotomia do céu e do Inferno, enquanto apenas algumas de suas tradições místicas consideram a reencarnação. Tanto o hinduísmo como o budismo enfatizam a realização espiritual nesta vida, o retorno das almas reencarnadas e os reinos espirituais planejados para lidar com o tráfego desse vaivém celestial.

Melhor do que o céu e o Inferno

Os ensinamentos místicos milenarmente mais profundos de todas as religiões do mundo são muito mais complexos do que a mera noção de céu e Inferno, e é aqui que reside a verdadeira recompensa da sabedoria quando se trata da humanidade moderna. Com seis sétimos da população mundial acreditando em alguma forma do paradigma mágico-mítico, é muito improvável que o caminho a ser seguido consista em descartá-lo. Em vez disso, será preciso uma integração maior dessas compreensões com as da ciência moderna e da psicologia.

Precisamos diferenciar, nessas crenças, o conteúdo que é negativo para o planeta — como as reivindicações exclusivas de que apenas uma ou outra dessas visões está correta — do conteúdo que é positivo para o planeta. Isso envolve identificar a *sabedoria* verdadeira existente nesses antigos ensinamentos com relação ao que eles têm a nos dizer sobre o modo como vivemos a vida e enfrentamos a morte. Precisamos recolher aos poucos, dessas antigas narrativas, percepções iluminadoras que poderão nos levar a novos conjuntos de habilidades para a nossa espécie.

Em âmbito planetário, precisamos de conjuntos de habilidades que nos proporcionem um domínio mais profundo de nossas vidas — sensibilidade aos valores, qualidades, trabalhos significativos, cultivos do lazer, cuidados com o meio ambiente e cultivo de um multiculturalismo saudável. Também precisamos de habilidade para compreender os reinos sutis da realidade. São esses os elementos que o Irmão Teasdale identificou no reino do coração. Imaginar uma cidadania planetária com um confiante sentido não só de sua identidade coletiva, mas também de seu papel no cosmos é uma visão poderosa.

15

Os reinos espirituais na experiência cotidiana

"Em alguma noite encantada, você poderá ver
uma estranha em um salão cheio de gente."

— Rogers e Hammerstein

FORNECER UMA COMPREENSÃO *EXPERIMENTAL* DO MUNDO espiritual, uma compreensão que, de fato, faça sentido, pode lhe ser útil.

Talvez a melhor maneira de compreender como o mundo espiritual pode funcionar consista em voltar a atenção para a experiência que você tem de sua mente. A fim de pesquisar dentro dela, você inventa ou se lembra de um velho acontecimento, sentimento ou emoção, o qual entrará em cena como se pipocasse em sua consciência. Às vezes, você precisa procurar um pouco por esse evento, sentimento ou emoção. Inicialmente, o que sua consciência pode receber são vislumbres, que você talvez consiga intensificar por meio de concentração, relaxamento ou hipnose. Às vezes, o material desponta na consciência sem que você realize uma procura verdadeira. Muitas vezes, todo um *arranjo* de fenômenos pipoca de uma vez.

Ao ter acesso à sua própria mente, você parece investigar *internamente*, e ao ter acesso ao restante da realidade você parece investigar *externamente*. Ou seja, você parece investigar no reino maior que o cerca, além dos limites de seu próprio corpo. Então, de maneira experimental, "penetramos até alcançar [algo]" [*reach into*] em nossa própria mente e "nos estendemos até alcançar [algo]" [*reach out*] no domínio mais amplo do mundo espiritual. Mas o processo é praticamente o mesmo.

De um ponto de vista experimental, também parece que a informação é armazenada na matriz mais ampla ao nosso redor, de maneira muito parecida com aquela pela qual nós a armazenamos em nossa mente. Dê uma olhada "dentro" de sua mente e, em seguida, olhe do "lado de fora". Ambas não estão ocorrendo em seu cérebro? É por isso que tantas tradições milenares de sabedoria referem-se a todo o fenômeno, interior e exterior, como "sonho". Elas reconhecem que o funcionamento do mundo mental do nosso cérebro nos estados de vigília e de sonho é paralelo ao do mundo espiritual maior que nos circunda. Chegar a uma explicação científica desse fenômeno será uma das tarefas da futura Era Integrativa e Interespiritual.

Os níveis de experiência que temos a cada dia

Além de nossa experiência física do mundo, a maioria dos atuais ensinamentos espirituais e de autoajuda fala de "reinos sutis". Esses reinos incluem pensamentos, sentimentos e emoções, além de reflexão, introspecção e intuição. Em um nível mais profundo, as tradições espirituais se referem a experiências espirituais, místicas e paranormais.

As tradições também levam em consideração as interações desses níveis e falam de um "domínio causal" ou "nexo causal" no ponto em que os mundos da forma e do sem forma parecem trabalhar em conjunto, fazendo com que as coisas aconteçam. Uma experiência com esse nível de sinergia pode ser tão simples como decidir que refeição escolher em um menu de um restaurante, ao ponderar sobre um arranjo de critérios internos e externos. Também pode envolver experiências de "pico" ou que "mudam a vida", e que são muito mais pungentes. Todos nós experimentamos eventos nos quais combinações de circunstâncias influenciam toda a nossa constituição, levando-nos a realizar mudanças repentinas, como encontrar o próprio cônjuge e apaixonar-se por ele. Mudar de vida após chegar ao "fundo do poço" é outro exemplo clássico desse fenômeno.

Toda uma variedade de expressões é usada para descrever o que as pessoas vivenciam. Por exemplo, com frequência se menciona que esses fenômenos ocorrem em nossa consciência. Ou então as pessoas podem se referir a eles como fatos que ocorrem em um "campo" de experiência. O espectro desses níveis de experiência cotidiana é bem conhecido por nós, pois abrange nossa experiência de adormecer, quando nos movemos da percepção desperta para o mundo do sono leve e, em seguida, para o mundo dos sonhos e, finalmente, para o sono profundo, em que os sonhos cessam e não há nenhum sentido de identidade. Esse movimento que nos dirige dos domínios físicos óbvios para os domínios sutis mais profundos é algo que fazemos todos os dias.

Em alguma noite encantada

Estes três níveis — físico, sutil e causal — ressoam vindos da canção "Some Enchanted Evening", popularizada pelo musical *South Pacific*, de Rogers e Hammerstein. A letra diz que, em uma noite encantada, você pode ver alguém em um salão lotado de pessoas (o reino físico) e, de alguma maneira, você saberá (o reino sutil) que, em algum lugar, você verá essa pessoa muitas outras vezes (o reino causal).

Nós não apenas compreendemos a mensagem dessa canção, mas também sentimos a interação entre os domínios, o que é uma parte da beleza e, muitas vezes, nos faz derramar lágrimas. Uma canção como essa, sobre o romance e o mundo do coração, pode ser chamada de "mágica", razão pela qual ela é, ao mesmo tempo, pessoal e dotada de um profundo apelo universal. Não é de admirar que tenha vendido milhões de cópias.

Sem dúvida, todos nós nos lembramos de eventos sagrados pungentes em nossa vida, como quando conhecemos um amante ou dissemos adeus a um ente querido no momento da morte. Quando os que não são religiosos se lembram desses momentos, tocam no mesmo terreno que as pessoas religiosas. A maior parte de nós vai ao cinema, lê livros, dança ou observa pessoas dançando, ouve música ou faz arte de todos os tipos, a fim de tocar nesses momentos que todos consideramos preciosos. Não importa se somos religiosos ou não, a palavra "sagrado" não soa fora de lugar quando ligada a esses momentos de experiência comum.

Uma visão coletiva

Todas as tradições religiosas ensinam que há um campo de consciência coletiva, da qual todos compartilhamos e que engloba os domínios terreno e espiritual. O físico Roger Penrose apropriadamente chama esse campo coletivo mais amplo de "*plenum* quântico" (como em uma sessão plenária em uma conferência na qual todos os participantes se reúnem), contrastando-o com o mundo de um fenômeno individual. Esse campo coletivo hospeda a interação do que é cosmicamente maior com o que é cosmicamente menor — de fato, um grande palco.

Há interação que envolve comunicação sob a forma de penetrar até alcançar [*reaching in*] e nos estender até alcançar [*reaching out*] e, supostamente, ir e vir.

As razões pelas quais os seres humanos acreditam nessa consciência coletiva mais ampla variam. Às vezes, a crença deles deriva das crenças religiosas que lhes foram ensinadas desde a infância. Outras vezes, sua crença está arraigada em uma tradição para a qual se sentiram atraídos e a qual adotaram mais tarde na vida. É importante prestar atenção aos milhares de casos, literalmente falando, de pessoas que no início duvidavam da existência do reino espiritual, ou do chamado "paranormal", e que passaram a levar a sério esses assuntos depois que tiveram experiências pessoais que lhes comprovaram sua realidade. De particular interesse são pessoas que, sendo cientistas "oficiais", pertencentes à chamada corrente principal da ciência, mudaram suas visões de mundo puramente materialistas para visões de mundo mais holísticas ou integrativas por causa de experiências pessoais. Muitas vezes, essas não são apenas experiências isoladas, que poderiam ser descartadas, mas séries de experiências que acabam captando a atenção desses cientistas.

Duas experiências são particularmente comuns. A primeira requer muitas experiências, em geral diversificadas, as quais indicam para o sujeito o fato de a consciência envolver um campo coletivo compartilhado. O segundo tipo de experiência é considerado verificável do ponto de vista científico, embora provavelmente ela não seja repetível. Com frequência, esse segundo tipo de experiência envolve a telepatia e a visão remota (transmissão inexplicável de pensamentos, imagens ou informações, cuja veracidade, a seguir, é confirmada) ou clarividência (ver algo acontecendo no futuro e, mais tarde, constatar que esse fato realmente veio a acontecer). Menos comuns são as experiências de comunicação com pessoas falecidas (por voz ou imagem, ou ambos), enquanto se está acordado, e experiências de quase morte. Em todos os casos, uma vez que esses indivíduos eram cientistas treinados, eles ficaram perplexos. Costuma--se declarar que o resultado cumulativo dessas experiências "precisa levar em consideração, em minha visão da realidade, aquilo que eu não poderia duvidar que vivenciei". Nesses casos, torna-se difícil para essas pessoas descartar essas experiências.

Um dos exemplos notáveis de um materialista altamente instruído e que mudou sua visão é a experiência de quase morte relatada pelo dr. John Wren Lewis, britânico, neozelandês de nascimento, cientista-psicólogo pertencente à ciência "oficial", cuja história é relatada na Wikipedia e na revista *What Is Enlightenment*, entre outras fontes, muitas delas acadêmicas.* Na década de 1970, Lewis era presidente da British Association for Humanistic Psychology. Um cético sincero nos assuntos ligados a espiritualidade, reinos espirituais e fenômenos não normais, ele vivenciou uma mudança dramática depois de passar por uma experiência de quase morte, em 1983. Lewis relatou que, seguindo-se a esse evento, ele, em uma sucessão coerente, vivenciou os tipos de estado de consciência e de reinos espirituais a que a literatura das Grandes Tradições de Sabedoria se referem, e contra as quais ele falava abertamente em anos anteriores, experiências que o levaram a se convencer de que o campo da consciência compartilhada não é uma questão de espiritualidade, mas de realidade.

Desde essa época, Lewis escreveu artigos acadêmicos, de alguns dos quais foi coautor, e também escreveu um livro com a proeminente psicóloga de sonhos Ann Faraday. Lewis — e também outros autores, como o psicólogo dr. Imants Barušs, os quais escreveram sobre as implicações dos relatos de Lewis — sugere que suas experiências apontam não apenas para os relatos tradicionais das Grandes Tradições de Sabedoria, mas também para as realidades do campo quântico, como a noção de ordem implicada de David Bohm e Basil Hiley.

O próprio Barušs, associado à Kings University College, no Canadá, é autor de vários livros importantes, nos quais estende uma ponte entre ciência e

---

* O extraordinário relato de John Wren Lewis, "The Dazzling Dark, A Near-Death Experience Opens the Door to a Permanent Transformation", pequeno, mas extremamente instrutivo e estimulante, está acessível no site nondualitity.com. (N.T.)

espiritualidade. Assim como o Irmão Teasdale, ele sugeriu que, para os próprios cientistas, vivenciar episódios convincentes envolvendo esses domínios é, provavelmente, a maneira mais eficaz de acelerar uma abordagem investigativa mais holística.

Um exemplo proeminente entre os cientistas estudiosos desses fenômenos é resumido no trabalho do dr. Dean Radin, que se tornou cientista sênior no Institute for Noetic Sciences, da Califórnia, em 2001, na esteira de uma prolífica carreira em instituições científicas convencionais. Em uma enorme gama de publicações populares e acadêmicas, Radin tem defendido a adoção de uma mente mais aberta entre os cientistas materialistas em relação aos fenômenos sutis.

Ceticismo honesto de ambos os lados

Para proceder a tal investigação, há um amplo espectro de resistência a contextos mais holísticos. Essa resistência é intensa sobretudo naquela que veio a ser chamada de "comunidade dos céticos". Muitos desses céticos situam-se em algum lugar entre o ceticismo efetivo diante do paranormal e afirmações estridentes de que esses fenômenos simplesmente não podem ser verdadeiros.

É preciso dizer que, ao investigar alegações do paranormal, essa comunidade presta um grande serviço ao expor a fraude e insistir nos mais elevados padrões de rigor científico. Resultado disso tem sido uma literatura útil na psicologia e na psiquiatria, que documenta como experiências de primeira mão ou relatos de testemunhas oculares podem ser efetivamente enganadores na descrição de fenômenos, em especial aqueles vindos de experiências subjetivas. No entanto, alguns grupos de "ridicularização" nem sempre são honestos. O dr. Dean Radin, entre outros, documentou declarações completamente falsas sobre sua obra nesses grupos.

Há várias piadas populares que revelam o espectro desse debate. Uma delas sustenta que, embora todos devam ter uma mente aberta, ela não deve ser aberta a ponto de o cérebro cair para fora. Outra ridiculariza a tendência do cético comprometido em descartar por completo todas as experiências não convencionais, o que eles podem fazer tanto por causa de seu treinamento acadêmico como, talvez, por razões psicológicas profundamente arraigadas. Na seguinte piada, em uma convenção de céticos, um cético saúda outro com as palavras: "Eu não acredito que estamos nos encontrando", apenas para receber esta resposta: "Eu não acredito que você não acredite que não estamos nos encontrando".

Na prática, cientistas como James Watson e o cientista britânico Richard Dawkins entram na discussão com noções preconcebidas sobre o que pode ou não ser verdadeiro. Em geral, essas noções são baseadas na pressuposição científica de que a espiritualidade, na moderna discussão sobre o tema, é a mesma superstição pré-racional da humanidade primitiva e, portanto, é irrelevante. O bizarro nesse ponto de vista é que ele é estranhamente não evolucionista! Felizmente, a maioria das pessoas está apenas pedindo por alguma receptividade, alguma compreensão e uma investigação imparcial desses fenômenos.

Se o mundo espiritual é real, então como ele é estruturado?

Uma vez fornecidas todas as metáforas utilizadas nesta discussão, o problema da "estrutura" pode parecer totalmente fora de lugar. Mas estamos supondo que você sabe o que queremos dizer com isso.

A pergunta contém os mesmos paradoxos encontrados quando indagamos como nossa mente é estruturada. Perguntas como essas carregam todos os enigmas sobre como poderia funcionar um campo quântico ou o mundo vibratório estruturado em camadas, camada sobre camada, previsto pela teoria das cordas. A teoria M, desenvolvida com base na teoria das cordas, também prevê um multiverso construído com base em onze dimensões, com universos que poderiam estar próximos a nós, inclusive no aposento em que você está lendo este livro. Usualmente, esses universos não se tocariam, por causa da maneira como as cordas são presas. A ciência está apenas no estágio inicial de entender como esse multiverso poderia funcionar.

Quer estejamos falando de elevação e precipitação [isto é, de superposição (e conservação de um estado de coerência) e colapso] das ondas em um campo quântico, as quais são vivenciadas, graças à interferência de um observador, como objetos [isto é, como colapsos em partículas], ou então se mantêm como ondas, na ausência de uma observação que provoque o seu colapso. Falando de assuntos místicos, estamos outra vez tocando naquilo a que nos referimos como a "realidade não dualista", significando "não duas". Todos compreendem, até certo grau, o que é esse "estado de não dois" ["not-twoness"], como é ilustrado pelo senso comum que todos parecemos ter do símbolo do yin-yang, em que, ao ocorrer a "fiação" entre o branco do yang e o preto do yin, obtemos o mundo dinâmico interativo do cinzento. Você se lembra de quando tentava, nos seus dias de criança, dar uma explicação para se livrar de algo que não era exatamente sua culpa? Você encontrava boas razões para mostrar que não se tratava de algo preto ou branco e, para isso, refugiava-se no cinzento. Isso também acontece em argumentos sobre a "natureza" (*nature*) ou a "educação" (*nurture*). Nascemos com certas características, ou elas se desenvolvem ao longo do tempo? Tendemos a concordar que cada uma delas contribui com um pouco.

No que se refere a um mundo espiritual, sugerimos uma simultaneidade do ser, na qual as coisas são, ao mesmo tempo, uma multiplicidade e uma unidade. Isso é semelhante ao fato de a luz poder ser compreendida como onda e como partícula. Preto e branco, yin e yang, ondas e partículas, "ainda o amo, mas também quero o divórcio", unicidade e multiplicidade — estamos familiarizados com todos essas palavras.

Essas estruturas são reais ou apenas efeito de nossa lente?

Ao fornecermos relatos sobre esses níveis, planos, domínios, reinos — ou como quer que você queira chamá-los — do mundo espiritual, reconhecemos que eles são estruturas reais ou se trata apenas de nossa maneira de olhar para eles?

Quando um filme é projetado em uma tela, a lente pode alterar a imagem de maneira drástica. Dependendo do equipamento utilizado, podemos ter projeções que vão da convencional à grande abertura angular ou à produzida pela lente olho de peixe. Também podemos mostrar maior ou menor resolução e criar uma imagem com granulações ou pixels completamente espalhados, de modo a torná-la irreconhecível. De maneira semelhante, pode ser que, ao descrever fenômenos complexos, as limitações da linguagem nos levem a pensar que estamos experimentando coisas que se encontram "lá fora" ou experimentando coisas que são resultado de nossa própria lente. Quando pensamos que vemos um carro descendo a rua, sabemos que realmente o estamos vendo em nosso próprio cérebro.

Os domínios do espírito seriam objetivos, de modo que as experiências pessoais estejam, de fato, ocorrendo "lá fora", de tal maneira que todos os que as vivenciam concordem a seu respeito? Ou será que aquilo que é relatado varia tanto justamente porque cada lembrança foi evocada pela consciência individual de um vivenciador?

Há nisso um importante elemento místico, pois também precisamos reconhecer que, em ambos os cenários, se um vivenciador fosse completamente uno com um evento, não haveria vivenciador nem experiência — como é relatado nas Grandes Tradições de Sabedoria. De maneira semelhante, a física moderna fala de uma singularidade indiferenciada que vigoraria antes do Big Bang.

A sugestão segundo a qual uma boa maneira de compreender como os domínios do espírito funcionam é nos referirmos à nossa própria experiência cotidiana de fenômenos que, por um lado, surgem (e se erguem), e por outro lado se depositam em nossa própria mente, por certo, resolve o problema de quem vai para o céu de quem ou para o Inferno de quem. As almas vindas das diferentes tradições do mundo iriam para onde elas pensam que vão, assim como fazemos em nossos próprios sonhos ou devaneios. Nessa visão, o reino espiritual seria semelhante às formas-pensamento, que vão e vêm em nossos sonhos. Essa solução é captada na piada sobre a religião cujos seguidores acreditam que são os únicos a irem para o céu. Poderíamos contar essa piada a respeito de todas essas religiões!

Narrativas sobre corpos espirituais, astrais e sutis não estão indo embora

Para ver uma figuração de corpos espirituais, corpos astrais, auras, e assim por diante, tudo o que você precisa fazer é assistir a um filme de Hollywood. Para o bem do próprio filme, esses fenômenos foram retratados de maneira objetiva e podem variar desde efeitos especiais que criam um "corpo de luz" até alguém embrulhado em papel de alumínio. Com o uso de música e de outras técnicas, a indústria cinematográfica tem até mesmo maneiras de retratar vibrações vindas desse corpo, como quando uma pessoa está descendo por uma rua, à noite, e decide caminhar passando ao lado de alguém ou se desviar e ir por outro caminho.

Em quase todos os ensinamentos esotéricos, místicos ou ocultos, há o reconhecimento de uma "alma" ou "espírito" — algum tipo de corpo nos reinos sutis —, subjacente ao corpo físico. Em muitas tradições, esse corpo continua, ingressando em domínios espirituais depois da morte do corpo físico. Todas as tradições xamânicas dos povos indígenas compreendem isso, e, com frequência, caracterizam esse corpo espiritual por meio de metáforas relacionadas à natureza. Como vimos, palavras derivadas de antigos termos para sopro ou vento são as mais comuns. Tanto o mundo do espírito como suas ações são retratadas de maneira semelhante em símbolos da natureza: sol e lua, rios e oceanos, e mesmo o fogo. Caracterizado como a matéria primordial imutável, que cada um de nós *é*, o espírito, ou a alma, é considerado o alicerce do sagrado e quase todas as religiões do mundo se referem a ele como tal. Pense no "corpo mais sagrado" do islamismo, na "natureza imortal" do cristianismo místico, no "corpo de diamante" e no "corpo de luz" do taoismo e do budismo e no "alicerce da felicidade inerente" em muitas tradições hinduístas yogues.

Quase todas as visões dos reinos espirituais que os consideram interativos baseiam-se nessas noções de incontáveis espíritos ou almas. É com essa alma ou corpo espiritual que o xamã ou médium se comunica, e há uma enorme literatura sobre o trabalho nos reinos espirituais, repleta de relatos fantásticos de viagens astrais e de acontecimentos celestiais. São relatos de adeptos individuais, que vêm das muitas tradições espirituais do mundo, com frequência refletindo e colocando em paralelo as sagas mais amplas dessas pessoas e incluindo descrições dos deuses e das entidades espirituais de seus textos sagrados.

Não se trata apenas de narrativas de almas individuais e de suas façanhas, pois elas também retratam as ideias de cada tradição sagrada sobre o corpo humano sutil, sua estrutura e suas energias. Algumas das mais bem conhecidas dessas ideias são as descrições do corpo energético, com seus centros e meridianos associados às antigas artes de cura da acupuntura e do ritual das pedras quentes. Antropologistas propõem atualmente que modalidades relacionadas à acupuntura e que usam pedras ou agulhas podem remontar à Era do Gelo, muito antes dos desenhos e das versões posteriores dos centros e meridianos que vieram à tona quando o mundo ingressou na época do Rei Deus. Surgiram relatos de 5 mil anos atrás nas artes da cura ayurvédica, na Índia, e de 4 mil anos atrás, na Dinastia Shang, da China. Junto a um homem das montanhas congelado e datando, segundo o carbono 14, de aproximadamente 10 mil anos atrás, o início da última Era do Gelo, descobriu-se uma mochila com as pedras especiais que refletiam essa arte antiga. A acupuntura de hoje é usada como uma modalidade médica legal praticamente em todos os psíses do mundo e, com frequência, no contexto das religiões do mundo.

Descrições do corpo espiritual

Se considerarmos as escolas esotéricas e de mistério, reconheceremos que detalhes do corpo humano sutil, espiritual ou energético foram e são descritos por quase todas as tradições espirituais. Às vezes, essas descrições são tão complexas e meticulosas quanto descrições médicas dos sistemas sensoriais do corpo físico. O movimento Nova Era tornou a noção de centros de energia, ou "chakras", conhecida de milhões de pessoas no mundo todo. A palavra "chakra" veio do sânscrito e está associada às antigas doutrinas do hinduísmo e do budismo. A ideia também era conhecida na noção grega de "*loci* [locais] de energia".

Além da acupuntura, a popularidade desses conceitos tem ligado a ideia de centros de energia no corpo a várias outras atividades modernas, como o reiki e outras formas de cura por imposição das mãos, aromaterapia, sons e terapias por meio da cor e da luz. Como a acupuntura, o reiki encontrou um lugar no *establishment* médico. Significando "atmosfera misteriosa" em japonês, ele foi desenvolvido, no início do século XX, por um místico budista que o extraiu das antigas noções de chakras e meridianos. O reiki supõe a existência do espírito ou do corpo sutil e a noção segundo a qual as energias podem ser transferidas de um corpo para outro. A Igreja Católica é um dos poucos ramos religiosos principais a sugerir que o reiki é impróprio para seus membros.

A ideia do corpo espiritual, sutil, energético ou astral também foi uma matéria-prima dos ensinamentos da imensamente popular Sociedade Teosófica, dos movimentos espiritualistas e espíritas dos séculos XVIII e XIX. As pessoas eram atraídas para esses ensinamentos porque, graças a eles, grande parte do que elas vivenciavam na vida cotidiana como intuição, instinto e o proverbial "pressentimento", parecia fazer sentido. Essas experiências levaram ao amplo uso que fazemos hoje da expressão "sexto sentido".

O corpo espiritual no Oriente e no Ocidente

Nas tradições orientais, o corpo sutil costuma ser concebido como um certo número de invólucros, camadas, revestimentos, blindagens ou níveis de energia etéricos. Eessas tradições enfatizam o uso desses níveis de energia, ou revestimentos, na obra do amor e do serviço incondicionais, manifestando assim as características que tipificam a natureza divina nessas tradições.

Esse conceito apresenta paralelismos na moderna compreensão esotérica ocidental, principalmente porque pioneiros nessas tradições tiram suas sínteses de fontes orientais ou porque, como acontecia com algumas das antigas escolas de mistério gregas, elas, de modo independente, derivaram maneiras de compreender muito semelhantes às do Oriente. A era dos Reis Deuses, na qual se originaram tantos desses ensinamentos, estava localizada em torno de um eixo no Oriente Médio. Alguns dos grandes reinos dessa época — Egito, Pérsia, Assíria, Mesopotâmia, Judeia, Índia — estavam situados longe do epicentro do Oriente Médio. Arqueologistas agora reconhecem rotas comerciais que saíam desse epicentro rumo a leste, à China e a Java, e a oeste, à região mediterrânea, em uma época muito remota, entre 800 a.C. e 500 a.C.

Essas confluências geográficas compartilhadas respondem, em muitos sentidos, pela noção comum de espírito com a qual a maior parte da população do planeta — 7 bilhões de pessoas — está familiarizada — a ideia de que o espírito é uma espécie de duplo etérico do corpo físico. Em diferentes idiomas, isso é chamado por vários nomes, que vão de alma, espírito, fantasma, corpo astral, corpo etérico e corpo energético ao corpo bioplasmático dos teosofistas. Em comparação com o corpo físico perecível, a independência, a vida separada e a imortalidade suprema desse duplo eram também de compreensão comum. Ele era o *vardoger* ou *etiainin* da Escandinávia (que significa "o primeiro que vem") e o *ka* (o duplo espiritual que retinha todas as memórias da vida do corpo físico) do Egito.

A palavra alemã para o duplo espiritual — *doppelgänger* — tomou adquiriu uma importância particular com base nos estudos científicos das "experiências fora do corpo". Usado em vários idiomas por renomados escritores, que vão de Johann Wolfgang von Goethe, na Alemanha, a Fiódor Dostoiévski, na Rússia, e a Charles Dickens, na Inglaterra, tornou-se um termo-padrão no jornalismo, com um número atordoante de pessoas famosas relatando suas experiências. Elas incluíam Abraham Lincoln e os lendários escritores John Donne, Percy Bysshe Shelley e o próprio Goethe. A expressão também foi adotada pela profissão médica para estudos sobre os efeitos de se estimular o cérebro com eletromagnetismo. Um estudo proeminente sobre a indução científica do fenômeno do *doppelgänger* em hospitais suíços foi publicado no prestigioso periódico científico *Nature*, em 2005. Causa pouca surpresa o fato de esse fenômeno também encontrar caminho na mídia popular em personagens como O Homem Invisível, O Incrível Hulk e o Homem Aranha.

Uma irrupção particularmente moderna de interesse pelo duplo espiritual surgiu com o tremendo impacto causado pela descoberta da fotografia Kirlian, na década de 1970. Usando ideias desbravadoras apresentadas na década de 1930 pelo inventor eletricista russo Semyon Kirlian, correntes elétricas eram aplicadas a objetos em uma chapa fotográfica, processo que criava misteriosas imagens, semelhantes a auras, quando as chapas eram reveladas. Publicações em periódicos científicos na Rússia e também na Smithsonian Institution, dos Estados Unidos, chamaram a atenção de todo o mundo para o fenômeno. Estudos subsequentes sugerem que a física por trás dele é a do "efeito corona produzido por alta voltagem". Está sujeito a discussão se o efeito representa uma aura real ou se é um produto criado pela física do próprio processo. De qualquer maneira, o método foi desenvolvido para uso médico na Rússia, onde se mostrou, em numerosos estudos, que ele de fato diagnostica a presença de estresse. Estudos russos também alegaram que há evidências ligando a fotografia Kirlian aos centros e meridianos da acupuntura. Em outros lugares do mundo, pesquisadores têm pesquisado vários outros usos médicos possíveis para ela.

Proponentes da validade das imagens Kirlian da aura lembram pesquisas anteriores realizadas por um médico britânico do século XIX, Walter Kilner, cuja obra ganhou, durante algum tempo, proeminente apoio na medicina inglesa. Kilner produziu imagens do suposto "duplo etérico" por meio de óculos especialmente preparados. Com essas visualizações, Kilner pareceu promover avanços a passos largos no diagnóstico médico. A dificuldade era que os óculos, os quais aparentemente permitiam visualizar comprimentos de onda luminosos mais sutis, apresentavam variações nos resultados quando usados por diferentes pessoas. Como os diagnosticadores tendiam a produzir resultados muito diferentes uns dos outros, o método caiu em desaprovação após a morte de Kilner.

A semelhança entre o duplo etérico ou duplo espiritual da fotografia Kirlian e as imagens de Kilner com os relatos sobre o espírito ou a alma desde tempos imemoriais não pode deixar de ser notada. Os conceitos parecem surgir de heranças e suposições muito diferentes. Kilner considerava suas imagens como dados científicos e era abertamente contra seu uso como evidência metafísica, como faziam os teosofistas de sua época.

Qualquer que fosse seu significado objetivo, não há dúvida de que a ideia do espírito ou da alma como corpo astral, duplo etérico ou espírito pessoal também é paralela às várias visões das tradições espirituais sobre o que é abandonado por ocasião da morte e o que continua nos reinos espirituais. Também é paralelo às visões do desenvolvimento pessoal por quase todas as tradições. A meta consiste não apenas em se unir com o "superior" e com o que é "eterno", mas também, em algumas tradições, nutrir os poderes e as energias desse corpo superior, a fim de prepará-lo para o que virá.

Essas ideias são tão difundidas que dominam nossas noções populares de almas, espíritos e fantasmas. Enquanto o eu superior é chamado a se fundir com tudo o que é bom no céu — "deixe que céu e terra se combinem, que anjos e homens concordem" (Charles Wesley) —, os elementos inferiores, presos à luxúria e à paixão, permanecem ligados à terra como o fantasma comum ou a assombração, o que é testemunhado em séries de TV como *Moonlight*, na Europa, e *True Blood* ou *The Vampire Diaries*, nos Estados Unidos.

16

Histórias de níveis, planos e reinos espirituais

"Cada espírito faz a sua casa."
— Ralph Waldo Emerson

MOVENDO-SE PARA ALÉM DO INDIVÍDUO, COM O QUE O REINO DOS espíritos se parece no nível coletivo? Se os espíritos ainda existem em alguma forma, onde estão todos esses lugares celestiais e todas essas pessoas que vêm à Terra e se vão da Terra desde que a nossa história começou?

Quase todas as narrativas de nossas tradições religiosas, espirituais e esotéricas abordam esse mistério referindo-se a múltiplos níveis, planos ou reinos dentro do mundo espiritual. O número desses planos é frequentemente igual a sete — apesar de depender da maneira como se conta. Se você considera subníveis, o número de nichos no mundo espiritual pode variar de seis a 70!

Assim como a física moderna distingue as ações associadas ao campo quântico como envolvendo, ao mesmo tempo, "tudo isso" (o *"plenum* quântico") *e* cada fenômeno individual, a maior parte das tradições espirituais de todo o mundo afirma que seus planos espirituais estão contidos nessa dimensão não dualista da unicidade, a qual, segundo cientistas, mantinha todo o universo contido em uma singularidade anterior ao Big Bang. Alguns mestres espirituais combinam as linguagens da espiritualidade e da ciência para sugerir que cada um de nós retém dentro de si, como centro ou alma, essa mesma singularidade que precedeu o Big Bang, reconhecendo isso como o que nos permite experimentar o sentido de unicidade — isto é, a consciência da unidade — de maneira muito natural. A terminologia científica também é frequentemente usada por esses mestres para se referirem aos centros espirituais do corpo, os chamados chakras, e eles sugerem que os mesmos são nossos "discos rígidos" aos quais todos os vários *software* do nosso aparelho neurológico estão conectados.

Plano não dualista e plano arquetípico ou xamânico

A consciência e os reinos espirituais estão divididos entre um reino chamado de "não dualista", no qual tudo é uno, e os reinos nos quais as coisas são vivenciadas como acontecendo, frequentemente chamados de reinos xamânicos ou arquetípicos. Na singularidade da ciência ou na unicidade de um reino não dualista (no qual os ocidentais consideram tudo unido com "Deus"), nada é efetivamente vivenciado como acontecendo, uma vez que não há separação nem diferenciação de nenhuma espécie — não há nenhum observador separado para observar.

Esse estado também é relatado na experiência espiritual mais profunda ou nos estados espirituais mais elevados registrados pelas tradições espirituais de todo o mundo, embora seja difícil usar muitos dos termos e rótulos dessas tradições, tendo em vista que algumas se referem à própria experiência, enquanto outras se referem à localização, nos reinos celestiais, dos que estão vivenciando essa experiência. Basta dizer que o mundo ocidental fala, em sua maior parte, da completa união com Deus, até o ponto da absorção e consequente nulificação do vivenciador independente. Nas tradições orientais hinduísta, budista, jainista e sique, a palavra sânscrita *samadhi* (que significa, em uma tradução livre, "manter juntas" ou "manter coesamente unidas") é usada com frequência, muitas vezes combinada com modificadores. Mais uma vez, ela implica uma unidade que é completa. Embora o estado de unidade ocorra simultaneamente, todas essas tradições reconhecem que esse estado contém dentro de si todo o multiverso da experiência.

Observamos que durante o sono, a cada noite, atravessamos do mundo dos sonhos, no qual há coisas acontecendo, para o domínio do sono profundo, no qual não há percepção da nossa existência separada e, portanto, não há identidade. A diferença entre o sono sem sonhos e a experiência suprema da unidade nas tradições místicas é a de que algo é relatado a respeito dessa última, caso contrário nosso desconhecimento sobre ela seria total! Algumas pessoas que relatam esses estados observam apenas lampejos ocasionais de sua individualidade, o que lhes permite compreender que elas estão completamente absorvidas. Outras relatam que, de algum modo, na simultaneidade não existe experimentador, mas há percepção da totalidade do que está ocorrendo. Felizmente, pesquisadores interessados nas implicações desses relatos e nas modernas ideias científicas sobre a consciência quântica [isto é, sobre as relações entre a consciência e a realidade quântica] estão hoje investigando esses fenômenos. A Universidade de Yale (o dr. Judson Brewer) e a Universidade de Nova York (o dr. Zoran Josipovic) são anfitriões de dois desses instigantes programas. Em vez de ser um entorpecimento da percepção do que ocorre no sono profundo, é possível que nele resida, ao contrário, um sentido de percepção intensificada, na qual a pessoa está [misticamente] ciente do "todo".

O problema da caçada da experiência

Aqueles que vivenciam apenas as dimensões nas quais as coisas parecem estar acontecendo pensam, com frequência, que essas dimensões são tudo o que existe. Desse modo, desenvolve-se um drama ao redor de experiências espirituais que carecem de uma compreensão simultânea do que reside, ao mesmo tempo, eternamente em unidade e paz. Quantas vezes assistimos a algum tipo de evento religioso e sentimos que alguma coisa estava faltando? Por outro lado, poucos de nós não conseguem sentir uma paz profunda na presença de um indivíduo calmo e centrado — razão pela qual o Dalai Lama exerce uma simpatia tão difundida. Quem não gostaria que o Dalai Lama fosse seu sábio e velho avô?

Uma das coisas responsáveis pela falta de respeito com que a espiritualidade é tratada não seria a atitude de todas essas pessoas que dão importância a qualquer tipo de experiência fantasmagórica imaginável? Não causa surpresa o fato de um cientista famoso como James Watson considerar o assunto "maluco" ("*wacko*"). Esse mundo do drama espiritual é destacado em obras literárias como o *Apocalipse*, de São João, o Divino, no cristianismo, nas grandes batalhas espirituais do *Mahabharata* (do qual o *Bhagavad Gita* é sua parte mais famosa) do hinduísmo, nas sagas do *Paraíso Perdido*, de Milton, e de *A Divina Comédia*, de Dante. Também o vemos ilustrado em *O Jardim das Delícias Terrenas*, do pintor holandês Hieronymus Bosch, e nas gravuras a água-forte e estampas de William Blake, famoso poeta e artista místico da Inglaterra.

Essas representações dos reinos da interação espiritual, as quais destacam legados épicos entre o elenco celestial de personagens paradisíacos, variam apenas nas épocas refletidas — sejam elas as narrativas de povos indígenas e de seus xamãs, as narrativas épicas dos muitos textos sagrados, as imagens artísticas de muitos períodos e até mesmo narrativas populares atuais, como *Star Wars*, *O Senhor dos Anéis*, *As Crônicas de Nárnia* e *Harry Potter*. Nós reconhecemos esses reinos como arquetípicos, designação adequada, pois o domínio arquetípico é um reino de heróis, heroínas e vilões.

Em uma interpretação livre, "arquétipo" significa representação simbólica, uma expressão que é pronta e universalmente compreendida e, quando usada metaforicamente, em geral é representada como uma personalidade ou um tipo comportamental. O problema com o domínio arquetípico da experiência é que ele é viciante e pode interferir no crescimento pessoal efetivo rumo aos frutos da espiritualidade autêntica, como o amor, a compaixão, o serviço e a profundidade do discernimento. Como observou Ramana Maharshi, famoso sábio da Índia, se tudo o que alguém está procurando é uma experiência mais fantástica, essa procura frustrante pode prosseguir, literalmente falando, para sempre.

Recebemos de Ken Wilber, e dos estudiosos que, como ele, desenvolvem a visão integral, a dádiva de uma das mais apropriadas, profundas e aguçadas percepções da época moderna relativas à experiência espiritual direta. Eles observaram que até agora a humanidade tem adotado o hábito de supor que a experiência direta de cada pessoa ou grupo é normativa ou verdadeira, e que a das outras pessoas ou dos outros grupos não é. Essa tendência perniciosa é chamada de "o "mito do dado"* e tem levado a muitos conflitos religiosos ao longo de toda a história.

---

* O substantivo *given* se refere a uma suposição tomada como certa, como um fato estabelecido, como uma premissa e, por extensão, como algo imposto e aceito sem crítica. (N.T.)

Em sua Visão Ômega, o Irmão Teasdale fornece-nos uma reputada lei espiritual. Segundo ela, o que é verdadeiro sempre excederá todas as experiências ou todos os relatos a seu respeito. Você se lembra de que, em nossa introdução à interespiritualidade, discutimos a história das experiências religiosas em todo o mundo como uma *única* experiência coletiva que se desdobra em direção ao pleno potencial da humanidade no mundo da consciência e do coração. Aquilo de que a humanidade necessita é ajustar seu padrão em um nível muito mais elevado do que tem ocorrido até agora. Todos nós precisamos reconhecer que é perfeitamente natural para cada um de nós imaginar que nossa experiência religiosa é a verdadeira. Se consideramos isso como um dado, podemos pensar sobre como devemos proceder, juntos, com habilidade, a fim de superarmos essa situação desagradável.

Os reinos espirituais nas Grandes Tradições

A linguagem que cerca as histórias sobre os reinos do mundo espiritual varia amplamente entre as tradições religiosas de todo o mundo, embora haja fios comuns que permitem as ligações entre elas. Parte do problema de destilar esse aspecto das tradições está no fato de muitos termos terem sido utilizados, reutilizados, traduzidos e transpostos entre as tradições, em grande parte sob a influência da cultura mediterrânea primitiva sobre o judaísmo, o islamismo e o cristianismo. Escolas primitivas de cura por meios esotéricos, como a dos antigos hermetistas, que alegavam reter a sabedoria da biblioteca perdida de Alexandria, perceberam que suas visões penetravam lentamente em quase todas as religiões do Oriente Médio. Com essas antigas misturas e com a literatura popular que se difundiu pelo Ocidente depois do século XVIII, a história de muitas dessas ideias e conceitos pode tornar-se confusa. No entanto, há algumas importantes categorias e descrições que farão sentido para a maioria das pessoas.

Narrativas sobre as aventuras de supostos espíritos motivaram leituras instigantes e tentadoras, venderam pilhas de livros e criaram algumas sensacionais carreiras de divulgação de temas espirituais. O controle de qualidade tem sido um problema. Como você compara o clássico de Gurdjieff, *Encontros com Homens Notáveis*, com alguns dos livros menos substanciais que todos nós temos visto nas prateleiras das livrarias populares?

Estreitamente relacionado com o reino astral, em meio a noções sobre os reinos sutis, está o chamado "plano mental". Narrativas sobre o plano mental são importantes porque envolvem a compreensão de como a comunicação se relaciona com o trabalho no mundo espiritual. Em conversas mais profundas com seus amigos, o Irmão Teasdale falou sobre isso e chamou esse reino de "elemento simbólico" da realidade.

Estamos familiarizados com o enredo geral reconhecido nos relatos de médiuns que ajudam a localizar pessoas desaparecidas, por ter visto isso, por exemplo, em *Unsolved Mysteries* [Mistérios Não Resolvidos] e outros programas. Observe que o médium precisa de uma fotografia, uma peça do vestuário ou outro item de referência para encontrar o desaparecido. Na história, esse item permite que o médium faça contato. Por quê? O Irmão Teasdale costumava dizer que, no domínio quântico mais sutil, esses itens "transportam informação". Vemos o mesmo fenômeno em livros e filmes, nos quais a água benta ou um crucifixo exercem um efeito extraordinário sobre um demônio ou outra espécie de vilão espiritual. Também ouvimos falar sobre como um *poltergeist* entrou em uma casa por meio de uma velha peça de mobiliário comprada em um depósito de móveis antigos. Nos romances de Harry Potter e nas Crônicas de Narnia, de enorme impacto popular, encontramos tótens, amuletos, varinhas de condão e peculiares combinações de palavras que projetam feitiços e encantamentos. Em outras palavras, há uma antiga narrativa sobre como a informação é veiculada no assim chamado reino espiritual.

O Irmão Teasdale explicava que é fácil compreender a noção dessa comunicação etérea ao comparar como as imagens aparecem em duas escolas de arte: impressionismo e simbolismo. Se você olha para uma pintura impressionista, em especial se ela estiver perto, não vê nada que se destaque como um objeto físico preciso. Mas ao recuar até ficar cerca de seis metros longe dela, de súbito os montes de feno no quadro *Montes de feno em Giverny*, de Monet, aparecem, bem como as flores nas jardineiras sob as janelas nas cenas urbanas de Camille Pissarro. No entanto, se você olhar para uma pintura simbolista (ou mesmo para algumas pinturas expressionistas), como *Harvest Moon* [a lua cheia mais próxima do equinócio do outono], de C. R. Mackintosh, formas sutis, mas claramente reconhecíveis, aparecerão. Foi assim que o Irmão Teasdale descreveu o funcionamento desse plano simbólico ou mental. Os elementos de comunicação emergem de maneira sutil e etérea. Como acontece com as pinturas, se os discernimentos visual e mental são aguçados, as imagens e mensagens podem ser lidas.

Por causa dessa conexão com a comunicação, algumas tradições também chamam essa dimensão de "plano causal". Outros exemplos encontram-se entre muitos médiuns profissionais que circulam pela mídia. Você pode notar que eles, com frequência, se referem a varios "símbolos" ou "chaves" que eles "veem" em alguém, ou ao redor de alguém, os quais os ajudam a fazer previsões. Por exemplo: se eles "veem" uma mala, discernem que a pessoa está prestes a fazer uma viagem. Todo o campo da suposta clarividência, da telepatia, da visão remota e de formas semelhantes de percepção extrassensorial referem-se a esse domínio do suposto mundo espiritual. Ao iniciar uma conversa com alguém que seja adepto da interação espiritual, com certeza essa pessoa lhe contará algumas histórias interessantes. Cabe a você decidir o que fazer com elas.

Reinos superiores no Oriente e no Ocidente

No Oriente, um fio comum é a existência de um plano de consciência pura, não relacionado com a individuação ou a identidade egoica, plano esse a que nos referimos como o da consciência não dualista. Nem todas as descrições são a mesma, mas no budismo a ideia de um "plano búdico", ou o conceito de "supermente" do hinduísmo de Sri Aurobindo, refere-se à consciência da unidade associada a esse plano.

Tem sido comum para as tradições orientais saltar diretamente dos planos astral e mental, nos quais ainda se vê coisas acontecendo, para os planos não dualistas da pura consciência da unidade. O Ocidente tem-se fixado mais no drama espiritual, o que resulta em níveis adicionais entre os planos astral e mental e os associados à percepção pura. Nas tradições esotéricas cristãs, o plano espiritual é um nível suplementar de drama espiritual, antes de se atingir o domínio da unidade, o plano divino. No judaísmo, o plano divino é chamado de domínio do "EU SOU", ou domínio "logoico".

Também são importantes para esse legado espiritual os Sete Níveis do Céu no islamismo e o reconhecimento de sete níveis em certas escolas místicas esotéricas judaicas e hinduístas. De todas as tradições, o islamismo é o que se tem mostrado mais coerente em seu conceito de níveis do espírito em suas muitas culturas.

A ideia do sete se manifesta em tantas tradições por estar ancorada na astrologia primitiva, que influenciou todas elas. O número sete está relacionado com o número de objetos primários no céu, conhecidos da astronomia primitiva — os sete planetas clássicos, com frequência chamados de "as estrelas errantes", antes que a ciência fizesse mais descobertas sobre o Sistema Solar. O número sete penetrou lentamente nas concepções místicas cristãs vindo das escrituras hebraicas. No judaísmo, o Talmude também se refere a sete níveis do céu, e no hinduísmo há sete "céus superiores", os Vyahritis (embora o número possa variar). O número sete também tem sido associado ao Inferno, como nos sete níveis do Inferno (Naraka) no jainismo ou nos sete Infernos de Inanna no antigo mito sumeriano.

Nas tradições místicas, os reinos são compreendidos de maneira mais etérea — por exemplo, como diferentes espaços e tempos —, em relação a níveis de consciência, enquanto suas tradições populares mais mundanas apenas povoam os diferentes níveis com várias castas de personagens celetiais. O cristianismo, o judaísmo, o islamismo e o zoroastrismo (a religião do reino de Alexandre, o Grande) falaram, todos eles, de uma hierarquia de anjos conectados com tais reinos. Alguns estudiosos observaram que esses conceitos fazem parte até mesmo do mormonismo, o qual, por outro lado, parece ter uma origem exclusivamente característica da região central norte-americana — mais um testemunho da universalidade do conceito.

Provavelmente o mundo espiritual já é interespiritual

Quando consideramos concepções modernas da consciência, vindas de pontos de vista religiosos e científicos, e as combinamos com os relatos perenes sobre os reinos espirituais, obtemos algumas percepções esclarecedoras e evocativas. É útil, por exemplo, conceber a consciência coletiva compartilhada da maneira como concebemos a própria experiência que temos em nossa mente. Ela sugere que os fenômenos aparecem vindos de "dentro" e de "fora" do campo coletivo dos domínios do espírito, do mesmo modo como parecemos vivenciá-los surgindo de "dentro" e de "fora" da mente.

Podemos supor que qualquer reservatório que alimente esse fenômeno age de maneira análoga ao reservatório aparentemente infinito do qual pensamentos e sensações surgem em nossa mente. Como já observamos, alguns cientistas postulam que esses fenômenos são originalmente constituídos por ondas existentes no nível quântico e propagando-se no mar de um campo quântico, onde surgem e sofrem colapso, quando então, manifestando-se como partículas, são reconhecidos pelos sentidos como fenômenos. Ou podem ser campos eletromagnéticos, ou fenômenos de cordas vibrantes. Qualquer que seja o mecanismo que eles comprovem ser, esse mecanismo produz uma imagem ou mensagem que se deposita no oceano mais amplo desse campo, como ondas no mar.

Essa visão nos ajuda a compreender como nada que entra em nossa mente jamais é perdido. Com exceção de injúrias ou danos, parece que cada memória é recuperável por meio de reflexão normal ou com a ajuda de concentração ou de hipnose. De maneira semelhante, como o Irmão Teasdale afirmou em sua visão do elemento simbólico da realidade, nenhum evento ou nenhuma pessoa jamais se perderia nos reinos do espírito, mas sempre seria plenamente recuperável. Esse fato é coerente com os contos milenares sobre esses reinos, nos quais as almas dos mortos aparecem. O Irmão Teasdale sugeriu que foi isso o que Jesus quis dizer ao afirmar que "cada fio de cabelo em sua cabeça é contado". Essa é uma sugestão evocativa e pode projetar alguma luz sobre a maneira como um campo quântico, ou um campo de cordas vibrantes, mais amplo poderia comportar a experiência comum que a pessoa tem de sua própria mente e as representações que as Tradições de Sabedoria usam para transmitir conhecimentos sobre os reinos espirituais.

Tudo isso sugere que os reinos espirituais já são interespirituais. Em seus relatos, todas as tradições têm, até certo ponto, se mostrado corretas. Cada tradição recolhe uma parte da história; cada uma delas tem a visão de uma parte da paisagem. E, nesse caso, todos os reinos — feitos com as formas-pensamentos que os criam e os sustentam, assim como acontece em nossos sonhos — estariam presentes no reservatório coletivo. Nas tradições esotéricas, essa noção tem sido frequentemente chamada de "Registro Akáshico" (de *akasha*, em sânscrito, palavra que significa "escrito no céu"). Esse registro é concebido como uma biblioteca, na qual é registrado todo e qualquer fenômeno que já tenha se manifestado, conceito que tem origem em uma das escolas do antigo hinduísmo, conhecida como *Samkhya*. É esse registro que, no linguajar popular, pode supostamente ser "lido" por médiuns e clarividentes.

Essa visão holística, que inclui o domínio da mente e um campo coletivo mais amplo dos reinos espirituais, permite que todas as representações dos mundos espirituais produzidas pelas tradições sejam compreendidas como algo correto e reflexivo do atual estado de evolução no qual a humanidade encontra a si mesma. Ela também permite que os próprios reinos possam ser reais, sustentados pelas formas-pensamentos que os criam a partir de dentro e de fora. Sua progressiva realidade pode ser semelhante ao que os reservatórios de nosso mundo onírico sustentam em nossa mente. Nossos sonhos estão repletos de detalhes precisos, memórias passadas e até mesmo da exata inflexão de voz de velhos amigos. Também temos sonhos recorrentes — roteiros que parecem ter algum nexo permanente no reservatório de nossa mente. Desse modo, todas as pessoas e todos os lugares representados nos reinos espirituais estariam disponíveis, da mesma maneira que nossas memórias estão disponíveis.

Um exemplo é o do marido cuja esposa falecida era membro de uma seita cuja crença afirmava que apenas o seu grupo vai para o céu. O marido, bem conhecido nessa seita por seu reconhecido discernimento paranormal, relata que a esposa, que o precedeu na morte, o contata com frequência do reino espiritual e lhe diz que os ensinamentos da seita são incorretos. Ela ficara surpresa ao descobrir que o mundo espiritual é diferente e estratificado, muito parecido com a vida em uma metrópole. Todos os tipos de ideias sobre a realidade e de crenças encontram-se lá, assim como na Terra. As pessoas aglomeram-se lá mais frequentemente por causa de seu temperamento do que por crença ou denominação religiosa, embora esse último caso ocorra com grupos que se encontram aprisionados em uma certa visão da realidade. Alguns deles têm até seus pequenos enclaves fechados com portões, onde podem realizar grande parte do que suas tradições religiosas lhes prometeram. Em especial, assim como acontece na Terra, todos continuam a aprender e a praticar as coisas. O ponto essencial é que há espaço para as experiências de todos.

A maneira precisa pela qual uma realidade quântica, ou de cordas vibrantes, pode funcionar em relação à nossa mente e à ideia de um mundo espiritual coletivo abrangente, que conecta todos nós, constitui uma fronteira que cabe tanto à ciência como à religião examinar. Precisamos nos lembrar de que, ao longo dos séculos, a ciência mudou seus paradigmas fundamentais com frequência. O que parecia fora de questão em um século tornou-se plausível no seguinte, em especial quando elementos fundamentais da realidade eram descobertos e fatorados na equação maior. Hoje, novos supercolisores nos permitem perscrutar as dimensões previstas pela teoria das cordas e pela teoria M. Talvez uma compreensão mais profunda da maneira como uma realidade vibratória pode operar, camada por camada, torne-se disponível mais cedo do que podemos imaginar.

Onde a borracha encontra a estrada

Em sua obra clássica sobre a experiência religiosa, William James constatou que há quatro características comuns a todas as experiências espirituais: elas se introduzem na consciência da pessoa, e, em seguida, essa pessoa parece voltar ao normal; elas são muitos difíceis de descrever; há um sentido de conhecimento profundo que as acompanha; e elas parecem provir de lugar algum.

À luz da história humana, talvez a última característica seja a mais provocadora. Nós nos encontramos em uma civilização que já se estende por 10 mil anos, circundados de histórias e narrativas profundamente entrincheiradas em quem e no que nós somos. Uma vez que a experiência espiritual está fora do domínio da experiência comum, em certo sentido ela está na mesma categoria geral das doenças mentais. De fato, as pesquisas sobre o cérebro mostram que muitas das mesmas áreas cerebrais são ativadas por esses dois tipos de experiências anormais! Então, o que responde pelo fato de a experiência espiritual poder mudar profundamente a vida de quem a vivencia e produzir indivíduos de discernimento ético e comportamental excepcionais, enquanto a doença mental pode levar ao colapso e à incapacidade totais? O completo contraste entre esses dois resultados levanta profundas questões sobre a nossa experiência humana dos reinos sutis.

Podemos acreditar na miríade de narrativas que registram experiências do mundo espiritual? O filósofo Richard Swinburne, da Universidade de Oxford, aplica um teste de senso comum, típico daqueles que se aplicaria a uma testemunha em um tribunal. Testemunhas são levadas ao tribunal para testificar a respeito do que dizem terem vivenciado. Em geral, apenas no contexto de uma história oposta, apresentada por outra testemunha, o tribunal pergunta sobre a validade do depoimento da segunda testemunha. Outro filósofo, Rudolph Otto, diz que o que é tão convincente no relato da experiência espiritual é o que parece profundamente convincente para *outras pessoas*, qualidade a que ele dá o nome de "numinosa".

O que torna histórias como a das crianças de Fátima, declarada "digna de fé" pela Igreja Católica, diferentes daquela narrada por uma criança que afirma ter visto Mickey Mouse? E como uma experiência de Mickey Mouse é diferente de uma experiência de uma sarça ardente? Há diferenças, em particular no que diz respeito à numinosidade — a capacidade que tais relatos têm de ser convincentes, de ser capazes até de mudar nossa vida. A experiência da Virgem Maria que as crianças de Fátima vivenciaram é classificada pelos estudiosos como uma "experiência religiosa mística", porque tem um contexto em uma religião particular. Sugeriu-se que, se as crianças fossem chinesas, mais provavelmente teriam relatado ter visto Tara, manifestação feminina da natureza de Buda.

Em contraste, uma sarça ardente é considerada uma "experiência mística natural", que não se relaciona de modo direto a uma religião em particular e, no entanto, poderia ser transformadora. Essas não são questões de pequena importância, historicamente falando. Os rituais envolvendo sacrifício humano na cultura asteca, na América Latina, que pode ter eliminado mais de 250 mil vidas por ano, foi iniciado depois que o Sol "contou" a um Rei Deus que tais práticas deveriam ser iniciadas. Quaisquer que tenham sido essas experiências, elas mudaram não apenas os indivíduos, mas também a história.

O que valida as afirmações da experiência mística?

A relação entre experiência religiosa e ética e comportamento tem sido um permanente motivo de controvérsias. É justo dizer que, a partir do advento da ciência moderna, no século XVIII, que começou a questionar a validade da experiência religiosa, o argumento a favor da validade dessa experiência foi o poder que ela tem de mudar a vida. Uma multidão de filósofos, como o famoso Immanuel Kant, sustentava essa visão, a qual dominou a compreensão cultural da religião até o século XX. Porém, assim como a história do mundo se alterou de modo dramático com as guerras mundiais, também essa justificação moral da experiência religiosa mudou. Então ficou evidente que experiências religiosas poderiam se desviar drasticamente para o sagrado *ou* para o profano.

O humanismo, baseando-se, em parte, nos escritos do filósofo ético Felix Adler, apontou para esse fato desde os excessos sociais degradantes da Revolução Industrial do século XIX, embora fossem necessárias duas Guerras Mundiais para que essa visão pudesse ser efetivamente desafiada e para tornar óbvio que a experiência religiosa mística poderia ter um resultado pernicioso. Testemunhos disso são os cultos religiosos de direita, que se alinharam na cristandade a fim de apoiar o regime nazista e seus aliados. Enquanto isso, a experiência religiosa natural foi transformando outras pessoas em pacifistas, opositores conscientes e mártires pela causa da paz — como nos famosos episódios que envolveram monges budistas protestando nas guerras da Indochina.

Causa-nos pouca surpresa o fato de a ciência, em particular a psicologia, ter-se integrado à discussão que indaga sobre a validade inquestionável da experiência religiosa mística. Os campos inteiros da psicologia transpessoal e da psicologia da religião estudam esse fenômeno. O dr. Andrew Newberg, da Escola de Medicina da Universidade da Pensilvânia, foi um dos pesquisadores que introduziram a neuroteologia, disciplina que funde a neurociência com a antropologia. De maneira semelhante à nossa visão segundo a qual uma nova percepção resulta em novos conjuntos de habilidades simplesmente por causa da maneira como a seleção evolutiva se desdobra, Newberg e seus colaboradorers também sustentam ser inevitável que pensamentos levem a ações. Quando esse fato é considerado no contexto do mito humano ao longo do processo de construção da civilização, que se estende há séculos, pessoas religiosas e sociedades baseadas na religião não parecem acidentais, mas cientificamente previsíveis.

A espiritualidade e o nosso atual limiar evolutivo

Com o advento de aperfeiçoados aparelhos de medição da atividade neurológica e de técnicas de formação de imagens da atividade cerebral em décadas recentes, a comunidade neurocientífica começou a estudar as relações entre a mente e a experiência religiosa observada. Com base nesse trabalho, emergiu o campo seminal da Ciência Cognitiva da Religião. O estudo da experiência religiosa como fenômeno cognitivo tomou forma na década de 1970, quando vários campos de investigação confluíram: a sociobiologia (que investiga bases biológicas para comportamentos sociais), a sociologia da religião (como as religiões evoluíram nas sociedades), a antropologia da religião (como as religiões evoluíram ao longo da história) e as psicologias transpessoal e evolutiva. A literatura produzida sobre esse tema nesses campos de pesquisa, desde o despontar do novo milênio, é enorme. Uma International Association for the Cognitive Science of Religion [Associação Internacional para a Ciência Cognitiva da Religião] foi formada em 2006, exatamente dois anos depois da morte do Irmão Wayne Teasdale.

A ciência com que a Ciência Cognitiva da Religião contribui para o estudo da espiritualidade tem importantes implicações para a indagação sobre se as narrativas referentes ao mundo espiritual são reais ou não. É um dilema porque um dos princípios cardeais da Ciência Cognitiva da Religião é que isso pode não ter importância. Essa nova ciência tende a enfatizar a importância social do que as pessoas tomam como verdadeiro, em oposição ao que poderia ser verdadeiro — uma abordagem realista. Se, contrariamente a toda a ciência, visões religiosas são adotadas pelas massas que formam a humanidade — como as estatísticas que citamos indicam —, podem ocorrer implicações muito diferentes para o nosso mundo futuro.

De acordo com a Ciência Cognitiva da Religião, a espiritualidade surge como um tipo único de experiência, mas em seguida ela se converte em outro tipo. Em outras palavras, a espiritualidade surge das convincentes experiências místicas de indivíduos, alimentadas pelo fato de se estabelecerem como verdadeiras sem a necessidade de evidências externas que as justifiquem, fato típico a todas essas experiências. Em seguida, a sociedade coopta e transforma a experiência em religião, como um dispositivo para garantir o comportamento socialmente aceitável de acordo com as normas decididas por outras agências sociais. O segredo da experiência religiosa como moeda corrente para esse sequestro é o fato de tais noções religiosas parecerem ao mesmo tempo fáceis de serem lembradas e fáceis de usar – perfeitas para o controle da humanidade.

Tanto para a religião como para a ciência há uma possibilidade desconcertante de que a nossa espécie possa, como se costuma dizer, "não jogar com todo o baralho". Por isso, a Ciência Cognitiva da Religião acaba fazendo a mesma indagação que a interespiritualidade: "Será que um novo limiar na consciência poderá ser obtido e será que esse sequestro histórico cessará?" Essa é uma das perguntas evocativas do novo milênio e da Era Interespiritual e integrativa. Se uma inclinação espiritual é parte da fiação fundamental dos seres humanos, é ainda mais imperativo que o mundo se volte para a própria espiritualidade como a sua religião – assim como o Irmão Teasdale recomendou, esclarecendo ainda que "as mudanças necessárias na consciência requerem uma nova abordagem da espiritualidade, a qual transcenderá as culturas religiosas do passado, de fragmentação e isolamento".[69]

Tal espiritualidade precisaria estar arraigada numa profunda compreensão da diversidade natural da experiência mística individual. Nas próprias palavras do Irmão Teasdale: "Esse novo paradigma precisa ser capaz de acomodar todas as experiências, os conhecimentos e as capacidades do ser humano". E acrescentou que essa diversidade precisa ser "construída com base na integração intelectual e na experiência direta" e "tornar disponível a todas as pessoas todas as formas que a jornada espiritual assume".[70]

Como ecoam a Visão Ômega do Irmão Teasdale e a crença no "mito do dado" de Ken Wilber, essa espiritualidade compreenderia que todos, naturalmente, considerariam sua experiência única como um guia. Além disso, apenas uma espiritualidade imatura procuraria comprovar quem está certo e quem está errado. Essa é a prescrição que o Irmão Teasdale faz para o ingresso de nossa

---

[69] MH, p. 12.
[70] MH, pp. 65, 26 e 35, respectivamente.

espécie no mundo do coração — um imperativo difícil de ser concretizado para um incontável número de pessoas religiosas. Mas, como o Irmão Teasdale reconheceu: "Essa revolução será a tarefa da Era Interespiritual".

17

Os primeiros pioneiros da interespiritualidade

"Um líder é melhor quando as pessoas mal sabem que ele existe. Quando seu trabalho é realizado, seu objetivo é cumprido, e as pessoas dirão: 'Fomos nós mesmos que o realizamos'."

— Lao Tsé

A ERA INTERESPIRITUAL EMERGENTE É UMA CULMINAÇÃO DAS VISÕES de muitos ao longo de todas as tradições espirituais do mundo e um novo limiar no desenvolvimento dos caminhos espirituais do mundo, os quais estão convergindo no que o Irmão Teasdale chamava de possibilidade de uma civilização baseada no coração. Cada tradição e cada caminho desempenharam um papel nesse desenvolvimento.

Ao longo de toda a história, até quando grandes mestres, líderes, sábios e santos das religiões de todo o mundo preparavam o caminho para suas tradições, outra linhagem de visionários já estava apreendendo a consciência da unidade de um único caminho, inerente a todos eles.

Vimos que na história biológica da Terra, à medida que os dinossauros atingiam seu ápice, correndo ao redor deles sem muitas vezes sequer serem notados, estavam os pequenos mamíferos, que iriam escrever o próximo capítulo. Por meio de um processo semelhante, enquanto as histórias das tradições religiosas e espirituais do mundo ainda estavam sendo escritas com base em pontos de vista paroquiais, os visionários *interespirituais*, cujo tempo só chegou atualmente, foram negligenciados, incompreendidos, ignorados e até difamados. Muitos foram expulsos de suas igrejas, sinagogas, mesquitas, *ashrams*, mosteiros e conventos. Finalmente, quase cada um deles chegou a ser reverenciado como um pioneiro tanto de sua própria tradição *como* da contribuição futura que sua tradição proporcionaria a uma cultura mundial global e à interespiritualidade que tal mundo requer.

Os primeiros pioneiros

Uma recente compilação de figuras pioneiras na herança interespiritual do mundo incluía 42 indivíduos de importância essencial.[71] Em muitos casos, são pessoas que não teriam adquirido proeminência se a interespiritualidade não tivesse obtido visibilidade como parte dos fenômenos mais amplos da globalização e do multiculturalismo. Mesmo em um livro dedicado ao paradigma interespiritual, seria impossível escrever sobre cada um dos 42 pioneiros. Podemos considerar em detalhe apenas alguns dos mais destacados e aqueles cujos legados abarcaram amplas áreas do empreendimento humano, em domínios que transcendem as fronteiras da espiritualidade e da religião. No entanto, só a variedade de seus nomes, que refletem as linguagens de muitas culturas, nos impressiona com a envergadura desse legado.

Não é acidental o fato de a maioria dessas figuras virem dos séculos XIX e XX, período em que a era do pluralismo teve início. Por volta de meados do século XIX, as culturas do mundo estavam começando a colidir umas com as outras, como resultado da expansão do comércio mundial e das consequências da era colonialista, que, por outro lado, foi um período infortunado. As potências colonialistas cosmopolitas também colidiam com as grandes tradições indígenas do mundo.

Se alguém se lembra das lições proporcionadas por colisões anteriores decorrentes do cruzamento de culturas, as quais dividiram o Segundo Grande Avanço do mundo no primeiro período *monolítico* e no período *totalitarista* posterior, também se lembrará de que o resultado foi uma profunda confusão de

---

[71] Interspiritual Multiplex, 2011, em http://multiplex.isdna.org/classica.htm#Photo%20Archive.

identidade e um tumultuado desafio entre visões de mundo que se sustentava há muito tempo. Quando o Terceiro Grande Avanço do planeta terminou e seu Quarto Grande Avanço, o movimento em direção ao pluralismo, se desdobrou, vimos a mesma dinâmica, que, no entanto, se encaminhava mais rapidamente em uma direção positiva. É característica dessas mudanças essenciais uma interação global e uma mistura de tradições religiosas e espirituais — o mesmo tipo de combinação que caracteriza os meados do século XIX e seu florescimento no século XX, na época integrativa, e que levou ao atual movimento em direção a um holismo global.

Os primeiros pioneiros interespirituais orientais

No Oriente, os primeiros gigantes interespirituais prolongaram a envergadura de sua influência cruzando o limiar dos séculos XIX e XX: Baha'u'llah (o fundador da tradição Baha'i transtradicional), Baba Virsa Singh (o fundador sique do movimento inter-religioso Gobind Sadan) e escritores de influência internacional, como Paramahansa Yogananda (cuja *Autobiografia de um Iogue* foi lida por milhões de pessoas, como já mencionamos anteriormente). Houve também grandes pioneiros do diálogo entre tradições, de seu cruzamento e das descobertas decorrentes de sua interação, como o promovido por Swami Vivekananda, da Índia (que empolgou as multidões na Exposição de Chicago e no primeiro Parliament of the World Religions, em 1893), Hazrat Inayat Khan* (pioneiro do Sufismo Universal nas culturas islâmicas) e Sri Ramakrishna, da Índia (que, eloquentemente, adotou o hinduísmo, o cristianismo e o islamismo).**

Em seguida, houve grandes figuras políticas e religiosas: na Índia, Sri Aurobindo e sua companheira espiritual, conhecida como "A Mãe", a francesa Mirra Alfassa. Eles foram gigantes no movimento de independência da Índia, na promoção do nascimento da ciência progressiva e na unificação das práticas

---

* A Editora Cultrix publicou, em 2002, uma excelente antologia de seus escritos, que incluía não apenas uma multiplicidade de temas, mas também muitos dos seus textos mais importantes: *O Coração do Sufismo: Escritos Essenciais de Hazrat Inayat Khan*, atualmente fora de catálogo. (N.T.)
** A edição oficial dos ensinamentos de Ramakrishna, coligidos e editados por Swami Abhêdananda, em 1907, foi traduzida e publicada pela Editora Pensamento, em 1971, sob o título *O Evangelho de Ramakrishna*, atualmente fora de catálogo. (N.T.)

tradicionais do yoga. Naturalmente, houve também Mohandas Gandhi, o "Mahatma" (grande alma), ou "Pai" da Índia moderna.

Nomes famosos para muitos, embora talvez menos conhecidos e aparentemente impronunciáveis para os ocidentais, incluem Brahmabandhah Upadhyah (pioneiro hinduísta cristão renomado na Índia), Pandurang Shastri Athavale (fundador do Movimento de Autoconhecimento panreligioso) e líderes que tiveram importância instrumental nos diálogos iniciais entre o Oriente e o Ocidente, como Swami Atmananda Udasin (um bem-amado líder do influente movimento do Diálogo Inter-religioso Monástico, associação que incluía contemplativos monásticos do Oriente e do Ocidente — da qual o Irmão Teasdale participou posteriormente — e de onde emergiu um diálogo hinduísta-cristão arraigado em missionários contemplativos cristãos, os quais voltaram sua atenção para o Oriente, e em swamis e mestres hinduístas, que haviam voltado a sua atenção para o Ocidente).

Logo no início da emergência desse movimento, à medida que o século XX se desdobrava, surgiram figuras influentes como Swami Abhishiktananda (nome hinduísta adotado pelo monge cristão beneditino francês Henri le Saux), seu bem-amado companheiro indiano Swami Chidananda, e outro francês, Marc Chaduc (que estudou com le Saux e, em seguida, adotou o nome Swami Ajatananda). René Guénon foi outro proeminente escritor francês que contribuiu para a fusão de conhecimentos ocidentais e hinduístas.* Em junho de 1973, em Rishikesh, nas margens do Ganges, foi realizada uma cerimônia de importância fundamental, em que esses ocidentais, oficialmente, juntaram-se às ordens religiosas hinduístas locais de *sannyasi* (renunciantes). Esse foi um ponto culminante, e de grande importância, do que havia se tornado mundialmente conhecido como o movimento do Ashram Cristão. Ele já havia adquirido raízes firmes quando o padre beneditino Bede Griffiths juntou-se permanentemente a Saux e a seus associados, em 1968, em seu *ashram* de nome Shantivanam ("Floresta de Paz"), em Tamil Nadu, na Índia. Le Saux, que havia fundado Shantivanam em 1950, queria retirar-se para um eremitério que existia na região. Com a chegada de Griffiths e outros monges cristãos e hinduístas, o empreendimento

---

* A Editora Pensamento publicou duas obras-chave de René Guénon: *Os Símbolos da Ciência Sagrada*, em 1985, e *A Grande Tríade*, em 1983, ambas atualmente fora de catálogo. (N.T.)

ganhou um papel ainda mais influente na fusão de Oriente e Ocidente. A partir dessa segunda era de Shantivanam, emergiram vozes influentes, que incluíram o Irmão Teasdale, o estudioso e místico Andrew Harvey e o famoso músico e yogue Russill Paul.

Essas fusões interespirituais somaram-se às infusões de vários ocidentais que viajaram ao Oriente, em especial nas décadas de 1960 e 1970, criando um número enorme de professores, escritores e especialistas que, quer tenham permanecido no Oriente ou retornado para o Ocidente, fizeram parte da "invasão espiritual oriental", que ficou muito bem conhecida a partir desse período.[72] À medida que o século XX se transformava no século XXI, alguns nomes adquiriram *status* de quase celebridade provenientes dessa infusão: Ram Dass (ícone da década de 1960 e da era dos Beatles)* e Amma, ou Ammachi, a famosa "santa (ou guru) dos abraços", conhecida por seu trabalho filantrópico, que se estendeu por todo o mundo.

Os primeiros pioneiros interespirituais ocidentais

O número de pioneiros interespirituais no Ocidente não é menos substancial e se estende das obras de Madame Blavatsky e Carl Jung, do lado espiritual, até humanistas religiosos e seculares, como Felix Adler (filósofo ético e fundador do movimento Cultura Ética dos Estados Unidos) e A. C. Grayling (cronista britânico do humanismo, em cujo âmbito — assim ele o concebe — você não precisa de religião ou de espiritualidade para reconhecer uma ética universal de benevolência e de prestação de serviços).

A esses nomes podemos acrescentar rabinos transtradicionais, como Leon Klenecki e Joseph Gelberman (fazendo o que Felix Adler, também originalmente rabino, tinha a esperança de fazer antes de ser demitido do clero judeu), juntamente com o quacre Alison Davis (fundador da Terceira Ordem Internacional, associação laica dedicada a explorar as diversificadas dádivas presentes

---

[72] Philip Goldberg faz crônicas eloquentes sobre essa era em um livro recente: *American Veda* [O Veda Americano] (2010).

* Há uma curiosa e esclarecedora informação anedótica sobre ele na nota de rodapé que, no capítulo seguinte, faz referência a seu nome de batismo, Richard Alpert, e precede o subtítulo "A era holística atinge a maioridade". (N.T.)

em todas as tradições espirituais do mundo). Houve, ainda, grandes estudiosos das tradições indígenas, como Frithjof Schuon* (que sintetizou a sabedoria e a arte de tradições nativas do mundo) e Michael Harner (pioneiro no estudo acadêmico de religiões não tradicionais).

Houve também corajosos e sinceros protestantes inter-religiosos, como David S. C. Kim, coreano-norte-americano fundador de um seminário interconfessional, e Huston Smith, zeloso especialista em religião comparativa, cujo livro *As Religiões do Mundo* continua a ser uma introdução popular às religiões do mundo. Huston Smith é igualmente bem conhecido, por causa do modelo da Grande Cadeia do Ser, que exalta quase todos os conhecimentos que descrevem a unidade inerente das religiões do mundo. Esse desdobramento foi um verdadeiro *affair* cosmopolita.

Defensores católicos romanos da interespiritualidade estão, talvez, entre os mais conhecidos no Ocidente. O mais famoso é o padre jesuíta francês, paleontologista e pioneiro teólogo Teilhard de Chardin. Também tiveram importância essencial, pelo papel interespiritual que desempenharam, o padre Francis Archarya Orsos, da Bélgica (monge cisterciense pioneiro no diálogo com o hinduísmo), a irmã norte-americana Pascaline Coff (freira beneditina que ajudou a trazer para o Ocidente o movimento do Diálogo Inter-religioso Monástico), o padre Raimon Panikkar, da Espanha (pioneiro no desenvolvimento de estudos hinduístas-cristãos e autor do *best-seller* popular *The Unknown Christ of Hinduism*, Chiara Lubich, da Itália (ativista católica e fundadora do Focolare e do Movimento Nova Humanidade de leigos voluntários), o alemão Willigis Jaeger (padre católico expulso, pioneiro do zen ocidental) e Matthew Fox, dos Estados Unidos (padre e pioneiro do pensamento inter-religioso no Ocidente). Cada um deles foi um pioneiro de importância fundamental ao abrir caminho para a perspectiva interespiritual; alguns conseguiram permanecer na Igreja e outros foram expulsos.

Talvez o mais conhecido desses pioneiros no Ocidente tenha sido o padre Thomas Merton, famoso escritor norte-americano que ingressou no monaquis-

---

* Em 1985, a Editora Pensamento publicou uma compilação de ensaios de Schuon, *O Esoterismo como Princípio e como Caminho*, atualmente fora de catálogo, um belo exemplo da desenvoltura e da profundidade com que ele cruzava as mais diversas tradições de sabedoria esotérica. (N.T.)

mo contemplativo e se tornou um porta-voz eloquente da fusão da espiritualidade mística ocidental com o zen-budismo. Não muito atrás dele está o padre Thomas Keating, fundador do que se tornou conhecido como o Movimento da Prece Centralizadora. Todos esses pioneiros representam aspectos significativos do legado interespiritual, e cada um deles já é tema de livros e biografias.

Celebridades iluminam o caminho

Sem que muitas pessoas tenham percebido isso, o mundo tem sido abençoado, nas últimas décadas, com um corpo de mídia popular que divulga amplamente os elementos da visão interespiritual. Hoje, o mais lido poeta popular em todo o mundo é o sufi interespiritual conhecido como "Rumi" (Jalal al-Din Muhammad Balkhi). E quem não está familiarizado com Sua Santidade o Dalai Lama, amigo próximo do Irmão Teasdale, além do líder espiritual e escritor vietnamita Thich Nhat Hahn e com o arcebispo Desmond Tutu, da África do Sul? Essas figuras públicas bem conhecidas não só aparecem na televisão como também aconselham muitos dos políticos e líderes financeiros mais poderosos do mundo.

Embora o Dalai Lama, Thich Nhat Hahn e o arcebispo Tutu possam ser os mais familiares para a maioria dos cidadãos do mundo, outros porta-vozes interespirituais frequentam o circuito dos que falam em público, aparecem em programas de televisão e em reuniões internacionais.[73] Bons exemplos são os pioneiros do diálogo cristão muçulmano, como Harold Vogelaar e Neil Douglas-Klotz, além de cronistas da experiência religiosa oriental como Donald W. Mitchell.

A mensagem interespiritual também permeia as artes e a linha de frente da filosofia. O artista, dramaturgo e cineasta sul-americano de nascimento Alejandro Jodorowsky entretece temas e imagens espirituais modernos e antigos, em um paradigma de vanguarda de *status* quase *cult*. Conhecidos, em um sentido amplo, como "psicoarte", os filmes mais conhecidos desse gênero incluem *El Topo* e *The Holy Mountain* [*A Montanha Sagrada*] (este último financiado por John

---

[73] Uma visita ao YouTube reúne toda uma série de entrevistas e programas especiais.

Lennon).* Na frente filosófica, há os líderes dos muito divulgados movimentos centralizados no desenvolvimento e na abordagem integral, como os escritores Ken Wilber, Don Beck e Eckhart Tolle, que atingiram milhões de pessoas do público em geral com seus livros de grande sucesso. Depois que Tolle apareceu no *show* de televisão de Oprah Winfrey, poucas pessoas ainda não conhecem seus livros *Poder do Agora* e *O Despertar de uma Nova Consciência*.

A penetração global que esses desbravadores empreenderam na cultura do mundo não deve ser subestimada. Graças a eles, desenvolveu-se a maior parte da compreensão progressiva que hoje caracteriza os Estados Unidos e grande parte do restante do mundo. Essas correntes espirituais subjacentes modelam muitas das nossas inclinações culturais em geral, como o amor pelas vítimas de injustiças sociais, as efusões de ajuda popular em situações de desastre natural ou político, nosso sentido de justiça (até mesmo nos esportes) e clichês e frases do tipo "isso é o que é", "estar na zona", "isso é legal", "fazendo o que se faz", "eu estou bem, você está bem, tudo está bem", "viva e deixe viver" e "isso também passará".

Todas essas contribuições fluem de um manancial de compreensão profunda, que diz respeito ao potencial para a humanidade e para o planeta. Quem talvez tenha formulado melhor esse fato foi a própria companheira de Sri Aurobindo, A Mãe:

> [...] estamos em uma situação muito especial, extremamente especial, sem precedentes. Estamos testemunhando o nascimento de um novo mundo; ele é ainda muito jovem, muito fraco — não em sua essência, mas em sua manifestação exterior —, pois ainda não foi reconhecido, nem mesmo sentido, e é negado pela maioria. Mas já está aqui. Está aqui e faz um esforço para crescer, absolutamente *seguro* do resultado. Porém, o caminho até ele

---

* Além desses dois filmes extraordinários (principalmente o segundo, em que a aventura espiritual é explícita), Jodorowsky também se dedicou ao universo das historias em quadrinhos e escreveu roteiros de conteúdo esotérico-espiritualista com grandes *designers*, como Moebius, com quem dividiu a *graphic novel O Incal*, que não apenas é unanimemente reconhecida como uma das mais geniais criações de HQ do século XX como também é a descrição de uma viagem iniciática balizada por uma leitura notavelmente original e criativa da simbologia alquímica, em particular, e de várias outras fontes esotéricas em geral. O próprio título, *O Incal*, revela a natureza profunda da aventura, pois responde, antes de mais nada, ao *in call*, isto é ao "chamado interior". (N.T.)

é uma estrada completamente nova, que nunca antes ninguém mapeou, pois ninguém ainda esteve lá, ninguém ainda fez isso! É um princípio, um *princípio universal*. Portanto, é uma aventura absolutamente inesperada e imprevisível.

Há pessoas que amam a aventura. São essas que estou chamando, e lhes digo isto: "Convido vocês para a grande aventura".

Não é uma questão de repetir espiritualmente o que outros fizeram antes de nós, pois a nossa aventura começa além desse ponto. É uma questão que diz respeito a uma nova criação, inteiramente nova, com todos os acontecimentos imprevistos, os riscos, os perigos que ela implica — uma *verdadeira aventura*, cujo objetivo é a vitória certa, mas o caminho que leva a ela é desconhecido e precisa ser aberto passo a passo no inexplorado. Algo que nunca esteve neste presente universo e que *nunca* estará novamente no mesmo caminho. Se isso lhe interessa... bem, vamos embarcar.[74]

Figuras icônicas do Oriente e do Ocidente profetizam a era interespiritual

Certas figuras icônicas podem nos ajudar a compreender melhor a amplitude e a profundidade da consciência da unidade que emerge atualmente no planeta. Com base em quase 200 anos de uma visão de mundo evolutiva em desenvolvimento, e talvez cerca de 2 mil livros importantes, podemos escolher vários homens, mulheres e movimentos para nos dar um sentido mais claro das qualidades dessa visão emergente.

A palavra "ícone", que é a palavra grega para "imagem", oferece nuanças de significados para orientar nossas seleções. No mais simples dos sentidos, ícone significa "representação" e refere-se a algo que nós escolhemos para representar alguma coisa de uma maneira que resume apropriadamente aquilo de que se

---

[74] A Mãe, trecho extraído de "The Mother, Questions and Answers", *in Collected Works of The Mother*, vol. 9, 1957-1958, pp.151-52; veja Mother [The], [Mirra Alfassa], 1978, na bibliografia; veja também Aurobindo Ghose [Sri Aurobindo], 1972, *Collected Works of Sri Aurobindo*, na bibliografia. Citações reproduzidas com permissão do Sri Aurobindo Ashram Trust.

trata. Em um sentido mais místico, ícone significa "janela". Essas janelas constituem uma maneira de compreender não só a amplitude e a profundidade de algo, mas também as qualidades necessárias para representá-la. Na arte, diz-se com frequência que os ícones não são apenas bidimensionais, ou tridimensionais, como uma pintura ou uma estátua, mas que também evocam outra dimensão, uma dimensão de percepção aguçada e iluminadora, que nos mostra algo mais profundo sobre a substância da matéria ou a amplitude do que se acha envolvido no ato de realizar a própria representação — algo que explica por que o ícone merece uma consideração especial.

Por natureza, esses exemplos estendem uma ponte entre Oriente e Ocidente, norte e sul, ao mesmo tempo em que retratam com clareza tanto a percepção da interespiritualidade como os conjuntos de habilidades que precisam ser ligados a ela, a fim de que se torne iniciadora de profundas mudanças.

Um ícone do Ocidente: o cientista e padre Teilhard de Chardin

No Ocidente, ninguém exemplifica melhor a diversidade inerente à jornada interespiritual do que o padre jesuíta e cientista francês Teilhard de Chardin. Isso é verdadeiro não apenas por causa de sua visão e da profundidade de suas qualificações acadêmicas, mas também pela coragem e grande firmeza com que declarou sua visão centralizada no mundo. Ao mesmo tempo ardentemente leal à sua vocação como padre e à sua própria visão eclética mística e científica, seus livros, hoje famosos, não apareceram impressos durante sua própria vida. Ele se tornou finalmente uma figura *cult*, tanto em sua própria igreja como em todas as religiões do mundo, muito antes que houvesse qualquer reconhecimento oficial de suas concepções visionárias dentro da própria Igreja Católica Romana.

Hoje, a Igreja Católica Romana ainda considera que os pontos de vista teológicos de Teilhard, que incluem uma visão cósmica e universal de Cristo, caem fora de sua corrente principal. No entanto, o catolicismo adotou grande parte de sua visão sobre o desenvolvimento da história da vida na Terra e sua conexão com a origem da consciência humana. Refletindo isso, as visões publicadas pela Igreja Católica Romana sobre a evolução estão entre as mais equilibradas e verdadeiramente científicas do mundo, distinguindo com cuidado o domínio e o método da ciência do domínio da religião e da espiritualidade. O Observatório do Vaticano tem ocupado a linha de frente nos estudos recentes sobre cosmologia e vida extraterrestre.

Hoje, essas visões são lugar-comum entre os católicos romanos, mas para Teilhard, como para outros que pressentiram essas visões desde o início, foi uma longa e árdua estrada que levava à aceitação. Alinhado com nosso comentário segundo o qual com cada catástrofe um novo nascimento está ocorrendo, a própria vida de Teilhard espelha a derrota convertendo-se em oportunidade.

Místico da natureza e cientista. O Irmão Teasdale disse, em *The Mystic Heart*, que quase todos os místicos começam manifestando um profundo sentido de conexão com a natureza. Teilhard, nascido em 1881, sentia essa conexão desde criança. Sua fascinação tornou-se espiritual, mas a curiosidade de seu intelecto também seguiu um caminho científico. Talvez tenha sido natural para seu temperamento adotar o caminho de uma ordem religiosa altamente acadêmica, como a Companhia de Jesus. Como jesuíta, Teilhard recebeu um treinamento exemplar em teologia e filosofia, mas também pôde seguir formação profissional em geologia e paleontologia. Sacerdotes faziam parte do *establishment* acadêmico na França, e assim o jovem Teilhard tornou-se um estudioso sempre presente no museu francês de História Natural, em Paris, e teve alguns dos cientistas mais perspicazes da Europa como seus mentores. Esse caminho aparentemente peculiar serviu-lhe bem porque, quando suas visões teológicas nada ortodoxas puseram sua carreira em perigo, sua destreza em ciência permitiu-lhe prosseguir com seu trabalho global.

Ao longo de curiosos meandros, frequentes exílios, que o afastaram da Europa e foram transmitidos como punições por seus superiores, por causa de infrações doutrinárias, o levaram a realizar algumas de suas mais importantes descobertas científicas. Ele também foi capaz de ter acesso, em outras terras, a livros que haviam sido proibidos na Europa pela Igreja Católica Romana. Um dos que mais particularmente o influenciaram, em sua vida e em sua obra, foi *L'Évolution Créatrice* [A Evolução Criadora], de Henri Bergson, que havia sido proibido pelo Papa Pio X. As visões de Bergson não eram compatíveis com parte da corrente principal da ciência, embora tivessem permitido a Teilhard descortinar uma visão mais holística do desenvolvimento biológico, a qual também poderia conter o espiritual.

Muitas vezes liberado de seus deveres sacerdotais e, portanto, com o tempo em suas mãos, Teilhard conseguiu se juntar à expedição inglesa original dos famosos paleontólogos Arthur Smith Woodward e Charles Dawson, que, por acaso, descobriu os famosos artefatos do Homem de Piltdown — fragmentos de ossos recolhidos de um poço de cascalhos, em Piltdown, em East Sussex, na Inglaterra. Infelizmente para todos os envolvidos, descobriu-se que os fósseis de Piltdown não representavam um ser humano primitivo. No entanto, a associação de Teilhard com esses cientistas britânicos famosos promoveu sua carreira, e logo ele se juntou a expedições para estudar as famosas antigas pinturas rupestres da Europa, além de ter a oportunidade de viajar para a China, em 1919, para trabalhar com o famoso paleontólogo Émile Licent. As diferentes personalidades e talentos de Teilhard e de Licent resultaram em uma parceria de pesquisa notavelmente produtiva.

Foi durante esse período que, com base em sua descoberta de antigos fósseis humanos e suas ferramentas, Teilhard começou a desenvolver suas concepções, semelhantes às pesquisas posteriores de Julian Jaynes, que ligavam a fabricação de ferramentas, a produção do fogo e outras habilidades com o surgimento da consciência humana. Esse foi o nascimento da visão de Teilhard sobre a cosmologia evolutiva, que passava da geosfera para a biosfera e, por fim, para o mundo emergente da consciência humana, um mundo totalmente diferente dos que haviam se manifestado até então — uma camada da existência que Teilhard veio a chamar de "noosfera".

Ao relacionar essa visão com seu próprio misticismo, Teilhard conseguiu imaginar que toda a história do planeta Terra e da humanidade havia sido uma grande ascensão rumo a capacidades cada vez mais elevadas — atingindo até mesmo uma natureza divina, destino futuro que ele chamou de "Ponto Ômega". Ele também acreditava que essa ascensão por meio da evolução significava que os seres humanos são inerentemente "um", e chamou essa visão da unidade de "unanimização" da consciência. Sua visão da evolução seguiu um modelo de desdobramento em espiral, prenunciando as concepções apresentadas atualmente pela Teoria Integral e pela Dinâmica em Espiral.

Controvérsia e exílio. Quando Teilhard voltou à Europa depois de trabalhar com Licent, ele usou sua posição acadêmica para desenvolver, escrever sobre suas teorias e ensiná-las. Isso logo levou ao ressurgimento das punições vindas de seus superiores. Em 1925, ele foi obrigado a assinar um acordo para ficar em silêncio sobre suas visões ideológicas ou deixar a ordem jesuíta. Essa crise causou controvérsias entre seus amigos e colegas. Por causa de sua dedicação à Igreja, e muito provavelmente de sua confiança interior em sua própria experiência espiritual de Deus, ele concordou com os termos dessa restrição. Sem qualquer possibilidade de trabalhar no ensino formal ou acadêmico no Ocidente, ele não teve escolha a não ser voltar à China e, por volta de 1928, estava a caminho do Oriente para aqueles que se tornariam os anos mais produtivos de sua carreira científica. Ao chegar à China, recebeu de imediato um convite para fazer parte da mais prestigiada comunidade de cientistas ocidentais, localizada em Pequim.

Novas descobertas de Teilhard vieram como parte de uma expedição que descobriu o Homem de Pequim, um elemento fundamental para o nosso conhecimento do desenvolvimento humano. Em seguida, ele se juntou à Expedição à Mongólia Central, patrocinada pelo American Museum of Natural History, que logo se tornou famosa graças aos livros populares de Roy Chapman Andrews, figura emblemática entre os escritores exploradores aventureiros do início do século XX, que mais tarde tornou-se diretor do American Museum. Carregando um revólver de seis tiros, Andrews costuma ser citado como a pessoa histórica por trás do personagem fictício Indiana Jones. Como autor de um livro para crianças, bem como de manuais acadêmicos, foi também um dos fundadores dos escoteiros-mirins. Apesar de Teilhard não procurar a fama, suas conexões ajudaram a levá-la até ele, tanto que ele é considerado o personagem histórico por trás de personagens em pelo menos seis romances ou filmes, sendo que o mais conhecido deles é o de Jean Telemond, do *best-seller As Sandálias do Pescador*, de Morris West.

Publicação póstuma de suas obras famosas. Banido da atividade teológica, o objetivo de Teilhard foi completar a sua obra agora clássica *Le Phénomène Humain,*[*] de modo que ficasse disponível no caso de sua morte. Talvez tenha sido por acaso que o destino desse livro acompanhasse as voltas e reviravoltas da

---

[*] *O Fenômeno Humano*, publicado pela Editora Cultrix, São Paulo, 1988. (fora de catálogo)

incerta relação de Teilhard com a Igreja. Durante visitas à Europa, ele tentou submeter versões revisadas de sua obra à aprovação dos censores religiosos. Mas nenhum desses esforços deu fruto. Em estado de exaustão, em 1947 ele sofreu um sério ataque cardíaco, justamente quando esperava se restabelecer no mundo acadêmico europeu, em resposta às prestigiosas ofertas que lhe foram trazidas por sua fama científica, uma delas pela mais prestigiada universidade da França, a Sorbonne. Embora tivesse sido premiado com o mais alto prêmio acadêmico e intelectual da França, a Legião de Honra, as autoridades da Igreja não permitiram que ele aceitasse qualquer uma dessas ofertas. Em vez disso, ele foi aconselhado a mudar-se para os Estados Unidos, onde as liberdades acadêmicas dentro da Igreja eram um tanto menos rígidas.

Os superiores de Teilhard aceitaram a sua transferência para os Estados Unidos, onde ele viveu em relativa obscuridade em uma comunidade jesuíta, em Manhattan, e conseguiu finalizar *O Fenômeno Humano*, e outras obras, sem que fosse impedido pelas revisões que lhe poderiam ser exigidas caso ele tivesse conseguido realizar outras versões que devessem passar pelos censores da Igreja. Ele conseguiu visitar a França mais uma vez, em 1954, e morreu no Domingo de Páscoa de 1955.

O Fenômeno Humano foi publicado em francês em 1955, em inglês em 1959 e, posteriormente, em outros 15 idiomas. Um tratado visionário sobre o desenvolvimento geológico, biológico e humano — que inclui uma visão de mundo ao mesmo tempo científica e espiritual —, é um clássico para os holistas, mas também permanece controverso para o pensamento oficial conservador tanto em biologia científica como em teologia. Típico dos livros que se posicionam entre as ortodoxias de diferentes domínios culturais, *O Fenômeno Humano* ou é desprezado como "anticientífico", como no caso do prêmio Nobel de biologia Peter Medawar, ou louvado como desbravador, como no caso dos grandes cientistas e pensadores que formaram um comitê a fim de assegurar a publicação oportuna da obra de Teilhard após sua morte. Esse comitê incluiu nomes famosos como o dr. Arnold Toynbee, Sir Julian Huxley e André Malraux.

Depois de sua morte, as obras de Teilhard de Chardin tornaram-se fundamentais para movimentos, organizações, federações e institutos inteiros dedicados à sua visão, ou a visões semelhantes à sua, que consideram o desenvolvimento biológico e humano com base em uma perspectiva integrativa e holística. Pintores e escultores dedicaram obras a ele, e até mesmo uma sinfonia foi escrita em sua homenagem. Seguindo seus passos, notáveis cientistas e futurólogos desenvolveram aspectos suplementares de suas obras de grande alcance. Entre as personalidades mais destacadas que creditam a obra de Teilhard como sua inspiração encontram-se o famoso arquiteto e futurista Paolo Soleri e, no âmbito da biologia oficial, o dr. Robert Wright, autor de dois livros influentes: *The Moral Animal* e *Nonzero: The Logic of Human Destiny*. O trabalho de Wright, por si só, é digno de menção, pois se refere ao que hoje é chamado de movimento da Consciência Evolutiva.

Talvez o mais apropriado para resumir o legado de Pierre Teilhard de Chardin seja o título de uma coletânea de contos que registram sua memória, escrita por Flannery O'Connor, *Everything that Rises Must Converge* [Tudo o Que Se Levanta Precisa Convergir].

Ícones do Oriente: Sri Aurobindo e A Mãe na Índia

Poucos de nós poderiam desempenhar os papéis de guru, sábio, estudioso erudito, figura de importância política fundamental para toda uma nação e futurista, mas Sri Aurobindo — que recebeu o nome Aurobindo Ghose em seu nascimento, em 1872, na Índia — conseguiu realizar exatamente essa façanha. Poucos de nós poderiam reunir e combinar nossos talentos com os de outra pessoa do sexo oposto e igualmente dinâmica e fundamental, reunindo assim as energias masculina e feminina, mas Aurobindo também conseguiu isso, em seu relacionamento espiritual e surpreendentemente produtivo de quase 40 anos com a francesa Mira Alfassa (1878-1973), que se tornou conhecida na Índia e em todo o mundo como "A Mãe".

Hoje, Auroville, comunidade experimental da Índia baseada em visões globalistas e holísticas, é um farol para o desenvolvimento da mensagem holística global. Mas há nisso mais coisas que têm importância para a história. Pessoas que ainda estão vivas e que os conheceram dizem que Aurobindo e A Mãe dedicavam atenção especial ao empenho em reunir o Oriente e o Ocidente. Durante muitos anos, Aurobindo deixou as operações diárias de sua comunidade espi-

277

ritual para sua companheira e membros da comunidade, enquanto trabalhava horas e horas em seus tratados espirituais e sociológicos. Ele sabia que, com a convergência das culturas do mundo, viria um tempo em que a mente ocidental, tão dominante no século XIX, se comprovaria insuficiente para responder de maneira adequada ao desafio de um novo futuro para a nossa espécie, o que exigiria a contribuição da mente oriental. Percebendo que os movimentos pelo desenvolvimento do Ocidente — aqueles que inauguraram as sínteses que se tornaram a Teoria Integral e a Dinâmica em Espiral — acabariam por descobri-lo, Aurobindo se tornou um escritor e pensador que concentrou esforços na perspectiva do desenvolvimento, e isso a tal ponto que seus escritos ocupam hoje uma posição central com relação às sínteses globais apresentadas por futuristas e defensores da Visão Integral.

Entre suas obras volumosas, uma das joias de Aurobindo é a que inclui seus comentários sobre as diferenças naturais entre mentes orientais e ocidentais. Uma metáfora convincente que ele ofereceu foi a de que, se nós compararmos a estrutura da realidade com um colar, reconheceremos que a mente ocidental oferece especialização e perícia em cada detalhe de cada conta do colar, enquanto a mente oriental vê o fio que conecta todas as contas. Aurobindo concebia as mentes orientais e ocidentais como aspectos complementares do tipo de mente holística necessário para uma civilização planetária bem-sucedida. Suas obras mais famosas são os escritos filosóficos de *The Life Divine* e sua compreensão das tradições espirituais hinduístas em *The Synthesis of Yoga* Ele também foi o autor de uma das mais famosas obras poéticas em língua inglesa, *Savitri*, em muitos volumes.

A reunião do Oriente e do Ocidente. Aurobindo recebeu sua instrução no Ocidente, a qual começou quando, ainda criança, ele fora enviado para a Inglaterra a fim de estudar — inicialmente em St. Paul' School, em Londres, e, em seguida, no King's College, em Cambridge. Notável estudioso, tornou-se um reconhecido especialista não apenas nos clássicos, mas também em literatura inglesa. Enquanto estava na Universidade de Cambridge, os acontecimentos na Índia no período colonialista o posicionaram como líder em potencial do povo indiano. Desde cedo, ele havia percebido que a Inglaterra não conseguiria manter por muito mais tempo o controle sobre a Índia, e que a própria Índia teria de assumir a responsabilidade de criar uma civilização moderna arraigada em sua própria cultura, o que incluiria o desempenho de um papel de destaque no mundo. Por isso, com 21 anos de idade, Aurobindo voltou à Índia a fim de apoiar o movimento de independência.

Incerto em relação à melhor maneira que a Índia poderia adotar para prosseguir em seu movimento pela independência, Aurobindo cogitou em apoiar o ativismo direto e imediato, e até mesmo a rebelião, mas se sentiu atraído pela herança espiritual da Índia, que poderia capacitar não apenas o indivíduo empenhado em operar sua transformação pessoal, mas também a sociedade, dando apoio à transformação nacional. Tornando-se um ardente estudioso das disciplinas yogues, ele ficou sob a tutela de um famoso yogue hinduísta, Vishnu Bhaskar Lele, e logo começou a ter experiências de grande profundidade espiritual — fato que lhe serviu muito bem, uma vez que suas atividades políticas o colocaram nas mãos da polícia. Durante seu encarceramento na prisão central de Calcutá, seu yogue fez arranjos para que ele recebesse a visita do venerado sábio hinduísta Vivekananda, que também era famoso no Ocidente. Graças a isso, ele experimentou, nesse período, algumas de suas percepções mais desbravadoras e profundas, as quais lhe abriram caminho para uma compreensão espiritual universal. Elas giravam em torno de uma consciência superior da unidade, a que ele se referia como "supermente", uma condição que ele acreditava existir em potencial em todos os seres humanos e um caminho que tornaria nossa espécie capaz de construir um mundo transformado.

Em seu julgamento, em 1908, felizmente para a história do mundo, Aurobindo foi absolvido. O julgamento e os relatos públicos sobre suas experiências o impeliram a adquirir proeminência nacional. Mas seus escritos sobre espiritualidade e sobre o futuro político da Índia tornaram-se tão populares que ele voltou a se envolver em controvérsias políticas — a tal ponto que, em 1909, o vice-rei britânico e governador-geral da Índia rotularam-no como o homem mais perigoso na Índia, obrigando-o a fugir. Felizmente, a Índia também tinha áreas coloniais controladas pelos franceses, o que lhe permitiu refugiar-se em Pondicherry, chegando lá na primavera de 1910.

Trabalhando nessa área colonial francesa independente, Aurobindo, na década seguinte, não só estabeleceu uma influente comunidade espiritual que cresceu com grande rapidez como também completou a maior parte de sua volumosa obra literária, e sobre sociologia, política e espiritualidade, pela qual ele é mundialmente renomado. A essas dezenas de volumes, somam-se milhares de cartas coletadas, que ele compartilhara com centenas de seus alunos — muitos dos quais se tornaram figuras proeminentes em espiritualidade, em política e no movimento de independência da Índia — e que respondem com justiça por sua fama.

A colaboração com sua companheira espiritual, "A Mãe". Aurobindo também figura na história espiritual pela aguçada percepção que o levou a prever o papel central que a mensagem feminina passaria a desempenhar, além do papel do divino feminino, na história da transformação do nosso planeta. Em 1914, ele recebeu a visita de uma escritora, artista e espiritualista francesa muito conhecida, Mirra Alfassa. Nascida de pais turcos e egípcios, em 1879, em Paris, Mirra tornou-se uma das principais figuras da vida cultural e espiritual parisiense e tinha entre seus amigos muitas pessoas da elite da sociedade francesa e dos seus círculos intelectuais e artísticos. Aurobindo e Mirra reconheceram imediatamente que um vínculo espiritual os ligava, um vínculo que, como ambos intuíram, teria implicações históricas.

Aurobindo reconheceu Mirra como uma pessoa que se igualava a ele espiritualmente e uma companheira capaz de acompanhá-lo na elaboração de sua obra visionária. Em 1920, ela passou a viver em Pondicherry e, em 1924, Aurobindo delegou a ela a gestão de quase todos os assuntos da comunidade espiritual para que ele pudesse concentrar-se em seus escritos, os quais ele tinha a certeza de que se tornariam indispensáveis para o advento da globalização que ele previa para o mundo. Por reconhecer o papel do divino feminino para a era unitária, Aurobindo começou a referir-se a Mirra como "A Mãe" e tornou proeminente o papel que ela incorporava em seus escritos. O nome "A Mãe" tornou-se aquele pelo qual Mirra passou, então, a ser conhecida na Índia e em todo o mundo. A independência da Índia foi anunciada em 15 de agosto de 1947, justamente a data em que Aurobindo comemorou seu 75º aniversário. A transição de Sri Aurobindo ocorreu em 1950.

Após a morte de Aurobindo, A Mãe continuou a promover as inovações pioneiras que ela concebera com ele em seu *ashram* e na visão que ambos elaboraram de uma comunidade multinacional, que iria expressar seu conceito do futuro do planeta centralizado no mundo. Essa visão, que se transformou na cidade experimental indiana de Auroville, ganhou reconhecimento mundial, especialmente graças a publicações das Nações Unidas e da UNESCO, ao longo de todo o período que abrange os meados do século XX. A inauguração de Auroville, em 1968, contou com a participação de representantes de mais de cem nações. Sua obra como uma instituição internacional de orientação, prosseguiu com suas atividades desde essa época, com membros de destaque da comunidade, como Aster Patel e Sraddhalu Ranade, viajando pelo mundo.

Nos últimos anos antes de sua morte, ocorrida em 1973, A Mãe também publicou várias grandes obras espirituais, elaborando ainda mais sua compreensão da herança espiritual do mundo, do potencial da humanidade e, em particular, do futuro do corpo humano como o recipiente para um ser que está transportando consciência para níveis progressivamente mais elevados de perfeição física, espiritual e ética.

Como no caso de Teilhard de Chardin, os temas centrais de Aurobindo e de A Mãe foram a visualização de uma humanidade amadurecida, que compartilhará uma consciência da unidade e construirá um mundo que refletirá esses ideais. Para Teilhard, a humanidade estava se encaminhando para o Ponto Ômega, para onde a Consciência de Cristo a estava apontando e que lhe fora ensinado por Jesus de Nazaré. Para Aurobindo e A Mãe, tratava-se da manifestação do divino, ou da Supermente, em toda a humanidade.

Como Aurobindo previra, seus escritos foram descobertos pelos escritores do século XX cuja visão centralizava-se no desenvolvimento, e tomaram seu lugar no processo de ajudar a criar a visão e a herança que passaram a se desdobrar ao longo das Eras Integrativa e Holística, e da era Global que está se aproximando. Os escritos de A Mãe elaboraram as implicações desse potencial para a vida espiritual e as aspirações de todos os que desejam fazer parte do crescimento do mundo em sua Era Global.

O Irmão Teasdale e as primeiras raizes da interespiritualidade. Assim como Charles Darwin foi o autor da síntese da evolução com base em obras de um grande número de precursores históricos, *The Mystic Heart*, do Irmão Wayne Teasdale, parece ter preenchido esse papel para o paradigma interespiritual emergente.

Vivendo e escrevendo como eremita oficial para a diocese Católica Romana de Chicago, Teasdale teve o tempo e o conhecimento necessários para produzir essa síntese.* Ele passou algum tempo em comunidades monásticas contemplativas e no Movimento do Ashram Cristão Oriental, conheceu a maior parte das celebridades espirituais de seu tempo e completou um doutorado em teologia na Universidade Fordham, de Nova York, escrevendo sobre o pensamento interespiritual de seu mentor, o padre Bede Griffiths. Teasdale considerava tanto Griffiths como o padre Thomas Keating como seus "pais" espirituais.

As raízes do movimento interespiritual remontam à época em que os missionários ingleses e franceses foram para a Índia, nos tempos coloniais, e descobriram a profunda sabedoria que sustentava essa cultura asiática. Isso começou com o padre jesuíta francês Roberto de Nobili no século XVI. As ordens religiosas católicas da era colonialista eram constituídas por exploradores e também por estudiosos, com alguns deles de mente mais aberta do que outros. A exploração levou ao conhecimento erudito e o conhecimento erudito levou a um aumento de compreensão. Textos antigos inteiros precisaram ser traduzidos para o inglês a fim de que, em seguida, pudessem ser compreendidos pela mente ocidental. Por volta do século XIX, proeminentes católicos que também apreciaram as raízes espirituais universais da cultura indiana emergiram. Uma sequência desses indivíduos levou ao que se tornou conhecido, por volta do fim do século XIX, como o movimento do Ashram Cristão — o *ashram* sendo o lugar em que a sabedoria espiritual poderia ser procurada.

Seguindo Brahmabandhab Upadhyay, homem santo hinduísta e católico convertido do fim do século XIX, vários padres cristãos também se tornaram reconhecidos como gurus hinduístas. Os mais famosos entre eles foram pioneiros do início do século XX, como o padre Jules Monchanin (também conhecido como Swami Parah Arubi Ananda), o padre Henri le Saux (conhecido como Swami Abhishiktananda), Swami Ajatananda (sucessor de Abhishiktananda)

---

* Repare-se que, embora a interespiritualidade sintetize as visões de mundo de grande número de precursores e contemporâneos animados pelo mesmo espírito unificador que a caracteriza, a própria interespiritualidade não sintetiza religiões e espiritualidades — uma vez que, em geral, suas doutrinas são irredutíveis à unificação —, mas procura unificar não dualisticamente as experiências profundas do "coração místico" que pulsa em todas elas, isto é, a percepção não dualista que Teasdale chama de "consciência da unidade". (N.T.)

e o padre Bede Griffiths (conhecido como Swami Dayananda). Seu trabalho conjunto culminou na fundação da comunidade interespiritual Shantivanum, em Tannirpalli, em Tamil Nadu, na extremidade sul da Índia. Desse *ashram* vieram não apenas o Irmão Teasdale, mas também outras das primeiras vozes interespirituais, como Andrew Harvey (a moderna voz do Ativismo Sagrado) e Russill Paul (professor, músico e pioneiro da Yoga do Som).

18

Em direção à consciência da unidade

"Juntos nós ficamos de pé, divididos nós caímos."
— Pink Floyd

O SALTO QUE NOS LEVA DE ALGUNS GIGANTES HISTÓRICOS A UMA ideia em evolução, uma ideia destinada a alcançar sua própria maré alta, reflete a própria pirâmide de desenvolvimento da natureza. E, como acontece na natureza, com o tempo o número e a diversidade de qualquer comunidade podem aumentar de maneira exponencial. É isso o que está ocorrendo com o movimento da consciência evolutiva, com a soma total dessa grande reunião, ou fusão conjunta, que ocorre ao longo dos séculos, a qual está tentando definir o potencial da humanidade.

Há uma elegância no fato de a evolução da consciência ser, essencialmente, o mesmo processo que Darwin reconheceu na natureza há um século e meio. O processo é eterno, e sua progressão é cheia de resultados emergentes em cada um de seus meandros. Quão curioso é o fato de essa realidade, tão evidente por si mesma em nossa vida cotidiana, ter ficado, de algum modo, perdida na humanidade moderna. A esperança e a promessa inerentes à simples emergência do movimento esquivou-se durante algum tempo do nosso sentido de destino, congelado na terra plana por dogmas que emergem da cultura.

Enquanto a espiritualidade é dinâmica, a religião exige resultados fixos. Esses resultados apelam para a mente simiesca da humanidade, que ainda está em desenvolvimento, pois esses resultados são fáceis de lembrar e, portanto, fáceis de ser perpetuados. Vemos essas manipulações na política todos os dias.

Há, hoje, mais de 4 mil tradições religiosas. Historicamente, é provável que esse número tenha excedido 60 mil.[75] Quase todas elas realçam algum tipo de visão de mundo estática — quem somos, de onde viemos e para onde estamos indo — e, em sua maioria, elas estão em desacordo umas com as outras. A visão interespiritual de que tudo isso tenha sido um só fluxo, uma só experiência, que agora se move rumo à sua plena apreciação em uma era globalizada e multicultural, oferece uma diferente perspectiva que expõe à vista de todos visões de mundo estáticas — assim como a teoria de Darwin o fez na década de 1860.

200 anos e 2 mil livros

Nomes como Deepak Chopra, Barbara Marx Hubbard, Lynne McTaggart, Ken Wilber, Don Beck e Andrew Cohen são bem conhecidos. Mas há um número significativo de reconhecidos líderes envolvidos nessa maré alta do movimento da consciência evolutiva. Um grupo que se autodenomina Evolutionary Leaders registra 60 nomes.[76] No entanto, o fenômeno é muito mais complexo.

Assim como éons atrás havia tantas espécies e tamanhos de dinossauros voadores como há aves atualmente — e não apenas os pomposos gigantes que povoam nossos livros sobre dinossauros —, há pelo menos dois séculos de escritores e pioneiros e pelo menos 2 mil livros mais importantes que articulam essa progressão. Se olharmos para trás, poderemos datar as raízes dessa realização globalizante como a época da mais antiga situação em que ficamos em cima do muro, duplamente solicitados tanto pelas Grandes Tradições de Sabedoria do mundo como pelas implicações da ciência moderna. Isso nos coloca diretamente no período entre os meados e o fim do século XIX, quando Darwin publicou *A Origem das Espécies* — justamente quando nossa espécie embarcava em uma época que chamamos de Quarto Grande Avanço.

---

[75] adherents.com.
[76] evolutionaryleaders.net.

Origens do movimento da consciência evolutiva

Em meados do século XIX, começamos a reconhecer claras evidências de diálogos e sínteses entre o espiritual e o científico. Quando o século XIX se encerrava, já havia sido realizado um Parlamento das Religiões do Mundo (em Chicago, em 1893), no qual as relações entre o espiritismo e a ciência do século XX foram investigadas, pouco menos de 20 anos após a fundação da Sociedade Teosófica e do aparecimento de textos fundamentais sobre a relação entre os conhecimentos objetivo e subjetivo por pesquisadores como William James, Sigmund Freud e C. G. Jung.

Com o início do século XX, ocorreu uma vibrante mistura de conhecimentos orientais e ocidentais, de compreensão e discernimento entre ambas as espiritualidades, que adquiriu proeminência na literatura do Primeiro Mundo, com nomes conhecidos por quase todos os leitores ávidos: D. T. Suzuki, Evelyn Underhill, P. D. Ouspensky e Rudolf Steiner, cada um dos quais tentou lançar uma ponte para fechar a lacuna entre o científico e o espiritual — como no caso de A Evolução Criadora, de Henri Bergson, cuja influência estendeu-se internacionalmente, à qual se somou a visão emergente, baseada no desenvolvimento, de autores como James Mark Baldwin e Jean Piaget.

À medida que o século XX progredia, culturas ocidentais dominadas pelo cristianismo foram varridas por um dinamismo transcultural semelhante nos escritos sobre o mito e a religião de Joseph Campbell, no Eu e tu, de Martin Buber,[77] na filosofia de Alfred North Whitehead, nas análises históricas realizadas por Arnold Toynbee sobre a ascensão e a queda das culturas e no clássico de Arthur Lovejoy, The Great Chain of Being [A Grande Cadeia do Ser],[78] conhecido por quase todos os estudantes de religião, se eles chegaram a pisar, mesmo que por um momento, fora da tradição de seu nascimento.

Todas essas obras refletem nossa caracterização do Quarto Grande Avanço, que continuou até depois da Segunda Guerra Mundial. Quando essa guerra estava prestes a mergulhar o mundo na incerteza, a descoberta do LSD e a

---

[77] Em alemão: 1923; em inglês: 1937; em português: 1974.
[78] Veja Lovejoy, A. O., 1936, na bibliografia; daqui em diante, todos os títulos de livros sobre o movimento da consciência evolutiva não especificados nas notas de rodapé aparecem na bibliografia.

popularização de outras substâncias psicodélicas, naturais e sintetizadas, introduziram um caminho incerto para a busca subjetiva humana. J. Krishnamurti, que veio da teosofia, enfatizou a enigmática "terra sem caminho", enquanto o livro *Autobiografia de um Iogue*, de Paramahansa Yogananda, adquiriu um *status* de *best-seller* de sucesso astronômico.

Quando ultrapassamos as guerras mundiais e ingressamos na época integrativa, textos sobre a perspectiva integral começaram a aparecer em profusão. Na Europa, Frithjof Schuon escreveu sobre *A Unidade Transcendente de Todas as Religiões*, em 1948. No mesmo ano, Thomas Merton ingressou no monaquismo contemplativo, de onde popularizaria a jornada subjetiva para milhões de leitores. Dentro desse período pós-guerra, a psicologia ocidental atingiu uma maré alta clínica, com obras que surgiam sobre o amor, o sexo, a aprendizagem e as definições clínicas de doença psicológica. Já nos referimos à obra de Aurobindo, bem como à de Teilhard de Chardin, ambas desse período. As sínteses de Karl Jaspers relataram a ascensão das religiões do mundo na Era Axial e introduziram o léxico de filósofos orientais nas filosofias do Ocidente.

Os fenômenos da década de 1960 são, naturalmente, lendários nesse ponto culminante e incluem uma onda contracultural internacional que abarcou todos os aspectos da cultura, desde a música, a arte e a espiritualidade *pop* até o reconhecimento dos perigos com que a nossa espécie poderia se defrontar no futuro — a poluição, a superpopulação, a competição pelos recursos, a ganância e a corrupção corporativas e a guerra. Nos Estados Unidos, essa era também foi a do movimento pelos direitos civis e a da obra do dr. Martin Luther King, Jr.

A consciência evolutiva na cultura popular

Esse limiar de um grande desenvolvimento, que se abriu entre as décadas de 1950 e 1960 foi também a era dos poetas "beat", ou da "geração *beat*", lembrada por muitos leitores por um grupo de nova-iorquinos que a representaram: Allen Ginsberg (*Howl*, 1956), William S. Burroughs (*Naked Lunch*, 1959) e Jack Kerouac (*On the Road*, 1957). A palavra "beat" tem vários sentidos, significando inicialmente "beat down" (derrubar, nocautear, abater) — referência ao tom revolucionário da era. Porém, quando a geração *beat* fundiu-se de maneira quase "sem costura" aos movimentos *hippie* e pela paz (*peacenik*), da década de 1960, o significado mudou de direção. Em coerência com a linguagem paradoxal da espiritualidade oriental manifestada por todo o Ocidente, "beat" passou a significar "com o *beat* [a batida, ou o ritmo, ou o compasso]", ou seja, com o mesmo ritmo que acompanhava (e promovia) a mudança ou a evolução.* A mensagem desse radicalismo das décadas de 1950 e 1960 já era coerente com aqueles que se tornaram os princípios implícitos do movimento da consciência evolutiva e da visão do Irmão Teasdale sobre a Era Interespiritual emergente: paz e tolerância, rejeição do materialismo e do nacionalismo militante e uma adoção dos elementos da arte e do coração,** bem como dos elementos místicos, de nossa humanidade.

Muitos leitores reconhecerão com facilidade suas próprias experiências especiais nessa era. Se você lê ficção, irá se lembrar das mensagens populares e cheias de ardor selvagem de J. D. Salinger (*Franny e Zoey, O Apanhador no Campo de Centeio*), de Hermann Hesse (*O Lobo da Estepe* e *Sidarta*)*** e de William Golding (*O Senhor das Moscas*). Se você lê assuntos espiritualistas, irá se lembrar de Shunryu Suzuki (*Mente Zen, Mente Principiante*], de Alan Watts (*This Is It***** e *Psychotherapy East and West* [Psicoterapia Ocidental e Oriental]), os *tours* norte-americanos de Maharishi Mahesh Yogi e o influente panorama cultural apresentado em *Religion in the Secular City* [A Religião na Metrópole Secular], de Harvey Cox, da Harvard Divinity School. A elaboração, por Aldous Huxley, das obras *Filosofia Perene******* e *Admirável Mundo Novo********* que também ficaram famosas a partir desse momento.

---

* Outro significado-chave e esclarecedor da importância que a espiritualidade alternativa tinha para a geração *beat* — que cultuava, em particular, o zen-budismo — está no fato de *beat* abreviar o adjetivo "beatífico". (N.T.)

** Trocadilho intraduzível unindo coração e arte: *heartistic*. (N.T.)

*** Outro livro-chave de Hermann Hesse transformado em *cult* por grande parte da geração psicodélica da época foi *Viagem ao Oriente*, o qual alimentou sonhos de que o tesouro espiritual para onde suas viagens psicodélicas apontavam estava no Oriente místico. (N.T.)

**** Ao pé da letra, "É Isso", traduzido como *O Zen e a Experiência Mística*, publicado pela Editora Cultrix, São Paulo, 1989, fora de catálogo. Esse livrinho contém importantes ensaios, que se tornaram *cults* para toda a geração psicodélica, em particular "A nova alquimia", que examina os elementos em comum entre a experiência espiritual autêntica e a experiência com o LSD. (N.T.)

***** Elaboração essa que resultou em uma das obras mais importantes do século XX, sobre a confluência e a unidade interespiritual de todas as sabedorias vindas das filosofias religiosas. Em português: *A Filosofia Perene*, publicado pela Editora Cultrix, São Paulo, 1991, fora de catálogo. (N.T.)

****** Em *A Ilha*, seu último (e grande) romance, publicado em 1962, uma utopia para se contrapor ao *Admirável Mundo Novo*, pode-se reconhecer uma previsão do massacre do sonho psicodélico

Estudiosos da ciência também se lembrarão de um livro fundamental de Rachel Carson, sobre a poluição, *Silent Spring* [Primavera Silenciosa]; da compilação *The Limits to Growth* [Os Limites do Crescimento], pelo Clube de Roma, e de *The Population Bomb* [A Bomba Populacional], de Paul Ehrlich. Os sociólogos, muitas vezes, referem-se a esses livros como literatura apocalíptica da era moderna. Os seguidores das perspectivas que se abriram, na época, à psicologia nunca se esquecerão de suas leituras de *The Divided Self* [O Eu Dividido] e de *The Politics of Experience* [A Política da Experiência], de R. D. Laing, juntamente com *The Myth of Mental Ilness* [O Mito da Doença Mental], de Thomas Szasz. No gênero do holismo, quase todos conhecem *Toward a Psychology of Being* [Introdução à Psicologia do Ser], de Abraham Maslow, e *The Structure of Scientific Revolutions* [A Estrutura das Revoluções Científicas], de Thomas Kuhn; este último foi o livro que revelou e nos ajudou a compreender o fenômeno dos paradigmas.

Poucos não sabem dos Beatles e de seu flerte com a espiritualidade oriental ou do fenômeno mais amplo do "*rock* psicodélico" (testemunhado pelas centenas de milhares de acessos a canções psicodélicas no YouTube até mesmo atualmente). Nessa era de colisão entre a visão transformadora e a cultura *pop*, os roqueiros The Doors tiraram seu nome da pena prolífica de um famoso visionário contemporâneo, o escritor Aldous Huxley, cujos livros *As Portas da Percepção* e *Admirável Mundo Novo* sempre foram imensos sucessos literários. Igualmente lembrados são estes outros ícones dessa época *flamboyant*: as experiências psicodélicas realizadas por Timothy Leary e Richard Alpert* na Universidade de Harvard e as controvérsias que giraram em torno dos artistas *pop* "hips" Andy

---

e místico, que recairia sobre a geração em vias de surgir, impetrado, no caso desse excepcional romance-ensaio, pela ganância e pelo materialismo que se abateram sobre a Ilha, para os quais o único valor que ela abrigava eram suas ricas reservas de petróleo. (N.T.)

* Há um relato anedótico segundo o qual o psicólogo Richard Alpert, antes de se transformar no famoso guru Ram Dass, fora visitar a Índia com o propósito de "ensinar o pai-nosso ao vigário", isto é, divulgar o importante papel que o LSD poderia desempenhar no desencadeamento da experiência da iluminação. Quando um dos mestres recebeu uma dose alta (que ele pediu para repetir!), Alpert, ao término da experiência, e depois de lhe fazer a inevitável pergunta: "Então, o que achou?", recebeu o veredito: "De fato, o LSD é bom, mas meditação é muito melhor". Alpert ficou tão chocado que abandonou seu proselitismo e passou a se dedicar de corpo e alma à meditação yogue, acabando por se tornar Baba Ram Dass. O exemplo de Richard Alpert é emblemático do papel positivo que o uso de substâncias psicodélicas teve para todo um setor da geração da década de 1960, seriamente empenhado em sondar — e desenvolver — a experiência espiritual profunda. (N.T.)

Warhol e Roy Lichtenstein. Cada fonte de ideias e pensamentos retrata o memorável mantra de Marshall McLuhan da época: "O meio é a mensagem".

Graças a esses fenômenos populares, as raízes da mensagem da consciência evolutiva penetram ainda mais fundo nos substratos da cultura mundial do que costumamos compreender. Com excepção dos setores fundamentalistas do mundo, impermeáveis à informação, a miríade de personagens e movimentos deixou não apenas a marca indelével de uma visão mais holística do mundo, mas também um impulso nessa direção.

A era holística atinge a maioridade

Não deveria nos surpreender o fato de a crista do movimento da consciência evolutiva emergente, do qual a interespiritualidade é parte, ter começado por volta do ano 1970, com o Quinto Grande Avanço, o Sonho do Holismo. Grande parte dessa demarcação é resultado da influência da nova física e, com ela, de um reconhecimento da profunda sincronicidade existente entre as vias de conhecimento interior e exterior da humanidade. Foi nessa época que começou a emergir a primeira literatura na qual a Terra era considerada um organismo integrado (que resultou na "Gaia" de James Lovelock). A partir de 1969, livros agora clássicos começaram a aparecer e a fundir culturas do conhecimento que antes eram divididas: a compilação *Altered States of Consciousness* [Estados Alterados de Consciência], de Charles Tart, a obra *On Death and Dying* [Sobre a Morte e o Morrer], de Elizabeth Kübler-Ross, e a terapia *gestalt* de Fritz Pearls.

Em 1976, as implicações da nova física foram amplamente popularizadas no *best-seller The Tao of Physics*,* de Fritjof Capra. A mesma mensagem foi levada às comunidades contemplativas e monásticas de todo o mundo, ao longo de toda a década de 1980, pela interespiritualidade do próprio padre Bede Griffiths, em uma série de viagens de palestras e de artigos publicados em periódicos proeminentes. Em 1970, o *best-seller The Dancing Wu Li Masters* [A Dança dos Mestres de Wu Li], de Gary Zukav, promoveu esse diálogo em uma escala mundial e ganhou o American Book Award for Science.

_____

* *O Tao da Física*, publicado pela Editora Cultrix, São Paulo, 2ª edição, 2011.

Toda a pura e rica variedade e o grande número de desenvolvimentos nos campos acadêmicos ao redor do mundo, mais e mais finamente granulados, elaboraram o significado e as implicações de um mundo que impulsionava a si mesmo em direção a perspectivas múltiplas e à integração holística.

Seleção de desenvolvimentos que se manifestaram durante a época holística emergente

Instituições e organizações: A fundação de quase uma dúzia de seminários interconfessionais, o California Institute of Integral Studies, a Sofia University (que antes se chamava Institute for Transpersonal Psychology), o The Claritas Institute, o Sophia Institute, o Hoffman Institute, o The Association for Global New Thought, o World Wisdom Council, a World Wisdom Alliance, a World Commission on Global Consciousness, a Alliance for a New Humanity, o EnlightenNext, a Conflict Transformation Collaborative, a United Religions Initiative, a The Foundation for Conscious Evolution, o General Evolution Research Group, a International Society for Systems Sciences, o The Social Healing Project, o The Oneness Project, o Institute of Noetic Sciences e as organizações construídas em torno do *Um Curso em Milagres*.

Centros e associações: Esalen e Tassajara Hot Springs na Califórnia, o California Institute of Asian Studies, o Naropa Institute no Colorado, o grupo Snowmass Initiatives, o Omega Institute for Holistic Studies em Nova York, o Blue Spirit Costa Rica, o Edinburgh International Center for Spirituality and Peace, o Integral Institute and Integral Multiplex (virtual), o Interspiritual Dialogue in Action, o Interspiritual Multiplex (virtual), o Spiritual Paths Institute, o Evolutionary Leaders, o Agape International Spiritual Center, a Contemplative Alliance, o The Charter for Compassion e o movimento Occupy.

Publicações e mídia: A editora Shambhala Publications, o *Journal of Transpersonal Psychology*, o *Journal of the Scientific Study of Religion*, o *The Yoga Journal*, o periódico *What is Enlightenment?*, a rádio New Dimension, a rádio Namaste, os periódicos *ReVision, Parabola, Somatics, Kosmos* e *Consciousness and Culture*, a série de livros da Universidade Estatal de Nova York sobre um pós-modernismo holístico.

Conferências mundiais de importância seminal: O restabelecimento dos Parliaments of the World's Religions, as conferências de cúpula do Temple of Understanding sobre as religiões do mundo, várias conferências de cúpula das Nações Unidas baseadas em temas, a primeira Conference on Voluntary Control of Internal States, a primeira conferência da Association of Humanistic Psychology sobre a psicologia transpessoal, as Transpersonal Conferences internacionais, as conferências internacionais sobre A Unity of the Sciences, as conferências Esalen sobre ecopsicologia, a Kyoto World Conference on Religion and Peace e a Science and Nonduality Conference.

A emergência do paradigma integral: A década de 1970 também viu a publicação de sínteses que estabelecem paradigmas de fundamental importância para o pensamento da era holística, as quais se estendem de *The Origin of Consciousness in the Breakdown of the Bicameral Mind* [A Origem da Consciência no Colapso da Mente Bicameral], de Julian Jaynes, até a Teoria Integral de Ken Wilber, de massiva influência, iniciada em 1977, com *The Spectrum of Consciousness,*[*] obra fundamental desenvolvida a partir de uma protoversão que ele publicou em 1975, no *Journal of Transpersonal Psychology*, "Psychologia Perennis: The Spectrum of Consciousness", e prosseguiu com mais de 20 livros atualmente disponíveis em mais de 40 idiomas. Com base na Teoria Integral, desdobrou-se também a compreensão proporcionada pela abordagem da Dinâmica em Espiral, desenvolvida por Don Beck e Chris Cowan, bem como outras visões da realidade, em grande medida arraigadas na obra de Arthur Koestler, um polímata britânico de renome, tanto por suas obras de ficção como pelas de não ficção, que cunhou o termo *holon* em 1967 para se referir ao fenômeno bem conhecido de coisas que constituem um todo e uma parte ao mesmo tempo, como órgãos no corpo ou os elementos interconectados de um ecossistema. Como Koestler

---

[*] *O Espectro da Consciência*, publicado pela Editora Cultrix, São Paulo, 1990, fora de catálogo. Essa obra extraordinária de Wilber, escrita quando ele tinha apenas 23 anos, embora assinale o ponto de partida de uma trajetória que ele iria desenvolver até a plena maturidade em seus livros posteriores, permanece incomparável em seu impacto revolucionário, por um lado graças ao papel que os grandes libertários do espírito da "década psicodélica" (por exemplo, R. D. Laing, Alan Watts, Norman O. Brown e John Lilly) desempenharam na gênese de sua visão e, por outro lado, graças à clareza com que ele mostrou como a perspectiva não dualista podia unificar interespiritualmente todas as modalidades da experiência profunda, inclusive as várias abordagens psicológicas. A Visão Integral praticamente nasceu com esse livro. (N.T.)

reconheceu, as implicações das hierarquias e holarquias constituídas por *hólons* mal começavam a ser compreendidas à medida que as eras integrativa e holística se desdobravam.

Saúde e cura holísticas: Com a percepção holística também emergiu uma nova compreensão da nutrição e de modalidades alternativas em medicina e nas artes da cura. Quem não está familiarizado com as obras de escritores populares como os drs. Andrew Weil, Deepak Chopra e Kenneth Pelletier? A publicação de *Quantum Healing*, de Chopra, em 1989, é com frequência considerada um divisor de águas, que mudou de maneira significativa o que compreendíamos a respeito da relação entre saúde, bem-estar e consciência.

Dessa ênfase também emergiu uma nova literatura sobre as modalidades de cura associadas à espiritualidade feminina, como nas obras de Marija Gimbutas, Anica Mander, Anne Kent Rush, June Singer, Carol Christ, Judith Plaskow, Jean Shinoda Bolen e Tsultrim Allione. A diversidade de todas essas contribuições atesta a natureza global desse desdobramento.

O movimento da consciência evolutiva na atualidade

O crescimento exponencial do movimento da consciência evolutiva no mundo continuou ao longo das duas décadas seguintes e trouxe, com o novo milênio, uma paisagem diversificada de autores, palestrantes, especialistas e porta-vozes. A maioria de nós está familiarizada com o periódico *What Is Enlightenment?*, lançado por Andrew Cohen. Muitos podem ter participado da conferência anual sobre Science and Nonduality.[79] De uma maneira que não seria possível há algumas décadas, líderes podem agora se reunir depois de transpor grandes distâncias, e se encontrar pessoalmente, discutir vários temas e propor soluções mútuas e sinergísticas. Em anos recentes, encontros como os do Integral Institute, da The Contemplative Alliance e dos Evolutionary Leaders permitiram que proeminentes escritores e porta-vozes se reunissem pessoal e regularmente.

A maioria de nós não precisa de lembrete para os nomes dessas celebridades e quase celebridades que vemos com frequência e que difundem a mensagem

---

[79] www.scienceandnonduality.com.

da transformação da humanidade pelo desenvolvimento. Os nomes mais cativantes que nos vêm à mente, em uma varredura arbitrária por toda a paisagem da mídia, incluem Ken Wilber, Don Beck, Deepak Chopra, Eckhart Tolle, Marianne Williamson, Barbara Marx Hubbard, Lynne McTaggart, Andrew Cohen, Dean Radin, Duane Elgin, Brian Swimme, Michael Dowd e Connie Barlow, Matthew Fox, Robert Wright, Yasuhiko Kimura, Llewellyn e Anat Vaughan-Lee, Bruce Lipton, Jean Houston, Michael Beckwith e Michael Brown, para citar apenas alguns.

Além de pessoas que conhecemos de nossa mídia do dia a dia, há uma multidão de cientistas menos conhecidos, porém imensamente importantes, e de estudiosos religiosos cujas contribuições proporcionaram base ainda mais firme a essa mensagem holística do potencial do nosso mundo. Entre eles, o prêmio Nobel russo-belga dr. Ilya Prigogine realizou estudos pioneiros sobre a estrutura e a constituição da realidade. O austro-norte-americano dr. Erich Jantsch, por sua vez, elaborou conceitos sobre os princípios da auto-organização. O título de seu livro mais famoso, *The Self-Organizing Universe: Scientific and Human Implications of the Emerging Paradigm of Evolution*, ilumina a visão global da consciência evolutiva. Os drs. Francisco Varela e Humberto Maturana foram pioneiros nos estudos sobre como os organismos cocriam seus ambientes, estabelecendo uma prescrição para a maneira como nossa espécie poderá ter sucesso no futuro com a solução de problemas globais. O trabalho deles semeou o campo agora conhecido como "autopoiese", expressão cunhada por eles em 1972.

O dr. David Bohm, físico norte-americano nascido na Inglaterra, em um livro agora famoso, *Wholeness and the Implicate Order*,* sugeriu uma síntese entre a nova física, a consciência e o cérebro humano. Bohm fora expulso dos Estados Unidos, e o seu patriotismo fora questionado pelos fanáticos da era McCarthy. O filósofo da ciência e teórico sistêmico dr. Ervin Laszlo, húngaro de nascimento, que também teve importância fundamental em trazer ao mundo a obra de Erich Jantsch, é autor de mais de 70 livros, os quais estendem sua obra pioneira em teoria dos sistemas a uma visão abrangente da evolução.

---

* *A Totalidade e a Ordem Implicada*, publicado pela Editora Cultrix, São Paulo, 1992, atualmente fora de catálogo.

Em 1979, cientistas da Universidade de Princeton formaram o influente programa PEAR (Princeton Engineering Anomalies Research) para investigar fenômenos paranormais. Em uma de suas mais conhecidas proclamações, eles publicaram evidências de que ocorreram efeitos de campo não aleatórios relativos ao meio bilhão de pessoas que assistiram, em 1995, ao veredito de O. J. Simpson. Depois de 28 anos de trabalho e mais de 10 milhões de testes, o PEAR concluiu que há evidências científicas efetivas comprovando que a consciência afeta fenômenos circunvizinhos ou interage com eles.

Ideias ainda mais surpreendentes sobre como a realidade pode funcionar também emergiram dos atuais períodos integrativos e holísticos. As mais bem conhecidas entre essas ideias estão desenvolvidas nos escritos de Rupert Sheldrake, da Grã-Bretanha, e de Michael Murphy, Willis Harman e Margaret Wheatley, dos Estados Unidos. Cada um desses pensadores, como Ken Wilber e os defensores da Visão Integral, cruza a linha "enevoada" que separa a objetividade científica da subjetividade humana. Enquanto a ciência convencional argumenta que suas regras implícitas do que pode e do que não pode ser considerado dado científico protegem a integridade do empreendimento científico, holistas e integralistas argumentam (e, pelo que parece, com sucesso cada vez maior) que restringir os diálogos e excluir certos tipos de informação é simplesmente irrealista no âmbito da realidade complexamente estratificada que é hoje conhecida por nosso mundo moderno. Harman faz eco à tensão que circunda esse confronto no título de seu livro mais conhecido: *Global Mind Change*.

Como já mencionamos, Sheldrake é bem conhecido por sua teoria dos campos mórficos — visão segundo a qual há efeitos subjetivos coletivos que atuam sobre a realidade e influenciam a direção efetiva ao longo da qual o desenvolvimento e os eventos se processam. Uma disciplina acadêmica, a moderna teoria discursiva, sugere isso da maneira mais simples. Quando os seres humanos projetam ideias por escrito ou por outras mídias, essas ideias podem tornar-se fatores capazes de "mudar o jogo" para o comportamento de culturas inteiras. Precisamos apenas pensar no *Mein Kampf* [Minha Luta] de Adolf Hitler ou no *Common Sense* [Senso Comum] de Thomas Paine. Michael Murphy, um dos fundadores do Instituto Esalen, escreveu com profundidade sobre as evidências que documentam a realidade de capacidades metanormais nos seres humanos, o que inclui fenômenos como a clarividência, a hipnose, a cura a distância, a telepatia e "estados treinados" como muitas vezes se vê nas artes marciais. A influência de Margaret Wheatley fica evidente porque a tendência semelhante que ela manifesta em seu empenho em levar o elemento subjetivo ou aparentemente mágico ao trabalho motivacional e organizacional comprovou-se frutífera para muitas pessoas no mundo dos negócios. De maneira semelhante, as capacidades polímatas de Wilber permitiram que a influência de seus modelos holísticos atingissem muitos campos e culminassem em seu célebre *Sex, Ecology, Spirituality: The Spirit of Evolution*.[80] Espíritos inovadores que se concentraram na relação entre a consciência evolutiva em desdobramento e os domínios da religião e da espiritualidade também estão aparecendo — um exemplo notável é a obra do filósofo e pioneiro espiritual transcultural Ashok Gangadean, com suas iniciativas Awakening Mind [Despertando a Mente], Awakening the New Consciousness [Despertando a Nova Consciência] e Global Dialogue Institute [Instituto para o Diálogo Global].

As eras integrativa e holística compreenderam a importância da mitologia em refletir os anseios mais profundos dos seres humanos, contando para isso com dois séculos de estudo. Nossas mídias atuais estão repletas de histórias épicas de super-heróis, imaginários mundos perfeitos e a luta para atingi-los. Com frequência, deixamos de reconhecer por que esses livros, filmes e mesmo os videogames captam nosso fascínio. Nós simplesmente os desfrutamos, embora as raízes dessas identificações interiores sejam profundas. Eles fazem muito para manter a lente mágico-mítica em atividade nos tempos mais modernos.

Nossas missões ao espaço, nosso conhecimento da extrema diversidade da vida na Terra e o crescente conhecimento pela astronomia de outros planetas, além do nosso, estimularam nossa esperança de encontrar vida, inclusive vida inteligente, em outras partes do universo. *Shows* de televisão relatam histórias sobre encontros com óvnis e visitas extraterrestres, e astrônomos, em *talk shows*, sugerem que deve haver outros seres lá fora — talvez civilizações milhares, ou até mesmo milhões, de anos à nossa frente.

---

[80] Ver Wilber, K., 1995 [2001], na bibliografia.

O HARPS (High Accuracy Radial Velocity Planet Searcher, buscador de planetas [por detecção] de alta precisão [de variações na] velocidade radial [de estrelas]), da Organização Espacial Europeia, que observa estrelas distantes de nós em muitos anos-luz, indica que planetas rochosos não muito maiores que a Terra são comuns nessas zonas habitáveis das estrelas. Somente na galáxia Via Láctea, sugere-se que possa haver dezenas de bilhões de planetas capazes de sustentar a vida, e mais de cem deles apenas na vizinhança do nosso sistema solar.

Igualmente instigante é a investigação científica mais profunda das raízes da civilização. As idades das primeiras civilizações continuam sendo recuadas. Mesmo o horizonte que nós citamos para marcar a ascensão das primeiras civilizações, em torno de 7000 a.C., logo poderá ser empurrado mais para trás, por causa de recentes descobertas arqueológicas, como as que se fez no sul da Turquia (Gobekli Tepe) e no oeste da Índia (Golfo de Cambaia, ou Khambhat), que pode remontar a 10.000 a.C.

Em vista dos gigantescos monumentos e obras públicas que algumas dessas primeiras civilizações exibem, o que os antigos efetivamente sabiam das sofisticadas tecnologia e engenharia necessárias para sua edificação? Como desenvolveram essas habilidades e quanto desse conhecimento primitivo se perdeu nas subsequentes eras mais sombrias, apenas para ser redescoberto recentemente? Teriam ocorrido coisas extraordinárias, que os seres humanos modernos descartam como mito? Antigas noções não poderiam ser parte de uma compreensão holística de nosso próprio futuro – por exemplo a geometria sagrada, os harmônicos cósmicos e a ressonância celeste? Haveria nisso um eco da bênção de um faraó egípcio sobre a sua cidade, assentada de acordo com as geometrias das estrelas e de outros objetos celestes? "O que está no alto é como o que está embaixo", nos lembra da compreensão da geometria fractal pela ciência moderna, pois sua estrutura é "a mesma tanto de perto como de longe".

O sentido de uma geometria sagrada permeia as tradições religiosas de todo o mundo desde as geometrias finamente trabalhadas das arquiteturas islâmica e hinduísta – baseadas em conceitos sagrados de espaço, alinhamento e complementaridade – até as noções mais esotéricas da numerologia mágica. Esse sentido permeou o pensamento dos filósofos gregos Pitágoras e Platão, e se tornou parte do grande esquema geométrico do astrônomo alemão medieval

Johannes Kepler, o *Mysterium Cosmographicum* ("Mistério cósmico" ou "Segredo do mundo"). O conceito se perdeu durante alguns séculos com o afloramento e o aperfeiçoamento* da lente racional subsequente.

Hoje, a nova ciência lida com a geometria fractal e a tecnologia fractal, estruturas que se repetem em padrões que vão da escala mais microscópica até a mais cosmicamente distanciada de nós. A matemática da onda senoidal que se repete permeia as estruturas dos ecossistemas. As formas dos "cinco sólidos platônicos" dominam as estruturas cristalinas. As espirais logarítmicas formam objetos que vão desde conchas microscópicas até as galáxias espirais de tamanho colossal. Os tetraedros e as estruturas em forma de pirâmide dominam a construção cósmica, do nível das partículas elementares até o tetraedro cósmico que circunscreve a esfera de Júpiter, na visão astronômica de Kepler. Variedades de estruturas piramidais compõem as miríades de estruturas cristalinas da natureza, as quais refletem no macrocosmo a forma das ligações moleculares que compõem suas superestruturas.

Os antigos reconheciam a significação e a importância dessas formas. Eles construíram grandes pirâmides de base quadrada, não só nos famosos complexos egípcios de Gizé, mas também em pelo menos outros 40 locais antigos ao redor do mundo. No Egito, essas formas foram posteriormente identificadas com ícones de boa saúde e bem-estar — formas místicas que descrevem o equilíbrio sagrado. A popular divindade Hathor, deusa que cuida do sucesso do parto e da boa saúde, era representada como uma vaca, a qual descrevia não apenas maternidade e nutrição, mas também a geometria sagrada de uma estrutura sustentada por quatro pernas. Em certas tradições de cura sagrada, cujas raízes remontam ao Egito, ainda hoje a forma da pirâmide de base quadrada é chamada de "o ícone do equilíbrio". Não causa surpresa o fato de Hathor ser também a deusa dos mineiros, que observavam todos os dias essa estrutura cristalina.

Por que Hathor também era a deusa da música? O filósofo e arqueólogo J. J. Hurtak acredita que essas sincronias apontam para algo mais profundo, que os antigos egípcios tentavam expressar, e refletiam a compreensão que a física moderna adquiriu do nosso universo multidimensional. Ao usar formas pirami-

---

* Ou, como se diz em óptica, com o aumento do *limiar de resolução* dessa lente. (N.T.)

dais para modelar estruturas mais complexas, chamadas poliedros, você obtém as dimensões múltiplas mencionadas na teoria das cordas.

Hurtak vem estudando os fenômenos acústicos e vibratórios sutis das pirâmides ao redor do mundo, ouvindo diretamente esse sussurro que vem dos antigos. No início da década de 1990, com a permissão das autoridades egípcias, ele e seus colegas instalaram equipamentos acústicos de alta tecnologia e *software* de computador dentro da Grande Pirâmide a fim de examinar o espectro sonoro dentro das paredes da Grande Galeria e nas Câmaras do Rei e da Rainha. Eles descobriram padrões sonoros que se repetiam e que lhes sugeriram que as estruturas estavam gerando não apenas configurações não aleatórias, mas também padrões estreitamente correlacionados com a atividade fisiológica humana, como o batimento cardíaco humano e ritmos respiratórios sutis. Além disso, sugeriram que esses dados apontam para prováveis propósitos rituais originais para as câmaras: elas teriam sido construídas para induzir estados místicos ou criativos. Se os padrões sonoros são um produto da própria arquitetura, isso explicaria por que eles ainda são detectáveis após milhares de anos.

Em estudos posteriores com musicólogos, ajudado por sua mulher Desiree e fazendo uso de equipamentos mais aperfeiçoados, Hurtak conseguiu identificar elementos musicais reconhecíveis nos padrões sonoros, em especial configurações de fá sustenido e lá sustenido. Essas configurações poderiam ter sido pontos de iniciação harmônica semelhantes aos modos usados atualmente por meditadores que recorrem ao som a fim de ajudá-los a desencadear e sustentar estados místicos ou por terapeutas sonoros para induzir estados de relaxamento e bem-estar. Na construção de suas câmaras sagradas, os antigos podem ter descoberto métodos para iniciar estados místicos. Se for assim, coerentemente com suas cosmologias, sugere-se que esses estados refletiam não apenas as vibrações naturais de sua mãe Terra, mas também pistas para as dimensões que ainda estavam por vir.

Dos xamãs aos cientistas

Assim como os sussurros dos antigos ecoam nos modernos estudos da geometria do nosso cosmos, do mesmo modo a compreensão holística do antigo xamã nativo ecoa na ecologia e na medicina modernas.

À medida que o novo milênio despontava, o padre passionista norte-americano Thomas Berry, estudioso tanto de Teilhard de Chardin como do xamanismo nativo, articulava uma declaração sucinta da ecoespiritualidade, os agora famosos "Doze princípios". Motivado por um sentido de urgência de que a atividade comercial que engolia o planeta poderia, em pouco tempo, destruir a biosfera, Berry fez todo o seu ministério centralizar-se na mensagem ecológica.

O chamado de Berry por uma nova unidade com a natureza atingiu milhões de pessoas em todo o mundo, e Al Gore, ex-senador e vice-presidente dos Estados Unidos, não foi o menor deles. Em 2007, Gore e o Intergovernmental Panel on Climate Change receberam o Prêmio Nobel da Paz por seu trabalho de informar o mundo sobre a responsabilidade humana na mudança climática. Apenas três anos antes, o Prêmio Nobel da Paz fora destinado a Wangari Maathai, do Quênia, fundadora do Movimento do Cinturão Verde da África, de início um movimento de mulheres que defendia ações de base popular maciça como o único caminho seguro para mudar o mundo.

O sucesso público de Berry, Gore e Maathai foi paralelo às previsões do sociólogo Paul Ray, publicadas em 2000. Ray identificou quase 150 milhões de norte-americanos e europeus que compartilhavam uma visão de mundo progressiva centralizada nas questões do desenvolvimento espiritual, da defesa ecológica e do papel político transformador das mulheres. A ecoespiritualidade acabaria por proporcionar ainda mais proveito em sua fusão com os estudos sobre ecologia planetária, que já estavam então avançados, e com os novos métodos da Teoria Integral. Em 2001, a Declaração de Amsterdã reuniu milhares de cientistas na designação da Terra como um organismo que interconecta geosfera, biosfera e noosfera. Mais tarde, na mesma década, os fundadores da hipótese de Gaia (agora a teoria de Gaia está sendo testada em numerosas formas científicas) chegaram a receber honrarias de importantes sociedades científicas. O júri ainda estava em desacordo sobre quanto da visão que a teoria proporcionava da imagem maior (a Gaia "forte") é boa ciência em comparação com os elementos menores solidamente suportados pela teoria (a Gaia "fraca", que se refere às partes de comprovação mais fácil).

Disciplinas científicas inteiramente novas deveram sua gênese a essa nova visão holística — paleoecologia, ecofísica, ciências sistêmicas da Terra e biogeoquímica. Todas elas forneceram importantes instrumentos de medida para determinar quão real e urgente é o perigo da ruptura do clima global. A ecologia também se juntou com a Teoria Integral. Em 2011, a volumosa obra *Integral Ecology* juntou textos ecológicos com potencial para balizar a nova visão nas prateleiras de cientistas e estudantes universitários, fazendo exatamente o que seus subtítulos indicavam — unir muitas diferentes perspectivas sobre o mundo natural.

A prática xamânica também se juntou ao progresso nas artes da cura na medida em que as abordagens médicas holísticas e alternativas tornaram-se mais e mais bem-vindas na época integrativa e holística. Um xamã africano foi destacado em um importante filme sul-africano, *Voice of Africa* [Voz da África], lançado pela Academy for Future Science. Visamazulu Credo Mutwa, praticante zulu, faz uso de modalidades de cura vibratórias que refletem a ancestral compreensão do espaço profano e do espaço sagrado pelas tradições de seu povo. Muito semelhante ao contexto atribuído às câmaras sagradas da pirâmide egípcia, essa prática utiliza energias vibratórias, como as transmitidas por orações, cânticos e danças, colocando-as em ação em espaços cerimoniais fechados.

Lembrando as considerações de Julian Jaynes sobre como os antigos aparentemente obtinham resultados palpáveis em suas práticas oraculares e rituais, Credo também emprega métodos semelhantes aos citados por Jaynes: o lançamento de ossos e o toque do corpo com pedras sagradas. O agente de cura e o paciente acreditam que esses objetos retêm energia vibratória de cura gerada pela prática ritual — energia essa que pode ser transferida ao paciente por meio do toque. Também se acredita que o xamã estimula e irradia energia através do corpo do sujeito por meio de movimentos rápidos de sua mãos, além de contato do corpo com as pedras. À medida que o ritual prossegue, o xamã e o paciente se juntam em um estado de semitranse envolvendo música e linguagem secreta. Jaynes também registrou a universalidade dos estados de transe em oráculos, nos quais tantos antigos acreditavam. Na prática zulu, acredita-se que o paciente receba energias do domínio sutil vindas até ele por meio do ritual, das pedras e das ações do xamã.

Esse tipo de prática não está tão distanciado das suposições sobre transferência de energia associadas a práticas agora aceitas no Ocidente, como o reiki e o toque terapêutico, ou até mesmo ao uso de dispositivos de micro-ondas na fisioterapia ocidental convencional.

Estudos de métodos de cura musicais como os de Visamazulu Credo Mutwa demonstram como os xamãs ainda usam métodos místicos nos quais introduzem os pacientes em estados de percepção não normais. Na linguagem zulu, um xamã com essas habilidades é chamado de *Mabona*, "aquele que vê a energia". Além disso, percepções suplementares sobre essas práticas também são encontradas em recentes estudos ocidentais com Opuni, um xamã havaiano moderno, cujas curas são bem conhecidas em toda a região do arquipélago do Havaí.

Uma entrevista com Opuni sobre como seus métodos funcionam lembra as visões de Credo apresentadas no filme *Voice of Africa*. Opuni diz que seus métodos funcionam *apenas quando o xamã e o paciente se juntam efetivamente na mesma compreensão da realidade*. Nessa percepção, é tentador reconhecer o paralelismo com a demonstração, pela física moderna, de que é possível criar situações que, embora distintamente localizadas, mantêm-se idênticas em alguma propriedade, e tal identidade se conservar mesmo que essa propriedade sofra alterações, por exemplo, de direção, independentemente das leis mecânicas convencionais do tempo e do espaço que deveriam sujeitá-las ao comportamento permitido pela física clássica.

19

A Grande Fusão conjunta que se aproxima

"O homem é um ser em estado de transição, ele não é definitivo... O passo que leva do homem ao super-homem é a próxima realização que se aproxima na evolução da Terra... e ela é inevitável porque é, ao mesmo tempo, a intenção do Espírito interior e a lógica do processo da Natureza."

— Sri Aurobindo

A VISÃO DE QUE QUALQUER ENSINAMENTO QUE NOS DIVIDE NÃO pode ser verdadeiro poderia ser considerada uma profissão de fé, um credo, da interespiritualidade moderna e do movimento da consciência evolutiva. Evidente por si mesma, essa visão emerge de quase toda literatura recente que envolve discussões inter--religiosas.

O Irmão Teasdale afirmou que a verdadeira discussão interespiritual pela lente incondicional do coração poderia sustentar uma nova era de discussões inter-religiosas. Ele mesmo participou desses esforços seminais, o que inclui o papel que desempenhou no Council of the Parliament of the World's Religions, sua participação nas seminais Snowmass Initiatives e nos íntimos diálogos inter-religiosos organizados por ele e por colegas, que incluíram o padre Thomas Keating e Sua Santidade o Dalai Lama. Com numerosos colegas, ele foi cofundador do Interspiritual Dialogue, que se tornou o Interspiritual Dialogue in Action após sua morte em 2004.

Em 1993, Teasdale envolveu-se com a refundação do Parliament of the World's Religions em Chicago, sua cidade natal. Essa tradição foi revivida na sequência do aumento de interesse pelo diálogo interconfessional promovido, em especial, por meio de organizações associadas às Nações Unidas e associações interconfessionais, como o The Temple of Understanding, que, nas décadas de 1960 e 1970, promoveu várias conferências de cúpula espirituais em três continentes. A fundadora do The Temple of Understanding, Juliet Hollister, é um exemplo do que o compromisso de uma pessoa pode trazer ao palco do mundo. Ao reconhecer a necessidade desesperada de as religiões do mundo se tornarem mais responsáveis em responder de modo adequado aos desafios globais, Hollister trabalhou com Eleanor Roosevelt, Albert Schweitzer, o Reverendíssimo James Parks Morton, Sua Santidade o Dalai Lama e outros, com o propósito de reviver uma plataforma ativista destinada à comunidade interconfessional, e fundou o Temple em 1960. Um pioneiro interespiritual, o padre Thomas Keating tornou-se o seu primeiro presidente. Além disso, o movimento interconfessional norte-americano reuniu forças na era dos direitos civis com a galvanização de grupos religiosos ao redor da causa da justiça social.

Em 1965, o Conclave Concílio Vaticano II da Igreja Católica Romana emitiu a *Nostra Aetate*, uma nova visão do papel da cooperação interconfessional no mundo. Esse evento, que agora se tornou icônico, foi um testamento do legado histórico do Papa João XXIII. Na cidade de Nova York, a liderança da Episcopal Cathedral de St. John the Divine fundou um multifacetado centro interconfessional, o Interfaith Center of New York, que combinava diálogo interconfessional com visões de serviços sociais com denominações religiosas. Em 2007, uma ampla coalizão mundial de estudiosos muçulmanos emitiu uma declaração sobre a harmonia interconfessional. O rei Abdullah da Arábia Saudita patrocinou uma conferência interconfessional mundial que teve como anfitrião o Rei de Espanha. Sua Santidade o Dalai Lama, que havia recebido o Prêmio Nobel da Paz em 1989, acolheu líderes interconfessionais do mundo todo reunidos na Índia.

Os contemplativos também estavam se reunindo em todo o mundo, não apenas por meio das Snowmass Initiatives, com suas Nine Guidelines for Inter-religious Understanding [Nove diretrizes para a compreensão interconfessional],[81] mas também por meio do movimento Monastic Interreligious Dialogue e de outras associações de grande envergadura.[82] Simpósios internacionais regulares sobre a vida contemplativa foram patrocinados pelo Mind and Life Institute, juntamente com as conferências anuais sobre a abordagem contemplativa pelo Center for Contemplative Living.

A começar de 2008, grupos como a Contemplative Alliance passaram a reunir, em regime regular, alguns dos contemplativos e místicos mais conhecidos do mundo para o diálogo face a face. Como Teasdale previra, o efeito de reuniões diretas entre respeitados líderes espirituais, dois a dois, foi se tornando um poderoso fermento para a compreensão e o reconhecimento em todo o globo. Entre os líderes contemplativos e os místicos mais conhecidos que participaram de reuniões conjuntas a partir desses encontros estavam, vindos do Islã, o Imã dr. Amir al-Islam, o Imã Mohamed Bashar Arafat, o xeique Kabir Helminski, a xeica Camille Helminski e Llewellyn Vaughan-Lee; do budismo, o Venerável Bhikkhu Bodhi, o Venerável Thubten Chodron, Acharya Sam Bercholz e o Lama Surya Das; do cristianismo, o padre Thomas Keating, a reverenda Cynthia Bourgeault, a reverenda Joan Brown Campbell, o dr. Thomas P. Coburn, a irmã Joan Chittister, o reverendo Matthew Fox e o reverendo James Parks Morton; do hinduísmo, o dr. Amit Goswami, Aster Patel, Swami Ramananda, Swami Atmarupananda e Sraddhalu Ranade; e do judaísmo, o rabino Schachter-Shalomi Zalman, o rabino Shefa Gold e a rabina Naomi Levy.

Em 2010, o The Temple of Understanding reuniu e honrou um amplamente diversificado cruzamento de visões de mundo de visionários interconfessionais em um evento que teve grande publicidade na cidade de Nova York. A convergência, que já vigora há séculos, dos movimentos da consciência evolutiva, integral e interespiritual já estava em pleno andamento.

---

[81] Ver Miles-Yepez, N., edição de 2006, na bibliografia.

[82] The Contemplative Alliance, The Center for Contemplative Mind in Society, The Mystics and Scientists Conference, The Center for Action and Contemplation, o Lighthouse Trails Research Project, a Leadership Conference of Women Religious, The Chaudhuri Center For Contemplative Practice, o Center for Consciousness and Transformation, o Center for Contemplative Inquiry e muitos mais.

Será que essa convergência ingressa agora em uma corrente principal ainda mais profunda nos diálogos sobre a globalização, ou será que continuará a desenvolver nuanças das quais ainda nem sequer se suspeitou e que nem mesmo foram antecipadas? Nós, provavelmente, veremos um pouco de ambos. No entanto, há certos desafios iminentes assomando, os quais, provavelmente, não têm sido considerados pela maioria das pessoas.

Para onde a Grande Fusão Conjunta Que se Aproxima está nos levando?

Enquanto esperamos por uma culminação dessa Grande Fusão Conjunta* Que Se Aproxima, podemos pensar que algo é possível. Mas, ao olharmos com mais atenção, podemos constatar que ela poderá não ocorrer. Filósofos têm se aprofundado nisso por um longo tempo, e a falha na formulação original dá à difícil situação o seu nome: a "falácia do duplo padrão",** ou o "dilema do duplo sentido".

Tanto a religião como a ciência enfrentam esse dilema. A nova física precisou confrontá-lo por várias décadas ao formular suas teorias sobre os esquivos domínios quânticos. Uma solução *compartilhada* para esse dilema faz parte do salto antropológico para a frente solicitado ao *Homo sapiens* neste momento de nossa evolução.

Eis o problema para a religião. Se é a tolerância religiosa ou, ainda melhor, o pluralismo religioso que nós propomos como nossa resposta à indagação que quer saber se as religiões serão um bem ativo ou passivo para o futuro de nossa

---

* A expressão *coming together*, que traduzimos por "fusão conjunta", tem outro sentido importante, de reunião, como no caso de uma reunião social ou de uma união de pessoas animadas por ideias convergentes, como ocorre em um congresso. Porém, como a proposta interespiritual não é um mero diálogo entre diferentes concepções espirituais nem uma mera justaposição e comparação de perspectivas religiosas, mas sim uma abordagem não dualista da consciência da unidade entre essas perspectivas, optamos pela expressão "fusão conjunta", a qual aponta justamente para a coesão, a coerência e a unificação que, conforme se espera, sustentarão a dinâmica interna dos círculos contemplativos, em vez da mera relação externa e impessoal (ou, ao contrário, excessivamente pessoal) que costuma caracterizar o diálogo religioso convencional. (N.T.)

** Em muitas situações, duas coisas, pessoas ou qualidades deveriam ser julgadas usando-se o mesmo padrão, mas, se em uma delas uma pessoa usa padrões diferentes para ambas, o raciocínio dessa pessoa comete o erro de aplicar a elas a falácia do duplo padrão. Preconceitos raciais, religiosos e sexistas são exemplos comuns do uso dessa falácia. (N.T.)

Terra, então a tolerância religiosa ou o pluralismo religioso seria efetivamente possível? Haveria uma contradição em se prever um pluralismo de religiões quando a religião, por natureza, não é pluralista, mas exclusivista? Em "linguagem urbana", seria esse um clássico dilema do tipo ardil 22* ou duplo sentido? Se for assim, então o que dizer da espiritualidade? Se a espiritualidade é, por natureza, diferente da religião, haveria uma maneira pela qual a espiritualidade — que segundo o Irmão Teasdale poderia ser a "religião" do terceiro milênio — poderia resolver esse impasse? Poderia a consciência da unidade impedir o habitual sequestro da espiritualidade pela religião, que a Ciência Cognitiva da Religião prevê como sendo a nossa queda?

Originalmente, as religiões de todo o mundo tinham por base seus pontos de vista exclusivistas sobre uma visão filosófica chamada de "fundacionalismo" (*foundationalism*), a qual significava simplesmente que, uma vez que você estabelece crenças, todas as crenças futuras são validadas por essas crenças mais antigas, crenças adotadas. Isso é muito parecido com o sistema legal do mundo, que opera em grande medida com base no sistema legal precedente. Quando os ecumenistas e os religiosos pluralistas começaram a exercer sua influência sobre as religiões do mundo, o significado de "fundacionalismo" mudou, tornando-se

---

* *Catch-22*, romance de Joseph Heller e filme nele baseado, dirigido por Mike Nichols em 1970, é uma genial sátira antibelicista, cultuada na época como ícone contracultural, no qual o absurdo da guerra é revelado sob a óptica da lógica do terceiro incluído, não para levar o leitor a respirar o ar mágico e sem fronteiras do País das Maravilhas, liberto das garras do terceiro excluído pelas mãos de Lewis Carroll nas aventuras de Alice, mas sim para transformar a essência da guerra em uma trama desenredável de laços lógicos, de becos sem saída, que dão nós em quase todos os diálogos, travando-os. A própria narrativa do filme é estruturada em laços fechados e em laços dentro de laços, os quais aprisionam até diálogos banais nesses becos sem saída e em que a lógica dos diálogos e das ações é um mapeamento incessante daquilo que articula a dinâmica da guerra: a lógica da loucura. O grande laço que dá nome ao livro (e ao filme), o qual estrutura a prisão lógica que não deixa ninguém escapar da guerra e, por meio de variantes e mais variantes que chegam a torná-lo irreconhecível, estende sua rede "fractal" de absurdos até os diálogos mais comuns, mais "microscópicos", o Ardil 22, é descrito mais ou menos assim pelo próprio herói, Yossarian, um aviador de bombardeio: "Para ser dispensado, eu preciso estar louco. Mas se eu pedir para ser dispensado, isso significa que eu não estou louco, pois tenho consciência da insanidade da guerra. Mas se eu não estou louco, eu não posso ser dispensado e, portanto, preciso continuar voando". Para escapar desse pesadelo, só mesmo graças ao socorro de uma versão moderna do discernimento de Alexandre, o Grande, que, com um simples golpe de espada, solucionou o insolúvel enigma do nó górdio. (N.T.)

um chavão para a busca de um significado universal ou de uma mensagem em todas as tradições.

Muito antes de o Irmão Teasdale criar a palavra "interespiritual", um grupo pouco conhecido de "fundacionalistas religiosos" divulgava sua mensagem. O meio de divulgação que utilizavam estava restrito, principalmente, a periódicos teológicos, de modo que a mensagem não atingia o público em geral nem ingressava na literatura popular do movimento da consciência evolutiva. No entanto, havia três tipos de mensagens fundacionalistas, e o Irmão Teasdale utilizou todas as três — embora, assim como Darwin o fez ao popularizar a ideia de evolução, ele desenvolveu alguns dos argumentos mais convincentes e acrescentou elementos novos.

As três bases para uma visão fundacionalista das religiões do mundo, que poderia permitir o pluralismo religioso, têm sido os ensinamentos básicos mantidos em comum (como a Regra de Ouro, que ocorre em pelo menos 21 religiões do mundo), os fundamentos éticos comuns ensinados por todas (a mensagem do humanismo desde o século XIX!), e a possibilidade de uma experiência mística comum.

Embora não houvesse um grande número de teólogos que apoiasse diretamente a primeira abordagem fundacionalista, o número de grandes teólogos atraídos para a discussão sobre a possibilidade de princípios comuns foi significativo. Incluía nomes famosos como Wilfred Cantwell Smith, Harvey Cox, John Cobb, Langdon Gilkey, Juan Luis Segundo, Karl Rahner, Jeremy Bernstein, Raimon Panikkar e Hans Küng.

Em 1974, Thomas Merton abordou a possibilidade de uma experiência mística comum, chamando-a de "comunhão de experiência místico-contemplativa". Os teólogos da Teologia da Libertação das décadas de 1950 a 1980 (que se desvaneceram após as advertências oficiais do Vaticano) acrescentaram outro princípio de união — a responsabilidade que todas as religiões compartilham de criar justiça econômica e social.

Um dos principais problemas para a percepção fundacionalista foi que ela ainda não ocorria no âmbito de uma discussão global. A maioria dos que a defendiam era constituída por teólogos cristãos que tentavam encontrar um possível caminho progressivo junto com as outras religiões do mundo, em especial depois do Concílio Vaticano II. Não houve diálogo em âmbito mundial como passou a ser possível a partir do início do novo milênio. Para as primeiras discussões fundacionais, o obstáculo foi, mais uma vez, a aparente contradição entre as religiões e o pluralismo, acoplada com a falta de qualquer acordo universal a respeito dos princípios unificadores que poderiam desbravar o caminho. Os fundacionalistas estavam à frente de seu tempo. Mas há outros fatos a serem considerados: o obstáculo com que eles haviam se deparado era universal e a busca de uma unidade das ciências também o enfrentava. Todos os campos e todos os aspectos da cultura estavam efetivamente defrontando a questão sobre o que constituiria a unidade dentro da multiplicidade — e como isso poderia responder à procura por uma Terra globalizada.

Um dos livros mais influentes dos últimos anos no campo da ciência é *Time's Arrow and Archimedes' Point: New Direction for the Physics of Time* [A Flecha do Tempo e o Ponto de Arquimedes: Nova Direção para a Física do Tempo], escrito por Huw Price, Professor Bertrand Russell de Filosofia na Universidade de Cambridge, na Grã-Bretanha. Em poucas palavras, ele estabelece o dilema para uma unidade das ciências com relação à "falácia do duplo padrão" — o dilema do duplo sentido. Em um desafio particular que impôs à física moderna, a procura, pela mecânica quântica, por uma compreensão da esquiva realidade quântica também enfrenta a questão de como alguma coisa pode, aparentemente, ser duas coisas ao mesmo tempo — algo muito parecido com a contradição sugerida pelo expressão "pluralismo religioso".

O dilema foi resumido em um enigma agora famoso proposto pelo cientista austríaco Erwin Schrödinger. O objetivo do enigma era salientar a diferença entre a maneira como os físicos dizem que a realidade efetivamente funciona no âmbito da dinâmica realidade quântica e o que nós observamos na realidade do dia a dia. Um gato, um frasco de veneno, uma fonte potencial de radioatividade e um contador Geiger são todos selados dentro de uma caixa. Há uma probabilidade aleatória de que a fonte potencial de radioatividade emita radiação. Se qualquer átomo sofrer decaimento (caso em que, por exemplo, o contador Geiger poderia detectar uma partícula alfa), um pequeno martelo na caixa será acionado, golpeando o frasco, que liberará o veneno e matará o gato. O problema está em determinar qual o resultado para o pobre gato, uma vez que não sabemos se a radioatividade se manifestou ou não. Quando essa situação é vista por meio da lente da realidade quântica, o gato precisa estar simultaneamente morto e vivo. Isso acontece porque os possíveis destinos do gato refletem as possíveis soluções da função de onda que governa a realidade quântica existente dentro da caixa, incluindo estados ao mesmo tempo colapsados (que sofreram decaimento) e não colapsados (que não sofreram decaimento). No entanto, no mundo da realidade cotidiana, sabemos que, se quebrarmos o selo e olharmos dentro da caixa, encontraremos um gato morto ou um gato vivo. Ao olharmos dentro da caixa, nós congelamos uma das realidadse potenciais, assim como na realidade do cinema um fotograma congela um momento. Nossa imposição sobre aquele momento, por efeito de nossa observação, colapsa a onda quântica em um "instantâneo", no qual podemos observar o gato de uma maneira, por assim dizer, branca ou preta.

Um dos motivos pelos quais o enigma do gato tem fascinado incessantemente a comunidade científica está no fato de que ele exemplifica a maneira como a nossa realidade do dia a dia, com o qual os nossos sentidos estão perfeitamente familiarizados, resulta de um colapso da realidade quântica. De fato, ele nos revela que *esta* realidade "clássica", aparentemente tão bem comportada, é apenas o resultado de processos físicos subjacentes que dinamizam a realidade quântica, a qual é totalmente diferente do mundo que conhecemos por meio dos sentidos. Um dos principais instrumentos que estão permitindo aos físicos desbravar o que acontece nessas fronteiras do infinitesimal ficou conhecido como Teorema de Bell, a contribuição do dr. John Stewart Bell, da Irlanda, para a física moderna. Em conformidade com esse teorema, nenhuma teoria que lida com nossa realidade física cotidiana, que é uma realidade restrita a interações locais, consegue refletir a inconcebível dinâmica e coesão das interações não locais que vigoram entre todos os elementos do mundo quântico. Essa realidade é semelhante à visão Ômega do Irmão Teasdale, segundo a qual nenhuma compreensão ou experiência que possamos ter da realidade suprema poderia verdadeiramente responder por todas as dimensões dessa realidade. Em outras palavras, um resultado único, exclusivista, assim obtido, que descartasse todos os outros, não poderia ser considerado, em última análise, como o único verdadeiro por nenhuma religião de qualquer lugar do mundo. No mundo quântico, onde vigora o Teorema de Bell, o gato está ao mesmo tempo vivo e morto, em particular porque, por assim dizer, nesse mundo, uma multiplicidade de pontos de vista existe em estado potencial, mas assim como a observação fixa a realidade de um dos gatos — vivo ou morto —, ela também fixa um dos pontos de vista potenciais, tornando-o real (o colapso da função de onda é a especificação de uma onda indefinida em uma partícula definida). No entanto, enquanto a observação não ocorre, até mesmo pares de opostos que, na realidade clássica, "colapsada", não podem "conviver" perto um do outro sem que um destrua o outro — por exemplo, na aniquilação partícula-antipartícula — no estado quântico existem simultaneamente. Esse fato é realidade corriqueira no mundo subatômico. Finalmente, um terceiro princípio, tão impactante quanto as evidências quânticas que acabamos de descrever, proíbe absolutamente que se possa medir, ao mesmo tempo, pares de propriedades associadas. É o famoso Princípio da Incerteza de Heisenberg. O escritor Huw Price assinala que o enigma do gato de Schrödinger e o Teorema de Bell revelam que nós, seres humanos, vivemos presos em um um arcabouço temporal. Mas o mundo quântico subjacente é totalmente diferente.

Como isso se relaciona à pergunta que indaga se seria possível haver pluralismo religioso em uma Era Interespiritual? Com base no que nos ensina o gato de Schrödinger e o Teorema de Bell, é claro que essa possibilidade tem algo a ver com a *simultaneidade*, que, por sua vez, está conectada com a consciência da unidade.*

Ao responder ao enigma do gato de Schrödinger, Sir Roger Penrose disse o mesmo que a maioria dos místicos das Grandes Tradições de Sabedoria diria. Nós reconhecemos que a consciência cotidiana nos permite ter percepções

---

* A própria vida pessoal de Schrödinger parecia refletir (talvez de maneira inconsciente) que havia alguma coisa universal no reconhecimento dessa presença da simultaneidade de estados quânticos que vigorava enquanto a coerência quântica fundamental não fosse rompida: desde o momento em que soube que sua amante esperava um filho seu, ele propôs uma relação a três, a qual sua esposa aprovava e que, se fosse concretizada, ocorreria internamente sem conflitos. Mas havia o perigo da acusação de bigamia, e foi esse um dos motivos pelos quais Schrödinger rejeitou uma irrecusável cadeira em Princeton. Paul Halpern (em *Fronteiras do Universo*, publicado pela Editora Cultrix, São Paulo, 2015, p. 208) se expressou assim sobre a situação: "As atenções amorosas de Schrödinger continuaram a permanecer em um estado quântico misto, compartilhando desse entrelaçamento quântico com várias mulheres ao mesmo tempo". (N.T.)

simultâneas de um gato vivo ou morto. De maneira semelhante, o Irmão Teasdale e a interespiritualidade sugerem que todos podemos reconhecer um estado de consciência no qual nossa espiritualidade pode honrar uma visão religiosa particular — mesmo que ela seja aparentemente exclusiva — e ainda assim agir com base em um coração universal e na consciência da unidade. A interespiritualidade chega a sugerir que, quando essa prática vier a amadurecer, será menos provável que a própria visão religiosa exclusivista continue a ser reconhecida como útil.

A solução: um desafio tão antigo quanto o de Arquimedes

Quando a ciência aborda enigmas do mundo quântico, parece algo que o físico e matemático grego Arquimedes sugeriu cerca de 2.300 anos atrás. O conceito leva seu nome: "O Ponto Arquimediano". Segundo a lenda, Arquimedes afirmou que seria capaz de levantar a própria Terra* se encontrasse um único ponto de apoio e uma alavanca resistente o bastante.

O filósofo René Descartes refinou o princípio de Arquimedes em seus pontos de vista sobre a certeza e sugeriu que um princípio unificador é precisamente esse ponto imóvel. Físicos modernos sugerem que a dinâmica visão de mundo quântica torna possível esse ponto de vista universal sob cuja perspectiva "um único tamanho se ajusta a todos os tamanhos". Teólogos também estão usando a expressão "Ponto arquimediano". Quando eles debatem se o pluralismo entre as religiões do mundo é efetivamente possível, eles se referem ao Ponto arquimediano como "o ponto de vista de Deus".

Huw Price sugere que o Ponto arquimediano está localizado na realidade atemporal mais profunda do domínio quântico, e não dentro da nossa realidade limitada pelo tempo. Isso sugere o domínio da consciência e levanta a questão sobre o que pode ser uma realidade quântica. É nessa dimensão que reside a consciência da unidade. Assim como Sir Roger Penrose observou que nossa consciência cotidiana pode perceber ao mesmo tempo um gato vivo e um

---

* Arquimedes descobriu que sistemas de polias e alavancas podiam multiplicar forças (conta-se que com um sistema assim ele chegou a deslocar, sozinho, um navio abarrotado de cargas pesadas, com toda sua tripulação a bordo, usando apenas a força de seus braços). Portanto, os autores deste livro fazem referência a um ponto do espírito capaz de dar apoio a uma mudança universal. (N.T.)

gato morto, o Irmão Teasdale observou que sustentar simultaneamente uma visão religiosa tradicional e uma visão religiosa universal é, simplesmente, "estar arraigado, mas não entalado". Teasdale estava convencido, assim como o estão todos os que compartilham da experiência interespiritual, que a compreensão que todos os contemplativos e místicos têm em comum é a consciência da unidade, na qual o outro é visto como um aspecto de quem vê, isto é, de si mesmo. Para a interespiritualidade, é esse o arquimediano, o princípio unificador que torna efetivamente possível uma Era Interespiritual.

A salsicha na dobra espacial

Há vários anos, uma paródia da série de televisão *Jornada nas Estrelas* narrou um desastre no qual a velocidade de dobra da nave estelar Enterprise — a velocidade de avanço em direção ao seu destino final "para ir audaciosamente aonde nenhum homem jamais esteve" — fora comprometida por sabotagem. Quando o capitão Kirk perguntou ao engenheiro "Snotty" [sic] sobre a natureza do problema, ele foi informado de que alguém havia jogado uma salsicha dentro do aparelho que acionava o Propulsor de Dobra [*Lightspeed Drive*].

A salsicha na velocidade de dobra da evolução natural da atualidade em direção a um etos superior para a nossa espécie em evolução pode muito bem ser as comunidades financeiras e bancárias mundiais. Por que essa possibilidade é algo que a maioria das pessoas desconhece?

Por exemplo, muitos imaginam que a Reserva Federal é um ramo do governo dos Estados Unidos, quando na realidade é um sindicato de bancos privados, que prescrevem a política fiscal para seu próprio interesse. Eles imprimem dinheiro a um certo custo para nós e põem em ação um sistema pelo qual recolhem a parte do leão das vantagens de controlar as indústrias de investimento e de estabelecer taxas de juros. Eles esperam que o cidadão médio não perceba que, embora esse papel-moeda possa ter seu valor reduzido em um grande percentual daqui a vários anos, se alguém tivesse comprado um lingote de prata há uma década por, digamos, 2.000 dólares, ele valeria mais de 17.000 dólares hoje.

Muitos não percebem que em 1792, menos de 20 anos depois da Declaração de Independência, o primeiro *bailout* [resgate] financeiro de nível nacional aconteceu à custa do contribuinte norte-americano. Ele resultou da atividade antiética de um grupo de funcionários e banqueiros de Washington — o então chamado "Clube dos 6%" — que, entre outras coisas, defraudou os soldados que lutaram em nossa guerra revolucionária apossando-se de seus IOUs,* os quais lhes haviam sido concedidos por seus serviços, e se enriqueceram com isso. Um pânico bancário seguiu-se a isso, com uma quebra dos então ainda incipientes mercados de Wall Street, e o governo interveio para reembolsar os negócios bancários e as empresas comerciais a fim de mantê-los livres de dificuldades financeiras — para grande consternação de alguns de nossos pais fundadores, como Hamilton, Monroe, Madison e Jefferson, que a expressaram publicamente.

Daí surgiu o precedente segundo o qual "quem detém o papel" (nesse caso, o IOU) recebe a compensação, independentemente de quem eles poderiam ter defraudado no processo. Naquela época não havia leis. E, desde aquela época, toda vez que ocorre um fiasco bancário, causado, em geral, pela ganância descontrolada do sistema, o resultado é um *bailout*, que, na prática, permite aos barões financeiros desfrutar de um "duplo mergulho" — isto é, tomar seus lucros adquiridos de maneira fraudulenta e também serem reembolsados pelo público por suas perdas. No fiasco financeiro mundial de 2008, os titulares do papel — os bancos e outras casas financeiras — ganharam seu dinheiro do *bailout* e, mais uma vez, ninguém foi responsabilizado pelas evidentes atividades fraudulentas do mercado hipotecário.

Os críticos sugerem que o sistema ainda é fraudulentamente manipulado para explodir de tempos em tempos, de modo que o "duplo mergulho" pode ser repetido como parte do *ethos* financeiro da "sobrevivência do mais apto". O problema é que a "sobrevivência do mais apto" não é mais sequer uma boa ciência evolucionista. Se tudo no ecossistema estivesse de fato devorando todo o restante — sem nenhum sentido de equilíbrio, de *loops* de *feedback* ou de homeostase — o ecossistema todo entraria em colapso. É esse o perigo de um sistema financeiro e empresarial que falsamente acredita que suas atividades são isoladas de quaisquer outros aspectos da realidade humana.

Do mercado de varejo até o movimento Occupy Wall Street, essa caracterização é apresentada com algumas metáforas sensacionalistas, mas a mensagem

---

* Abreviatura de "I Owe You" (Eu Devo a Você), títulos que reconhecem uma dívida. (N.T.)

geral tem sido clara para segmentos tanto da direita como da esquerda nos Estados Unidos, desde o colapso fiscal de 2008, o que se refletiu amplamente nas pesquisas de opinião pública. Enquanto 97% dos norte-americanos acreditam que o sistema financeiro deveria ser justo e favorável ao cliente, 61% acreditam que o sistema é fraudulentamente manipulado em favor dos ricos e privilegiados. Além disso, 55% acreditam que essa desigualdade põe em perigo o futuro dos Estados Unidos e do mundo.[83]

Em 2011, a organização World Public Opinion informou que 87% dos norte-americanos acreditam que seu governo está corrompido por interesses financeiros especiais. Um levantamento realizado em 2011 pelo Center for American Progress Action Fund e pela Greenberg Quinlan Rosner Research mostrou resultados ainda mais surpreendentes: 81% dos norte-americanos acreditam que o norte-americano médio trabalha hoje mais duramente para ganhar menos. Cerca de 75% dizem que o sistema existe para enriquecer Wall Street e quebrar a viabilidade da classe média, e 72% pensam que só os ricos estão se beneficiando da direção política e fiscal da nação. Um levantamento realizado pelo Gallup, em 2011, mostrou que apenas 13% dos norte-americanos acreditam que o sistema financeiro dos Estados Unidos é prudente. De acordo com outra pesquisa de opinião Gallup, uma elevada taxa de 87% dos norte-americanos acredita que 1% deles controla 42% da riqueza da América.

Essas visões não são desconhecidas no mundo todo. O canal para a mídia árabe da Aljazeera divulga histórias regulares sobre o colapso da confiança dos norte-americanos em seu sistema financeiro. As estatísticas europeias são semelhantes. Em 2011, pesquisas de opinião pública realizadas pelo *Daily Mail* no Reino Unido indicaram que cerca de 60% dos cidadãos britânicos consideram o sistema financeiro manipulado, e estatísticas obtidas pela Universidade da Pennsylvania mostraram que em 14 dos 17 países da União Europeia, mais de 50% de suas populações acreditam que os sistemas financeiros são manipulados para a vantagem de apenas alguns poucos. Uma busca no Google de notícias sobre as pesquisas de opinião ligadas à negatividade norte-americana relativamente ao seu sistema financeiro traz mais de dois milhões de entradas. Com o

---

[83] Pew, 2011.

escândalo de manipulação das taxas de juros LIBOR, em 2012, desdobrando-se em torno dos 15 maiores bancos do mundo, parecia certo que cidadãos comuns do mundo logo descobririam estar sendo sistematicamente espoliados por seus bancos há anos.

Esse problema cria mais do que apenas um pano de fundo significativo para o processo contínuo de globalização do planeta e o contexto em que porcentagens significativas de cidadãos do mundo estão se dirigindo para um sentido de consciência da unidade, de equanimidade e de ideais éticos superiores. O perfil de um setor da sociedade mundial, contrariando a tendência mais ampla que ocorre em todo o mundo, encaixa-se na definição clínica de câncer, em que um grupo de células no corpo responde apenas às suas próprias necessidades, matando o hospedeiro de modo inevitável. Essa é uma possibilidade totalmente realista para o futuro do nosso mundo.

Com base em tudo isso, uma literatura emergente sobre as reformas econômicas e financeiras procura dar apoio a uma quantidade significativa de pensamentos progressistas a respeito de como enfrentar o câncer potencial de uma indústria financeira e bancária em fuga. Livros amplamente lidos, como *Sacred Economics*, *Conscious Capitalism*, *Conversations with Wall Street*, *Right Relationship* e *The Great Turning*, trouxeram à luz visões alternativas sobre como os sistemas financeiros e bancários poderiam servir ao mundo de maneira mais equitativa.

Como um orador africano sugeriu em uma conferência mundial sobre direções equitativas, todos nós precisamos perguntar quem criou os pressupostos que permitiram a minúsculas porcentagens da população do mundo controlarem o destino financeiro de todas as pessoas. Se devemos renegociar esses pressupostos em efetivos acordos de trabalho, que não apenas beneficiem a todos, mas também garantam uma evolução positiva contínua para o nosso planeta, precisamos identificar onde residem os fulcros do poder.

Não sejamos ingênuos

Embora seja útil, e talvez seja até mesmo uma epifania, compreender o tipo de salto necessário ao coração e à consciência humanos para construirmos um mundo melhor em uma Era Interespiritual, não podemos ser ingênuos diante das realidades com as quais nos confrontamos diariamente no planeta. Para todas as esperanças que pudermos apontar, há, nas crises em andamento, um amplo espectro de contraprovas indicando, ao contrário, ausência de qualquer senso de bondade, de justiça ou até mesmo de bom senso. Ainda estamos tentando dirigir um trem desgovernado.

Nas religiões do mundo, a tensão natural que acompanha esse desafio reflete-se na recente troca de ideias entre Sua Santidade o Dalai Lama e o comentarista religioso da CNN, dr. Stephen Prothero. Em resposta a um artigo em que Sua Santidade expressa sua opinião no *The New York Times* sugerindo que a bondade e a compaixão universais são o caminho para a humanidade avançar, Prothero, autor de *God Is Not One: The Eight Rival Religions That Run the World – and Why Their Differences Matter*, sugeriu que a visão do Dalai Lama é ingênua e resulta de uma má interpretação. Evocando o ponto de vista da Cognitive Science of Religion (CSR), segundo o qual a espiritualidade é uma experiência e a religião é outra, totalmente diferente, e que a religião sequestra a espiritualidade para diferentes fins, a desagradável situação em que a humanidade se encontra é clara. A CSR sugere que as visões religiosas — as quais os primatas têm facilidade de se lembrar e também facilidade para usar — podem não conseguir jamais ser capazes de lidar com os desafios cruciais que enfrentamos.

O futuro é uma questão em aberto. O que vem à mente são as palavras atribuídas ao explorador de um só braço John Wesley Powell, em sua primeira descida ao longo do furioso Rio Colorado do Grand Canyon. Há várias versões da lenda, mas talvez esta seja a que tenha mais ressonância para A Grande Fusão Conjunta Que se Aproxima: "Ainda temos uma distância desconhecida a percorrer, um rio desconhecido para explorar. Que cachoeiras existem, nós não sabemos; que rochas obstruem o canal, nós não sabemos; que muros se erguem ao longo do rio, nós não sabemos. Podemos conjecturar muitas coisas, mas não descartá-las por causa de vagos rumores e sentimentos sem sentido. Nós simplesmente prosseguimos com vigor apesar das dificuldades".

20

A visão do que está chegando

"Depois do jogo, o rei e o peão vão para a mesma caixa."
— Provérbio italiano

A PAISAGEM GLOBAL DA RELIGIÃO E DA ESPIRITUALIDADE ATUAIS É apenas uma das várias esferas do empreendimento humano — ciência e tecnologia, política e governo, economia e finanças —, nas quais está ocorrendo um diálogo sobre a consciência da unidade. Todos esses domínios são complexos, mas a paisagem religiosa e espiritual é de fato intrincada.

Para complicar ainda mais o assunto, alguns desses domínios dialogam de maneira proativa entre si, enquanto outros simplesmente não se entendem. Essa situação difícil levanta a questão crítica de saber do que a humanidade pode precisar para resolver problemas futuros com base em múltiplas perspectivas. Seria possível que a nossa espécie viesse a esgotar sua capacidade para resolver problemas, que até agora tem-se mostrado tão fundamental para a nossa sobrevivência?

Ainda mais preocupante é o fato de que, se diversos domínios da atividade empreendedora humana não conseguem se comunicar de maneira criativa, seu *momentum* é monolítico *justamente* em uma época na qual somos confrontados por uma verdadeira multidão de ameaças e desafios externos e coletivos. Diante de tal situação difícil, nossa espécie poderia ser inadvertidamente destroçada

— na verdade, poderia ser extinta — como resultado de um cósmico gesto de prestidigitação, uma reviravolta irônica da ação de "dividir e conquistar".

Como aconteceu com os gregos divididos enfrentando invasores persas há 2.500 anos, o perigo real pelo qual o nosso planeta está passando poderia ser o resultado de ele ser simultaneamente solicitado por várias respostas possíveis, até mesmo incompatíveis. A resposta ideal seria um sentido compartilhado de visão planetária. Outra resposta poderia ser poderia ser o reconhecimento de que a solução viria peça por peça, grupo por grupo, mas isso provavelmente não seria suficiente

Uma paisagem em constante evolução

Reconhecemos hoje que vivemos em um mundo em desenvolvimento, a herança de dois séculos de ciência moderna. Mas o que podemos dizer a respeito do fenômeno das religiões em nosso planeta? Ele tem sido estático ou dinâmico? Vemos as religiões como uma terra plana contemporânea de tradições mundiais em competição, as quais, em grande medida, são inconsequentes, ou irrelevantes, no que se refere ao futuro do mundo, ou há nelas um conteúdo promissor? Ao considerarmos a dimensão e a influência das religiões em todo o mundo, constatamos ser possível caracterizar 22 religiões como as principais, outra dúzia como fontes de influência mundial e pelo menos cinco que operam exercendo infuência em uma escala global.

Parece a muitas pessoas que a mudança de paradigma atualmente em curso em nossa espécie é um resultado inevitável da própria evolução. Nesse caso, o processo tem-se mantido em andamento desde o Big Bang, que ocorreu há cerca de 14,7 bilhões de anos. Por essa razão, em vez de olhar para as atuais religiões do mundo a partir de um ponto de vista puramente horizontal, a visão evolutiva moderna vê o desdobramento da experiência espiritual subjetiva como uma árvore em constante expansão e ascensão — uma transformação gradual, mas constante da experiência humana primeiro em inteligência, e em seguida em consciência progressivamente mais elevada. Em outras palavras, o despertar global que ocorre atualmente é a culminação da história, resultando em um planeta transformado.

Os iorubas têm um ditado: "As árvores são o grande alfabeto de Deus". Todas as religiões e tradições espirituais do mundo podem ser vistas como uma única árvore, sempre crescendo e se ramificando, e atingindo, em última análise, uma altura e uma envergadura tais que suas folhas — a cidadania planetária — podem se espalhar no Sol. Um autor desconhecido escreveu há muito tempo: "Essa árvore tem visto tantos sóis nascerem e se porem, tantas estações irem e virem e tantas gerações silenciarem, que podemos muito bem nos perguntar qual seria, para nós, 'a história da árvore' se ela tivesse línguas para nos contar, ou nós ouvidos suficientemente sutis para compreendê-la".

Em inglês, há poucos sinônimos para "árvore", se é que de fato existe algum. Isso atesta a universalidade do símbolo, cujo uso generalizado não é acidental. O símbolo da Árvore da Vida ocorre extensamente na mitologia, na filosofia, nas religiões do mundo e na ciência. Em seu sentido metafórico, é uma imagem mística e icônica que sugere a interconectividade de todas as coisas. Em particular, na ciência e na religião, ela desempenha o papel de um logotipo, que representa a descendência (ou ascensão) comum no sentido evolutivo.

Na mitologia, essa imagem icônica também é conhecida como a Árvore do Mundo. Nas culturas primordiais, que aderem ao princípio "o que está em cima é como o que está embaixo", a árvore conecta o céu ao mundo subterrâneo. Na maior parte das sociedades indígenas, o tambor do xamã, misticamente energizado, é recortado da madeira de uma árvore. Nas religiões, a árvore tem importância central para histórias cosmológicas de todos os cinco continentes e é detalhada nas culturas dos maoris da Nova Zelândia, dos iorubas da África, dos maias da América Latina, dos persas e judeus do Oriente Médio, dos hinduístas e budistas do Extremo Oriente, além dos eslavos, dos nórdicos, dos druidas e dos celtas da Europa, sem nos esquecermos das tribos indígenas da América do Norte. Em muitas dessas tradições, ela se ergue no centro do jardim do mundo, simbolizando o nascimento de todas as coisas, mais particularmente da humanidade, e a culminação de todas essas coisas no futuro. Desse modo, nas escrituras judeu-cristãs, a Árvore da Vida aparece no início do Gênesis e no fim do Apocalipse de São João.

No hinduísmo, a Árvore do Mundo (descrita como a Banyon sagrada, na qual uma única árvore pode abranger uma floresta inteira com a expansão de

320

suas raízes e seus ramos) está enraizada nos céus, mas a sua realização encontra-se na Terra. No budismo, a Árvore do Mundo é a árvore cosmogênica, também chamada de a Árvore do Despertar, a Árvore da Ambrosia, a Sábia, ou a Perfeição. Simboliza o atingir os céus pelo próprio Buda, cuja iluminação ocorreu, como se conta, aos pés de uma árvore Bodhi. No cristianismo, Jesus brota da "raiz de Jessé", e seu legado derradeiro é consumado sobre uma árvore.

O ícone da árvore tem importância central para todas as histórias heroicas da mitologia. Ele significa um rito de passagem do primordial para o eterno, a iniciação que leva à transformação suprema. A árvore tem uma significação universal para o herói nas diferentes mitologias. Assim como Jesus é retratado como o *logos* original que se fez carne, a cosmologia budista vê o nascimento de Buda e o nascimento da raiz universal da transformação como sinônimos. O ícone também é considerado uma denotação da própria prática espiritual, conforme o herói ou a heroína se empenha na busca da Árvore do Mundo ou da Montanha Sagrada e, por fim, obtém o alinhamento com tudo o que é universal e eterno. O sociólogo e teólogo Mircea Eliade refere-se a essas histórias comuns como "O Mito do Eterno Retorno".

Na ciência, a árvore tem importância igualmente central. Ela aparece nos diagramas de ramificação que representam mudanças no desenvolvimento, descrevendo tanto o surgimento de formas e funções *como* a ascensão coletiva a partir de ancestrais comuns que remontam há, pelo menos, 3 bilhões de anos. Uma tentativa científica global de registrar as relações evolutivas efetivas de todas as coisas vivas é chamada de The Tree of Life Project [O Projeto Árvore da Vida].

Essa coerência do simbolismo da Árvore da Vida nas religiões de todo o mundo é surpreendente. Em todas elas, o ícone da árvore aparece em mais de 30 antigas lendas culturais específicas. É comum a todas elas o motivo universal do crescimento mutuamente interconectado e interdependente, acoplado com a centralidade da humanidade como fruto supremo da própria árvore. Seus ramos se entrelaçam e participam uns dos outros. A humanidade não apenas honra, mas também nutre a árvore. Em algumas lendas, a árvore também significa o contínuo surgimento de civilizações, o que sugere uma coerência da história com o avanço e o aperfeiçoamento contínuos.

Lendas sobre árvores também descrevem a compreensão religiosa do conhecimento do bem e do mal pela humanidade, juntamente com a relação entre mortalidade e imortalidade, céu e Inferno. Lendas sobre a Árvore do Conhecimento do Bem e do Mal originaram-se mais tarde do que os relatos mais centrais sobre a Árvore da Vida. Isso provavelmente reflete a necessidade que os regimes totalitaristas tiveram (a partir de 3000 a.C.) de impor de maneira rigorosa suas estruturas sociais. Foi nesse período de necessidade política de supressão social que as instituições religiosas também enfatizaram e elaboraram ainda mais as narrativas sobre céu e Inferno baseadas no medo. Em algumas tradições, o significado da Árvore da Vida e da Árvore do Conhecimento do Bem e do Mal tornou-se um tanto ofuscado durante essa época.

A promessa da transformação definitiva continua central, uma vez que as histórias sobre a Árvore da Vida não apenas são anteriores às do bem e do mal, mas também representam o terreno espiritual elevado. Em algumas dessas histórias, as folhas da Árvore do Mundo descrevem pessoas e moedas, representando a humanidade como valor supremo, e o espalhamento das folhas expostas ao sol significa a consciência mais elevada ou iluminação.

No cristianismo, a árvore simboliza ao mesmo tempo a história da ressurreição e a história de ascensão, e no Livro do Apocalipse significa a unidade final das nações. Nos textos antigos da Índia, os Upanixades, a árvore cósmica Asvattha simboliza o próprio universo vivo como um aspecto de Brahman. A ação da árvore inverte a ordem habitual das limitações humanas, permitindo a transformação da humanidade, que é a mensagem central compartilhada por todas essas narrativas. No âmago da história messiânica, o Cristo é a Árvore da Vida — a humanidade imaginada no princípio como o filho de Deus, reivindicado como o cumprimento da história. O chefe lacota Crazy Horse imaginou o mesmo fim, afirmando que, em um reconhecimento divino uns dos outros, os seres humanos viveriam como um só.

As narrativas descrevem como as religiões e a espiritualidade do mundo se veem como parte indispensável do destino da humanidade. Talvez ainda mais pungente seja o fato de que, nas escolas místicas medievais, divulgava-se a compreensão de que as raízes, o tronco e os ramos da árvore representam o conhecimento humano, e suas folhas simbolizam a aplicação imediata desse conhecimento na vida cotidiana. É como se o conhecimento da capacidade da nossa espécie para resolver problemas ligando causa e efeito estivesse incorporado nos reservatórios mais profundos de nossa herança mitológica compartilhada.

Embora essas sincronicidades entre a Árvore do Mundo e a Árvore da Vida em todas as religiões do mundo tenham sido conhecidas por algum tempo, foram necessários os desafios de um mundo globalizante e de uma interespiritualidade emergente para nos coagir a indagar sobre suas implicações. Se tantas religiões do mundo são baseadas na compreensão desses mitos do eterno retorno, que vias estão disponíveis a essas religiões para que consigam se desprender da exclusividade e da reatividade que caracterizam tão grande parte das posturas políticas adotadas no mundo de hoje?

Nossas mitologias comuns nos convidam a pensar nas religiões e nas tradições espirituais como uma experiência única, embora diversificada ao longo de toda a história de nossa espécie, de perguntar e responder às questões perenes sobre quem somos, de onde viemos e para onde estamos indo. Elas também sugerem que não se trata apenas de uma herança compartilhada, mas também de um reservatório de sabedoria interior coletiva com base no qual poderíamos abordar com sucesso o que parece um futuro precário.

O Irmão Teasdale estudou a natureza da mudança necessária para a religião e a espiritualidade se tornarem um ativo evolutivo para a nossa espécie, em vez de um passivo reativo:

> Precisamos compreender, para então de fato apreender, em um nível elementar, que a revolução definitiva é o despertar espiritual da humanidade. As mudanças necessárias na consciência requerem uma nova abordagem da espiritualidade, uma abordagem que transcenda as culturas religiosas do passado, de fragmentação e isolamento. Os caminhos são muitos, mas o objetivo é o mesmo. A experiência direta da interespiritualidade prepara o caminho para uma lei universal do misticismo — que é o coração comum do mundo. É difícil prever a forma precisa desse próximo avanço desbravador, mas creio que... [será] um refinamento sutil do que elas [as Grandes Tradições de Sabedoria] conheceram e conhecem.[84]

---

[84] MH, p. 12, 47, 79.

A árvore ascendente das religiões do mundo

Se lhe pedissem para pensar na variedade de plantas, animais, nações e culturas de nosso planeta, você pensaria apenas nos animais, plantas, nações e culturas que existem nos dias de hoje? Ou incluiria todos os animais, plantas, nações e culturas que vieram e já se foram? Pesquisas de opinião mostram que a maioria das pessoas (75%) pensaria apenas em nosso mundo atual, e não no contexto de uma história mais longa.[85]

A primeira é uma visão horizontal, a visão de uma terra plana. A segunda é uma visão vertical, dinâmica, centralizada no desenvolvimento, uma visão evolutiva, que inclui todos os participantes desde tempos imemoriais. Essa é a icônica Árvore do Mundo, a Árvore da Vida em todas as nossas heranças, e é o motivo que usaremos para mergulhar nas tradições do mundo a fim de descobrir sua mensagem universal.

Uma árvore das religiões do mundo rastreia a experiência subjetiva de nossa espécie — seu sentimento bruto interior. É o que vemos ao examinarmos as religiões do mundo segundo a perspectiva vertical do tempo. Ramos refletem o Oriente, o Ocidente, o Norte e o Sul — bem como o velho e o novo. Cada ramo, independentemente de quão longo ele seja ou de onde esteja posicionado, tem importância para toda a árvore. Há interações complexas entre os membros entrelaçados, que se cruzam por cima e por trás. Os ramos atingem sempre posições para cima e para fora, espalhando mais e mais folhas ao sol — incontáveis experiências, práticas e métodos. Toda a árvore exibe, de uma só vez, as folhas mais viçosas — estes primeiros momentos em nosso novo milênio — *e todo* o legado representado na idade da árvore.

O próprio Irmão Teasdale utilizou a imagem de uma árvore e escreveu extensamente sobre a eficácia dessa iconografia natural para nos levar a compreender as dimensões espirituais e materiais de nossa realidade. Para Teasdale, a árvore era uma teofania — uma revelação do divino —, seja ela a história da Árvore da Vida em relatos sobre a criação, o lugar especial das árvores em narrativas indígenas ou as meditações, simbolizadas pela árvore, do icônico monástico

---

[85] Universidade de Maryland, 2002.

São Bernardo de Clairvaux a respeito do mistério que nos entrelaça com nossa natureza divina.

Citando seu amor por essa iconografia natural na linguagem de seu colega, o ecoteólogo padre Thomas Berry, Teasdale também cunhou suas categorias dentro da interespiritualidade com base nas palavras e expressões de biologia para florestas — o que é particularmente oportuno, uma vez que a mesma mistura e o mesmo cruzamento por cima são universais no mundo vegetal. A mistura e a hibridização que Teasdale atribuía às histórias de tantas religiões são conhecidas na ciência como "evolução reticulada". A palavra "reticulada" significa semelhante à teia, ou rede.

As religiões do mundo também se desenvolveram na companhia umas das outras. Na ciência, esse compartilhamento interativo que promove o codesenvolvimento é chamado de "coevolução", expressão que delineia todo um ramo da ciência. Em alinhamento com isso, Teasdale observou que as relações de interdependência das religiões do mundo são sutis e fundamentais.

Ao visualizar essa árvore, a base é um tronco único e largo. O que isso representa? Há dois aspectos para o simbolismo.

Em primeiro lugar, cada religião teve uma origem, em geral em um indivíduo convincente e de grande poder de atração, que teve uma experiência espiritual e a compartilhou com outras pessoas. E se outras pessoas reconheceram a narrativa como convincente, uma tradição começou a emergir, expandindo-se como os galhos de uma árvore. Se as circunstâncias não sorrissem em uma tradição em particular, seu crescimento ficaria atrofiado ou até mesmo truncado. Naquilo a que a ciência se refere como a "visão operacional", que consiste simplesmente em observar o que de fato acontece, não estamos preocupados com o que poderia ou não poderia ser verdadeiro em nenhuma tradição particular. Nosso interesse é apenas o de observar como a tradição opera.

Em segundo lugar, a árvore é plantada na terra. Não só a maioria das religiões origina-se de um compartilhamento individual de uma narrativa convincente, mas também praticamente quase todas as religiões antigas começaram como uma experiência indígena dos povos mais antigos — um clã ou uma tribo — em uma paisagem particular, em geral com uma estreita relação entre as pessoas e a terra que as nutre. A vida era simples nesses contextos primordiais: era uma questão de sobrevivência, que, tanto no que se refere à nutrição como à cura, dependia totalmente de sua relação com a natureza.

O Irmão Teasdale indica que quase todas as principais religiões do mundo começaram como religiões indígenas "em algum lugar, em algum momento". Ainda há milhares dessas religiões indígenas no planeta. Algumas delas, ao longo do tempo, ficaram progressivamente mais complexas com o desenvolvimento de seus povos e culturas.

As religiões do mundo de acordo com a popularidade

Mais uma vez, sem referência ao que pode ser verdadeiro ou não, mas considerando que a maioria das crenças baseia-se em alguma espécie de texto sagrado, nós também podemos rastrear o sucesso operacional de várias tradições de acordo com a constatação de que suas narrativas religiosas foram, em um momento ou em outro, *best-sellers*. Devemos ter em mente que muitas das tradições mais antigas eram orais, e não escritas, e isso significa que temos apenas relatos secundários sobre suas crenças.

Estima-se que 600 obras são consideradas pelas religiões atualmente existentes no mundo como textos sagrados[86] Eles incluem textos atribuídos a algumas das primeiras religiões do mundo. A diversidade desses textos e e de suas origens são surpreendentes, remontando, sob alguma forma de publicação, a cerca de 8000 a.C., tanto no Oriente Médio como na China, e sendo publicados, sob uma forma ou outra, a partir de aproximadamente 2500 a.C. Hoje, cerca de 50 explicações "oficiais" são reconhecidas pelas 22 religiões mais proeminentes do mundo. Olhando para além dessas tradições, há cerca de 90 textos sagrados vindos da região asiática, 140 declarações oficiais de crenças por todo o cristianismo, outras 84 declarações ou textos oficiais vindos das regiões do Oriente Médio (67 só da Pérsia) e 63 do lado de fora do Oriente Médio.

---

[86] New York Public Library [NYPL] e *Encyclopedia Britannica*.

Textos sagrados das principais religiões do mundo

Em âmbito geral: 47 explicações "oficiais" publicadas para as 22 religiões essenciais, entre as principais religiões atuais do mundo (74, se as dividirmos em subcategorias dentro dessas religiões)

Em âmbito específico: incluindo e excedendo as 22 principais religiões atuais do mundo

Religiões "orientais", como são definidas por região asiática:	92 textos sagrados fundamentais [NYPL]
Cristianismo:	140 textos sagrados fundamentais
Judaísmo:	10 textos sagrados fundamentais
Outras religiões regionais do Oriente Médio:	84 textos sagrados fundamentais, 67 só para a Pérsia
Religiões regionais fora do Oriente Médio:	63 textos sagrados fundamentais
Religiões indígenas:	7.000 narrativas religiosas indígenas em todo o mundo
África:	3.000 tribos, 20 principais textos sagrados
Américas:	3.000 tribos (1.000 na América do Norte, 2.000 na América Latina), 100 principais textos modernos que explicam essas religiões
Oceania:	1.000 tribos (700 só na Nova Guiné), 20 principais textos modernos que explicam essas religiões
Religiões Nova Era:	5 textos fundamentais
Espiritismo:	7 textos fundamentais
Novas religiões das últimas décadas	6 textos fundamentais

Fontes: *Encyclopedia Britannica* e New York Public Library [NYPL]

Ao listar as tradições indígenas, constata-se que há cerca de 7 mil tribos — 3 mil na África, 3 mil nas Américas (1 mil na América do Norte e 2 mil na América Latina) e 1 mil na Oceania. Algumas dessas tradições originalmente não tinham textos sagrados, mas o número de textos oficiais que explicam as crenças associadas a essas tradições aproxima-se, respectivamente, de 20, 100 e 20. Há também cerca de meia dúzia de textos fundamentais para as religiões Nova Era, sete para o espiritismo e outros seis que representam novas religiões das últimas décadas.

Ao realizar uma avaliação atual, constatamos que os livros que representam as principais religiões do mundo são os nossos *best-sellers*, lidos, literalmente falando, por milhões de pessoas. Além disso, livros religiosos exercem um enorme impacto sobre a opinião pública mundial. Se procurarmos no Google material sobre livros religiosos, encontraremos cerca de 225 milhões de entradas, com 26 milhões de entradas para editoras de livros religiosos. Se procurarmos textos sagrados, ainda no Google, virão à tona cerca de 6 milhões de entradas.

As pessoas leem material religioso por diferentes razões. Historicamente, muitos livros religiosos foram considerados leitura obrigatória — por exemplo, para crianças e adolescentes que crescem em qualquer uma das tradições do mundo. Outros são populares entre indivíduos que descobrem uma tradição e se identificam com ela, ou que leem sobre um caminho diferente, o qual lhes permitiria explorar outras práticas espirituais. Algumas religiões foram impostas às pessoas por meio de guerra ou de escravidão. Até mesmo hoje essas religiões que controlam sistemas políticos banem os livros de tradições que competem com elas.

Se você caminhar dentro de uma livraria em Nova York, encontrará com facilidade uma Bíblia, assim como o Alcorão. Você talvez precisasse olhar mais de perto para conseguir encontrar o *Tao Te Ching** ou *O Livro Tibetano dos Mortos*,** e poderia ser muito difícil encontrar um livro com escrituras maias ou astecas. Será que uma livraria em Hays, no Kansas, ou em Tijuana, no México, ofereceria essas mesmas escolhas com igual disponibilidade? É duvidoso. E quanto aos ensinamentos completos de Zoroastro? Não seria tão fácil — e, no entanto, no tempo de Alexandre, o Grande, esse era *o grande best-seller* planetário, pois o

---

* *Tao-Te King*, publicado pela Editora Pensamento, São Paulo, 1987.

** *O Livro Tibetano dos Mortos*, publicado pela Editora Pensamento, São Paulo, 1985.

zoroastrismo era a religião global da época, abrangendo o mundo mediterrâneo conhecido. E quanto às escrituras quíchua? Provavelmente nada a respeito.

As religiões pelo que elas realizam

A atividade religiosa tem sido tradicionalmente realizada de duas maneiras básicas, as quais constituem partes importantes de nossa árvore das religiões do mundo: aquelas cujas crenças sobreviveram em narrativas cósmicas sobre as origens e destinos com seu elenco de personagens; e as que parecem ter simplesmente explorado a consciência, empenhando-se em descobrir o que ela é e como funciona. As religiões com cenários mágico-míticos — elencos de personagens celestiais, profetas, messias e cenários do fim dos tempos — são conhecidas como "religiões reveladas". As que tendem a explorar a consciência nós chamaremos apenas de "religiões da consciência".

Nas religiões reveladas, alguém relata ter experimentado a presença de um mensageiro celestial — um anjo, um profeta, mestres ascencionados ou até mesmo Deus em pessoa —, o qual revelou uma mensagem, muitas vezes levando à redação de um texto sagrado, compreendido como uma verdade enviada do alto, e não como o produto de uma experiência subjetiva ou de uma influência cultural. Outra característica das religiões reveladas é a presença de cenários do fim dos tempos, muitas vezes envolvendo histórias apocalípticas sobre como o mundo vai acabar. Em sua maioria, as religiões reveladas são incluídas pelos acadêmicos entre as religiões "teístas", em referência ao fato de elas acreditarem em um Deus.

Religiões que apenas exploram a consciência são mais comuns no Oriente nos dias de hoje e, com frequência, têm textos históricos (mas não necessariamente sagrados) que não são necessariamente teístas. "Deus" pode não fazer parte de sua mensagem. Algumas delas apresentam várias personificações de comportamento ou de aspirações que foram representadas em suas tradições populares como "deuses", em especial dentro de suas armadilhas culturais como religiões organizadas. Embora algumas de suas antigas narrativas sejam retratadas por meio da lente mágico-mítica, em geral a narrativa é menos sobre os "deuses" e mais sobre as qualidades que eles representam ou personificam.

A maioria dessas religiões não tem um elenco celestial de personagens e não costumam incluir cenários de fim dos tempos.

A exploração dos galhos

Há um ditado cherokee que diz: "No meio de cada árvore há um mundo novo". Se combinarmos nossa perspectiva sobre as tradições religiosas e espirituais de todo o mundo como uma árvore em crescimento constante com o fato de as histórias e narrativas correspondentes aos diversos galhos da árvore terem sido diversificadamente populares, com diferentes pessoas em diferentes épocas, obteremos um sentido do grande panorama que abrange a experiência religiosa coletiva de nossa espécie.

Por causa de nossa consciência em ascensão e de sua capacidade em desenvolvimento para projetar ideias e visões, bem como para contar histórias, essas primeiras experiências também estavam aliadas a uma experiência dos reinos espirituais. Por isso, precisamos reconhecer não só a enorme diversidade de religiões baseadas na natureza, mas também o legado que elas deixaram para todas as religiões no que se refere ao nosso sentido coletivo de espírito e de reinos dos espíritos.

Essas religiões que ainda estão próximas de seu sentido dos reinos dos espíritos são chamadas, pelos atuais estudiosos de religião, de tradições "animistas". Essa expressão está mais frequentemente associada a religiões indígenas ou baseadas na natureza e, como na palavra "animado", refere-se à intimidade que essas tradições têm com o elenco de personagens celestiais de suas narrativas. Em uma experiência animista, considera-se que quase todas as circunstâncias têm significados especiais, em particular com relação aos reinos dos espíritos — desde o fato de você virar à esquerda em vez de à direita ao caminhar na floresta ou de errar um tiro enquanto caçava, até entrar no ônibus errado enquanto seguia seu caminho rumo ao mercado. Essas experiências primordiais remontam às eras Arcaica e Mágica-Animista, entre 100 mil e 50 mil anos atrás.

Com isso em mente, podemos reconhecer de imediato um enorme galho saindo da base de nossa árvore, o qual consiste em tradições indígenas ou nativas — as religiões "animistas" ou orientadas para o mundo dos espíritos. Há cerca de 7 mil em todo o mundo atual e, no âmbito histórico, provavelmente pelo menos 55 mil.[87] À medida que algumas dessas tradições ficavam cada vez mais complexas, às vezes em uma escala relativamente local e outras vezes espalhando-se até os impérios, elas acabavam se tornando os primeiros subtroncos maciços de nossa árvore.

Outra herança provém de nossa experiência indígena. A natureza mística da humanidade permeia todos os aspectos de nossa árvore, desde o mais primordial até às religiões dos dias de hoje. As experiências específicas relacionadas com a energia, que identificamos de maneira tão vigorosa com nossa herança indígena, estão vivas e bem atualmente, em todos os seus aspectos, desde as tradições de cura baseadas na energia e as tradições mágicas (sim, mesmo "negra" ou "branca") até modalidades médicas reconhecidas, como a acupuntura, o reiki, o shiatsu, a terapia da polaridade, o toque terapêutico, a imposição das mãos e a terapia do biocampo energético. Sob as bandeiras da medicina complementar ou alternativa, da medicina energética, da terapia energética e da cura energética, essas modalidades são bem conhecidas e amplamente utilizadas em todo o mundo, tendo desfrutado de um ressurgimento particular em nossa atual era integrativa e holística, e estão hoje suficientemente aperfeiçoadas para serem distinguidas entre terapias "legítimas" e terapias "supostas". As primeiras baseiam-se em formas de energia comprovadas pela ciência, e as segundas, em formas hipotéticas ou especulativas. A sobrevivência, em tempos modernos, dessas percepções antigas e geograficamente diversificadas, mas capazes de reconhecer com grande acuidade os estados normais e patológicos dos nossos corpos, da nossa natureza e do nosso meio ambiente, atesta a convergência da história que dá fundamento à Era Interespiritual emergente.

Assim como animais e plantas extintos, ou países e nações que já desapareceram, a maioria das religiões que há tempos atuava em um âmbito dominante já não existe mais. Assim, na base da nossa árvore das religiões do mundo, não há somente tradições indígenas primitivas, mas também os ramos de religiões hoje extintas. Cabe a nós considerar os povos cujos indivíduos, aos milhões, morreram lutando por essas religiões que já desapareceram há muito tempo. Poderíamos pensar que se tratavam de "trabalhos de amor perdidos", sobretudo

---

[87] De acordo com pessoas que tentam projetar esses números, por exemplo, na *Encyclopedia Britannica.*

quando a visão defendida por algumas dessas religiões antigas pode parecer tolice hoje, ou mesmo ridícula. No entanto, pessoas guerrearam e morreram por essas misteriosas visões de mundo.

Juntamente com as religiões, as divindades também vieram e se foram — pelo menos as 2.500 mais importantes, de acordo com uma recente *Encyclopedia of Gods*. Essas são apenas as grandes religiões, sujeitas a se tornar temas de *best-sellers* ao longo do tempo. Tradições indígenas, muitas vezes chamadas de "tradições primordiais" — as primeiras tradições orais que prefiguraram muitas das religiões do mundo —, acrescentam mais alguns milhares a essa lista.

Os maiores ramos

"A quem muito é dado, muito será exigido", diz-nos Jesus em Lucas 12:48. O âmago de nossa árvore de religiões do mundo tem vários apêndices importantes, quase todos originados na Era Axial. Dessas religiões axiais, que formam os eixos de culturas inteiras do mundo atual, diversificaram-se as religiões principais do nosso planeta. Se olhássemos apenas para o seu tamanho e sua atual influência geográfica, poderíamos escolher dez ou doze de grande influência atual ou histórica e identificar mais cinco, sem dúvida, grandes e influentes, cada uma delas transcontinental em seu alcance. Curiosamente, cinco delas são reconhecidas quer sejam nomeadas por região geográfica de origem — China, Índia, Pérsia, Judeia e Grécia — quer por nomes atuais de religiões que, em seu sentido mais amplo, inculcam essas heranças: hinduísmo, budismo, judaísmo, cristianismo e islamismo.

22 religiões essenciais do mundo

Cristianismo:	2,1 bilhões de pessoas
Islamismo:	1,5 bilhão
Hinduísmo:	900 milhões
Religião chinesa tradicional:	394 milhões
Budismo:	376 milhões
Nativas aborígenes:	300 milhões
Tradicionais e diaspóricas africanas:	100 milhões
Siquismo:	23 milhões
Juche [adoração de líderes coreanos]:	19 milhões
Espiritismo:	15 milhões

Judaísmo:	14 milhões
Bahaísmo:	7 milhões
Jainismo:	4,2 milhões
Shintoísmo:	4 milhões
Caodaísmo:	4 milhões
Zoroastrismo:	2,6 milhões
Tenrikyo:	2 milhões
Neopaganismo:	1 milhão
Unitário-Universalismo [ou Uuísmo]:	800 mil
Rastafarianismo:	600 mil
Cientologia:	500 mil
Secular/Não religioso/ Agnóstico/Ateu:	1,1 bilhão[88]

As doze grandes religiões mais importantes

Tradições aborígenes, bahaísmo, zoroastrismo, siquismo, islamismo, jainismo, judaísmo, taoismo, xintoísmo, cristianismo, budismo, hinduísmo.[89]

As cinco grandes religiões globais

Estas costumam ser chamadas de religiões "axiais" — religiões transcontinentais e o eixo de culturas mundiais inteiras, listadas de acordo com a definição mais ampla e com a cronologia: hinduísmo, budismo, judaísmo, cristianismo, islamismo.

Fontes que elaboram as religiões *e* as filosofias axiais do mundo muitas vezes também incluem a filosofia grega como axial, por causa de sua quase inseparável relação com a maneira como as religiões reveladas ocidentais compreenderam suas heranças. Escritores interespirituais modernos têm apontado que, na época integrativa e holística da atualidade, isso também é verdadeiro para a relação entre a filosofia oriental e a compreensão global de todas as tradições do mundo, em especial a compreensão de seu núcleo místico.

---

[88] Edição mais recente (2001) da Barrett's Religious Statistics (usada pela *Encyclopedia Britannica* e pela *World Christian Encyclopedia*).

[89] *The Major World Religions* (as religiões clássicas mais influentes, listadas aqui em ordem de diversidade *interna*, da menor para a maior), New York Public Library, 2011.

21

Como as religiões operam atualmente

"Há muitos caminhos que levam ao topo da árvore,
mas a visão que de lá se descortina é sempre a mesma."
— Aforismo perene

CADA UMA DAS RELIGIÕES AXIAIS DO MUNDO SURGIU DENTRO DOS padrões de comportamento da velha época totalitarista, representando o movimento da consciência e do coração humanos no âmbito dos contextos ainda opressivos desses quase 40 séculos de tirania. Em seguida, sua lente mágico-mítica evoluiu para a Era Racional subsequente, e é essa mistura do mágico-mítico com o racional que está pronta para tentar integrar-se à atual era integrativa e holística. A questão é saber se elas podem superar o comportamento que lhes era típico em sua origem e se alterar para uma relação integrativa e holística capaz de dar apoio ao planeta. Para isso, as religiões do mundo terão de evitar o destino previsto pela Ciência Cognitiva da Religião, a qual adverte que, por causa da "mente de macaco" humana, o exclusivismo religioso acabará por sequestrar a compreensão espiritual mais profunda.

Apesar desse prognóstico, a expansão da consciência poderia, em vez disso, adotar a verdade simples proposta pelo físico Sir Roger Penrose — a de que, assim como a mente humana pode abranger as verdades aparentemente contraditórias da realidade quântica, ela também poderia crescer de modo a conseguir apreender ao mesmo tempo a contradição aparente do pluralismo religioso. O Irmão Teasdale tinha certeza de que a mente humana seria capaz disso, de que ela poderia, pois essa é a quintessência de sua "interespiritualidade", juntamente com sua percepção de que esse despertar caracteriza o cerne contemplativo de todas as tradições religiosas existentes na Terra.

Essa convergência é possível não apenas por causa da globalização inevitável, mas também porque todas as cinco religiões principais — e as 22 religiões essenciais mais amplas — compartilham dos pontos arquimedianos que poderiam uni-las. Esses pontos incluem:

- Seu cerne místico comum — a consciência da unidade no nível da experiência (*experiential*).
- Ensinamentos e aspirações de comportamento éticos universais.
- Compromisso mútuo com as verdades, evidentes por si mesmas, da justiça econômica e social.

O potencial definitivo desses pontos permanece em questão, e esse enigma acabou dividindo os primeiros exploradores desse diálogo — os teólogos fundacionalistas ocidentais pós-Vaticano II. Quando esse debate foi posteriormente censurado pelo Vaticano, alguns, no entanto, continuaram com o diálogo, entre eles os místicos Thomas Merton e Raimon Pannikkar, além do pensador da libertação Harvey Cox. Foi a posição *experiencial* dos místicos que semeou a erupção posterior das conversações interspirituais do mundo.

A estrutura das religiões reveladas tende a ser arquetípica, fato que se espelha nas religiões mais recentemente reveladas. Um exemplo disso são os Santos dos Últimos Dias, com o seu *Livro de Mórmon*, que eles acreditam ter sido revelado a seu profeta Joseph Smith, sobretudo por via do anjo Moroni. A Unificação e seu *Princípio Divino* foram semelhantemente revelados por meio do reverendo Sun Myung Moon. Também podemos citar a Cientologia, com seu livro *Dianética*, revelado por intermédio de seu fundador, L. Ron Hubbard.

Cada uma dessas religiões inclui os elementos do léxico-padrão ocidental de personagens celestiais ou suas próprias versões mágico-míticas. A semelhança entre os personagens mitológicos e os elementos contidos em todas as religiões reveladas, independentemente de quão antigas ou recentes fossem, levou estudiosos a sugerir que sutis influências cruzadas, noções primordiais e arquetípicas e elementos de história universal, de algum modo permeiam os confins mais profundos até mesmo de nossa psique humana atual. É isso, ou então, se todas essas religiões foram reveladas por fontes celestiais, o céu é totalmente diversificado em suas visões, ou então em seus mensageiros ativos. Outra possibilidade, que tipifica a história do conflito entre religiões, seria a de que apenas uma religião revelada é verdadeira, e as restantes são falsas. Curiosamente, as duas primeiras visões seriam perfeitamente aceitáveis pela interespiritualidade, enquanto a última é a patologia para a qual a interespiritualidade está tentando chamar a atenção. No entanto, as religiões reveladas ainda compartilham do mesmo núcleo místico e das mesmas tradições místicas de todas as outras religiões do mundo: um profundo testemunho da unicidade da nossa experiência humana.

Em contraste com isso, as religiões da consciência podem ser praticadas sem qualquer referência a um arcabouço teísta. Isso não significa que as religiões reveladas não tenham um núcleo místico e tradições místicas. As religiões da consciência também podem mostrar personagens celestiais em suas antigas narrativas sagradas, embora, em geral, essas narrativas sejam consideradas mitológicas. Por causa disso, as religiões da consciência raramente têm cenários de fim dos tempos.

Ao caracterizar o budismo e o hinduísmo dessa maneira, fazemos isso *lato sensu*, expressão de efeito latina que significa "no sentido mais amplo". Isso ocorre porque o budismo e o hinduísmo incluem uma miríade de subtradições históricas. Como observamos anteriormente, o hinduísmo é a religião mais internamente diversificada do mundo, e o budismo ocupa o segundo lugar, e bem perto dela.

Sociologicamente, uma das vantagens das religiões da consciência é que elas estão menos obcecadas com a questão de quem, em última análise, está correto no que se refere a teologias e credos. Exceto em situações amarradas a identidades culturais ou nacionalistas, raramente os terroristas agem em nome de religiões da consciência.

Um leitor com boa capacidade de discernimento talvez já tenha reconhecido a complementaridade natural – um *yin* e um *yang*, por assim dizer – entre as religiões reveladas e as religiões da consciência. Ambas as visões são importantes, sobretudo à luz da nossa árvore histórica. O historiador Arnold Toynbee considerava a compreensão mútua desses dois grandes caminhos espirituais como um dos limiares mais cruciais que a nossa espécie precisa cruzar em sua longa jornada. Teasdale disse que essa visão de Toynbee levou, em grande parte, à sua própria exploração e definição de interespiritualidade.

Um grande pensador do Oriente Médio, Seyyed Hossein Nasr, também enfatiza isso em um livro importante, mas pouco conhecido, *Knowledge of the Sacred*. Sua obra é outro exemplo de como a predisposição oriental em direção à unidade inerente acabaria por ser descoberta pelos estudiosos ocidentais cuja perspectiva está centralizada no desenvolvimento.

O popular livro que o teólogo Stephen Prothero publicou em 2011, *God Is Not One*, destacou oito religiões que competem pelo controle do nosso mundo e de nossa visão de mundo e enfatizou *por que suas diferenças importam*, escolhendo precisamente essas palavras como subtítulo para o livro. *God Is Not One* levanta a questão de qual será o vetor que acionará essa competição nas próximas décadas. Será a bondade, o amor, a compreensão e a equanimidade previstos pela interespiritualidade? Ou será a reatividade que vemos em tantos comportamentos religiosos? Prothero caracteriza essa predileção na frase que completa o subtítulo de seu livro: *The Eight Religions that Rule the World* [As Oito Religiões que Governam o Mundo].

Prothero e Sua Santidade o Dalai Lama confrontaram-se em uma discussão sobre o nível de desenvolvimento evolutivo possível para a nossa espécie. O Dalai Lama tem sustentado que o caminho da bondade e da compaixão pode transformar o mundo. Escrevendo no *The New York Times*, embora sem negligenciar a bondade e a compaixão, Prothero considerou a visão do Dalai Lama irrealista e mesmo ingênua. A mesma incerteza ecoou na declaração do ambientalista Paul Hawken, ao alegar que, se alguém ainda tem esperança na raça humana, é porque essa pessoa não viu os dados; mas se uma pessoa não tem esperança, ela não tem coração.

À pergunta sobre o que pode acontecer com o mundo nas mãos da religião e da espiritualidade devemos acrescentar os outros cenários de extinção padrão: a competição baseada em identidades nacionais ou étnicas e a degradação do meio ambiente. Essas são tendências de longo prazo. Outra tendência grave e talvez ainda mais aguda é o comportamento dos poderes financeiros do mundo. Uma cultura aparentemente desprovida de qualquer sentido de valor coletivo ou de responsabilidade coletiva, esses poderes parecem tolerar e até mesmo defender o etos da sobrevivência do mais apto, tirado de antiquadas visões do darwinismo do século XIX. As empresas bancárias e financeiras quase esmagaram as economias do mundo todo em 2008 e podem muito bem vir esmagá-las no futuro.

As principais religiões do mundo de acordo com sua riqueza em dinheiro

Quase todas as religiões do mundo no nível global operam por meio de muitas jurisdições nacionais e fiscais. Para essas instituições globais, o número de jurisdições poderia exceder cem, e o número de corporações financeiras baseadas em religiões poderia muito bem exceder mil. Muitas dessas jurisdições estão sujeitas a leis que separam igreja e estado. Então como as categorias são definidas para medir a influência financeira das religiões em todo o mundo?

Se estamos falando sobre a riqueza de indivíduos em várias religiões, dados provenientes de diversas fontes no Ocidente indicam que as três primeiras são judaísmo, catolicismo e protestantismo, nessa ordem. No entanto, essas estatísticas brutas são enganosas. Um detalhado levantamento realizado em 2010, pelo colunista George Blow do *The New York Times*, mostrou que as nações mais ricas são as mais não religiosas. Nações religiosas, em especial estados religiosos, como em algumas teocracias islâmicas, geram tremendas riquezas. No entanto, elas podem mostrar altas rendas *per capita*, mas a distribuição da riqueza é polarizada em ricos *versus* pobres. Cerca de 25 países mostram mais religiosidade e, em geral, a mais pobre distribuição de riqueza. Essas nações são mais frequentemente alinhadas com as cinco grandes religiões globais, indicando que as disjunções ricos-pobres são mais comuns entre os adeptos dessas religiões. Esse fato surpreendente pode apontar para os resultados éticos relativos de religião *versus* espiritualidade.

Os Estados Unidos constituem uma exceção interessante por causa de sua diversidade religiosa, em particular de suas seitas protestantes independentes e de suas religiões alternativas. No entanto, a alta religiosidade e a distribuição de riqueza mais diversificada são enganadoras. Embora a nação tenha uma vigorosa classe média em comparação com grande parte do mundo, a opulência está concentrada em uma minúscula porcentagem. Alta religiosidade e melhor distribuição da riqueza também caracterizam algumas das mais secularizadas nações católicas, como a Itália, a Grécia e a Irlanda. A mesma demografia é verdadeira para Israel. Curiosamente, a Rússia (que poderia ser considerada uma superpotência global por seu poder militar) encontra-se entre as nações que mostram baixa religiosidade, baixa riqueza geral e domínio de uma cultura estratificada entre ricos e pobres.

Um estudo publicado em 2012 pela revista *The Economist* mostrou resultados semelhantes, mas fatorados em variáveis adicionais não necessariamente ligadas apenas à religião, como ciclos de inquietação política e graus de industrialização. Estabilidade de longo prazo e planejamento econômico nacional podem mudar de modo substancial uma demografia de base religiosa. A Suíça e a Coreia do Sul são casos exemplares de bem-estar financeiro *per capita*. Além disso, ambos os países têm um grau de religiosidade em geral alto, mas diversificado. Cingapura se destaca pela riqueza — é a número um *per capita* no mundo — e por ser religiosamente diversificada, sendo o budismo a religião mais dominante, e o islamismo a que mais predomina na península malaia.

Como definir os parâmetros para reunir dados sobre a riqueza financeira de instituições religiosas em uma escala global, sobretudo de religiões baseadas no Estado? Embora haja numerosos estudos de algumas jurisdições em particular, os únicos números apresentados sobre ativos totais aparecem na Yahoo Answers e parecem dividir-se em três classes: multibilionárias (superior a 100 bilhões de dólares), possuidoras de dezenas de bilhões de dólares (de 10 a 50 bilhões de dólares) e multimilionárias (superior a 1 bilhão de dólares).

De vários estudos que analisam esse tipo de dado, todos concordam que a mais rica no Ocidente é a Igreja Católica Romana. No entanto, ela não pode ser definida apenas como o Vaticano. Este opera como um estado nominalmente independente do qual o Banco do Vaticano (ou Istituto per le Opere di Religione) é só uma instituição em muitas jurisdições. Estimativas sobre os ativos totais da Igreja Católica Romana penetram no nível multibilionário (embora uma boa parte desse valor seja em arte, imóveis e investimentos em ações ou em *commodities*).

Também são mencionadas como significativamente ricas a comunidade anglicana (Igreja da Inglaterra) e a comunidade mórmon, ambas com dezenas de bilhões de dólares. Estudos semelhantes mostram essas duas comunidades empatadas ou ultrapassadas por grandes somas vindas do televangelismo e das megaigrejas cristãs evangélicas. Também há registros de que vários gurus de autoajuda e a maçonaria têm valores multimilionários. Dados relativos ao Oriente são mais raros, embora se estime que uma comunidade hinduísta em Kerala, na Índia, abrigue dezenas de bilhões de dólares, e que numerosas outras comunidades hinduístas sejam multimilionárias.[90]

A avaliação dos países produtores de petróleo árabes e iranianos e de suas relações com instituições religiosas ligadas com o estado também é enigmática. Particularmente útil é um estudo realizado em 2011, por *The Banker*, sobre instituições financeiras islâmicas sujeitas à lei religiosa islâmica (Sharia). Há mais de 500 dessas instituições, em 47 países, e várias delas têm base estatal. Estima-se que o total de ativos sujeitos à lei da Sharia é de cerca de 500 bilhões de dólares. A ordem por país é Irã, Arábia Saudita, Malásia, Kuwait, Emirados Árabes Unidos, Bahrein e Dubai. Essa cifra representa apenas 7% do total secular estimado dos ativos bancários de todo o mundo.

Em suma, a influência das religiões em âmbito mundial provém de numerosos vetores, diversificados e complexos — históricos, culturais, políticos e financeiros. Isso e o fato de 6,1 bilhões de cidadãos do mundo relatarem uma visão de mundo religiosa indicam que o papel das religiões no futuro da globalização terá importância crucial. No entanto, as variáveis envolvidas em seu efeito final são complexas, fato que destaca a importância de se esclarecer a mensagem geral de uma Era Interespiritual emergente. Essa mensagem seria espiritual, e

---

[90] Quase todos os estudos acima foram realizados por várias revistas de assuntos financeiros ou grupos de levantamento financeiro de âmbito mundial.

não apenas religiosa — uma referência a algo que se disse antes, como afirmou o Irmão Teasdale, relativo a experiências de espiritualidade compartilhadas relacionadas ao coração e ao amor. Esse é o único caminho para fora dos limites sufocantes do costume religioso exclusivista.

O desafio da atualidade: a teia emaranhada no topo da árvore

Quatro dias antes de seu assassinato por soldados norte-americanos, o chefe Crazy Horse [Cavalo Louco] do povo dakota participou de uma cerimônia do cachimbo com o lendário chefe dakota Sitting Bull [Touro Sentado]. Crazy Horse avisou, de início, que ele nunca havia lutado antes com um soldado norte-americano, exceto em legítima defesa, e que desde a derrota indígena para a 7ª cavalaria dos Estados Unidos, em 1876, ele tentava viver em paz, mas era constantemente perseguido pelo homem branco. Dizia-se que ele, em seguida, havia comentado: "Vejo um tempo de Sete Gerações, quando todas as cores da humanidade se reunirão sob a Árvore Sagrada da Vida, e toda a Terra se tornará um único círculo outra vez. Saúdo a luz dentro de seus olhos onde mora todo o universo. Porque, quando você estiver nesse centro dentro de si e eu estiver nesse lugar dentro de mim, seremos um só". Essas palavras do chefe Crazy Horse e seu assassinato quatro dias depois evidenciam com clareza o paradoxo do processo da civilização.

O chefe mohawk Thayendanegea disse: "No governo que vocês chamam de civilizado, a felicidade das pessoas é constantemente sacrificada ao esplendor do império. Daí a origem de seus códigos de leis civis e criminais; suas masmorras e prisões. Nós não temos prisões; nenhum desfile pomposo dos tribunais. Não temos entre nós nenhum vilão exaltado acima do controle das leis. Nunca permitimos que a maldade atrevida triunfe sobre a inocência indefesa. Os bens de viúvas e órfãos nunca são devorados por vigaristas ousados. Não temos nenhum roubo sob o pretexto de lei".

Esses dois relatos retratam a diferença gritante de valores entre os teatros de influência que disputam o controle do nosso planeta ao ingressarmos neste novo milênio.

No topo da nossa Árvore das Religiões do Mundo, há uma emaranhada teia de crenças, credos e cenários do fim dos tempos. À medida que subimos para perto da copa da árvore, vemos os dois grandes ramos — um deles ocidental em sua maior parte, e o outro em sua maior parte oriental. Eles representam os dois tipos ainda primordiais de religião — os que exploram a consciência e os que acreditam ter uma narrativa revelada que os amarra na realidade. Foi essa a divisão que fascinou o historiador Arnold Toynbee quando ele chamou o Irmão Teasdale para se juntar a outros já pioneiros na união do Oriente e do Ocidente.

Entre esses muitos outros nomes estavam o padre Bede Griffiths, em Shantivanum, na Índia, o padre Thomas Keating, das Snowmass Inter-religious Initiatives, Sua Santidade o Dalai Lama e Ken Wilber e os pioneiros na Visão Integral. Teasdale fez dessa exploração o tema de seus livros amplamente lidos, e da visão do padre Bede Griffiths fez o tema de sua dissertação de doutoramento e a base para sua posterior elaboração da interespiritualidade. O Dalai Lama, Wilber e Bede escreveram introduções ou prefácios — e foi exatamente assim que o novo milênio despontou.

O Irmão Teasdale previu a experiência da consciência da unidade como o terreno comum essencial. No entanto, ele não esperava que essa experiência acontecesse para todos, mas sentiu que se tratava de uma direção geral que a espécie toda está tomando à medida que a consciência continua a se tornar mais espaçosa* e a espécie ganha mais conjuntos de habilidades para acompanhar sua percepção em expansão.

Dessa maneira, nossa árvore foi incorporando novos e importantes ramos à medida que seus galhos se estenderam para dentro dos séculos XIX e XX, pressagiando as Eras Integrativa e Interespiritual. Estas incluíram:

- Tentativas, não importa o quão idiossincráticas fossem, de compreender a ciência e a religião em conjunto — desde a teosofia, o humanismo e movimentos do novo pensamento do século XIX até as fusões mais recentes e sadiamente científicas do século XX, que envolveram pensadores

---

* Quanto mais efetivamente a consciência incorporar o não dualismo, mais espaçosa ela se tornará. (N.T.)

espirituais e cientistas. Essas tentativas abrangeram a consciência evolutiva, a Visão Integral e a Dinâmica em Espiral, o escalonamento global, a ciência/sabedoria e a geometria sagrada/sinergias mitológicas, as implicações da teoria quântica, da teoria das cordas e da teoria cosmológica, as mudanças na filosofia científica e na metafísica, a morfogenética e as pesquisas sobre fenômenos não normais.

- Ecumenismo, movimentos interconfessionais, a fundação de seminários interconfessionais, os debates dos teólogos fundacionalistas depois do Concílio Vaticano II e o surgimento de sínteses cruzadas, como aquelas entre o cristianismo e o budismo, de que foram pioneiros Thomas Merton e outros, entre o cristianismo e o hinduísmo, promovidas por Bede Griffiths, o irmão Teadsale e outros, a predominância crescente do misticismo sufi no islamismo global, as tentativas de conciliar as tradições centrais das religiões abraâmicas (judaísmo, cristianismo e islamismo), as Snowmass Initiatives inter-religiosas e os movimentos intermonásticos, a Prece Centralizadora, a Meditação Interespiritual e outras tentativas claramente cosmopolitas de compreender o núcleo de sabedoria comum das religiões do mundo.

- O surgimento de religiões novas e mais holísticas, não importa o quão idiossincráticas fossem, fundindo o mítico-mágico com o moderno: o movimento Nova Era, o Um Curso em Milagres, a cientologia, o novo espiritismo, os novos movimentos xamânicos, os novos ensinamentos sobre Deus, a Deusa e os Mestres Ascensionados, as disciplinas centralizadas no trabalho sobre a Energia e a compreensão da perspectiva integral como um ministério emergente.

A tendência central em todos os 4 mil ou mais caminhos religiosos modernos envolve essa manifestação da consciênca da unidade.

A tragédia está no fato de as obras brilhantes, que preenchem a lacuna e se estendem dos teólogos fundacionalistas aos clássicos do pensamento religioso oriental-ocidental, como *Christophany* [Cristofania], de Raimon Panikkar, e obras de Aurobindo, Griffiths, Teilhard, Abhishiktananda, Nasr, Fox, Needleman, e assim por diante, não serem amplamente conhecidas do público. Que melhor notícia haveria se as divisões e os limites desnecessários entre tantos aspectos das religiões fossem expostos como tais para o público mais amplo? Por meio dos olhos de indivíduos como esses que acabamos de mencionar, cada um deles compreendendo de maneira abrangente todas as tradições, as diferenças são vistas apenas como ilusões. A pessoa média é bem capaz de compreender isso, em particular por meio dos olhos do coração e do amor incondicional — o que, mais uma vez, é o ensinamento essencial de todas as tradições.

Essa ética compartilhada de amor, bondade, serviço abnegado e equanimidade constitui outro dos grandes pontos arquimedianos das religiões do mundo. Ela tem importância central em todos os escritos éticos das Grandes Tradições. Em particular, desempenhou um dos principais papéis nos movimentos de reforma e revitalização históricos que caracterizaram todas as tradições. Quando esquecidas pelas próprias tradições, ou quando se tornam subservientes à patologia política ou financeira, elas despontam em movimentos independentes. O humanismo é, talvez, o melhor exemplo disso — legado da Cultura Ética e de outros movimentos humanistas, os quais declararam que esse etos compartilhado era, na verdade, o núcleo da própria experiência religiosa: a tendência de valorizar mais a ação do que a doutrina [*deed over creed*].

De Einstein a Schweitzer, o número de heróis sociais que adotaram esses movimentos e deles emanaram é enorme. Esse sentido de etos compartilhado gerou as teologias da libertação nos tempos turbulentos das mudanças sociais e políticas que caracterizaram o nascimento da Era Integrativa na década de 1970. O princípio unificador, que, em geral, é reconhecido como o quarto ponto arquimediano das religiões do mundo — o compromisso compartilhado para com a justiça social e econômica — está arraigado nessa era.

No entanto, ele é o princípio unificador do núcleo místico compartilhado dentro de todas as experiências religiosas que parece ter realmente importância-chave. É uma espiritualidade profundamente arraigada na experiência da unicidade, vivenciada no coração, acompanhada pela convicção de que qualquer credo, crença, pano de fundo, história ou outro fator capaz de provocar a separação entre os seres humanos é secundário e até irrelevante.

Antes de serem censurados pelo Vaticano, os teólogos fundacionalistas enfrentavam um dilema ao indagarem se qualquer um desses pontos unificadores poderia mesmo servir para dar apoio a uma transformação global para a nossa espécie. Todos eles foram reconhecidos como reais e promissores, mas nenhum no nível potencial que o último apresentava. Se, de fato, o sentido da evolução da nossa mente-cérebro segue em direção ao não dualismo — isto é, em direção à compreensão natural do estado de interconexão profunda e de tudo o que essa percepção implica — esse potencial pode muito bem ser transferido do reino da esperança espiritual, ou da especulação, para o reino palpável daquilo cujo caráter verdadeiro é óbvio.

22

Abraçando a árvore como uma realidade una

*"A mensagem de amor que está nas árvores
é a folha toda e é nossa tribo raiz."*

— Provérbio umatilla

A INTERESPIRITUALIDADE JÁ ESTÁ ACONTECENDO. EM TODO O TOPO de nossa árvore, o fenômeno da consciência da unidade aconteceu e continua a acontecer em todas as tradições espirituais e religiosas — sim, até mesmo em modos de investigação subjetivos, que poderiam não ser identificados como religiosos ou espirituais. O sentido de interconectividade profunda, de ausência de separação real em qualquer aspecto da realidade e a consciência de que todas as "outras" pessoas são, inextricavelmente, partes de nós mesmos, é universal. As implicações desse fato precisam ser enfatizadas à medida que ingressamos na atual era holística.

Na agora popular experiência transtradicional, as pessoas reconhecem, valorizam, utilizam e até mesmo estimam práticas, percepções iluminadoras e ensinamentos vindos não apenas de uma única tradição, mas de duas, três e, com frequência, mais de três. A mescla da prática yogue em outras atividades religiosas no mundo todo é um exemplo disso. Apenas na América do Norte, 30 milhões de pessoas utilizam o yoga com sua prática religiosa regular, com mais frequência o cristianismo e o judaísmo. Milhões de outras pessoas desfrutam de práticas arraigadas nas tradições xamânicas — sejam elas o trabalho com a energia, a busca de visão e as viagens xamânicas. A mistura de religiões orientais com a prática cristã também é popular. Livros sobre a espiritualidade oriental vendem aos milhões no Ocidente. O *Tao da Física*, de Fritjof Capra, viu sua primeira edição, de 20 mil exemplares, esgotar-se em menos de um ano e está hoje em 43 edições, que abrangem 23 idiomas. Com base nessa experiência transtradicional, as pessoas não apenas passam a saborear todas as tradições, mas também, mais cedo ou mais tarde, muitos as consideram indispensáveis.

O movimento mais profundo dessa experiência é uma compreensão superlativa, que é reconhecida no substrato do coração e da consciência, a qual nos faz ver que, sem sombra de dúvida, essa é uma experiência *única*. Uma experiência que é interespiritualidade autêntica. E como ela é tão abrangente em conectividade, está próxima do fenômeno que as tradições perenes chamam de "despertar" — o reconhecimento supremo da não separatividade, ou da unicidade.

O despertar: a herança compartilhada da consciência da unidade

Se fizermos uma varredura no topo da nossa árvore das religiões do mundo, roçando de leve sua copa, reconheceremos que uma das principais características de cada uma das tradições é a experiência mística comum da consciência da unidade. Em seu âmago, essa consciência é uma compreensão da interconectividade que muda a nossa vida e que, para cada um de nós, resulta no reconhecimento, por parte de cada pessoa, de que todas as "outras" pessoas são aspectos de si mesma. Esse reconhecimento de que não existe uma identidade individual — convencionalmente chamada de "ego" — para ser protegida é uma experiência de liberdade sem paralelo, que cria personalidades energéticas e dinâmicas.

Esse estado de consciência é abordado em quase todas as tradições espirituais vivas, bem como em muitas das que não estão mais ativas, e é também reconhecido pela filosofia e pela psicologia como a "experiência não dualista". Em sua expressão mais simples, é a circunstância na qual as identidades discretas tornam-se indistintas ou até mesmo vivenciadas como unidas. Na realidade cotidiana comum, as identidades são distintas — você e a pessoa sentada a seu lado são distinguidas com facilidade. Porém, na realidade quântica subjacente, se você pudesse encolher até uma ordem de grandeza suficientemente pequena e vivenciar a realidade no nível subatômico, a fronteira entre essas identidades não seria clara, em absoluto. No domínio quântico, as identidades tornam-se indistintas, como acontece em certas experiências místicas.

O novo sentido de realidade encontrado com frequência se mantém. Nas Grandes Tradições de Sabedoria, a palavra "iluminação" é utilizada muitas vezes. Seu significado científico — a compreensão completa de uma situação — é paralela ao seu significado em espiritualidade — o de compreender profunda e intensamente a maneira como as coisas são. Essa compreensão primordial, acoplada com o sentido de interconectividade e à ausência de separação que o acompanha, liga a experiência, de maneira inextricável, ao amor incondicional.

Nas tradições espirituais, esse estado tem muitos nomes. No Oriente, são usadas palavras como *samadhi*, *nibbana*, *satori*, *kensho*, *prajna*, *nirvana*, estado de Buda e realização do Eu. No jainismo, a experiência é chamada de *kevala jnana*, o conhecimento absoluto. O hinduísmo acrescenta o adjetivo que descreve a liberdade suprema, *moksha*. No islamismo místico do sufismo, utiliza-se a palavra *ma'arifat*, a qual se refere ao conhecimento supremo. Em outros lugares do islamismo, a expressão *fana fi Allah* significa "aniquilação". No zoroastrismo, a religião que o mundo adotava na época de Alexandre, o Grande, *vohu nanah* se referia à sabedoria sem idade, ou boa mente. No misticismo cabalista do judaísmo, usa-se a palavra *Ain Soph*, significando unicidade ou consciência da unidade. No cristianismo, várias expressões são usadas: iluminação, consciência crística [*Christ-consciousness*], consciência divina [*God-consciousness*] ou gnose [*gnosis*]. Essas expressões não são todas comparáveis, pois há diferenças sutis, mas o significado geral é semelhante.

A natureza desse conhecimento é tão exclusiva, tão única, tão incomparável, que aqueles que o vivenciam se referem a ele, de maneira paradoxal, dizendo: "Não existe tal coisa" ou "É uma coisa que não existe". Na luz desse conhecimento, o Dalai Lama afirmou que as coisas ficam tão claras que não podem ser vistas. No entanto, também se diz que essa luz é a natureza comum de todas as coisas.

Rudolf Otto, especialista alemão em religião comparada do século XIX, foi um dos primeiros a introduzir a noção de que o ponto arquimediano, ou princípio unificador, da iluminação era o grande nivelador e a conclusão suprema do processo da consciência. Ele introduziu a palavra "numinoso" no vocabulário com o propósito de indicar essa experiência que ocorre independentemente do pano de fundo religioso ou cultural. Para que alguma coisa seja "numinosa", ela precisa, em um grau elevado, parecer definitiva com relação a toda compreensão, convincente no sentido mais extraordinário — precisa ser aquilo a que Otto se referia por meio das agora famosas expressões latinas *mysterium tremendum* e *mysterium fascinas*, as quais apontavam para um nível de significação que invoca temor e tremor.

O uso por Otto da palavra "numinoso" distinguia a experiência numinosa da experiência espiritual e até mesmo da experiência mística, no sentido de que estas ainda podem envolver o dualismo — isto é, o fato de a unicidade e a nossa experiência da realidade cotidiana serem dois domínios separados, pelo menos até a primeira abranger a segunda. Desse modo, é importante distinguir o despertar e a iluminação de vários fenômenos místicos dualistas, como as experiências de quase morte, as epifanias místicas e xamânicas ou a de nascer novamente em relação a uma divindade ou a um messias. Essas últimas experiências podem ser importantes e capazes de mudar a vida, mas são significativas ao extremo apenas quando levam à experiência efetiva da consciência da unidade. A diferença entre experiência dualista e experiência não dualista muitas vezes fica mais clara por causa do comportamento que dela resulta. Uma pessoa que se sente "nascida de novo" em relação a esta ou aquela divindade ou a um messias pode ser muito amorosa, mas tende a acreditar que seu caminho é "o único caminho". Esse dualismo desaparece na experiência não dualista, pois nessa experiência a pessoa não pode se sentir separada de nada.

Uma tremenda quantidade de percepções e intuições esclarecedoras foi acrescentada à nossa compreensão das palavras "despertar" e "iluminação" à medida que o diálogo interespiritual se desdobrava. Uma das mais importantes foi o reconhecimento de que a palavra "extraordinário" pode ser enganadora quando se trata do despertar. Na experiência da iluminação efetiva, o comum e o extraordinário não mais aparecem separados. Em conformidade com isso, o "despertar" costuma ser usado em referência à experiência inicial do estado não dualista, e a "iluminação" tende a se referir à sua natureza mais madura, obtida após anos de manutenção e cultivo desse estado.

Uma pessoa que consegue permanecer em estado de consciência não dualista é uma pessoa de ressonância, que compartilha uma sensação percebida (*felt sense*)* com todas as coisas e todas as pessoas. Esse fenômeno é importante diante da perspectiva que ele abre ao potencial humano, no sentido de que ele aponta para o que todos os seres humanos podem se tornar — lembrando o fato de Aurobindo e a Mãe referirem-se a esse estado como "supermente", e de Teilhard visualizar esse estado como o caráter que definiria a humanidade no Ponto Ômega. Porém, é importante compreender isso por meio de uma lente unificada em torno do que é, ao mesmo tempo, comum e extraordinário. Se alguém interpreta a descrição acima por meio de uma lente mágico-mítica, essa pessoa esperará alguma coisa não realista — a pessoa perfeita, o mestre perfeito. É por esse motivo que tantas tradições sobre o despertar são caracterizadas por aforismos como "depois da iluminação, lave a roupa suja" ou o lembrete dirigido a todos os adeptos: "Se você quer saber o quão iluminado você é, vá passar uma semana com sua família".

Alguns proponentes da interespiritualidade não concordam em admitir que *haja* de fato uma experiência comum subjacente ao processo místico ou contemplativo universal. Assim como aconteceu com o debate dos teólogos fundacionalistas e contemplativos — Cox, Merton, Pannikar e outros — alguns dizem vivenciar essa unidade, enquanto outros dizem que ainda só veem a diversidade.

Quanto a isso, os defensores da perspectiva integral forneceram um importante instrumento naquilo a que chamam de Wilber Combs Lattice [Treliça Hexagonal de Wilber], diagrama que representa experiências espirituais compartilhadas e várias lentes culturais, representadas como eixos verticais e horizontais. A treliça sugere que a experiência central é a mesma (interconectividade intensa

---

* No método terapêutico criado por Eugene Gendlin, *felt sense* ("sensação percebida") é um processo que aumenta a sintonia entre a mente e o corpo focalizando a atenção na sensação corporal que se manifesta associada a um tema psicológico específico e significativo para o sujeito. Quando a sensação é simbolizada por meio desse processo, conteúdos inconscientes são trazidos à luz e resolvidos. Em um ensaio pequeno, mas extraordinário, incluído na coletânea *O Paradigma Holográfico e Outros Paradoxos*, publicado pela Editora Cultrix, São Paulo, 1991, fora de catálogo, John Welwood mostra como o conceito de *felt sense* de Gendlin ganha nova dimensão à luz do paradigma holográfico. (N.T.)

e profunda e perda do sentido de separação), embora seja interpretada como uma experiência diferente como resultado das lentes culturais. Em conformidade com isso, indivíduos que vivenciam uma intensa e profunda consciência da unidade não têm dificuldade para reconhecer um núcleo comum na experiência, enquanto pessoas que olham por intermédio de um arcabouço intelectual culturalmente influenciado com frequência não reconhecem a unidade inerente e argumentam contra ela.

Outra distinção importante ocorre entre a experiência do despertar e o comportamento verdadeiramente desperto. Durante muitos anos, as comunidades místicas imaginaram que o despertar amadurecia toda a personalidade graças a algum meio instantâneo, miraculoso. Foi uma infeliz má interpretação, envolvendo a velha lente mágico-mítica. Embora os estados despertos pudessem ser considerados por todos como reais, esses estados, com frequência, eram apenas temporários, que se manifestavam e iam embora, deixando para trás um indivíduo em geral falho. Pior ainda, algumas comunidades caíam vítimas do carisma dos estados despertos iniciais, apenas para venerar um membro ou líder e mais tarde descobrir que essa mesma pessoa criara um grande prejuízo social, financeiro ou sexual. Nos casos mais estranhos, alguns adeptos chegavam a exibir poderes espirituais ou paranormais e, mesmo assim, não eram pessoas amorosas, bondosas.

Uma grande contribuição recebida da compreensão integral da psicologia e da espiritualidade foi a de nos levar a reconhecer que todas as pessoas têm características fortes e fracas, as quais não são automaticamente transformadas pelas experiências do despertar. O ocasional "despertar cataclísmico" pode criar um indivíduo subitamente muito maduro e estável, mas esse fato é raro. Em conformidade com isso, se algo em você insiste em que deve haver alguma consistência entre as palavras muito inspiradas ou até mesmo o carisma de um mestre espiritual e o seu comportamento efetivo, você teve a ideia correta. O indivíduo realmente desperto mostrará uma combinação de clareza de consciência, percepção intuitiva profunda e aguçada, intenso discernimento e talvez até mesmo algum dom paranormal. Mas se for "a coisa real e perfeita", a pessoa também incorporará amor e bondade autênticos.

Podemos aprender sobre a não dualidade ou o despertar e conhecer muito do que ambos nos legam, mas apenas no nível da compreensão mental, isto é, não os vivenciado diretamente na consciência e no coração. Na verdade, isso é uma coisa boa, pois, pelo menos no início, um número muito maior de pessoas compreenderá no nível intelectual o que é uma visão de mundo unificada, em vez de incorporá-la em seu coração e em sua consciência. Na verdade, a compreensão mental da interconectividade, ou unicidade, intensa e profunda está muito difundida, incluindo talvez até um terço da cidadania de nosso planeta — algo que uma visita a sites de livros na internet confirmará. Você encontrará mais de 10 mil livros sobre iluminação ou despertar, mil livros sobre unicidade e interconectividade, 20 mil sobre transformação, 30 mil sobre a nova física e a teoria do campo unificado, 5 mil sobre a unidade da ciência e 17 mil sobre a globalização. Em outras palavras, milhões de pessoas em todo o mundo aspiram a algum tipo de vida e de visão de mundo transformadas. O sociólogo Paul Ray avaliou esse número em mais de 150 milhões em seu estudo sobre aqueles a quem chamou de "criativos culturais", *Cultural Creatives*. Em seu *best-seller Blessed Unrest*, o ambientalista Paul Hawken identificou mais de 100 mil organizações não lucrativas em todo o mundo trabalhando pela mudança transformadora. Se acrescentarmos a florescente literatura de autoajuda ou autoaperfeiçoamento, outro meio milhão de livros se juntará a todo esse movimento.

Ironias históricas e paradoxos de um despertar mundial

À medida que o mundo se apressar em direção à transformação, haverá experimentos no desenvolvimento que não funcionarão, ou só funcionarão de maneira parcial. Alguns até deixarão como resultado danos colaterais. É um subproduto natural da evolução. Ao olhar com atenção para animais e plantas, reconheceremos que comunidades ecológicas inteiras desapareceram porque deixaram de funcionar, e isso por causa do rumo que as coisas estavam tomando.

Mesmo enquanto estão se desenvolvendo na direção correta ou experimentando uma nova possibilidade, alguns empreendimentos podem não funcionar. Essa é uma verdade na natureza e também será verdadeira no que se refere aos experimentos relativos à transformação humana e ao que isso significa e prediz. Haverá muitas fronteiras não mapeadas. É por isso que a discussão coletiva madura com base em múltiplas perspectivas é tão importante à medida que a era holística se desdobra.

Quando uma pessoa vivencia o despertar, ela se sente liberta das circunstâncias normais e sente uma liberdade primordial e energizadora. É por isso que tantas pessoas que têm essa experiência evidenciam um carisma palpável, resultado de dançarem ao ritmo de uma diferente batida de tambor. Embora, idealmente, o "despertar" combine essa experiência energizadora com um intenso e profundo movimento do coração, esse nem sempre é o caso. Um despertar pode estar distorcido por meio de tendências narcisistas ou ilusórias. Um exemplo desse despertar distorcido pode ser reconhecido no personagem do Coronel Walter Kurtz no filme *Apocalypse Now*. O Coronel Kurtz despertou dentro de um mundo que não tinha regras, a não ser as que ele mesmo havia criado. Personagem carismático, Kurtz decidiu organizar seu próprio exército a fim de poder "romper todas as barreiras" e lutar a guerra da maneira como ele acreditava que ela deveria ser lutada: de maneira impiedosa. O Capitão Benjamin L. Willard, personagem vivida por Martin Sheen, é então enviado para matá-lo porque "a guerra precisa ter regras", ou pode escapar do controle. Se você se vê comparando a liberdade radical patológica do Coronel Kurtz com a de gente como Adolf Hitler, Heinrich Himmler, Joseph Stalin e outros, acertou na mosca. O carisma deles veio do fato de terem dançado em um ritmo diferente, e o resultado foi de fato muito triste.

Embora talvez 95% das pessoas que operam com base em uma experiência de liberação pessoal sejam cuidadosas, lemos com frequência sobre o tipo de indiscrição e abuso que podem acompanhar essas experiências, mesmo em líderes e mestres espirituais. Precisamos apenas ser realistas a respeito disso. Graças a Deus, essa porcentagem maior de 95% é exemplar, com muitas dessas pessoas incorporando o caráter exaltado para onde aponta o fenômeno do despertar. O próprio Irmão Teasdale era um exemplo notável. Embora fosse, inegavelmente, um líder carismático com uma mensagem profunda, ele também era reservado e humilde, tinha senso de humor e a qualidade de não se levar muito a sério.

Esse tipo de experiência e os conjuntos de habilidades que o acompanham representam a direção que o nosso desenvolvimento como espécie está tomando. Em conformidade com a trajetória da história do mundo, estamos desenvolvendo uma consciência mais espaçosa e os conjuntos de habilidades que surgem com essa espaciosidade cada vez maior, que já está nos permitindo escapar do período racional — e o mais dualista de nossa história — e ingressar em uma visão de mundo pós-racional e não dualista. Se a nossa espécie continuar a refletir seus padrões de desenvolvimento bem-sucedidos do passado, novos conjuntos de habilidades irão surgir para tornar a transformação do mundo uma possibilidade real. Essa é a esperança.

O significado supremo da árvore

Albert Einstein disse: "Todas as religiões, artes e ciências são ramos da mesma árvore. Todas essas aspirações são dirigidas para o enobrecimento da vida do homem, alçando-a da esfera da mera existência física e levando o indivíduo em direção à liberdade".

Teasdale reconheceu o potencial do despertar transformador existente em toda espiritualidade como a qualidade revolucionária que identifica a Era Interespiritual emergente. Ken Wilber a chamou de "esteira transportadora" para levar a humanidade até seu próximo nível potencial. O moderno místico e líder sufi Llewellyn Vaughan-Lee afirma que um papel transformador para a religião e a espiritualidade ainda existe se, como espécie, decidimos aceitar o desafio.

Como poderia a humanidade romper o padrão histórico em que a religião sequestra a espiritualidade em um comportamento exclusivista, agressivo e até mesmo violento? Qual é a fórmula que nos permitirá ligar o interior da humanidade aos seus sentidos e habilidades exteriores? Será que a lente mágico-mítica e a lente racional poderiam se juntar em uma lente capaz de proporcionar um desenvolvimento constante, transformador e integrativo? Globalmente, que nova percepção precisa surgir e quais conjuntos de habilidades auxiliares precisam acompanhá-la se a humanidade deve sobreviver e prosperar?

23

O significado de 2012

"Oh, meu Deus, o mundo está acabando e eu não sabia.
Como isso pôde acontecer?"

— Respondente a uma pesquisa de opinião pública com relação a 2012

NADA PROPORCIONA UMA MELHOR REFERÊNCIA À PRESENTE CACOFONIA DO QUE OS rumores que foram criados sobre 2012. O debate a respeito de esse ano ter ou não alguma significação especial não apenas foi um grande meio de chamar a atenção, mas também um grande modo de fazer dinheiro.

O fato de que várias tradições antigas pareciam apontar para essa data atribuindo-lhe alguma significação cósmica deu tanto a indivíduos bem-intencionados como a outros não tão bem-intencionados uma causa para criar um grande número de informações espalhafatosas ou enganosas, veiculadas em livros, *shows* de televisão e até mesmo filmes. O número de previsões e agendas foi espantoso. Você provavelmente ouviu algumas delas, mas não todas. O History Channel e o Discovery Channel acolheram programas especiais, apresentados como documentários sobre as várias teorias. Houve também o filme *2012: We Were Warned* [2012: Nós Fomos Advertidos]. Como consequência, a mensagem atingiu milhões de pessoas no mundo todo.

Uma pesquisa de opinião realizada em 2011, pela One World Many Answers, indicou que 26% dos respondentes estavam preocupados com a possibilidade de o mundo acabar em 2012 e 2% achavam que ele de fato chegaria ao fim. Outros 30% consideravam a questão toda como um estratagema fraudulento para ganhar dinheiro. Apesar disso, o site oficial da NASA reservou uma extensão de seus serviços para receber perguntas e oferecer respostas sobre 2012. Entre as mais de 5 mil perguntas, havia algumas sobre se o suicídio seria uma saída recomendável. Se você pedisse ao Google para consultar "2012 End of the World", ele lhe abriria 128 milhões de entradas. Uma busca na Amazon lhe apresentaria mil livros sobre o assunto e muitos venderam bem.

Pondo de lado todo esse estardalhaço sensacionalista, havia, no final das contas, alguma significação para essa data? Essa pergunta também levanta a questão sobre se a data pressagiava algo apocalíptico ou se representava alguma marca de referência na evolução em andamento de nossa Terra.

A fonte dos cenários de 2012

O aspecto que deu notoriedade a 2012 foi o numero de tradições antigas para as quais 2012 tinha significado especial. As mais comumente referenciadas refletem um amontoado de legitimidades misturadas: o calendário maia, a mitologia asteca, a astrologia, o *I Ching*, as previsões da Onda do Tempo Zero e os computadores Web Bot,* vários cenários Nova Era de alinhamento galáctico, propagandas massivas sobre a aldeia francesa de Bugarach (perto do Monte Bugarach) como o epicentro cataclísmico e Nostradamus.

Havia também vozes não apocalípticas que atribuíam a 2012 o significado de uma marca de referência em nossa evolução, não muito diferente do que aconteceu com outras supostas marcas de referência apresentadas em nossa discussão sobre a visão da história centralizada no desenvolvimento. Essas visões incluíram o popular guru indiano Kalki Bhagavan, além dos grupos europeus e norte-americanos que apoiavam a visão da Convergência Consciente. Detalhamos as fontes do conceito de 2012 no Apêndice II.

O segundo tema é o mais importante, e é por causa dele que o assunto merece discussão. Assim como as religiões do nosso mundo refletem uma ampla variedade de visões conflitantes e exclusivistas, foi isso o que também aconteceu no debate de 2012. Assim como é impossível que todas as visões conflitantes da

---

* O Web Bot or Web Robot é um *software* que roda repetitivamente um *script*, isto é, uma tarefa automática, na internet, a uma velocidade impossível de ser realizada em escala humana. (N.T.)

religião estejam corretas, o mesmo se mostrou verdadeiro para as reivindicações referentes a 2012. Esse debate pode ser considerado um microcosmo do problema da patologia do exclusivismo religioso.

O tema é típico da disjunção usual entre o mágico-mítico e o racional — uma desconexão que tinha cerca de cinco séculos de história por trás de si. Enquanto as visões apocalípticas mágico-míticas de 2012 são descartadas pela lente racionalista, que rotula toda a discussão como mera conversa fiada, a lente integrada holística faz uma pergunta diferente: "O que podemos aprender do debate sobre 2012 que nos ajude a compreender por que essa data se destacou como tão convincente e atraente?"

Pelo que parece, a fonte dos cenários de 2012 foi o chamado calendário maia da Longa Duração, no qual o dia 21 de dezembro de 2012 era considerado por alguns estudiosos a data final do último ciclo de 5.125 anos. Embora haja poucas dúvidas de que a definição de épocas da história seja um tema forte na literatura maia, o problema estava em saber se essas visões antigas sustentavam alguma informação que fosse útil para nós atualmente.

Os cenários de fim dos tempos que surgiram do tema maia foram gerados juntando-se as interpretações da matemática implícita no calendário maia com acontecimentos apocalípticos e personagens celestiais dos mitos maia e asteca. Alguns especialistas questionaram se essa fusão era apropriada. Dezembro de 2012 marcou a conclusão de um *b'ak'tun* constituído de 20 *katuns*, totalizando cerca de 400 anos. De acordo com o calendário da Longa Duração, o período maia clássico ocorreu durante o 8º e o 9º *b'ak'tuns*, e o atual 13º *b'ak'tun* foi concluído em 21 de dezembro de 2012. A ele, seguiu-se o 14º *b'ak'tun*. Em muitas versões popularizadas do calendário, o fim do 13º *b'ak'tun* também estava associado aos hieróglifos maia e asteca e envolve um deus chamado Bolon Yokte (ou Bolon Yookte' H'uh). Esse deus, também conhecido como Os Nove Senhores da Noite e os Nove Passos Largos, é sempre representado de maneira apocalíptica, adornado com muitos símbolos óbvios de esquecimento: funerais, execução, morte e perdição.

O que quer que Bolon Yokte signifique, ele apareceu bem cedo na mitologia mesoamericana e era conhecido não apenas por meio das narrativas maia e asteca, mas também pelos relatos de três civilizações regionais menores. Em todas elas, ele é associado a conflitos e guerras e ao mundo dos demônios. O fato de essa imagem estar associada, mesmo que não diretamente, às várias interpretações da matemática do calendário maia, criou um rico contexto para previsões relativas ao Dia do Juízo Final.

A data de 21 de dezembro de 2012 não é a única associada à combinação do fim do 13º *b'ak'tun* com Bolon Yokte. Ela também foi anteriormente atribuída a outras datas, incluindo 27 de julho de 615 (usando o calendário gregoriano), 24 de março de 603 (fatorando dados vindos de outros deuses) e maio de 2003 ou outubro de 2011 (com base em cálculos posteriores revisados quando essas datas já haviam passado). Outro conjunto de cálculos empurra o significado da matemática para bem dentro do futuro — em um dos casos, para 41 octilhões de anos a partir de agora, o que ultrapassaria em 3 quintilhões de vezes a atual idade conhecida do universo. Não obstante, há estudos acadêmicos suficientes para indicar que 21 de dezembro de 2012 significava *alguma coisa* na antiga matemática e nos antigos mitos da América Latina capaz de proporcionar terreno fértil para os proponentes de uma importância especial dessa data oferecerem suas interpretações, colhidas por meio de suas muitas lentes.

O fator decisivo para grande parte da popularidade do debate referente a 2012 foi a associação da matemática e desses mitos com informações adicionais astronômicas e astrológicas. A base racional para isso é dupla. Primeiro, se você está procurando por um cenário apocalíptico para os tempos modernos, uma embalagem que acondicione melhor esse cenário trará informações atualizadas referentes ao cosmos. Segundo, acontece que Bolon Yokte, de acordo com algumas interpretações, era um Deus Estrela. Para muitas pessoas, em especial os 56% da população de nosso mundo que acredita em extraterrestres, esse fato tem uma significação muito bem determinada.

Mesmo sem óvnis ou Bolon Yokte retornando como extraterrestre, os abrangentes cenários astronômicos e astrológicos para 2012 faziam referência ao que a ciência chama de "precessão". A precessão envolve um efeito sobre o eixo de rotação da Terra — efeito esse que provoca nele um "bamboleio" —, ao qual se somam os efeitos dos puxões gravitacionais de outros corpos celestes — não somente o do Sol e dos seus planetas, mas também o do puxão associado ao movimento mais amplo do nosso Sistema Solar dentro de um dos braços de estrelas que constituem a Via Láctea — sobre o eixo de rotação da Terra. Relatos segundo os quais alinhamentos galácticos em 2012 poderiam ter consequências desastrosas para a estabilidade de nosso planeta só intensificaram a inquietação formada em torno do debate, em especial na mídia popular.

A lente mágico-mítica ainda é atraente e convincente para a nossa espécie

Mesmo que todos os possíveis cenários do Dia do Juízo Final não tivessem base e não prognosticassem danos, a narrativa de 2012 ainda realçava uma das visões mais atraentes e difundidas sobre o porvir do nosso planeta, aquela segundo a qual a humanidade tem evoluído e se encaminhado constantemente em direção a algum tipo de maturidade. Dada a história humana desde Darwin e o paradigma do desenvolvimento, foi sem dúvida inevitável que o tema de 2012 emergisse como debate público. O fenômeno gerou mais de duas dúzias de previsões muito divulgadas sobre o que poderia ter acontecido — todas elas detalhadas em nosso Apêndice II.

O exame dessas previsões mostra que a lente mágico-mítica permanece extremamente convincente e atrativa para a nossa espécie. Livros populares e a mídia prosperam em cima disso. Como resultado, surgiu uma cultura de cenários que contradizem os fatos. Um dos principais problemas é que muitos desses cenários, considerados como fatos pelo público mais amplo, resultaram de informações baseadas em dados acadêmicos os quais, nos dois últimos séculos, foram modelados na mídia popular por interpretações, mudanças, adições e completas distorções.

"Lenda urbana" é a expressão com frequência usada no linguajar comum para indicar como a ficção, ou a ficção parcial, abre caminho na mente pública. As lendas urbanas tornam-se entrincheiradas porque, em geral, é difícil, até mesmo para pessoas com boa capacidade de discernimento, escolher quando fios condutores de inverdades encontram caminho em relatos que, de outra maneira, seriam verdadeiros em sua maior parte. O público também é capaz de acreditar em algumas das ideias mais estranhas porque, em vista da falta de confiança no governo — para não mencionar o efeito da total censura que vigora em algumas nações —, há uma enorme lacuna de credibilidade com relação às "declarações oficiais" sobre esses assuntos.

Com frequência, a comunidade dos céticos apenas exacerba a situação ao alegar que consegue desmascarar tudo o que não pode ser agarrado, tocado ou medido. A relegação pelos céticos de qualquer coisa "espiritual" ao domínio da superstição pré-racional não tem sido nada útil.

A mistura de fios condutores dignos de crédito com fios condutores menos dignos de crédito fez pouco para incentivar a credibilidade da ideia de o ano 2012 ser especial. O debate terminou sendo uma litania de alegações em cima de alegações. Por causa disso, além do site da NASA, a NOAA (National Oceanic and Atmospheric Administration) precisou lançar um site e estabelecer uma linha direta para esclarecer fatos sobre 2012. A eles se juntaram, no mundo todo, agências governamentais, grupos culturais e agências de vigilância da mídia com o propósito de informar o público sobre a multidão de previsões e a credibilidade de suas fontes.

Autoridades que estudam as tribos de origem maia da Guatemala e outras organizações tribais indígenas da América Latina afirmaram que não havia conteúdo apocalíptico nenhum na maneira como eles compreendiam seus antigos calendários e sua mitologia. O prefeito de Bugarach, na França, pediu ao público que não acreditasse nas afirmações segundo as quais essa aldeia seria o epicentro de um cataclismo que aconteceria em 2012. Embora essa advertência tivesse algum efeito sobre a percepção e a reação do público, ela foi quase impotente em interromper as previsões quanto ao Dia do Juízo Final.

Cada narrativa aninhava-se em certas subculturas do mundo, e cada uma dessas subculturas via essa narrativa por meio de uma lente que diferia drasticamente das outras lentes. Em conformidade com isso, os cenários mais extravagantes podiam ser regionalmente populares e, se fossem comercialmente bem-sucedidos, se difundiriam. Em particular, isso foi um problema com relação às interpretações que recorriam à mitologia e ao calendário maias e ao *I Ching*, amplamente discutidas pelos estudiosos. Essas discussões deram credibilidade ao debate, e a versão que emergia na mídia era comercializada para captar a imaginação pública.

Talvez não haja melhor exemplo do enigma que as experiências subjetivas, espirituais e religiosas apresentam para uma sociedade globalizadora do que os cenários previstos para 2012. A situação preocupante criada por esses cenários desafiava a humanidade a atingir um nível superior de consciência quando se tratava de determinar o que é "verdadeiro".

Por que se fez todo aquele estardalhaço?
Visões holísticas não apocalípticas de 2012

Embora sempre tenha havido uma probabilidade de algum tipo de desastre atingir o mundo em 21 de dezembro de 2012, era estatisticamente improvável que isso acontecesse. No entanto, há uma maneira mais autêntica pela qual as mitologias ricas podem informar a nossa espécie. Antigos textos contêm verdades subjetivas coletivas sobre a natureza humana, a experiência humana e nossas esperanças e sonhos como espécie.

Quando examinamos de maneira mais profunda todas as fontes de informação referentes a 2012, um fio condutor convincente sugere uma interpretação compatível com a mente moderna. É uma visão centralizada no desenvolvimento, que enfatiza o chamado perene pela cocriação e assume responsabilidade pelo nosso mundo — em vez de apenas esperar que sejamos resgatados por acontecimentos apocalípticos. Essa abordagem envolve ir além da lente mágico-mítica, na qual o apocaliptismo está encaixado, em vez de considerar antigas narrativas de uma maneira que não difere de quando um professor de escola de graduação pede a seus alunos para que explorem o que *realmente* aprenderam das narrativas de Harry Potter, que não é o fato de as bruxas existirem nem o de você poder voar em vassouras mágicas.

Nas décadas de 1960 e 1970, exatamente quando a era integrativa despontava, os seminários de muitas denominações cristãs em todo o mundo começavam a ensinar a nova crítica, que tratava a Bíblia Sagrada como um documento histórico. Esse foi um passo imenso para uma religião revelada, a qual sustenta que seu texto sagrado é "a palavra de Deus". A visão da história centralizada no desenvolvimento prediz que todas as religiões reveladas do mundo irão realizar essa transição, essencial a qualquer visão futura da "verdade" que poderia ser universalmente compatível com a globalização. Em seguida, muito provavelmente será o islamismo a mais importante religião revelada a passar por essa transição. O judaísmo já passou, na maior parte de seus contextos culturais, como resultado de décadas de influência humanista e intelectual sobre suas crenças religiosas.

As narrativas apocalípticas sobre 2012 não conseguem passar no teste da facticidade, não só porque elas não podem ser todas verdadeiras, mas também porque um tipo diferente de mensagem está incorporado nelas. Nessa visão, 2012 representa um marco de referência a mais na evolução da consciência humana, um passo a mais na direção da percepção superior e da incorporação de conjuntos de habilidades avançadas que afetarão o nosso futuro. Assim como, na visão da história centralizada no desenvolvimento, podemos remontar nossos olhares ao ano 1970 e reconhecer a emergência de visões integrativas, de sínteses e de novas percepções profundas, iluminadoras e fundamentais, é provável que 2012 também virá a ser reconhecido, em retrospectiva, por marcar a emergência de riquezas semelhantes, em um reconhecimento tardio do que *de fato* estava acontecendo. Ironicamente, é provável que, graças a isso, as previsões catastróficas de 2012 associadas ao Dia do Juízo Final virão a fazer sentido. Poderia ser o ponto no qual nós, enfim, abandonamos nossas esperanças de uma "intervenção divina vinda de algum lugar" e passamos a olhar com seriedade a cocriação do futuro do nosso planeta.

Em âmbito mundial, essa visão não apocalíptica de 2012 já é a compreensão amplamente discutida entre os milhões de pessoas que constituem o clero bem instruído e os estudiosos pertencentes, respectivamente, à corrente principal das religiões tradicionais e às instituições acadêmicas seculares. Eles não tinham nenhuma razão para promover uma propaganda espalhafatosa e sensacionalista do assunto. A coisa triste é que suas instituições, em grande medida, desperdiçaram todo o dinheiro gerado pela comercialização de 2012. Um dos desalinhamentos centrais de nossa era confusa — uma patologia a ser atacada pela Era Interespiritual — é esse investimento equivocado de valor no sensacionalismo, na celebridade e nas campanhas publicitárias enganosas e não factuais.

A visão não apocalíptica também tinha seus defensores, muitos dos quais compreendiam que parte do sensacionalismo que cercou 2012 não proveio apenas do comercialismo, mas era um resultado da tendência natural, presente em tantos de nós, para gravitar em direção à lente mágico-mítica. Essa mesma inclinação tornou milionários os que nos trouxeram *blockbusters* como *Jornada nas Estrelas*, *Star Wars*, *As Crônicas de Nárnia*, *O Senhor dos Anéis* e *Harry Potter*.

Mas essa lente está mudando. No Oriente, os adeptos mais sinceros, corajosos e bem organizados da visão cocriadora relacionada a 2012 foram os que cercaram o mestre hinduísta Kalki Bhagavan. Já algum tempo antes, Kalki vinha alertando as pessoas para o ano 2012 como um marco de referência no processo de iluminação da nossa espécie, processo esse que já se encontra em andamento. A mensagem de seus 15 milhões de seguidores ativos declara que 2012 marcou o fim de um período histórico conhecido como Kali Yuga, ou período degenerativo, o qual, a partir desse marco, foi substituído por um novo período histórico, com frequência chamado de "vento da consciência da unidade". Essa visão é coerente com a visão científica e com outras visões yogues orientais que proclamam a existência de uma evolução contínua da mente-cérebro. É também a visão prevista por Sri Aurobindo e A Mãe, hoje veiculada por sua comunidade internacional na Índia. Ela prevê a aceleração da tendência em direção ao reconhecimento da profunda interconectividade e unicidade de todas as coisas — a qualidade que o Irmão Teasdale assinalou como essencial para a mudança em direção a uma autêntica Era Interspiritual.

No Ocidente, Carl Johan Calleman, estudioso sueco do calendário maia, que fundou o Conscious Convergence Movement [Movimento da Convergência Consciente], falou em âmbito mundial sobre 21 de dezembro de 2012 como um marco de referência na evolução consciente em andamento no mundo, em particular depois da publicação, em 1994, em sueco, de seu livro *Mayahypotesen*. Sua visão, e as de dois outros movimentos um tanto semelhantes ao dele, Harmonic Convergence [Convergência Harmônica] e Hopi Indian Sixth World Consciousness [Consciência do Sexto Mundo dos Índios Hopi], basicamente refletem o conceito, centralizado na visão defendida pelos adeptos do desenvolvimento, segundo a qual, começando no Big Bang, o universo passou, em primeiro lugar, por uma evolução da matéria, seguida por uma evolução da consciência. Mas, em contraste com os adeptos do desenvolvimento, esses grupos também mapeiam cenários específicos para o desenvolvimento humano, representando a evolução da Terra como um movimento ao longo de séries de ondas, cada série tornando-se exponencialmente mais curta do que as anteriores. E, em conformidade com os adeptos do desenvolvimento, eles reconhecem que a evolução humana tende para capacidades cada vez maiores.

Incluindo tantos estudiosos comprometidos com suas visões obstinadas, bem como acadêmicos comprometidos com a ciência oficial, os adeptos da visão centralizada no desenvolvimento elaboraram sua história com base em conjuntos de dados extremamente detalhados, ao passo que os adeptos da Conscious Convergence contavam mais com a metafísica — e, no entanto, há notáveis coincidências em seus cenários gerais, com a visão da Conscious Convergence concebendo a história humana atual como uma "sexta onda", em paralelo com as eras pós-Segunda Guerra Mundial dos defensores da visão centralizada no desenvolvimento. Sua sexta onda apresenta paralelismos notáveis — e independentes — com o nosso Sexto Grande Avanço [Sixth Great Advance], uma demarcação suplementar que fizemos entre as épocas mais generalizadas da visão da história centralizada no desenvolvimento.

Assim como nós e a maioria dos estudiosos da visão *mainstream* centralizada no desenvolvimento acreditamos que 21 de dezembro de 2012 simboliza um marco de referência na história da consciência humana, adeptos da Conscious Convergence têm a mesma visão. Na verdade, essa visão não apocalíptica também foi a configuração-padrão para alguns dos prognosticadores Nova Era do Dia do Juízo Final — apenas para o caso de cada pessoa acordar em 22 de dezembro de 2012 e tudo parecer bem!

Daniel Pinchbeck, um dos autores mais populares da visão do "retorno de Quetzalcoatl", disse que ficaria satisfeito se essa data equivalesse a uma morte simbólica da velha era e sua substituição por uma nova. Ele caracteriza isso como o fim do materialismo estrito e do domínio das visões de mundo puramente racionais e empíricas, e reconhece nessa data o início de uma era mais integrada, capaz de adotar habilmente as capacidades intuitivas e místicas de nossa espécie.

Você fez uma festa em 21 de dezembro de 2012?

Em qualquer caso, a data de 21 de dezembro de 2012 foi um convite claro para você fazer uma festa em que todos puderam comer, beber, ser esperançosos e felizes, e ficar na expectativa para ver se algo de fato aconteceria. Tal como ocorreu com o Y2K, o *bug* do milênio — a virada para o ano 2000, em torno da qual tantos previram calamidades —, a previsão mais provável para o dia 21 era que o dia 22 amanhecesse exatamente como qualquer outro dia, como foi exatamente o que aconteceu. Contudo, até mesmo isso não terá nada a ver com o fato de 2012 acabar marcando de fato algum tipo de nova época na evolução em andamento da nossa espécie. Essas coisas só são reconhecidas ao longo de períodos de tempo muito maiores, como nos muitos marcos de referência clara e facilmente perceptíveis atualmente no âmbito da visão da história centralizada no desenvolvimento.

É claro que os céticos e os reducionistas aproveitam a oportunidade para torcer toda a questão até que ela se ajuste ao seu ponto de vista preconceituoso. Para eles, quaisquer considerações especiais a respeito de 2012 simplesmente refletem uma superstição pré-racional irrelevante. Há também um pesado borrifamento de insinuações políticas. Pontos de vista de céticos sobre 2012 publicadas na época que precedeu 21 de dezembro e que recaíram sobre quaisquer visões que tivessem algo a ver com o avanço da consciência humana recorriam a caricaturas que se poderia parafrasear de maneira mais precisa não como expectativas, em última análise esperançosas, com relação à data, mas sim como indicações de rebelião contra a cultura ocidental oficial, interpretando tais visões até mesmo como esforços para instigar simpatias contraculturais que, em última análise, resultariam em revolução sociopolítica.

De maneira semelhante às opiniões desses céticos, um psicólogo opinou que as pessoas interessadas em uma significação para 2012 são incapazes de encontrar respostas necessárias em suas vidas, pessoas que, por isso, voltam-se para realidades imaginadas, e para esperanças e sonhos de faz de conta,* na

---

* No entanto, essas psicologias egoicas estão em vias de sofrer um duro golpe por parte da atual revolução da tecnologia da realidade virtual (RV), que começou há pouco mais de dois anos. Em março de 2014, o Facebook comprou o Oculus Rift (que em 2012 fora proposto como uma promessa que iria revolucionar a experiência do *videogame*) por 2 bilhões de dólares, quando ele ainda era um protótipo. Em março de 2016, já tecnologicamente aprimorado, ele é entregue ao mercado, tornando a RV potencialmente acessível até por meio de um simples PC doméstico. O futuro talvez venha a reconhecer essa data como um divisor de águas. O que as psicologias egoicas ainda imaginam ser apenas um sonho de faz de conta pode estar inaugurando uma nova era para

pior das hipóteses tingidas por uma paranoia relativa à sua posse de algum tipo de conhecimento secreto. É claro que essas mesmas caricaturas também são dirigidas à religião e à espiritualidade por aqueles que veem por meio da lente puramente racional. Para eles, qualquer discussão sobre coisas que não podem ser tocadas e medidas na realidade convencional nada mais é do que conversa supersticiosa pré-racional.

Uma visão integral e interespiritual é muito diferente. Ela investiga a interação de nossas maneiras de conhecer interiores e exteriores e procura compreender o universo do discurso relacionado a experiências drasticamente diferentes dentro de nossa realidade mais ampla. Além disso, indaga como essas experiências integram-se ao bem-estar, à salubridade e a comportamentos saudáveis no que se refere à aquisição de conjuntos de habilidades, os quais apontam igualmente para um etos superior no âmbito coletivo — o mundo do "nós", o qual inclui tudo o que é transcultural, transnacional, transtradicional e centralizado no mundo.

---

a percepção ativa, pois para o cérebro o faz de conta virtual é experiência real. (Os estímulos que exigem resposta rápida vão para a amígdala cerebral, aonde chegam dois milissegundos *antes* dos estímulos que se dirigem ao córtex, o qual requer respostas mais "pensadas". É por isso que, para o cérebro, os estímulos vindos da RV são reais.) A percepção expandida parece estar se preparando para uma aventura sem paralelo de liberdade com relação às limitações do espaço-tempo real. (N.T.)

24

O movimento rumo à centralização no mundo

"A Era Interespiritual virá à luz graças a um novo conjunto de circunstâncias históricas. Essas circunstâncias já se refletem nas mudanças de consciência que estão ocorrendo em todo o nosso planeta."

— Irmão Wayne Teasdale

PRECISAMOS APENAS OLHAR PARA MAPAS DO MUNDO AO LONGO DO TEMPO para reconhecer como a nossa história mudou de incontáveis governos e estados locais e regionais para nações continentalmente expansivas e até mesmo transcontinentais. Os exemplos são muitos. A China, por exemplo, passou por até 15 dinastias medievais antes de chegar na atual República Popular e em Taiwan. Um mapa da Europa desenhado em 1000 d.C. mostra cerca de 50 estados baseados em metrópoles ou regionais, uma coisa muito diferente da União Europeia única de hoje, com seus 27 componentes nacionais.

Naturalmente, o processo também foi para trás e para frente, aos trancos e barrancos em algumas regiões. A União Soviética (URSS), que era transcontinental, reunia cerca de 20 estados menores originais em suas quatro subdivisões soviéticas, só para se desmantelar nas 15 nações independentes de hoje. Nove nações tornaram-se a única nação da Iugoslávia na era da Segunda Guerra Mundial e, em seguida, voltaram hoje a ser sete nações. Refletindo o fluxo dessas identidades nacionais ao longo dos séculos, uma das sete nações atuais mantém a bandeira original de ninguém menos que Alexandre, o Grande.

A tendência histórica global é clara, uma vez que, mesmo quando os números nacionais aumentaram em alguns setores do mundo, isso em geral ocorreu no contexto das relações civis, do livre comércio e, às vezes, das fronteiras abertas. O triste legado dessa história são os milhões e milhões que morreram nos conflitos civis e nas guerras que acompanharam essas transformações geopolíticas.

O prefixo "trans" em latim significa "através" ou "além", icônico da tendência inevitável da história. Durante os anos tensos do Muro de Berlim, quem teria imaginado fronteiras abertas em uma Alemanha unida? Durante e após a Segunda Guerra Mundial, quem teria imaginado uma União Europeia? Ou quando Napoleão e Wellington se envolveram na Batalha de Waterloo, quem poderia ter concebido o Eurotúnel que liga hoje o Reino Unido à França?

Essa visão geral ilustra não apenas a direção da globalização, mas também o fato de as relações entre os povos tenderem a melhorar. Essa observação está no âmago da visão da história centralizada no desenvolvimento, bem como na Visão Integral e na Dinâmica em Espiral, e em *best-sellers* atuais como *The Better Angels of Our Nature: Why Violence Has Declined* escrito por Steven Pinker, cientista cognitivo de Harvard.

Essas tendências estão em total contraste com a realidade de uma possível extinção que o nosso mundo enfrenta como resultado de guerras causadas por identidades nacionais ou religiosas conflitantes. Se um extraterrestre benevolente visitasse o nosso planeta e o avaliasse, ele reconheceria que a nossa sociedade global é confusa e assustadora. Quando o alienígena "telefonasse para casa" a fim de fazer seu relatório, nós provavelmente ouviríamos algo do tipo: "Como se pode acreditar nessas pessoas? Elas continuam a lutar só para impor ou defender diferentes visões mitológicas sobre suas origens e seus destinos, sobre suas identidades nacionais, suas bandeiras e seus hinos, sobre as cores de suas peles e suas identidades étnicas, e até mesmo sobre suas diferenças sexuais. Enquanto isso, elas emporcalham seu planeta com todo tipo de poluição, para não mencionar a divisão de suas estruturas sociais entre os muito ricos e os muito pobres. Parece que há muito pouca esperança de toda essa estupidez não acabar em uma tremenda catástrofe".

Assim, como a religião, que é exclusivista por natureza, responderá a este desafio da globalização: "Será ela capaz de ver as coisas de maneira mais holística e agir em conformidade com isso?"

Que tipo de globalização?

A República Popular da China tem um departamento de governo dedicado a influenciar o curso da globalização mundial. É provável que isso ocorra com muitas nações. No entanto, pesquisas de opinião mostram que uma esmagadora maioria de seres humanos em todo o mundo deseja um ambiente multicultural saudável.[91]

De maneira semelhante, apesar de décadas de ataques sectários contra os objetivos das Nações Unidas, em especial nos Estados Unidos, pesquisas de opinião mostram que talvez até 80% das pessoas concordam com sua Carta Magna.[92] Além disso, descobrimos em nossas discussões nacionais e internacionais que, quando a visão e os valores da interespiritualidade, em sua plena abrangência, são transmitidos no âmbito de cada religião oficial, as aspirações e valores dessa religião em particular são amplamente adotados. A única questão colocada é a de como a interespiritualidade afetaria as estruturas atuais da religião organizada. Quando as pessoas estão familiarizadas com a história, a maioria delas reconhece que a exclusividade da religião reflete o comportamento de uma era planetária mais arcaica. Em vez disso, as pessoas anseiam por um comportamento que valorize a cooperação, a sinergia e a mutualidade. Cerca de 78% apoiam a visão de princípios unificadores, e até 90% acreditam na importância de um multiculturalismo benevolente.[93]

O anseio de que o multiculturalismo poderia se refletir no desenvolvimento saudável tornou as palavras de efeito "transnacional", "transtradicional" e "transcultural" e a expressão "centralizado no mundo" proeminentes na discussão global. Todo o círculo social do movimento da consciência evolutiva,

---

[91] Pew, Gallup, 2007.
[92] unausa.org., 2011
[93] Pew, Gallup, 2007.

estudiosos de futuros possíveis, adeptos da Visão Integral e ativistas transformacionais permanecem firmes nessa tradição que se desdobra.

O livro *A New Earth* [Uma Nova Terra, traduzido como *O Despertar de uma Nova Consciência*], de Eckhart Tolle, antecipou e promoveu essa discussão e vendeu milhões de exemplares em todo o mundo, como também o fez *Blessed Unrest* [Abençoada Inquietação], de Paul Hawken. A mesma mensagem estava em *The Cultural Creatives* [Os Criativos Culturais], de Paul Ray, que definiu pelo menos um terço de nosso mundo moderno como constituído de pessoas que viam a realidade por meio de uma lente mais progressista. Essa tendência cresce com força ainda maior nos "círculos de empatia" que estão surgindo por via das mídias sociais da internet e nas reações com que a blogosfera reage às crises no mundo — da Tunísia ao Egito, à Líbia e à Síria. Fotos e vídeos de abusos dos direitos humanos, e até mesmo de genocídios, são vistos em todo o mundo quase no mesmo instante de sua ocorrência.

Um voto negativo pelo Conselho de Segurança das Nações Unidas, onde hoje cinco das velhas potências tradicionais do mundo ainda retêm um poder de veto sobre as ações no interesse do restante do mundo, não pode interromper um clamor público global em nome dos valores humanos universais. A influência, em nível mundial, desses círculos de empatia é inegável e também está unindo a reação global contra os excessos das indústrias bancárias e financeiras. Esses avanços lançaram mão de tendências que já eram óbvias na história do nosso desenvolvimento e as amplificaram até um novo nível.

O Irmão Teasdale viu com clareza a emergência do fenômeno "trans" através de múltiplas fronteiras. No entanto, a própria tradição de Teasdale, o catolicismo romano, divulgou manchetes repetidas vezes em 2012 quando publicamente censurou ordens religiosas de freiras por sua ênfase em questões de justiça social e econômica relacionadas às mensagens antiaborto e anti*gay* do Vaticano. Também fica visível nas notícias o silenciamento dos padres de Roma sobre os direitos das mulheres e seu constrangimento em lidar com o escândalo da pedofilia na igreja. Golpes por trás desfechados pela Association of Catholic Priests da Irlanda contra essas decisões do Vaticano, juntamente com a reação à repreensão de ordens religiosas norte-americanas pelo seu questionamento da tradição, sugeriram para muitos o começo de uma "Primavera Católica".

Esses tipos de respostas, vindas das mais amplas e mais ricas denominações cristãs do mundo, juntamente com o sectarismo estoico de grande parte do islamismo em âmbito mundial, destacam a falta de um sentido maduro de comunidade global, de mutualidade e de ética universal compartilhada, indicando que o progresso internacional rumo à transformação pode ser mesmo difícil.

Ser violentamente arremessado em direção à globalização sem o benefício do mais verdadeiro reservatório de religiões do mundo — o dos valores universais da espiritualidade, de um etos humano compartilhado e de sabedoria — é um pensamento que nos torna sérios e sensatos. No entanto, a inflexibilidade da evolução, como Teasdale observou mesmo enquanto escrevia *The Mystic Heart*, significa que se as religiões do mundo não tomarem esse caminho mais universal, o mandato será entregue a outros. Essa impactante e aguçada percepção ecoou dez anos mais tarde, quando o livro *Blessed Unrest: How the Largest Movement in the World Came Into Being and Why no One Saw It Coming* [Abençoada Inquietação: Como o Maior Movimento do Mundo Passou a Existir e Por Que Ninguém Viu Que Ele Estava Vindo], de Paul Hawken, anunciou que essa mudança já estava acontecendo. Como ocorreu com tanta frequência na evolução histórica, biológica e social, quando alguma coisa fica no caminho de tendências inevitáveis, ela é simplesmente deixada de lado, e a direção é realizada por intermédio de outros meios.

A procura mística e atransformação social

Seguindo o sucesso de *The Mystic Heart*, Teasdale defendeu para seus colegas uma "abordagem de dois dentes", a qual envolvia uma atenção simultânea e pró-ativa voltada tanto para a transformação dos indivíduos (o "espaço eu (*I*)") *como também* para a mudança destinada a alterar a narrativa do "espaço ele (*it*)" institucional. Teasdale acreditava que, em última análise, a experiência da consciência da unidade se tornaria universal.

No entanto, como também sabia que o processo seria retardado por sociedades politicamente fechadas e poderes financeiros entrincheirados, ele aconselhou que as religiões do mundo se voltassem não apenas para a enfatização de suas raízes místicas vivenciais compartilhadas, mas também para seus valores éticos universais compartilhados. Ele reconheceu no movimento interespiritual emergente uma vanguarda dessa mensagem para as religiões, com uma ênfase mais na ação do que na doutrina (*deed over creed*).

Alinhado com a ênfase de seu mentor Bede Griffiths, de acordo com a qual as duas atuais culturas do conhecimento — a do espírito e a da ciência — também precisam encontrar seu terreno comum, Teasdale defendeu igualmente essa fusão. Ele não ficaria surpreso com o surgimento do *best-seller Deus, Um Delírio*, do ateu Richard Dawkins,* e do *best-seller* de 2012, *Ciência Sem Dogmas. A Nova Revolução Científica e o Fim do Paradigma Materialista*, de Rupert Sheldrake. Além disso, ele teria compreendido nesse contexto o debate público, que ocorreu em 2011-2012, entre seu amigo Sua Santidade o Dalai Lama, o qual defendia o caminho do amor e da bondade universais, e a visão expressa em *God Is Not One*, de Steven Prothero, sobre a competição das religiões do mundo pelo poder global e por que suas diferenças importam. Essa compreensão inata se refletiu na própria aceitação de Teasdale envolveu os valores fundamentais do mapa integral e da visão da história centralizada no desenvolvimento.

Apesar de toda a sua insistência na visão mágico-mítica da realidade, o movimento Nova Era expandiu essa mensagem mais holística em um empreendimento mundial de muitos bilhões de dólares. Naturalmente, há paradoxos. Embora o recente *best-seller* do movimento Nova Era, *O Segredo*, possa permitir que alguém familiarizado com os domínios sutis da realidade manifeste uma intenção ou um sonho, os mesmos métodos podem resultar em completo fracasso quando usados como uma mera fórmula repetitiva ou como uma forma de truque. Além disso, a modalidade de yoga que está se espalhando por todo o mundo em geral é ensinada como se não fosse nada mais que uma outra ma-

---

* A contraposição dos títulos das duas obras é muito esclarecedora. Para o ateu Dawkins, Deus é uma ilusão e ponto-final. Seu livro não tem necessidade de subtítulo, pois, como seria uma tremenda tolice pretender que ele trate de provas científicas que justifiquem o título, ele não é capaz de gerar nenhuma expectativa. Dawkins é tão categórico em sua fundamentalista profissão de fé no dogmatismo científico que esse não é um diálogo que ele se propõe a abrir, mas sim uma opinião dogmática que se empenha em impor. Extremamente empobrecedor para a própria ciência é o fato de, ao idolatrar o dogma científico, Dawkins não apenas ser incapaz de reconhecer essa idolatria como de natureza religiosa como também não reconhecer que a própria ciência está sob o controle de uma perigosa ilusão, a qual a impede, por exemplo, de reconhecer a realidade dos fenômenos paranormais, apesar da quantidade avassaladora de evidências experimentais em contrário. [N.T.]

neira de praticar ginástica. Esses ensinamentos têm pouco ou nada a ver com os princípios da consciência mais profunda que caracterizam a doutrina da yoga autêntica — tornando-a "irreconhecível", para recorrer a uma expressão usada por líderes espirituais proeminentes na Índia quando eles querem se referir àquilo em que a yoga se transformou. Ao mesmo tempo, até 70% das pessoas mais jovens têm visões políticas e sociais progressistas e anseiam por uma compreensão transformadora.[94]

De qualquer modo que olhemos para ele, o crescente mundo do "trans" é inevitável. Apesar de o seu crescimento ter sido gradual, ele parece inevitável. Como se pode ler em cartazes para ônibus e trens espalhados por toda a moderna África do Sul: "A viagem nunca é longa quando o destino é a liberdade".

O mundo coletivo do "nós"

Todas as discussões espirituais e as relativas à consciência e à Visão Integral manifestam com clareza a compreensão de que a história está se movendo para a época do "nós". Esse é um estágio fundamental do desenvolvimento porque as necessidades egoístas do "eu" não são capazes de criar um mundo sustentável. Além disso, os excessos descontrolados do espaço "ele (it)" impessoal e institucional precisam ser preenchidos por um ressurgimento de um sentido dinâmico do "nós".

O mundo é hoje caracterizado por uma desconexão entre o que deveria ser uma relação "sem costuras" entre a vida pessoal e o mundo institucional. Sabemos que, na maior parte do prosaico mundo em que vivemos, as preocupações do coração devem ser deixadas em casa. Na verdade, somos advertidos de maneira explícita, na maior parte dos locais de trabalho, para não levar até eles esse tipo de preocupação.

O "eu" e o "nós" que construíram o espaço institucional de hoje descobriram que com maior frequência esse espaço exerce controle sobre *eles*. Até mesmo Bill Gates brincou ao dizer que ele havia criado a Microsoft, mas, se não fosse cuidadoso, ela é que diria a *ele* o que fazer. Além disso, o espaço institucional raramente reflete os valores, esperanças e sonhos coletivos do indivíduo ou

---

[94] People-Press.org, 2010.

da família — a menos que se faça parte da elite privilegiada. Foi essa desconexão maciça entre as esperanças e sonhos do "eu" e as estruturas de controle do mundo que trouxe a Primavera Árabe, o movimento Occupy Wall Street e os rumores de uma Primavera Católica.

A necessidade de uma humanização das estruturas de controle em todo o mundo tem-se mostrado evidente já há algum tempo, embora seja óbvio que elas difiram de cultura para cultura e de nação para nação. Até recentemente, convulsões ocorreram com maior frequência em culturas e nações com disjunções inflexíveis entre os possuidores de direitos civis ou privilégios e os privados desses direitos ou privilégios, entre os livres e os controlados. Foi assim quando o contexto era principalmente político. Mas o contexto econômico tornou-se supremo nas últimas décadas, com o declínio daquela que tinha sido uma classe média forte em muitas das culturas do Primeiro Mundo. A evidente pressão exercida pelos setores financeiros e de negócios para obter mais lucro e poder acelerou, como muitos acreditam, essa privação de direitos ou privilégios nas nações do Primeiro Mundo, o suficiente para também estimular nelas a rebelião. Alguma semelhança com uma classe média e com a possibilidade de uma mobilidade ascendente e de acesso à "vida boa" ou ao "sonho americano" parecia real, com certeza durante mais ou menos uma década depois da Era do Bom Sentimento dos anos 1950. Porém, neste milênio, para muitos essa percepção de um campo de jogo equilibrado e de iguais oportunidades de ascensão desapareceu.

A consolidação da riqueza por uma pequena porcentagem de pessoas em todo o Primeiro Mundo teve consequências bem específicas nos Estados Unidos. Cerca de 70% a 80% dos norte-americanos sentem que, desde a última década, uma família não pode mais esperar que seus filhos vivam uma vida melhor que eles mesmos viveram.[95] A assistência à saúde não existe para 50 milhões de pessoas no país, e a propriedade de moradias também está deixando de ser uma meta realista para muitas famílias norte-americanas. Além disso, um emprego seguro com benefícios e a oportunidade de uma aposentadoria satisfa-

---

[95] *CBS News*, 2011.

tória também desapareceram para a maioria da população, exceto nas camadas superiores da riqueza.

O colapso financeiro de 2008 resultou em uma grande pressão de recuo social. Até mesmo um ex-secretário do Trabalho, Robert Reich, assinalou, ao falar sobre um potencial cenário apocalíptico para os Estados Unidos, que a classe média sustenta as estruturas econômicas dos Estados Unidos.[96] Os ricos podem incorporar ao seu já sólido patrimônio mais e mais riqueza, mas a camada do fundo é descartada quando a economia, centralizada na classe média, não pode se manter. Com a eleição de 2004, houve um reconhecimento dessa falta de um sentido do "nós", que ecoou no *slogan* vencedor do ano da eleição, "Yes We Can" (Sim, Nós Podemos). Mas de 30% a 40% dos norte-americanos acham que pouca coisa adveio disso.[97]

A Ciência Cognitiva da Religião observa que uma tendência perigosa da mente de macaco da nossa espécie é seu hábito de preferir bocados sonoros simplistas, que são fáceis de lembrar. Para muitos, isso descreve o que aconteceu com a palavra "liberdade", que tem sido manipulada para defender a garantia de que nenhuma supervisão do governo tenha acesso ao setor privado. Onde isso tem permitido a setores comerciais e financeiros perpetrar todo tipo de abuso, o resultado é que um grande número de norte-americanos agora vota, sem saber, contra seus próprios interesses. Motivação justificada por chavões, e acompanhada por pouco ou nenhum pensamento crítico, tornou-se uma presença constante na política do Primeiro Mundo — assunto de uma análise criteriosa realizada por George Lakoff, em seu livro *Metaphors We Live By*. Reagir contra esse tipo de manipulação política adquiriu uma dimensão global na última década. O que muitos chamam de uma "eclosão do nós" em âmbito mundial desencadeou um processo de transformação em muitas regiões do mundo à medida que o século XXI avança em sua segunda década.

---

[96] Robert Reich no blogspot.com, 2012.
[97] *Newsweek, CBS News*, 2012.

"Nós" e o avanço da consciência

Grande parte das discussões atuais sobre a realidade agora se centralizam nas implicações desta simples palavra de três letras: "nós". A revolucionária percepção de Arthur Koestler sobre a nossa natureza inerente como "hólons" — a de que tudo é, *ao mesmo tempo*, uma parte e um todo — adquiriu força de tração global.

Anteriormente conhecidos apenas no mundo dos brinquedos — os "ovos dentro de ovos" adornados de joias e de ornamentos, ou "as bonecas dentro de bonecas" dos abastados do século XIX europeu e, mais tarde, os *schmoos* dentro de *schmoos*" popularizados em todo o mundo do pós-guerra pelas tiras de quadrinhos *Lil 'Abner*, do cartunista Al Capp —, a relação sem costuras entre o que é um todo e o que é uma parte é hoje um aspecto-padrão de nossa compreensão cotidiana da vida e do exercício de nosso senso comum. Isso é o "nós" em uma grande escala deslizante — e está cheio de desafios.

Muitos acreditam que a desconexão entre pessoas e instituições começou quando o mundo deu início à fase de enfatizar o indivíduo, e a desconexão resultou dessa ênfase. Essa revolução indispensável, que varreu o mundo nos dois últimos séculos, ocasionou um salto, que levou dos indivíduos às instituições, mas que, de algum modo, omitiu o "nós". A ênfase dessa revolução nas hierarquias e estruturas que atendem a interesses pessoais, e egoístas, em detrimento do bem-estar da coletividade mais ampla é considerada por muitos como um erro enorme, de proporções históricas.

A falta de um "nós" habilidoso levou igualmente ao malogro dos experimentos socialistas ingênuos do mundo. Esses experimentos destinaram-se a atender a necessidades coletivas, mas careciam de pessoas eticamente maduras para concretizar sua visão benevolente. Um clássico francês que lamenta esse malogro ostenta o simples título de *L'Espérance Trahie* [A Esperança Traída].

A visão do âmbito desses malogros depois que o mundo transitou da monarquia para a democracia levou muitas pessoas a conceber o atual limiar de nossa evolução como uma tentativa para nos movermos do "eu" para o "nós". Isso tem implicações para todos os aspectos da vida humana, e os menores desses aspectos não são os desafios com que a nossa mudança para a globalização e o multiculturalismo se defronta. Além disso, essa mudança afeta as estruturas da experiência e da consciência, as quais sustentam o sentido do religioso e do espiritual por parte de nossa espécie.

De importância central para uma visão evolutiva da ascensão do "nós" é a necessidade de a percepção do "nós" ser acompanhada por novos conjuntos de habilidades, que sejam efetivamente capazes de manifestar uma coletividade bem-sucedida. Esse resultado representaria o consenso de integração ao qual a ciência atribui nossa capacidade para acoplar uma necessidade com uma solução, ligando uma causa com um efeito. Em cada estágio de nosso desenvolvimento histórico, a humanidade obteve essas habilidades no "nós" ou não atingiu seu próximo limiar. Um exemplo clássico é a maneira como, 100 mil anos atrás, quando a Era do Gelo desceu sobre nossos ancestrais e nossos primos, os homens de Neandertal, enquanto nossos ancestrais encontraram soluções, nossos primos não o conseguiram. Como consequência, os neandertalenses se extinguiram.

A ênfase central da interespiritualidade é a capacidade da humanidade para ter sucesso em criar o mundo de que falam os ideais de todas as grandes tradições espirituais e religiosas. Essa ênfase naquilo que o Irmão Teasdale chamava de "vontade" — anseio por, e, consequentemente, energia para, criar um mundo transformado — é um valor compartilhado pelos que buscam a transformação, tanto religiosa como secular. Foi o que permitiu ao Irmão Teasdale pintar a visão da interespiritualidade por meio de visões de mundo religiosas e não religiosas.

Tanto os ativistas interespirituais como os que se empenham em atividades sagradas retratam o sentido do coletivo por meio de expressões místicas e dizem que ele emerge quase como um novo "sentido" [órgão de percepção] ou uma "sensação bruta" — alguma coisa quase *visceral* e vivenciada como qualitativamente diferente de qualquer coisa vista antes. Indivíduos *e* coletividades parecem reconhecer esse sentido, em primeiro lugar, como "disponível". Em seguida, passam a vivenciá-lo como "real" e acompanhado por um conjunto de habilidades (*skills*) que possibilitam novas competências (*abilities*) entre os círculos de pessoas que trabalham juntas.

A Mãe anunciou a disponibilidade dessa nova energia emergente da consciência coletiva em 1956, quando a era integrativa começava, e previu mudanças que o mundo começaria a ver. Uma década atrás, Ken Wilber passou a escrever sobre o "milagre do nós", e os defensores da Visão Integral elucidaram os padrões que há muito se desdobram e agora nos conduzem aos desafios do novo milênio.

Nas duas últimas décadas, o movimento Embodiment — o qual reconhece que a mensagem transcendente das Grandes Tradições de Sabedoria desce sobre todos os aspectos do mundo físico, inclusive sobre o corpo humano — varreu as comunidades espirituais e de sabedoria do mundo. Ele exigiu alguma coisa nova para o indivíduo e para a comunidade — não o "desperte e se desligue", mas o "desperte e se envolva". Isso sinalizou uma grande mudança, que se afastava da atitude de "dar a volta por cima" espiritual que caracterizara os buscadores espirituais, os quais com frequência só se empenhavam no autosserviço e atuaram no fim do século XX, e passou a se aproximar de uma nova linhagem holística de ativistas espirituais plenamente corporificados para o século XXI. Logo depois, os movimentos de rua que agora caracterizam o clima tumultuado da era atual irromperam por toda parte, em âmbito mundial.

O malogro sempre resultou da falta de uma abordagem integral

Quando o filósofo ético Felix Adler escreveu alguns dos documentos fundamentais da ética e do humanismo, perto do fim do século XIX — *Reconstruction of the Spiritual Ideal* e *Life and Destiny* —, ele estabeleceu a compreensão de um etos baseado nos ideais da religião, mas que não precisava do dogma da religião para ser colocado em prática. Ele tinha todas as ideias certas, e muitas delas podem ser comparadas com as do irmão Teasdale e de Ken Wilber. Adler chamou esse novo mundo de "multiplicidade ética", enquanto Teasdale a chamou de Era Interespiritual emergente e Wilber lhe deu o nome de Era Integral.

A era humanista pós-guerra mundial não conseguiu alcançar muito além do estabelecimento de fóruns internacionais básicos para discutir uma formulação intelectual contra outra. Como não reconheceram a consciência — e com ela a espiritualidade —, eles negligenciaram os grandes reservatórios subjetivos que servem à nossa espécie. Seguindo esses precedentes, setores inteiros do nosso mundo, em especial em ciência e no mundo acadêmico em geral, também continuam a ignorar esses aspectos mais profundos da natureza humana. As religiões formalizadas, sendo elas mesmas criaturas de intelectualizações, credos e dogmas, cometem o mesmo erro, despojando da espiritualidade as dádivas subjetivas mais profundas e deixando apenas o mesmo potencial limitado de discutir conceitos. Sem uma práxis subjetiva e subjacente de amor e de cuidado, esse empreendimento logo se transforma em conflito.

As religiões ao longo do mundo motivam bilhões de pessoas com ideias simplistas, limitadas e, com frequência, evidentemente falsas sobre a realidade. Enquanto isso, o humanismo, que é a configuração-padrão do mundo secular, adota toda a elegância de uma compreensão sofisticada da realidade, mas, pelo que parece, não consegue obter uma prática cotidiana que vá mais fundo do que argumentos intelectuais intermináveis sobre ideias. Em outras palavras, a religião, muitas vezes, não tem a sofisticação do conhecimento real, e o humanismo secular não tem uma práxis convincente. Essa desconexão é outra fronteira que precisará ser abordada à medida que a era integrativa e holística amadurecer, em especial no contexto de uma inter-religiosidade e interespiritualidade emergentes.

Os núcleos espirituais do budismo e do hinduísmo têm feito muito para cimentar uma relação entre conhecimento sofisticado e práxis convincente. A fim de reconhecer isso, precisamos apenas testemunhar a influência da metodologia de Gandhi sobre o mundo, depois adotada por muitos, e Martin Luther King, Jr., da América do Norte, não foi o menor deles. Podemos dizer o mesmo no que se refere à influência do budismo nas transformações políticas e econômicas da última década no Sudeste Asiático. Quando Toynbee especulou sobre as ramificações históricas fundamentais que teria a reunião dos pensamentos oriental e ocidental, ele, obviamente, tinha em mente esse casamento integral dos conjuntos de habilidades combinadas do conhecimento sofisticado e da práxis motivada pelo coração. Sri Aurobindo apontava para a mesma direção com seu uso da metáfora do colar.

Você tem de admitir que está ficando melhor

Muitos de nós nos lembramos do verso "You have to admit it's getting better" (você tem de admitir que está ficando melhor), de uma popular canção dos Beatles. A frase costuma ser usada para resumir a análise histórica de longo prazo da Teoria Integral e da Dinâmica em Espiral, as quais fornecem uma visão otimista do progresso do mundo até agora. Se olharmos para trás em nossa história, reconheceremos um passado perigoso e incerto, com alguns longos períodos, como a Idade das Trevas, isto é, a Idade Média, parecendo de fato desoladores. No entanto, em muitas frentes, também podemos reconhecer que a humanidade tornou-se progressivamente apenas um pouco melhor.

Talvez a maior parte dos 7 bilhões de cidadãos do mundo nunca tenha ouvido falar dessa visão positiva que procura vislumbrar para onde a história parece estar indo. Além disso, quando a visão positiva é sugerida, muitos duvidam dela. Em seu *best-seller* de 2012, *The Better Angels of Our Nature: Why Violence Has Declined*, Steven Pinker, famoso psicólogo cognitivo da Universidade de Harvard, prestou um serviço ao mundo ao articular essa visão com uma quantidade massiva de documentações. As credenciais que cercam esse livro e seu autor os envolveram no arcabouço de uma atenção pública instantânea.

Em nossa longa história, crescemos a partir dos instintos de sobrevivência brutos e confusos dos homens das cavernas, passando depois pelos primeiros avanços do desenvolvimento etnocêntrico — o mundo dos clãs, em seguida das tribos e, finalmente, das raças. Então nos mudamos, ao longo das eras, de cidades e metrópoles para reinos e impérios, os quais vimos evoluírem desde estruturas totalitárias até os tipos de subculturas que levam à educação e ao refinamento e, por fim, ao nascimento das religiões, das estruturas éticas, do livre pensamento e do sentido dos direitos dos indivíduos, os quais são evidentes por si mesmos. Finalmente, mudamo-nos de nações regionais para continentais e até mesmo para federações e sindicatos transcontinentais, abrangendo um nível de desenvolvimento pluralista centralizado no mundo, que é hoje transcultural, transtradicional e transnacional. Com essas direções, assim como são avaliadas por medidas externas de estrutura e forma, ocorreram transformações de ethos e de caráter.

O crescimento em qualidade

Algumas coisas realmente horríveis acontecem em todas as eras, mas as instituições que marcam o nosso avanço em direção a uma sociedade centralizada no mundo — organizações internacionais para a mediação política e o comércio, o papel dos tratados e dos acordos internacionais, as redes entrelaçadas de comunicação para tudo, da cultura ao comércio — também marcam nossa ascensão gradual.

Com essa ascensão veio a redução, pelo menos em geral, de alguns dos maiores flagelos sociais — a escravidão, a falta da regra da lei, a opressão de mulheres, o abuso de crianças, os maus-tratos a idosos, a crueldade contra os animais, até certo ponto, e nosso sentido emergente do direito universal à educação e à assistência à saúde. Diz-se com frequência que o melhor que tanto os pessimistas como os otimistas podem fazer é estudar a história do desenvolvimento e relaxar um pouco com um grande sorriso ao reconhecer que uma ascensão gradual está mesmo ocorrendo.

No que se refere ao comportamento humano, um dos exemplos mais claros desse progresso é visto ao mesmo tempo em indivíduos e em sociedades — o crescimento gradual do comportamento reativo em direção ao acomodativo e do acomodativo em direção ao transformador. As pessoas começam tempestuosas na juventude e na adolescência, dirigem-se para um patamar conhecido como "amadurecimento" e, mais tarde, a vida muda para um período verdadeiramente transformador e criativo de idade adulta.

O mundo também se moveu ao longo de etapas sequenciais. Nossa espécie moveu-se do comportamento egocêntrico para o comportamento etnocêntrico e agora ingressa em um sentido de centralização no mundo. As etapas anteriores amadureceram com o comportamento reativo, em especial com as guerras. Mas, de algum modo, em particular depois das guerras mundiais do século XX, emergiu um patamar de amadurecimento, como se a humanidade percebesse que precisava haver um caminho melhor que o dos conflitos em nível mundial pelos quais acabáramos de passar. O resultado foi um maior nível de acomodação em organizações políticas, culturais e econômicas.

Seguindo-se a isso, emergiu a era transformadora do próprio mundo, o sonho de como ideais superiores poderia impulsionar nossa espécie globalizante a uma vida melhor. Vemos isso acontecendo hoje na intensificação espetacular da atenção voltada para a governança e a gestão baseadas nas pessoas, o avanço gradual de um processo de substituição dos modelos mais antigos de controle hierárquico rígido realizado por elites. Embora esses modelos de transformação ainda estejam em sua infância, eles estão sendo bem-sucedidos e aceitos. E essa aceitação não ocorre apenas por causa dos ideais elevados que incorporam, mas também porque ultrapassam os resultados proporcionados pelos antigos modelos.

Outro exemplo de mudança é enfatizado no livro popular *Global Mind Change*, no qual o cientista Willis Harman observa que a mentalidade mundial sobre por que e como as coisas acontecem está mudando de maneira gradual. Depois do Renascimento e da emergência da era racionalista, os seres humanos ficaram fascinados pelas ideias estritamente materialistas de origem e causa. Afinal de contas, foram as descobertas da disciplina emergente da ciência moderna que trouxeram a tantas pessoas uma vida melhor. No entanto, à medida que o nosso mundo ficava mais complexo, descobrimos que essas explicações não nos satisfaziam inteiramente. Havíamos nos encaminhado para uma visão dualista, dialética, de origem e causa, na qual falávamos com base em grupos de dois, duplicidades: cérebro e mente, natureza e cultura, forma e ausência de forma. Quando começamos a compreender que a realidade é uma totalidade interconectada e sem costura, tornou-se necessário nos movermos mais uma vez, agora em direção a uma lente integrada que abrange tudo, do infinitesimalmente pequeno ao infinitamente grande. Essa é uma realidade na qual a forma e o sem forma não estão separados, o que também é declarado na sabedoria perene do clássico oriental *Sutra do Coração*. Essa relação intrínseca entre conhecimento espiritual e conhecimento científico é discutida todos os anos por cientistas e por adeptos espirituais na conferência internacional sobre Ciência e Não Dualidade.

Do ponto de vista da ciência, o processo evolutivo sempre escolherá "o que funciona" e selecionará a adaptação que leva ao melhor ajuste. Da mesma maneira, a espiritualidade associada à interespiritualidade e à consciência da unidade sempre escolherá o que serve ao bem-estar de todos, pois ela reconhece o outro como um aspecto de si mesma.

25

Visões mais sombrias interrompidas

"Quando falamos sobre o Divino Feminino, a porta de entrada para a nossa Totalidade, estamos falando, ao mesmo tempo, sobre a receptividade e a ação, a 'receptividade em ação'. "

— Kavita Byrd

NÃO PODEMOS NOS ESQUECER DE QUE ALGUNS FUTURISTAS preveem um cenário muito mais sombrio — uma visão que provém do fato de não se conseguir enxergar a natureza adaptativa do processo evolutivo ou, então, de se deixar de apreender a visão do bem-estar coletivo por meio da lente do coração.

O teor desse cenário mais sombrio é um mundo pseudodarwinista [da sobrevivência] do "mais apto", controlado por alguns poucos indivíduos mais ricos e privilegiados. Nesse cenário, já não há uma classe média substancial em qualquer parte do mundo. Também não há mobilidade social, nem redes de segurança de qualquer espécie, com uma classe trabalhadora explorada e escravizada por dívidas e por sua necessidade de acesso aos recursos fundamentais à vida. Não é um mundo essencialmente diferente do que já existe em muitas das ditaduras mais abomináveis do planeta. Esse mundo poderia abranger todo o globo se nossa espécie tomasse decisões não esclarecidas.

A vida em um mundo assim seria acionada pelo "cassino" — a máquina financeira e bancária dona dos políticos e dos tribunais. Há cinco anos, um tal cenário só poderia ter saído da mente dos teóricos da conspiração, mas, em dias mais recentes, foi colocado em foco por ninguém menos que Robert Reich, ex-secretário do Trabalho e atualmente professor da Universidade da Califórnia.[98] É uma reminiscência de um *cartoon* de revista no qual um paciente sentado diante de um psiquiatra diz a ele: "Doutor, o que vamos fazer agora que sabemos que todos os meus medos paranoicos eram reais?"

Nesse cenário, as sociedades abertas que restaram no mundo tornaram-se fechadas. Todas as liberdades básicas são restringidas ou aniquiladas, iniciadas por medos de terrorismo de todos os tipos, reais ou inventados por políticos, além do estabelecimento de uma ditadura econômica mundial centralizada em uns poucos privilegiados. O caminho que leva a essa ditadura mundial envolve o fechamento gradual das imprensas livres do mundo e o bloqueio ao livre acesso à informação.

Suplementando esse controle total da informação, também ocorre a promoção de incontáveis diversões para entreter nossa mente de macaco, como dispositivos portáteis de todos os tipos, que nos envolvem e nos divertem com jogos e propagandas, substituindo o pensamento crítico e a reflexão por habilidades motrizes viciantes. A publicidade permeia todos os aspectos da exposição na mídia pública, modela o estilo de vida e garante dívida perpétua. Propagandas curtas precedem todas as informações e resumos de notícias, juntamente com o bombardeio constante de tendências baseadas no comportamento e em peças de vestuário de celebridades, em esportes e em fofocas, divorciando a mídia da percepção social e política.

Em uma tal sociedade, todos estão em dívida e assim estiveram desde a infância. Todas as transações financeiras, compras, preferências de internet e opções de mídia são rastreadas por computadores monitorados pelo governo e por corporações. A pessoa jurídica expandiu-se para licenças constitucionais corporativas. Regras que governam a relação com o empregador substituem os direitos constitucionais, a ponto de os empregadores terem sua própria polícia e sua própria milícia. O empregador pode determinar os hábitos pessoais permissíveis ao indivíduo; e, se alguém não estiver de acordo, seus meios de

---

[98] Em seu blog no salon.com.

subsistência estarão perdidos. Qualquer escrito além de curtos *tweets* e de sumárias mensagens de texto requer uma permissão especial, assim como a atividade criativa de qualquer espécie, a qual é toda monitorada. Todos os recursos foram privatizados, inclusive o acesso à água e a qualquer coisa de natureza agrícola, como sementes ou ferramentas. Governo e corporação são coisas indistinguíveis. Naturalmente, parte dessa situação já é verdadeira nos dias de hoje; o cenário descrito apenas leva um pouco adiante o que já está em vigor.

Trata-se de um cenário sombrio, em contraste gritante com a marcha progressista que se desdobra há milhares de anos. Se nada mais o representa, o contraste ilustra a noção de mudança do tipo "taco de hóquei" sugerida por Paul Ray. O taco de hóquei é reto na maior parte de seu comprimento, mas de repente entorta. A direção para onde ele dobra depende de como você segura o taco. Uma coisa boa a respeito de voltar a descrever os cenários apocalípticos dos teóricos da conspiração está no fato de eles nos instigarem a intensificar nossa vigilância.

A emergência crucial da voz feminina

Depois de aproximadamente 6 mil anos de patriarcado cultural, a ascensão das mulheres é agora uma tendência inegável. Essa tendência na linha de frente da evolução de nossa espécie é uma das principais fontes de esperança graças às quais podemos interromper a atuação, entre nós, daquelas forças que, se não fosse por essa esperança, deixariam como legado para a nossa espécie um futuro sombrio.

Até recentemente, as pessoas do sexo masculino não foram apenas os governantes externos da sociedade, pois a psique masculina também estruturou as histórias e os mitos que emolduraram nossa visão da realidade, a ponto de a experiência masculina tornar-se *a* experiência humana. Essa tendência distorceu o sentido que a nossa espécie deveria ter de uma relação de complementaridade *yin-yang*.

Masculinidade e feminilidade surgiram na era em que, para proteger o *pool* genético do incessante tique-taque rumo à degeneração termodinâmica e à inevitabilidade da morte, os genomas de plantas e animais segregaram-se em dois *pools*. A estratégia de se reproduzir juntando esses dois *pools* forneceu uma mistura genética que garantiu frescor e renovação — algo semelhante a baralhar as cartas entre as rodadas em um jogo. A partir desse princípio natural, a história de sexo e gênero sexual tornou-se complexa como resultado de fatores sociais.

Um problema fundamental é o da estrutura geralmente masculina do mito e da história sagrada, na maioria dos quais o feminino é definido em relação ao masculino. Nas histórias antigas, o papel da mulher é o de uma criada que está à disposição das aventuras dos heróis masculinos — seja como deusa, sedutora ou, em última análise, prêmio do herói. Em todos os tipos de nuanças, a mulher é definida como o que pode ser conhecido, e isso adquire dimensões cósmicas e sexuais. A mulher também é mãe, e isso significa que o ventre que transporta crianças de ambos os sexos toma um significado universal.

Até mesmo em culturas nas quais os mitos da criação inicial descreviam uma medida de igualdade entre masculino e feminino, essa igualdade inerente raras vezes acabava bem na própria cultura. Nem a igualdade se sai bem nas histórias que modelam as identidades e o etos de homens e mulheres.

Essa confusão na psique humana teve e tem consequências essenciais. Como os sociólogos e os psicólogos assinalam, ela levou a uma patologia no macho que ele não consegue admitir com facilidade. Por um lado, ele teme sua mãe e é sutilmente subserviente a ela, enquanto, por outro lado, também precisa se subjugar à mulher como cônjuge porque, em circunstâncias normais, ela pode dizer "não" ao sexo. O masculino não quer admitir essa subserviência. Como consequência, a mulher — na verdade, a deusa — é acusada de tentadora para ser, ao mesmo tempo, desejada e mantida sob repulsa. Ela é tanto a beleza da vida jovem como a bruxa da morte. Nesse cabo de guerra, o feminino na mitologia torna-se em geral o ícone de tudo o que é tanto procurado como ainda muitíssimo mal compreendido. Ela é ao mesmo tempo o benigno e o terrível. Apenas em anos recentes está surgindo uma compreensão do feminino como portador de totalidade.

A ascensão do patriarcado

O gênero sexual é uma construção social, como revelou a recente elucidação de estereótipos típicos de papéis relacionados à sexualidade e ao gênero sexual. Mas quando você o examina por meio das lentes de incontáveis culturas e dos substratos de histórias e de mitos primordiais, ele de fato emerge como um complexo. A obra seminal do dr. David Schnarch, *Constructing the Sexual Crucible*,[99] e o desbravador *Sex at Dawn*[100] (um *best-seller* do *The New York Times* e um dos livros favoritos do National Public Radio de 2010) mostram exatamente o quão complexa é a sexualidade e o quão tragicamente ela é mal-interpretada.

Tradicionalmente, a religião tem sido a principal intérprete dos papéis masculinos e femininos. Durante pelo menos 6 mil anos, quase todas as religiões foram patriarcais. Dizemos 6 mil anos porque há ampla evidência de que a dominação masculina das religiões era, no mínimo, uma parte das mais antigas sociedades primitivas. Quando estas estavam perto da terra e formavam clãs e tribos mais íntimas, as mulheres com frequência tinham um papel igual ou até mesmo dominante. Quase todos os xamãs das tradições indígenas primitivas, das quais surgiram as nossas religiões de todo o mundo, eram mulheres. Globalmente, pode-se argumentar que, em sua maioria, eles ainda o são.

Vários fatores entram agora em jogo no intuito de colocar os homens no centro do palco. Sociedades saíram do contexto privado do lar — um movimento acompanhado pelo crescimento de linguagens, de estruturas sociais e de narrativas coletivas, cada uma das quais é um produto da civilização. Religiões também se expandiram a partir do clã para a tribo. À medida que a hierarquia começava a se desenvolver nas estruturas recém-estratificadas que se tornaram cidades, metrópoles e, finalmente, impérios, os homens se tornaram dominantes.

Vemos esse movimento em direção ao patriarcado na divisão ocorrida entre os primeiros ramos da nossa árvore das religiões do mundo. As tradições em que as mulheres mantiveram seus papéis clericais ou sacerdotais foram as religiões baseadas na natureza, estendendo-se em sociedades mais desenvolvidas, as quais ainda enfatizavam a agricultura. A importância das mulheres também permaneceu central nas religiões que, em particular, enfatizavam a filosofia, em que havia um valor para a sabedoria e em especial para os oráculos, em que as mulheres eram consideradas mais capazes de "ouvir as vozes dos deuses". Essas tradições filosóficas e oraculares reservavam lugares especiais para mulheres em seus sacerdócios, em particular na Grécia e na Roma pré-cristã.

---

[99] Veja Schnarch, D. M., 1991, na bibliografia.
[100] Veja Schnarch, D. M., C. Ryan, e C. Jetha, 2010, na bibliografia.

Com a transição para a Roma cristã, a situação mudou de maneira drástica, o que se reflete no fato de a maioria dos livros escritos por mulheres, ou sobre mulheres, ter sido rejeitada do cânone da Sagrada Escritura. Essa rejeição manifestou-se sobretudo na supressão das seitas gnósticas com o seu conhecimento místico especial. No Evangelho gnóstico de Maria Madalena, é especialmente evidente por que a igreja primitiva dominada pelo homem e pela lei não queria que esses ensinamentos se espalhassem. Segundo esse Evangelho, Jesus teria dito a Maria Madalena, considerada por muitos como o principal discípulo de Jesus: "O Filho do Homem já existe dentro de você. Siga-o, pois aqueles que o buscam aí o encontrarão [...] além do que eu já dei a você, não imponha quaisquer outras regras nem edite leis como o faz o Legislador, para que também você não seja dominada por elas". Essa por certo não era uma mensagem que uma hierarquia religiosa centralizada na doutrina e na lei queria que alguém ouvisse.

Essas normas se mostravam ainda mais impenetráveis quando forjadas como a vontade, a palavra ou a lei de Deus. Uma pessoa teria grande dificuldade em nomear qualquer religião oficial que não fosse dominada pelo sistema patriarcal. Além disso, o critério da dominação masculina parece definir o que é considerado dominante em primeiro lugar. Isso se reflete no fato de as divindades primordiais importantes serem quase todas do sexo masculino. Os cânones de textos sagrados também eram em geral formulados por homens. Quando os escritos de uma mulher são divulgados, eles costumam se mostrar de uma maneira que reflete o papel tradicional das mulheres ou o da mulher celibatária. Até mesmo o celibato pode ser compreendido como um medo masculino da mulher como sedutora. Ainda hoje, em muitas religiões, essa visão dominada pelos homens é internalizada pelas mulheres, que, em seguida, afirmam que sua posição na vida é determinada por sua própria escolha.

Assim, o papel da mulher está definido. Não importa o que ela faça, ela será sempre uma mulher — uma visão fortalecida por mitologias da criação nas tradições judaica, cristã e islâmica, que abrangem 64% de todos os povos religiosos em âmbito mundial.[101] Religiões em que os papéis criativos no mito são desempenhados principalmente por mulheres são poucas, limitando-se a várias

---

[101] adherents.com.

tradições indígenas de grande amplitude ou a religiões extintas, como as da antiga Mesopotâmia.

Refletindo o papel muito diferente desempenhado pela lente mágico-mítica nas religiões ocidentais *versus* religiões orientais, as religiões reveladas do Ocidente estão arraigadas em histórias da criação nas quais o elemento masculino é dominante, enquanto as do Oriente, como o budismo e o taoismo, poderiam ser classificadas como andróginas, caracterizadas por histórias que envolvem energias cósmicas.

A tradição ocidental ainda é, em grande medida, dominada pela mitologia de um "erro" cometido por apenas um dos sexos. A noção de Eva no Jardim do Éden tipifica a atitude de outras histórias da criação nas quais um herói masculino precisa domesticar o caos da Terra em forma de mulher. Desde tempos primordiais, esse problema esteve ligado ao ciclo menstrual. Em muitas tradições religiosas, durante esse que é o mais natural dos ciclos, a mulher é evitada ou proibida de desempenhar este ou aquele papel social. Essas restrições designaram o início da menstruação como um tempo para instruir as mulheres jovens sobre seus papéis adequados como mães e donas de casa. A conexão do mal com a sexualidade, em especial o papel da sexualidade aberta, tinha importância central nas fábulas de bruxas e em outros conceitos do mal associado ao sexo feminino, como a imagem primordial em que a mulher aparece praticando sexo com um demônio. Até mesmo o próprio útero tem sido considerado uma imagem de morte e de sepultura. A tortura e o assassinato de milhares e milhares de mulheres em todo o mundo por "feitiçaria" é uma das mais tristes heranças desse legado.

Quase todas as leis seculares do mundo provêm de leis religiosas anteriores, nas quais a posição das mulheres tendia a ser secundária. Essas leis religiosas influenciaram particularmente leis seculares relativas à herança ao estipular para as mulheres porções menores do que para os homens. Regras semelhantes têm afetado o valor do testemunho dado por homens e mulheres na jurisprudência.

Os homens também têm sido favorecidos no domínio da escrita e da publicação, e outra consequência foi o domínio das ciências sociais pelo ponto de vista masculino, pois a maior parte das pesquisas era realizada por homens que registravam as visões e opiniões sobretudo de pessoas do sexo masculino. Na verdade, o campo da sociologia acabou tendo de estabelecer regras e procedimentos destinados a nivelar esse desequilíbrio. Dito isso, a situação pode virar de cabeça para baixo quando os papéis associados ao gênero sexual das mulheres, como os de cônjuge e mãe, levam a leis rigorosas sobre pensão alimentícia e cuidados com as crianças, por mais injustas que essas leis possam parecer a muitos homens.

A significação global dessa situação é a de que, embora o feminino e o masculino olhem para a vida por meio de lentes diferentes, essa visão ainda não foi bem representada ou nem mesmo definida.

O começo da transformação

A história da deusa Durga, um mito da antiga Índia, nos textos sagrados hinduístas, ilustra a natureza primordial da voz feminina emergente depois de milênios de patriarcado. Quando, como acontece em quase todos os textos sagrados, o bem é confrontado pelo mal, e a humanidade e seus deuses são desafiados por tudo o que tenta seduzi-los, difamá-los ou derrotá-los, os deuses masculinos são acossados por um dilema. No entanto, eles são abençoados a fim de terem uma percepção importante. Eles compreendem que, quando confrontados pelo mal (na forma de demônios do sexo masculino), para derrotar esse mal eles precisam entregar seus poderes a uma mulher. Por quê? Porque o herói masculino e os demônios masculinos compartilham da mesma sombra. Apenas a mulher poderia ver com clareza suficiente para derrotar os demônios.

A história de Durga é a evidência de que existe um lado B da caracterização das mulheres nos mitos. Juntamente com cada caricatura negativa que era anexada a mulheres na mitologia, a mulher é também a mãe eterna, e muitas vezes a própria Terra, como na atual caracterização da Mãe-Terra nas teorias de Gaia da ciência moderna. Na mitologia grega, Gaia era a mãe eterna não somente da Terra, mas também de todos os deuses. A mulher é ainda considerada como a doadora da vida em andamento ou da vida eterna, como o revela a iconografia egípcia de Ísis. O reconhecimento de que todo nascimento veio por meio da mulher — fato que tinha importância essencial na transmissão das linhagens nos tempos remotos —, levou a um reconhecimento mais pleno do papel central desempenhado por ela em tudo o que representa a culminação transformadora ou suprema.

De maneira semelhante, em muitas histórias sagradas a mulher é a guia terrena ou celestial para o herói masculino e representa, em particular, a sabedoria que impregna o reino em que ele caminha. Esses papéis transformadores das deusas são comuns em todas as tradições, como Ísis e Hathor (do Egito e, posteriormente, de Roma), Ishtar (da Assíria e da Babilônia), Inanna (da Suméria) e Kali e Durga (dos textos orientais antigos). Com base nessa raiz, podemos compreender por que, na maioria das tradições, da grega à budista, a sabedoria é principalmente articulada pela voz feminina. Os exemplos incluem Atena (da Grécia), Métis (da Grécia e de Roma), Ísis (do Egito e, mais tarde, de Roma), Sarasvati (da Índia) e Tara (do budismo). Elas representam a raiz da compreensão emergente do feminino como o que traz totalidade à espécie humana.

No clássico *Sutra do Coração*, do Oriente, os elementos complementares são a sabedoria moldada no feminino, além dos meios hábeis moldados no masculino. Essas visões são o oposto polar da bruxa e formam o princípio do que parece constituir uma jornada em direção a uma mutualidade masculina-feminina. Esse é o papel arquetípico que está emergindo na Era Interespiritual. Coincidentemente, a ciência também tem ingressado nessa compreensão. Como observamos anteriormente, na base da física e da cosmologia modernas há princípios de complementaridades ou de essencialidades duais.

De muitas maneiras, a busca por uma voz moderna para o divino feminino é paralela às etapas pelas quais o feminismo secular tem viajado. Globalmente, pode-se considerar que o movimento feminista progride por três ondas. A primeira e a segunda ondas foram basicamente fenômenos do Primeiro Mundo. A primeira onda do feminismo começou a enfrentar as grandes desigualdades estruturais presentes na posição das mulheres. No entanto, a lente social comum da maioria das pessoas estava tão entrincheirada que outras injustiças não foram, de início, colocadas em destaque e tiveram de esperar pela segunda onda. Essas duas ondas foram passos enormes para a humanidade, embora, em sua maior parte, envolvessem mulheres do Primeiro Mundo, em particular as das classes média e alta.

A voz feminina atual

A terceira onda do feminismo costuma ser reconhecida como o que se tornou o movimento feminino global, uma vez que mulheres do Primeiro, do Segundo e do Terceiro Mundo estavam envolvidas. Os papéis da mulher individual, juntamente com os desafios que ela enfrentava, eram inevitavelmente diferentes de cultura para cultura. As diferenças abrangiam não apenas as questões da vida cotidiana, mas também os pressupostos culturais. Até mesmo dentro de determinada nação, cultura, religião ou grupo étnico, era necessário abordar ao mesmo tempo, de maneiras possivelmente muito diferentes, a natureza dos papéis e das posições para as mulheres na vida cotidiana. Esses variam desde os papéis que suas sociedades lhes permitem desempenhar até sua relação com o mito cultural, incluindo as sutilezas de como eles são retratados na mídia ou por meio da publicidade.

De maneira semelhante, na ascensão da voz feminina dentro das religiões é possível identificar três estágios. O terceiro e mais recente é provavelmente o mais promissor, pois reflete as realizações centrais das eras integrativa e holística emergentes. Das três direções gerais que as mulheres tomaram em todo o planeta ao abordarem as ondas do feminismo emergente dentro do contexto das religiões do mundo, a primeira consiste em recuperar, do passado histórico da espiritualidade e das religiões, os elementos do matriarcado e da mitologia feminina que poderiam servir à finalidade moderna. Tem ocorrido uma ampla variedade desses empreendimentos, desde a reconstrução de antigas práticas matriarcais (às vezes realizadas estritamente em suas formas primordiais), passando por variedades separatistas de religião feminina, que acolhem apenas membros do sexo feminino, até novas teologias ou interpretações da teologia antiga, as quais se propõem a promover o reequilíbrio masculino-feminino.

A segunda direção envolveu abordar a posição que as mulheres ocupam dentro de cada religião atual em particular, com a mente voltada para a necessidade de corrigir o que se tem evidenciado como deficiente nas velhas estruturas patriarcais e descobrir como essas estruturas podem ser alteradas de modo a se obter o equilíbrio. Esse tipo de atividade continua ocorrendo em quase todas as religiões atualmente ativas no planeta.

A terceira direção é a busca de vozes revigoradas a fim de articular e proclamar o divino feminino — e a promoção da emergência dessas vozes —, livre de restrições relativas ao passado e em sintonia com a era integrativa e holística.

Todas essas tendências, mas especialmente a última, têm sido examinadas de maneira eloquente em alguns dos livros mais recentes do movimento feminista, que incluem *Why Women Need the Goddess*, de Carol Christ, *A Dança Cósmica das Feiticeiras*, de Starhawk e *The Goddess*, de Christine Downing. Uma busca na internet revela a existência de aproximadamente 5 mil livros sobre o divino feminino, mais de 10 mil sobre deusas e mil sobre conceitos emergentes da espiritualidade feminina.

O pano de fundo para esse crescimento atual é longo e complexo, como também acontece com o movimento da consciência evolutiva. Quando a voz das mulheres começou a surgir em âmbito mundial, já havia nichos adequados para as mulheres assumirem papéis importantes e, às vezes, proeminentes. Exemplos disso foram o movimento New Thought e as instituições Unity Church, Religious Science e Church of Divine Science. Cada um desses movimentos contribuiu com novas e mais amplas oportunidades para o amadurecimento da voz feminina emergente. Os homens também contribuíram. O livro de Andrew Harvey, *The Return of the Mother*, de 1995, já é considerado, com frequência, um clássico. Em tempos mais recentes, o influente teólogo Matthew Fox escreveu sobre a voz emergente do feminino em seus livros *The Hidden Spirituality of Men* e *Hildegard of Bingen – A Saint for Our Times*.

No final das contas, a humanidade não pode evitar as implicações do papel da mulher como mãe — a que dá à luz o espaço e o tempo e cada elemento da causalidade. Trata-se de um papel implícito porque está intrinsecamente ligado ao que somos, ou seja, principalmente água. Isso é verdadeiro não só com relação ao útero, mas também com relação aos idiomas primitivos das histórias da criação, que atribuem a gênese às águas eternas. Todas as coisas materiais — a terra, o céu e a vida — são o que sobrou da casca do ovo que se quebra quando o mundo nasce.

A palavra "mãe" sempre foi sinônimo de destino. No fim de quase todo mito, o herói, no momento da morte, é aconselhado pela mulher, em qualquer disfarce com que ela apareça. É claro que, sendo velhos mitos, eles ainda inculcam a sombra de sua preferência para destacar a importância do sexo masculino. Mas o que está emergindo é o que os estudiosos chamam de os "pilares gêmeos", a relação equilibrada do masculino e do feminino. Cada um deles é apenas uma parte da imagem enigmática completa da humanidade, e cada um deles é limitado.

Desse modo, a visão da emergência da voz feminina surge como algo que, finalmente, está nos trazendo totalidade e completude. Essa é uma imensa mudança, uma vez que, durante milênios, o herói do sexo masculino foi o redentor. Na nova visão, qualidades há muito tempo atribuídas ao feminino adquirem significados muito mais finamente matizados, assim como também passa a acontecer com as qualidades masculinas. Todas elas têm a ver com o ato de apontarmos, juntos, para o nosso futuro supremo. No final, a voz do feminino é também a voz da unidade, que terá importância crucial para uma interespiritualidade realizada.

26

Construir e viver
a interespiritualidade

"Pegue o caminho mais perto de sua casa."

— Sua Santidade o Dalai Lama

UMA DISCUSSÃO COMPLETA SOBRE A INTERESPIRITUALIDADE só poderá ocorrer se, como previu o Irmão Teasdale, a interespiritualidade se tornar o caminho natural para a religião e a espiritualidade no Terceiro Milênio. Como ele deixou bem claro: "Podemos dizer que a verdadeira religião da humanidade é a própria espiritualidade, pois a espiritualidade mística é a origem de todas as religiões do mundo".[102]

Recorrendo mais uma vez à analogia da árvore, vemos que as religiões de todo o mundo representam uma experiência humana extremamente diversificada, a qual teve pelo menos 100 mil anos para se desenvolver. Ela sempre esteve em processo de transformação, embora a taxa dessa transformação seja mais pronunciada na tumultuosa era atual. Com a globalização e o multiculturalismo em expansão, as inter-relações das partes da árvore estarão em um tremendo fluxo nos anos vindouros — algo que será intrigante de se observar. Embora algumas mudanças envolvam uma evolução lenta, outras serão rápidas.

---

[102] MH, p. 26.

Um exemplo dessas últimas é a mudança na posição e no papel das mulheres, a qual ocorreu, em sua maior parte, no século passado.

Uma tendência óbvia é a que leva do tradicionalismo e do sectarismo entrincheirados a uma apreciação da paisagem inter-religiosa do mundo. Isso começou realmente com a era cosmopolita e pluralista que se desdobrou depois das guerras mundiais. Os movimentos interconfessionais do mundo e a fusão de culturas em resposta à mídia pública global aceleraram esse processo. Com o desdobramento do contato inter-religioso, emergiu também mais e mais comunicação entre diferentes caminhos. As tradições espirituais de todo o mundo não apenas poderiam começar a compreender seu terreno vivencial comum, mas também se tornariam abertas à exploração por pessoas comuns em número cada vez maior.

O teólogo transformativo Matthew Fox articulou os elementos comuns que as pessoas encontram nessas experiências mais profundas da realidade, identificando-as como parte de um caminho coletivo que a humanidade está em processo de descobrir. Incluem-se aí sentidos mais profundos de deleite, assombro e medo reverente (a *Via Positiva*,* de Fox); o crisol de sofrimento, incerteza e até mesmo escuridão (*Via Negativa*); nossa paixão pelo dar à luz e pela criatividade (*Via Creativa*); e nossa vontade de transformar todos os tipos de injustiça que interrompem a autenticidade e a realização (*Via Transformativa*).

Duas coisas são certas, e pode-se dizer, com certo humor, que elas são emolduradas por dois clichês clássicos. O primeiro: "Mudanças acontecem em uma vida de cada vez". O segundo: assim como se comentou quando a era cosmopolita e pluralista do mundo se desdobrou depois da Segunda Guerra Mundial: "Como você vai fazer para mantê-los lá embaixo, na fazenda, [realizando trabalhos agrícolas] agora que eles viram Paris?" As pessoas em todos os continentes estão sonhando corajosamente nos dias de hoje.

A espiritualidade como religião

O Irmão Teasdale identificou a *própria* espiritualidade como a religião global potencial deste milênio. Obviamente, ele distinguia essa espiritualidade das reli-

---

* Todos os adjetivos que acompanham Via são palavras latinas no original de Fox. (N.T.)

giões exclusivistas baseadas na doutrina, as quais dominaram o nosso planeta. No entanto, ele não via nelas propósitos cruzados, mas apenas parte de um processo de evolução.

Teasdale também reconhecia que as elites seculares do mundo, em sua maior parte, haviam descartado a religião, considerando-a somente uma superstição a mais de nossa antiquada lente mágico-mítica. No entanto, como ele afirmou, essa rejeição foi irrefletida, uma vez que seis sétimos da população mundial ainda sustentam visões religiosas — e, em especial no Ocidente, elas são poderosas na urna eleitoral. Alguma coisa mais finamente matizada e holística precisa surgir, pois não será suficiente para a sobrevivência do nosso planeta se essas duas culturas — a racional e a mística — simplesmente continuarem a coexistir sem se comunicarem de maneira criativa no que diz respeito à solução de problemas do mundo.

A evolução posterior da religião e da espiritualidade em direção a uma compreensão mais inclusiva e holística tem sido o padrão da história e pode ser considerada parte da evolução em andamento da própria Terra. Como consequência, muitos sentem que, com a inevitável globalização e o multiculturalismo, a religião dos "velhos tempos" evoluirá em uma direção holística ou se tornará obsoleta. A maior parte das pessoas também acredita que a espiritualidade permanecerá um componente da vida humana.

O cenário que mais provavelmente ocorrerá é este: a compreensão interespiritual se ampliará e amadurecerá em todas as tradições religiosas e espirituais do mundo, mesmo que elas mantenham a obediência aos seus caminhos tradicionais. Surgindo como uma realização que se manifestará *dentro* de todas as religiões e amadurecerá como parte da internacionalização e do multiculturalismo em andamento, a mensagem interespiritual fortaleceria e enriqueceria o processo de globalização. Sua ênfase no coração e na tolerância intensifica a *experiência* da consciência da unidade, rompendo, por meio disso, as fronteiras que, por tantos séculos, fizeram com que as religiões e práticas espirituais fossem exclusivistas. Isso poderia até mesmo afrouxar os temores que sustentam a separação entre as religiões, em especial no que se refere à noção de recompensas ou punições eternas, como o céu e o inferno. A consciência atual é capaz de colocar esses temores por trás de nós, e muitas pessoas em todo o mundo já fizeram isso. A tendência é tão evidente que estudos sobre as religiões atuais agora distinguem entre religiões "mais quentes" e "mais frias", e cerca de 80% no Primeiro Mundo cai na última categoria.[103] As religiões "mais quentes" ainda levam suas teologias tão a sério que acreditam que os seguidores de outras crenças estão eternamente condenados, enquanto as religiões "mais frias" temperaram essas crenças a tal ponto que deixaram de ser ativas no intercâmbio interpessoal ou intercultural. Essa tendência reflete a transição geral do mundo do comportamento reativo para o comportamento acomodativo. Uma compreensão popular disso na comunidade interespiritual é representada pela metáfora das "muitas tendas no vale", articulada pelo professor sufi Llewelin Vaughan-Lee. De acordo com essa metáfora, nossa natureza divina compartilhada — nossa "verdadeira natureza", a natureza de "Cristo-Buda" ou expressões semelhantes — é um único grande vale no qual as tendas de todas as expressões religiosas do mundo são bem-vindas. Nesse vale, podem-se erguer tendas de qualquer cor e forma, oferecer miríades de alimentos cozidos e compartilhados e apresentar inúmeras variedades de música, dança e história celebradas sem fim.

Já é óbvio que um crescente clima de tolerância está eliminando muitos medos através de fronteiras culturais e religiosas. Vemos isso no casamento inter-religioso e internacional, que é comum, bem como no casamento inter-racial, o qual também está se tornando mais e mais frequente. Vemos isso em questões de sexo e gênero sexual. Ao longo de toda a história, velhas fronteiras e categorias foram e continuam sendo constantemente dissolvidas, permitindo fusões em cruzamentos de culturas e em relações transnacionais e transtradicionais. A união inter-religiosa é particularmente comum no nível interpessoal em grande parte do mundo. Desse modo, é provável que o aprofundamento da compreensão mística e da compreensão pelo coração — as quais caracterizam a interespiritualidade — se tornará comum em milhões de pessoas que, mesmo assim, continuarão a praticar sua fé tradicional.

Ao mesmo tempo, pode-se esperar que pessoas inspiradas pela interespiritualidade criarão novas comunidades, como muitas já o fizeram. Essa poderia ser uma eventualidade interessante e dinâmica, capaz de durar décadas, ou até

---

[103] Pew, 2008.

mesmo um século, a qual atuaria enquanto o medo e um sentido entrincheirado de fronteiras fossem expulsos da nossa consciência de maneira gradual.

Em conformidade com isso, um aspecto da interespiritualidade envolve a criação de novas diretrizes e práticas, incluindo sínteses de práticas transtradicionais, novos estilos de vida religiosos e modos de celebração, de culto e de educação inovadores. Pioneiros que sintam esse chamado desenvolverão novos sonhos e visões.

Mirabai Starr escreveu um livro maravilhoso, *God of Love: A Guide to the Heart of Judaism, Christianity and Islam*, no qual ela procura resolver muitos dos desafios interespirituais para as convicções religiosas abraâmicas. Com habilidade, ela aborda a dinâmica associada às maneiras como as pessoas interespirituais podem continuar realizando suas práticas tradicionais enquanto cultivam o enriquecimento que a compreensão interespiritual incentiva. Ela descreve uma espiritualidade centralizada no coração, espiritualidade que pode se manifestar no âmbito de várias religiões que, no passado, viam-se como distintas ou mesmo separadas.

Dados os padrões da história, a visão que o Irmão Teasdale tinha de uma interespiritualidade que se desenvolveria plenamente no âmbito das atuais religiões do mundo pode muito bem ser o alvo. A evolução de uma religião mais centralizada no coração e mais inclusiva também poderia fornecer a plataforma para a nossa espécie fundir as lentes mágico-mítica e racional. Isso poderia criar um ambiente no qual nossas duas culturas hoje diferentes, mas coexistentes da experiência interior e da experiência exterior — a religião e a ciência — pudessem adotar um caminho cooperativo, sinergístico e, em última análise, holístico. Esse tipo de integração já caracteriza o que há de melhor nas Grandes Tradições de Sabedoria e no paradigma integral emergente, e leva a uma espiritualidade que, embora para muitos sempre seja um *tanto* mágico-mítica, compreende as habilidades essenciais da aprendizagem e do intelecto rigorosos que caracterizam a ciência.

A consciência sempre tem sido o árbitro de nossa evolução bem-sucedida e desempenhará um papel equivalente em nosso atual esforço pela sobrevivência. Atingir um novo limiar ao conseguir lidar com sucesso com o problema das reivindicações religiosas exclusivistas, juntamente com a integração do conhecimento científico e do conhecimento espiritual, não é algo diferente da integração que foi necessária para nos proporcionar alimento, fogo, abrigo, roupas, nomes, linguagem e tantas outras habilidades.

A centralização da religião na própria consciência

Essa "nova Terra", para tomar emprestada a famosa expressão de Eckhart Tolle, exigiria uma nova consciência que envolvesse o bem-estar de todos. Década após década, pouco a pouco, a lente integrativa e o modo de vida integrativo continuarão a evoluir, equilibrando nossas experiências e nossos dons interiores e exteriores. Embora utópico, esse propósito é o etos básico de todas as religiões do mundo — pelo menos em sua visão original, ainda que, muitas vezes, ele não tenha conseguido sobreviver.

Mesmo que a manifestação efetiva de uma "nova Terra" possa parecer algo forçado, um mundo não mais governado por monarcas teria parecido uma expectativa não realista para a maior parte das pessoas no período medieval, como também o teria sido a defesa de uma opinião individual durante os nossos 70 séculos de Reis Deuses e de estados totalitários. Basta você se perguntar que tipo de mundo nós teríamos se milhões de pessoas expressassem um etos de incondicionalidade como o fizeram Sua Santidade o Dalai Lama, Madre Teresa, Nelson Mandella ou O Mais Venerável Thich Nhat Hanh.

Isso significa que ninguém teria o tipo de experiências que o levaria a acreditar que ele recebeu, por meio delas, uma mensagem especial? Neste mundo em desenvolvimento, todos *receberiam o ensinamento* segundo o qual deveriam esperar que essa fosse a sua reação a experiências subjetivas, depois de terem vivenciado milênios de realidade mágico-mítica. Haveria uma percepção segundo a qual todos naturalmente imaginariam que suas experiências seriam normativas, e as de outras pessoas constituiriam variações relacionadas a elas. Crenças exclusivistas poderiam surgir de vez em quando, mas a maior parte do mundo estaria preparada para o fato de o exclusivismo não ser mais a maneira como o fenômeno religioso funciona, assim como quase todas as pessoas percebem hoje que é natural parar no vermelho e seguir em frente no verde, ou formar uma fila para receber alimentos ou bilhetes em vez de brigar para obter o que querem. À medida que a interespiritualidade se desenvolver, haverá sem dúvida muitos experimentos que nos familiarizarão com a maneira como a interespiritualidade funcionará na prática, assim como também aconteceu quando a democracia emergiu dos sistemas monárquicos.

Um poderoso testemunho da naturalidade da interespiritualidade foi dado por uma jovem em uma conferência interespiritual algum tempo após a morte do Irmão Teasdale, em 2004. Ela identificou-se como uma "cristã evangélica experimental", mas disse também ser uma "interespiritualista" comprometida. Sua história foi mais ou menos esta: "Como cristã, antes de perceber o que é a interespiritualidade, eu costumava me perguntar como tivera sorte por nascer na religião certa, aquela na qual eu iria naturalmente para o céu. Eu me perguntei sobre isso durante algum tempo. Então, passei a indagar como meus amigos tiveram o infortúnio de nascer em uma religião errada e, por isso, iriam para o Inferno. Como eu estava tão perto de todas essas pessoas, compartilhando com elas de minha vida cotidiana de maneira tão íntima, comecei a pensar: 'Deve haver alguma coisa errada com essa imagem'. De repente, percebi que minha espiritualidade era realmente sobre amar e aceitar essas pessoas, isto é, não era apenas a narrativa sobre a realidade que minha religião havia me contado — ou que as deles haviam lhes contado. Então, eu me perguntei: 'Por que ser um cristão afinal?' Mas isso também funcionou. Li as Escrituras de uma nova maneira e o que eu vi lá, nas palavras de Jesus, foi essa mensagem mais profunda, e não outra, que me dissesse qual cartão eu precisava apresentar para entrar no céu. E ouvi o Dalai Lama falar na televisão. Um jovem cristão lhe perguntou: 'Que direção devo tomar, que tradição adotar, para ser o melhor tipo de pessoa de que sou capaz?' Ele respondeu: 'Pegue o caminho mais perto de sua casa; você é um cristão, certo?' Depois disso, meus sentimentos mais profundos sobre recompensa e punição finais afastaram-se de qualquer preocupação com a doutrina e me fizeram olhar realmente para o tipo de pessoa que eu era. Ainda sou cristã, mas percebo que poderia estar contando a mesma história se eu tivesse sido criada no islamismo, no judaísmo, no hinduísmo ou no budismo".

É essa visão simples, a qual está surgindo em todo o mundo, que alimenta o movimento interespiritual. Com muita frequência, trata-se apenas de uma questão de amor mais senso comum. No inverno de 2012, um vídeo na internet postado por um jovem cristão, que também teve essa percepção, tornou-se viral para mais de 15 milhões de telespectadores. O vídeo era audacioso. Proclamava estar negando a religião em nome dos ensinamentos originais de Jesus sobre amor, companheirismo e compaixão. O vídeo, é óbvio, causou uma intensa reação emocional em muitos milhões de pessoas.

A interespiritualidade é, simplesmente, religião que visa desconstruir as tendências destrutivas embutidas no exclusivismo da religião. Em certo sentido, é uma compreensão repentina de que conflitos anteriores resultaram da própria consciência pré-global, o que não difere da história segundo a qual pessoas de olhos vendados tocam um elefante e afirmam que a parte que estão tocando é aquela com que a totalidade do elefante se parece.

A interespiritualidade também é o caminho natural por onde o surgimento de uma consciência da unidade afetará o mundo. Muitas pessoas estão efetivamente se empenhando na interespiritualidade sem perceber que é isso o que elas estão fazendo. Apenas tropeçam nela. Observadas por meio da lente da consciência da unidade, reivindicações religiosas exclusivistas de repente parecem irrelevantes. Pessoas que são apanhadas na mentalidade "daquele que está certo" tornam-se cientes de que não foi essa a mensagem essencial que o fundador da religião deles ensinou, seja esse fundador Jesus, Buda, Maomé ou seja quem for. A mensagem original era sobre o amor e o reconhecimento da natureza divina em tudo.

Será que isso significa que todas as religiões, em sua base, têm ensinado o amor incondicional? A maioria delas sim, embora não todas. Sempre houve ensinamentos enganadores, falsos e até mesmo perigosos em nome da religião. Porém, com uma consciência superior e um coração mais profundo, esses ensinamentos podem ser reconhecidos com facilidade pelo que são. Como uma pessoa que descobrira a universalidade na interespiritualidade descreveu a epifania que experimentara: "Eu estava tão feliz que apenas me deitei no chão e ri. Era como se eu tivesse percebido que era realmente tão livre que havia sido libertado para não ser livre".

Uma convergência de crenças

A interespiritualidade é uma convergência inevitável, e o caminho que leva a ela é semelhante para um grande número de pessoas. Em sua maioria, elas começam vida em uma tradição religiosa, na maior parte das vezes a de sua própria família ou cultura. Elas crescem no ambiente e nos caminhos dessa religião e, naturalmente, identificam-se como cristãs, judias, muçulmanas, budistas, hinduístas, siques, jainístas, taoístas, humanistas, agnósticas, ateias, e assim por diante. No entanto, em nossa era cosmopolita, elas também estão cada vez mais conscientes das religiões dos outros.

Desde o início do período cosmopolita e pluralista surgido depois da Segunda Guerra Mundial, a maioria das pessoas também passou a saber que é importante que todas elas sejam amistosas, gentis, harmoniosas em suas relações — uma compreensão que leva ao que se apelidou de "interconfessional". A abordagem interconfessional tem desempenhado um grande papel no mundo desde o nosso último conflito global. Se você se dirigir a quase qualquer uma das reuniões internacionais realizadas atualmente ou se assistir a uma dessas reuniões em um programa de televisão, é provável que veja algum tipo de bênção interconfessional destacando um rabino, um imã, um ministro ou um padre. Em nosso mundo cosmopolita, muitas vezes trabalhamos ao lado, conhecemos bem ou até somos amigos íntimos de pessoas de outras profissões de fé. Além disso, com filmes e programas de televisão, temos uma percepção de como é a vida cotidiana em várias tradições religiosas.

Atualmente, cerca de 60% dos norte-americanos tiveram algum tipo de experiência positiva com um vizinho ou amigo ao compartilhar suas diferentes crenças religiosas.[104] Uma pesquisa de opinião realizada pelo *New York Times*, em 2010 indicou que, considerando nove religiões diferentes, até 20% das pessoas entrevistadas poderiam responder a perguntas sobre outras religiões com alguma inteligência. Outra pesquisa de opinião, a Pew Survey, do mesmo ano, indicou que estudos religiosos diretos constituíram a base para o conhecimento religioso da maioria das pessoas, com a aprendizagem decorrente de conversas com os outros ocupando o segundo lugar. Um estudo realizado com base no

---

[104] *Newsweek*, 2010.

Global Social Survey[105] indicou que 25% dos casamentos na América do Norte ou na Europa ocorrem entre pessoas de religiões diferentes, com as de religiões minoritárias casadas com uma pessoa de outra crença 60% do tempo. Essa mesma pesquisa de opinião indicou que 60% das pessoas haviam marcado encontros com pessoas do sexo oposto e de outra denominação religiosa.

Há uma percepção, particularmente apresentada por alguns elementos da mídia, de que o islamismo e o cristianismo estão em desacordo. No entanto, uma pesquisa de opinião Gallup, de 2008, indicou que, entre europeus e norte-americanos, 50% dos cristãos falaram com palavras de elogio sobre muçulmanos que eles conheciam pessoalmente. Uma pesquisa de opinião independente realizada pela Gallup indicou que 30% de muçulmanos responderam de maneira semelhante. Uma pesquisa de opinião realizada em 2009 pela Interfaith Alliance indicou que 78% dos entrevistados disseram que sua visão favorável das pessoas de outra religião veio do contato pessoal, que é precisamente a visão apresentada pelo Irmão Teasdale em *The Mystic Heart*.

Isso não significa que não haja setores inteiros de sociedades entrincheirados em divisões e ódios amargos que já duram séculos. Ninguém é ingênuo a respeito dos obstáculos com que qualquer tipo de empreendimento humano holístico se defronta. Por exemplo, uma recente tentativa de juntar alguns judeus e palestinos do Oriente Médio em um "experimento do riso", realizado todos os dias em um programa de televisão em Nova York, terminou em fracasso total. Os participantes acabaram precisando se curvar diante de ameaças de danos e ultimatos políticos, até finalmente se concluir que eles não podiam ocupar o mesmo palco. Os patrocinadores originais queriam manter o anonimato, quando eles próprios tiveram de abandonar o projeto. Um psicólogo, ao comentar o experimento, observou que, se formos honestos, populações inteiras do mundo continuam a sofrer de grave transtorno de estresse pós-traumático (TEPT) por causa da dor e da mágoa vindos do passado, o que tem um enorme impacto sobre a maneira como as pessoas se relacionam. O psicólogo não estava nada surpreso com o fato de o experimento ter dado errado.

---

[105] 2006.

Em seu sentido mais fundamental, a interespiritualidade é o compartilhamento de experiências decisivas através das tradições, tornando acessível a mais e mais pessoas uma expansão da consciência por meio das muitas formas que a jornada espiritual humana oferece. Como previra o Irmão Teasdale, à medida que a experiência interespiritual amadurecer, ela facilitará um novo tipo de diálogo inter-religioso em âmbito mundial.

Da interconfessionalidade à interespiritualidade

À medida que as pessoas começam a saborear outras experiências religiosas e a apreciar os ricos panos de fundo históricos que se desdobram por trás delas, elas também passam a reconhecer a experiência interconfessional como mais e mais significativa. Quando o caminho espiritual das pessoas amadurece, com frequência elas começam a colher as riquezas de toda uma variedade de práticas, experiências e iluminadoras percepções religiosas. A verdadeira valorização dessa riqueza é muitas vezes chamada de "espiritualidade transtradicional". Em todo o mundo, um grande número de pessoas faz uso, atualmente, de práticas adotadas em mais de uma religião. Em alguns casos, esse fato resultou de pesquisas diretas, embora ele esteja, cada vez mais, acontecendo como um resultado da globalização e do multiculturalismo.

Se considerarmos técnicas de meditação orientais e de yoga, constatamos que 40% de norte-americanos utilizam hoje técnicas de meditação originárias do Oriente.[106] Como resultado, 30% dos norte-americanos recorrem atualmente a práticas religiosas altamente individualizadas, as quais envolvem a atividade em casa, bem como em suas comunidades, e as identificam como "espirituais, mas não religiosas".[107]

A espiritualidade transtradicional é especialmente comum em metrópoles e grandes cidades, nas quais a diversidade cultural é intensa. Os meios de publicidade anunciam comumente celebrações, músicas, cânticos, danças e meditações interconfessionais e intermísticas. Em mais de uma dúzia de seminários interconfessionais da América do Norte e da Europa, praticamente todos os

---

[106] *ABC News*, 2011.
[107] *Newsweek*, 2009.

estudantes de graduação que se ordenaram como ministros "interconfessionais" ou "interespirituais" afirmaram que seu interesse pelo ministério interconfessional ou interspiritual seguiu-se a uma experiência gratificante com a espiritualidade transtradicional.

Além disso, é importante distinguir cada um dos passos que parecem caracterizar o movimento natural que leva da espiritualidade tradicional às espiritualidades interconfessional e transtradicional, e à interespiritualidade. Há diferenças sutis, mas importantes, que podem não ser evidentes.

Na representação pela árvore das religiões do mundo, as tradições podem ser visualizadas horizontalmente, caso em que as restringimos à variedade de religiões que se encontram presentes no planeta exatamente agora, ou podem ser visualizadas verticalmente, como um único empreendimento unificado de nossa espécie, o qual envolve nossa experiência humana coletiva. Quando examinada na dimensão horizontal, é inevitável que surja a pergunta: "Quem está certo e quem está errado?" Essa abordagem também gera preocupação sobre o destino final dos participantes, no caso de eles terem feito uma escolha errada em suas crenças.

Religiões sectárias, juntamente com o ecumenismo interconfessional ou convencional, começam com o "dado" segundo o qual nosso planeta tem várias religiões, cada uma delas fornecendo uma diferente narrativa sobre quem somos, de onde viemos e para onde podemos estar nos dirigindo. Cada religião também acredita naturalmente que sua compreensão é mais provavelmente a "verdadeira" ou a normativa. O interconfessionalismo, ou o ecumenismo convencional, incentiva a discussão entre essas várias visões na esperança de promover a compreensão mútua, a tolerância e, como um subproduto, a paz mundial. No entanto, quando surge uma situação mais séria e difícil, uma preocupação dominante com as diferenças continua a se manifestar, decorrente da questão de se saber quem realmente está certo.

A diferença entre as abordagens interconfessionais ou ecumênicas reside no fato de elas valorizarem mais de uma tradição, o que é o fenômeno da espiritualidade transtraditional. Embora elas comecem com a mesma suposição das diferenças entre as religiões, como também o faz a abordagem interconfessional, a espiritualidade transtradicional enfatiza o valor do compartilhamento entre as variadas experiências de muitas crenças. Ao desfrutar mais de uma religião, ela põe de lado temporariamente a preocupação sobre quem, em última análise, está "certo" ou "errado", embora a questão permaneça. Se você perguntar, um adepto transtradicional em geral lhe dará uma resposta do tipo: "Eu procuro não ir até lá". A preocupação permanece no nível do pano de fundo, pois essa experiência religiosa é rasa o suficiente para que ainda haja preocupações mentais a respeito de quem está, em última análise, "certo" ou "errado". Quando sondada, constata-se que essa preocupação está quase sempre ligada a um medo profundamente oculto ligado a recompensas ou punições finais. Em outras palavras, o sentido de separação continua a vigorar na maior parte das experiências transtradicionais.

À medida que uma pessoa se desenvolve na experiência transtradicional, ela começa a compreender que há um "conhecimento" comum no âmago de todas as experiências religiosas. Essa percepção de uma espiritualidade holística mais profunda, de uma interconectividade, de um amor incondicional e de um estado de não separação torna-se a base da verdade, e não a preocupação mental a respeito de qual narrativa religiosa, de qual história, interpretação, especulação, profecia, prática, método, líder ou messias religioso está, em última análise, "certo". Isso só acontece em uma compreensão mística ou contemplativa, na qual meras afirmações do tipo "certo" e "errado" (e, portanto, recompensas e castigos) não estão mais em jogo. O próprio amor tornou-se o árbitro. Rumi fala de "além do certo e do errado", em seu famoso poema *Para além das ideias*. Pelo fato de a interespiritualidade ser um grande salto que nos leva ao ingresso na liberdade, isso equivale a nos despertarmos para o nosso nível mais primordial de amor incondicional.

A interespiritualidade, então, começa a partir de uma diferente compreensão da religião. Até mesmo como um ensinamento, ela começa com a visão de que toda a experiência religiosa da nossa espécie tem sido *uma experiência única*, uma experiência que vem se desdobrando ao longo de muitas linhagens e ramos, além da capacitação da nossa espécie para uma evolução progressivamente mais elevada. Em outras palavras, a interespiritualidade reconhece uma *experiência* comum dentro de toda espiritualidade. Ela reconhece uma origem compartilhada, um processo compartilhado e um amadurecimento compartilhado. Nesse "despertar" autêntico, o indivíduo perde o sentido de separação e, em vez dele, torna-se consciente de uma interconectividade intensa e profunda e da presença de um *continuum* entre todas as coisas. Para a interespiritualidade, essa *experiência* comum é a "verdade absoluta". Com base nessa perspectiva, a história é, em certo sentido, irrelevante, pois a experiência fundamental da interespiritualidade diz respeito ao que está "exatamente aqui, exatamente agora". É por isso que a interespiritualidade está tão intensa e profundamente conectada com o processo do despertar.

Tudo se resume ao fato de que todas pessoas estão sonhando um sonho diferente, e como isso pode estar bem? O que de fato nos conecta nesse desdobramento? Como a interespiritualidade vê isso?

Um proeminente rabino falou, recentemente, à sua congregação sobre um encontro que ele teve com um mestre zen-budista. Eles se sentaram juntos em silêncio meditativo e diálogo silencioso. Sendo um homem instruído, o rabino disse que estava perfeitamente ciente do enorme abismo que havia entre o que cada um fora ensinado a acreditar e o que cada um de fato acreditava. O rabino sentiu que ele estava sentado lá, ciente de Deus, e talvez até o representando, e ciente de toda a tradição das leis e preceitos de sua fé, e da identidade de seu povo. Para o mestre zen, um budista que não personifica Deus, "ninguém estava escutando". Não havia "coisa alguma" que se pudesse destacar como identidade, leis e conceitos.

Sendo um homem instruído, o rabino informou que estava ciente o bastante da lente holística para reconhecer que ele e o mestre zen, assim como os 7 bilhões de outras pessoas no nosso planeta, estavam simplesmente "sonhando um sonho diferente". O fato de eles estarem juntos o fez sentir tão bem, e a clareza de seu contato e de seu reconhecimento foi tão comovente, que ele começou a chorar. Não havia nenhum problema com os dois sonhos diferentes.

Isso levou o rabino a refletir sobre sua própria vida e sobre o mundo de seus sonhos — quantos fios simultâneos vêm e vão em sonhos, até mesmo causando desconforto. Então, despertamos e percebemos que está tudo bem. Pela primeira vez, o rabino teve a percepção de um sentido de consciência coletiva da humanidade e uma percepção de que nossos sonhos não precisam ser idênticos. De fato, ele concluiu que talvez eles nunca estivessem destinados a ser o mesmo.

A história da Terra é uma narrativa que apenas corre pela consciência dos 106,5 bilhões de pessoas, as quais vieram e se foram desde que a humanidade surgiu. Estamos apenas no limiar da compreensão de uma nova liberdade, que envolve o reconhecimento mútuo, dentro do sonho coletivo.

27

A interespiritualidade antes da interespiritualidade

"É importante estar arraigado, mas não entalado."
— Irmão Wayne Teasdale

O QUE SE TORNOU INTERESPIRITUALIDADE NO NOME VEIO DA associação do Irmão Teasdale com o padre Bede Griffiths, cujo nome de batismo é Alan Richards Griffiths. Griffiths nasceu na Grã-Bretanha, em 1906, e estudou literatura e filosofia em Oxford, onde foi orientado por C. S. Lewis. Os dois se tornaram amigos íntimos e compartilharam sua exploração da realidade suprema.

Seguindo-se a um período de experimentação com a vida espiritual e comunitária na década de 1930, Alan foi atraído para o cristianismo e por suas raízes místicas, que o levaram a solicitar o ministério na Igreja da Inglaterra. No entanto, antes de poder fazer esse movimento, ele se envolveu no trabalho com os pobres e, depois desse trabalho, viu-se adotando a vida monástica da Igreja Católica Romana. Ao se tornar um noviço beneditino, recebeu o nome religioso de "Bede", que significa "prece". Em 1937, ele professou seus votos perpétuos como monge beneditino e foi ordenado sacerdote em 1940.

Durante os anos seguintes, em vários mosteiros europeus e, em especial, reunindo-se com monges de origem indiana, o padre Griffiths viu-se compelido a explorar as tradições místicas do Oriente, a yoga, as escrituras indianas e a análise junguiana. Em 1955, um ano depois de escrever *The Golden String*, o padre Bede mudou-se para Bombaim e, depois de visitar Elaphantes e Mysore, estabeleceu-se em Kengeri, em Bangalore. Em 1958, juntou-se a outros monges em Kurisumala, onde permaneceu por dez anos, período durante o qual desenvolveu atividades e liturgias, as quais reconheciam tanto as raízes místicas hinduístas como as raízes místicas cristãs.

Durante esse período, o padre Griffiths ingressou na tradição indiana *sannyasa*, um modo de vida de total simplicidade e dependência da graça. Mais tarde, esse estilo de vida tornou-se a semente para a visão do Irmão Wayne Teasdale. Quando estava na Índia, Griffiths vestia o *kavi* (as vestes alaranjadas dos *sannyas*) e atendia pelo nome sânscrito Dhayananda (que significa "a felicidade da prece"). Durante esse tempo, ele escreveu *Christ in India*. Também começou a voltar ao Ocidente com certa regularidade a fim de iniciar diálogos Oriente-Ocidente, prática que ganhava interesse naquela época. Ele procurou criar a perspectiva de acolher a herança mística das tradições espirituais do mundo como um autêntico reservatório de sabedoria, e não apenas de ideias, narrativas e dogmas conflitantes da religião.

A fim de consolidar ainda mais essa obra de cruzamento das tradições, Griffiths dedicou-se ao trabalho em Shantivanam, um *ashram* em Tamil Nadu, que havia sido fundado por monges cristãos pioneiros, os quais trabalham no âmbito da cultura e das tradições místicas hinduístas. Entre esses monges estava o padre Jules Monchanin e o padre Henry le Saux (também conhecido pelo nome hinduísta de guru Abhishiktananda). Griffiths trabalhou com numerosos outros pioneiros no diálogo cristão-hinduísta, incluindo Raimon Panikkar, e publicou os livros *Vedanta and the Christian Faith* e *Return to the Center*.[108]

Depois desse período, o padre Griffiths passou a proferir muitas palestras, em várias partes do mundo — trabalho que culminou em *The Cosmic Revelation* e *The New Vision of Reality*, as quais, com *The Marriage of East and West*, são suas obras mais conhecidas.[109] Nesses últimos anos, ele também foi um pioneiro, em especial em seus *tours* de palestras, em discutir as implicações da nova física e da teoria quântica para a compreensão mística da realidade. Shantivanam foi uma placa de Petri de onde vieram numerosos outros pioneiros no misticismo trans-

---

[108] Veja Griffiths, B., 1973 e 1976, respectivamente, na bibliografia.
[109] Veja Griffiths, B., 1981, 1989 e 1952, respectivamente, na bibliografia.

tradicional, incluindo a associação do padre Griffiths com o cientista holístico Rupert Sheldrake e sua tutoria de colegas próximos, como o Irmão Teasdale, Russill Paul e Andrew Harvey. O padre Griffiths faleceu em 13 de maio de 1993, em sua cabana monástica em Shantivanam.

As raízes da interespiritualidade

Uma vez que a interespiritualidade é um estado em direção ao qual tendemos naturalmente, à medida que a espiritualidade se desenvolve, muitos já estavam se empenhando na interespiritualidade antes de o Irmão Teasdale cunhar essa palavra, em 1999. Na década de 1980, por exemplo, A. H. Almass (pseudônimo de Hameed Ali) foi o autor do livro *Essence*, que se tornou um *best-seller*. Esse ensinamento, agora também conhecido como The Diamond Heart Work [Trabalho do Coração de Diamante], combinava a mensagem sufi mística vinda do islamismo, a psicologia moderna e o budismo tibetano.

Na virada dessa década para a década de 1990, Francisco Varela, Evan Thompson e Eleanor Rosch escreveram um guia popular intitulado *The Embodied*, em que fundiram a mensagem do budismo, a visão fenomenológica do filósofo francês Maurice Merleau-Ponty e as ciências cognitiva e imunológica. Mais tarde, na década de 1990, mas antes que o Irmão Teasdale publicasse *The Mystic Heart*, dois autores que se empenharam no desenvolvimento da Visão Integral, Michael Murphy e George Leonard, começaram a elaborar um programa a que deram o nome de Integral Transformative Practice [Prática Transformativa Integral], o qual combinava a prática da meditação, a visualização afirmativa, a atenção voltada para o exercício físico e a nutrição, o estudo das tradições espirituais do mundo e o serviço sagrado coletivo. Também na década de 1990, um proeminente professor transtradicional, Lex Hixon (cujo nome sufi era Nur al-Anwar al-Jerrahi), tornou-se querido para muitas pessoas. Impregnado com as mensagens do islamismo místico, do cristianismo, do hinduísmo, do budismo e da tradição indígena dos dakota, seu livro de 1995, *Coming Home: The Experience of Enlightenment in Sacred Traditions* * é hoje considerado um clássico.

---

* *O Retorno à Origem: A Experiência da Iluminação Espiritual nas Tradições Sagradas*, publicado pela Editora Cultrix, São Paulo, 1992, fora de catálogo. Cada um dos ensaios que compõem esse livro

Uma das maiores injustiças na história da interespiritualidade em desenvolvimento envolve as primeiras contribuições do teólogo Matthew Fox que, em seguida a duas inquirições oficiais do Vaticano, que se sentiu incomodado com a visão de Fox voltada para o futuro, e a sua demissão da Ordem Dominicana em 1993, mudou seu ministério e seu trabalho para a Igreja Episcopal. Os escritos pioneiros de Fox nas áreas da espiritualidade da criação, da compreensão de um Cristo cósmico e do que ele chamou de "ecumenismo profundo" refletiam o cerne da mensagem interespiritual antes que esta pudesse se tornar popular e bem antes de o Irmão Teasdale cunhar a palavra em 1999. Em retrospectiva, as obras clássicas de Fox, como A Vinda do Cristo Cósmico e One River, Many Wells, estão entre as grandes precursoras da mensagem interespiritual. Logo no início, ele ressaltou a mensagem interespiritual central de grandes figuras cristãs, como São Francisco de Assis, Juliana de Norwich, Meister Eckhart, Nicolau de Cusa e, mais recentemente, Hildegard von Bingen. A obra de Fox, em andamento, até agora contando com mais de 30 livros, os quais atingiram milhões de leitores, reflete de modo amplo o cabo de guerra que se tem estendido historicamente entre o pensamento visionário e as restrições da autoridade eclesiástica. Até as discussões dos teólogos fundacionistas do pós-Vaticano II, nenhum dos quais foi forçado a deixar a Igreja Romana, foram abatidas pelas mãos dos censores da autoridade eclesiástica em proclamações da Congregação do Vaticano para a Doutrina da Fé, em 1984 e 1986. Nesse aspecto, Fox se junta a Teilhard e a Aurobindo, e sua obra é agora capaz de se destacar na luz maior que as últimas décadas trouxeram.

As raízes da interespiritualidade mergulham ainda mais fundo na sociedade secular. O mesmo etos que marca a interespiritualidade estava no âmago do iluminismo norte-americano do século XIX, o qual fluiu das penas de Ralph Waldo Emerson, Henry David Thoreau e Walt Whitman, os quais já haviam identificado, em suas percepções profundas e iluminadas, o estado de interconectividade e as práxis do amor — alinhadas com a mensagem central das Grandes Tradições de Sabedoria do mundo, mas libertas das afirmações teológicas exclusivistas e dos cenários de fim dos tempos da religião organizada. Outras

---

excepcional é uma pequena obra-prima. Ken Wilber, que escreve o Prefácio, o considera "o melhor livro introdutório já escrito sobre as grandes tradições místicas do mundo". (N.T.)

figuras proeminentes seguiram-se a eles na esteira do movimento pelos direitos civis nos Estados Unidos. Entre elas, uma personalidade autenticamente interespiritual foi Howard Thurman, que, como decano da Capela da Universidade de Howard, cristalizou os ensinamentos de Gandhi para o movimento que circundou o dr. Martin Luther King.

Com a culminação do século XIX e o início do século XX, o mesmo etos tornou-se a mensagem do humanismo, o qual tem uma qualidade religiosa e uma qualidade secular. O lema "a ação em vez da doutrina" (*deed over creed*) foi cunhado pelo dr. Felix Adler, fundador da Ethical Culture, cuja visão universal do judaísmo levou à sua demissão do rabinato da cidade de Nova York. Ao examinarmos a literatura da Ethical Culture, as visões que ela apresenta do humanismo religioso são estranhamente semelhantes às da interespiritualidade — na medida em que os humanistas não são apanhados em uma necessidade de se identificar de modo exclusivo com o ateísmo. Adler, um filósofo ético por profissão pós-rabínica, era um místico, ao passo que as gerações seguintes de líderes humanistas se moveram em direção ao reducionismo e ao ateísmo. É possível ler Felix Adler e o Irmão Teasdale e descobrir que muitas de suas palavras são quase as mesmas. As pessoas versadas em Adler muitas vezes comentam que, se a sua versão de humanismo tivesse sobrevivido e prosperado, o movimento interespiritual não teria sido necessário.

Variedade e interespiritualidade

Após o sucesso inicial de seu livro, o Irmão Teasdale comentou que a pergunta mais comum que lhe faziam se relacionava à maneira como a interespiritualidade ingressaria em uma prática mais ampla. Em conformidade com isso, Teasdale e um círculo de colegas de Nova York fundaram o Interspiritual Dialogue, em 2002, em associação com o Spiritual Caucus de organizações não governamentais junto às Nações Unidas, uma rede que se tornou o Interspiritual Dialogue 'n Action (ISDnA) depois da morte de Teasdale, em 2004. O nome e a sigla foram sugeridos pelo xamã indígena e antropólogo Don Oscar Miro-Quesada, antigo amigo do Teasdale, o qual sentia que as letras DNA tinham um significado especial.

Como mencionamos antes, o programa de 2004 consistia em fornecer uma introdução de meio dia à visão interespiritual, no Paliament of the World's Religions de 2004, o mesmo Parliament onde a World Commission on Global Consciousness and Spirituality propôs seu manifesto global. Teasdale deveria ser o orador principal, mas, por causa de sua saúde debilitada, não pôde comparecer. O padre Thomas Keating, que com Teasdale e outros compartilhou a compreensão intermística por meio da Snowmass Initiative, fundou, em 2002, a Spiritual Paths Foundation, com outros amigos e colegas do Irmão Teasdale. Os membros de ambos os grupos se juntaram para as conferências Common Ground no centro do retiro The Crossings, em Austin, no Texas. Essas reuniões foram inauguradas por líderes como Teasdale, Wilber, Keating e Sua Santidade o Dalai Lama, antes da publicação de *The Mystic Heart*. Um evento em homenagem a Teasdale, após a sua morte, foi realizado pelo encontro Common Ground. A plataforma de nove pontos apresentada pela Snowmass Inititative tornou-ser uma peça central dessas associações interespirituais originais. Os nove pontos são:

1. As religiões do mundo testemunham a experiência da Realidade Suprema, à qual elas dão vários nomes: Brahma, Allah, (o) Absoluto, Deus, Grande Espírito.
2. A Realidade Suprema não pode ser limitada por nenhum nome ou conceito.
3. A Realidade Suprema é o fundamento da potencialidade e da realização infinitas.
4. A fé é abertura, aceitação e resposta à Realidade Suprema. A fé nesse sentido precede cada sistema de crença.
5. O potencial para a totalidade humana — ou, em outros sistemas de referência, a iluminação, a salvação, a transformação, a bem-aventurança, o nirvana — está presente em cada ser humano.
6. A Realidade Suprema pode ser vivenciada não apenas por meio de práticas religiosas, mas também por meio da natureza, da arte, dos relacionamentos humanos e do serviço dedicado a outras pessoas.

7. Na medida em que a condição humana é vivenciada separada da Realidade Suprema, ela permanece sujeita à ignorância, à ilusão, à fraqueza e ao sofrimento.

8. A prática disciplinada é essencial à vida espiritual; no entanto, a realização espiritual não é o resultado de esforços da própria pessoa, mas o resultado da experiência da unicidade (unidade) com a Realidade Suprema.

9. A prece é comunhão com a Realidade Suprema, quer ela seja considerada pessoal, impessoal (transpessoal) ou além de ambos.

Após a morte de Teasdale, o periódico oriental-ocidental integral *Vision in Action* publicou uma retrospectiva feita por outros de seus amigos íntimos, resumindo aspectos de sua visão sobre a interespiritualidade que ele não teve oportunidade de registrar. Além disso, um livro intitulado *The Common Heart*, publicado em 2006, resumia a visão das conferências Snowmass. Não se trata de uma história desses eventos ou de seus participantes, o que é tão importante (listas estão prontamente disponíveis por meio da internet e nos vários escritos mencionados), mas sim o esclarecimento da interespiritualidade que emergiu de tudo isso.

Outras diretrizes para a interespiritualidade vieram com a criação da The Community of The Mystic Heart. Uma ampla associação, mas também extensa, centralizada em muitos dos amigos pessoais do Irmão Teasdale, no início tinha por objetivo realizar seu sonho de uma ordem universal de *sannyasa* (renunciantes) empenhados no trabalho interespiritual. Com autoridade para ordenar ministros, Irmãos, irmãs e detentores de sabedoria interespirituais por intermédio de sua Order of Universal Interfaith aliada, ela continua a ser um centro para a discussão dinâmica e a promulgação da visão de Teasdale. No entanto, a missão monástica em seu ambiente atual, além da redefinição de todo o compromisso de vida com relação à prática espiritual e ao serviço sagrado, envolve hoje mais discussões do Novo Monaquismo, bem como aquelas que delineiam o seu trabalho de acordo com o estilo de vida e as estruturas que tipificaram o *ashram* Shantivanum do padre Bede Griffiths na Índia.

Ao testemunhar o rápido crescimento da visão interespiritual na década desde os escritos seminais de Teasdale, é justo dizer que, hoje, qualquer coisa pode entrar na criação das estruturas e atividades que acabarão por servir a essa visão. Estamos em uma época de experimentação aberta a qualquer pessoa. Até a autoridade ordenadora para a criação de ministérios interconfessionais e interespirituais, que emergem hoje do número crescente de seminários e associações interconfessionais, é uma exploração de como a interespiritualidade poderia melhor se desdobrar.

A mensagem da interespiritualidade depois de *The Mystic Heart*

Após a morte do Irmão Teasdale, muitos descobriram, para sua surpresa, que ele havia conversado sobre assuntos muito diferentes com diferentes pessoas. Parte disso talvez se deva ao fato de, em sua humildade contemplativa, ele tender a ser seletivo e compartimentado em sua partilha. Em discussões em seu círculo de amigos e conhecidos, percebia-se que, com alguns que o conheciam bem, ele havia conversado sobre muitos assuntos pessoais, mas não necessariamente em detalhes sobre sua visão em prol da interespiritualidade. Por outro lado, com colegas que ele havia reunido para desenvolver esse trabalho, ele era mais propenso a falar menos sobre assuntos pessoais e mais sobre os detalhes do sonho interespiritual. Por exemplo: só vários anos após a morte de Teasdale muitos de seus amigos tiveram ciência de que Seven Pillars House of Wisdom, uma organização interespiritual com sede em Nova York, fora dedicada à memória de Teasdale, por causa de sua amizade com seu fundador, Pir Zia Inayat-Khan. Outros exemplos foram a fundação do Claritas Institute for Interspiritual Inquiry, por Joan Borysenko, e o trabalho do Irmão Teasdale como Patrono Fundador do Edinburgh International Center for Spirituality and Peace. Como resultado, muitos dos amigos de Teasdale só vieram a conhecer uns aos outros depois que a interespiritualidade começou a crescer, em especial por causa da assistência que ela recebe hoje de frequentes reuniões de contemplativos vindos de muitas tradições — prática que estava apenas em sua infância quando Teasdale era vivo.

Antes de sua morte, ele fez esclarecimentos suplementares aos seus amigos após a publicação de *The Mystical Heart*, em resposta àquela que, segundo ele, era a pergunta que ele mais recebia: "Esta é uma bela visão, mas como ela pode ser realizada?" Em Nova York, em preparação para o Parliament of the World's Religions de 2004, ele fez uma distinção entre o que chamou de interespiritualidade "primária" e interespiritualidade "secundária". Essas expressões podem soar acadêmicas, mas provêm do jargão ecológico que Teasdale havia emprestado de Thomas Berry. Em *The Mystic Heart*, ele escreveu copiosamente sobre a natureza e a religião baseada na natureza e fez muitas referências à obra pioneira de Berry. A mensagem sobre a interespiritualidade primária e a secundária é importante e fácil de compreender.

Em ecologia, "primário" (como em floresta primária ou *habitat* primário) significa *habitat* não perturbado ou virgem. "Secundário" (floresta secundária, *habitat* secundário) refere-se ao que vem depois da perturbação, da separação e de uma história de uso. Teasdale reconheceu que há um paradoxo na identidade entre interespiritualidade baseada no coração e interespiritualidade baseada na consciência da unidade. Na linguagem espiritual tradicional, ele sabia que estava se referindo ao despertar. Em *The Mystic Heart*, destacou esse despertar espiritual da humanidade como a revolução definitiva para a nossa espécie. Sabendo que esse despertar ocorreria no contexto das tradições espirituais e religiosas existentes, ele identificou o principal trabalho da interespiritualidade como o cultivo desse elemento inato em nossa natureza humana — o empreendimento místico.

Nessa busca, encontra-se apenas o que está exatamente aqui, exatamente agora — como se não houvesse *nenhuma* história de diferenças entre toda a miríade de caminhos que se abrem aos buscadores espirituais. Quando as pessoas exploram seu espaço interior por meio da meditação ou da contemplação — chame isso pelo nome que quiser — ou quando se reunem e compartilham dessa exploração, elas não estão mais se relacionando no contexto de conceitos ou ideias. Estão sondando os domínios sutis da realidade, quer esses domínios sejam compreendidos na linguagem espiritual ou na linguagem científica dos campos quânticos. Esse território, em essência, não tem história, ele ocorre apenas no "agora". Trata-se do *habitat* primário de nossa natureza.

O Irmão Teasdale também reconheceu as diferenças históricas entre as várias tradições e viu que elas exigiam um esforço de se estender com base na consciência da unidade da partilha interespiritual primária, envolvendo um pleno reconhecimento e um abraço de cada uma das outras pessoas no que está exatamente aqui, exatamente agora, com a visão voltada para a cura dessas experiências de discordância passadas. Teasdale explora esse processo de cura naquele que talvez seja seu livro mais importante, *Bede Griffiths: An Introduction to His Interspiritual Thought*. Essa distinção entre interespiritualidade primária e secundária também foi observada por professores espirituais familiarizados com os escritos de Teasdale, mas que não sabiam de suas conversas depois de *The Mystic Heart*. Loch Kelly, por exemplo, um professor de meditação budista e fundador do Awake Awareness Institute, usou a expressão "intraespiritualidade" a fim de se referir à "interespiritualidade primária" de Teasdale, pois *intra* implica "dentro", e *inter* implica "entre". Raimon Panikkar fez uma distinção semelhante sobre a jornada espiritual interna em um livro de 1999, intitulado *The Intra-Religious Dialogue*.

Na prática, isso significa que a interespiritualidade tem dois tipos de trabalho iniciais a realizar:

- Cultivar a Presença encontrada na experiência contemplativa prístina, como se nunca tivesse havido uma história de divisões entre nós.
- Trabalhar por meio de reuniões inter-religiosas, discussões, diálogos e discursos no intuito de curar as divisões desse passado fraturado.

A primeira necessidade está sendo satisfeita pelas numerosas reuniões de contemplativos ativos em todo o mundo, bem como por uma miríade de professores e estudantes da busca contemplativa. A procura mística deveria ser incentivada por todas as tradições, e não relegada a ser uma atividade especial destinada apenas a alguns.

A segunda necessidade é satisfeita sempre que grupos interconfessionais e inter-religiosos reconhecem a necessidade de se reunir, discutir, aprender, compreender e trabalhar para a compreensão mútua entre as religiões do mundo. Teasdale enfatizou que a qualidade especial dessas reuniões é a conexão pessoal entre adeptos religiosos apenas como pessoas — algo que sempre foi mencionado por Sua Santidade o Dalai Lama. Nosso relacionamento mútuo como seres humanos, para além das fronteiras convencionais, nos permite descobrir quão semelhantes realmente somos. Nesse espírito, a associação The Order of Universal Interfaith, desenvolvida por associados do Irmão Teasdale, acolhe a cada ano uma conferência "Big I", enfatizando "o Interconfessional, a Interespiritualidade e o Integral".

28

Vida e prática interespirituais

"A Era Interespiritual exigirá instituições e estruturas para veiculá-la, expressá-la e sustentá-la."
— Irmão Wayne Teasdale

A AFIRMAÇÃO DO IRMÃO WAYNE TEASDALE SEGUNDO A QUAL A ERA Interespiritual precisa ser sustentada por instituições e estruturas apropriadas[110] apresenta um desafio e um mandato para qualquer pessoa atraída para a interespiritualidade.

Se a interespiritualidade precisa emergir como a âncora para as religiões da Terra no futuro, ela requer estruturas e instituições para desenvolver, promover e transmitir sua mensagem. Quais seriam essas estruturas e instituições é tema de uma discussão que prosseguirá por um longo tempo. O Irmão Teasdale não desejaria possuir ou guiar esse processo. Ele era apenas aquele que registrou a visão por escrito, em um estágio inicial. Assim como Sua Santidade o Dalai Lama, ele se referia a si mesmo só como um "monge".

Muitos já vivem uma vida interespiritual e integraram em sua rotina diária e em sua prática espiritual aspectos de mais de uma tradição — um movimento que enriqueceu suas vidas de modo imensurável. No entanto, embora a interespiritualidade esteja bastante identificada com as mais íntimas experiências da

---

[110] MH, p. 248.

realidade pessoal do "eu" e do "nós", ela deseja um mundo no qual as instituições — o enigmático espaço "ele" [It] e "eles" [Its] — reflitam a sensibilidade, os valores e a visão dos espaços mais íntimos.

Em uma recente Gathering of Young Contemplatives, patrocinada pela The Contemplative Alliance, um dos traços distintivos manifestados por pessoas mais jovens que seguem o caminho interspiritual era seu desejo de viver em um mundo no qual a espiritualidade e a vida cotidiana não se encontrassem mais tão divorciadas como acontece tantas vezes no mundo dos negócios. Eles não apenas compreendem a esquizofrenia inerente às instituições mais patológicas de nosso planeta e querem resolver essa situação, como identificam a ganância comercial e a falta de qualquer sentido do coletivo como dois dos maiores perigos com que o nosso planeta se defronta. Eles não são apenas benfeitores espirituais, mas também, em muitos casos, a nata da safra das universidades e faculdades.

Pelo fato de a interespiritualidade ser uma visão tão natural, seus princípios não podem ser separados da busca comum do movimento pela consciência evolutiva, o movimento Integral e as discussões fundacionalistas que se seguiram ao Vaticano II. É a busca por princípios unificadores realistas — os pontos arquimedianos. O ponto unificador central é, naturalmente, a consciência da unidade e a compreensão de que uma tendência rumo à consciência da unidade é evidente na história. Isso reflete a tendência em direção à consciência superior e ao conjunto de habilidades analisados em recentes estudos científicos sobre a mente-cérebro.

A variedade de ensinamentos espirituais é estonteante, cada qual com sua própria "garra" e seus seguidores comprometidos, os quais descobriram que esse caminho, em particular, é o melhor para eles, pelo menos por enquanto. Infelizmente, muitos caem na armadilha do "mito do dado", a crença segundo a qual seu caminho é o melhor para todos. Embora as conversações possam estar se afastando de uma compreensão monolítica da religião e se aproximando da miscelânea que constitui a espiritualidade transtradicional — ou mesmo da consciência da unidade inata na interespiritualidade —, esse será um processo demorado, que irá se mover aos trancos e barrancos.

É crucial o fato de a interespiritualidade sempre servir para equilibrar e integrar. A lente mágico-mítica está viva e passa bem no florescente movimento Nova Era, e além disso muitas vezes se converte em anti-intelectual e até mesmo em antifactual. Quando isso acontece e a caixa de ferramentas mentais é descartada, as pessoas podem acreditar em quase qualquer ideia fantasiosa que agrade às suas emoções e criar outra forma de fundamentalismo impermeável a informações. Isso também é verdadeiro no caso de uma confiança excessiva apenas na lente racional. Com frequência, a lente racional exige que se ignore todo o espectro da experiência subjetiva, descartando a experiência espiritual como irreal e até ilusória, e tornando-se desse modo igualmente impermeável a informações. Uma lente integrativa promove o equilíbrio entre os nossos conjuntos de habilidades humanas naturais.

Uma lente integrativa pode incluir o interior e o exterior, o objetivo e o subjetivo, o emocional e o intelectual, e aprender a navegar em meio a eles com equilíbrio, empregando um habilidoso deslocamento pela interface *yin-yang*. É essencial que as pessoas se manifestem aberta e francamente sobre isso, em todos os círculos.

A interespiritualidade não é uma nova "mistura de religiões"

Quando as pessoas voltam sua atenção para a interespiritualidade sem ingressar de maneira profunda no coração e sem considerar as implicações de uma efetiva consciência da unidade, elas são tentadas a pensar que a interespiritualidade é apenas uma tentativa de estabelecer uma nova "mistura de religiões". Em linguagem teológica, isso é chamado de "sincretismo", uma mistura que não é exatamente isso e não é exatamente aquilo. Isso pode ser confuso para pessoas que identificam a crença religiosa com o "fenômeno da fé" e este último com a verdade absoluta. Se a interespiritualidade fosse apenas uma mistura, o que seria, então, a verdade absoluta e, em especial, a preocupação das pessoas com recompensas e punições finais, com o seu destino em um paraíso ou em um Inferno?

Como já observamos, ao longo da história o "fenômeno da fé" tem motivado lealdade a incontáveis nações, líderes e religiões. Nesse sentido, a fé é uma questão de energia e estará ligada a algo que se acredita ser verdadeiro. Os terroristas do 11 de Setembro mostraram esse lado escuro da "fé" ao arremessarem seus aviões cheios de passageiros nos alvos pretendidos. Aqui, os discernimentos de Wilber Combs Lattice, da abordagem integral, que já mencionamos, são úteis e importantes. A experiência vertical de devoção e de fé é um elemento poderoso compartilhado por toda a natureza humana. Quando está ligada a uma certa ideia ou crença, ela pode motivar um comportamento extraordinário. Mas uma visão abrangente da história, que se lembre, em especial, da devoção de milhões de pessoas às milhares de religiões que agora estão extintas, nos conclama a termos em mente o fato de que experiências subjetivas inatas, inefáveis e poderosas são, ao mesmo tempo, filtradas por meio de lentes culturais. De que outro modo, por exemplo, devemos entender que, durante séculos, a escravidão era considerada moral e eticamente correta e apoiada por muitas das grandes religiões da história?

A era holística e a experiência da interespiritualidade — o próprio despertar de que o Irmão Teasdale nos falou — conclama-nos a irmos mais fundo no mundo do coração. Por certo, nem todos compreenderão de imediato essa diferença sutil, mas importante, entre a fé em determinado contexto religioso ou mesmo a fé baseada em algum tipo de experiência mística pessoal, mas ainda de natureza *exclusiva*, e a fé de natureza inclusiva. O cerne da interespiritualidade refere-se a uma consciência da unidade para a qual a inclusividade é inata. Por isso a interespiritualidade é, em última análise, uma questão experimental, vivencial.

Felizmente, a verdadeira experiência interespiritual é, em si mesma, um sinônimo da verdadeira maturidade espiritual, moral e ética no contexto de *qualquer uma* das tradições espirituais do mundo. A interespiritualidade é *maturidade espiritual* e encontra-se, portanto, em total sintonia com todas as tradições existentes no mundo. Está longe de ser "apenas uma nova mistura".

Holarquia e hierarquia

Os círculos íntimos de colegas nas associações que precisam crescer em tamanho e capacidade têm importância básica para uma espiritualidade vivencial de base popular. Esse tipo de desenvolvimento reflete a maneira como a própria vida amadureceu em nosso planeta, de células para colônias e de colônias para organismos. Um simples conjunto de pessoas distribuindo-se em círculo oferece uma maneira de experimentar dinamicamente modos de fazer as coisas a partir de um nível mais básico, vivencial, horizontal, holárquico, constituindo-se em uma ruptura com relação às velhas estruturas hierárquicas. A hierarquia também é parte da natureza, é claro, mas a ênfase das instituições em hierarquias rígidas — que estiveram com frequência ligadas ao patriarcado — tem gerado muitos problemas. O Irmão Teasdale deu à transição para os círculos o nome de "democratização" da espiritualidade.

Os círculos têm uma rica história. Nós não ouvimos falar sobre eles porque foram logo substituídos por hierarquias que dominaram durante os muitos séculos de monarquia e ditadura, mas o modelo do círculo era comum nas antigas religiões indígenas e baseadas na natureza, e ainda é. O Círculo dos Anciãos reunia pessoas em condições de igualdade e empenhadas em resolver problemas em conjunto. As primeiras democracias ativas eram realizadas, na verdade, entre piratas. A motivação estava longe de ser idílica, mas, a fim de se certificar de que ninguém saísse enganado, a maioria dos grupos de piratas usava um sistema de plebiscito. Daí a expressão "honra entre ladrões".

Teasdale escreveu sobre círculos como uma estrutura na qual a confiança mútua e a autêntica amizade poderiam gerar fortalecimento pessoal e coletivo radicais. Ele atribuiu a energia dos círculos à realidade da consciência coletiva e indicou como esses círculos sustentaram muitos dos grandes movimentos de reforma e de renovação ao longo da história. Ele acreditava que o reconhecimento da interespiritualidade havia crescido com base no trabalho em círculo como a culminação de muitos anos de discussão entre contemplativos e ativistas sagrados a respeito de sua experiência compartilhada. Embora esses círculos não tivessem diretamente a intenção de gerar um novo paradigma, ele observou que isso havia acontecido de qualquer maneira como um fenômeno emergente. Essa foi outra razão pela qual Teasdale escolheu o prefixo "inter", ao criar as expressões "interespiritual" e "intermisticismo".

Escrevendo em 1999, era provavelmente impossível a Teasdale ter ciência de que, no início do novo milênio, todo um movimento se desenvolveria em torno de círculos ou "holarquias". Esse movimento fez uma varredura na comunidade empresarial, de modo mais específico nos processos de modelamento de grupo e de governança, e introduziu em nosso vocabulário novas expressões, como "pensamento grupal", "consciência coletiva" e "relação sinergística". A simples percepção de que quase tudo é, ao mesmo tempo, um todo e uma parte tornou-se um divisor de águas. Somos hólons, e todo o cosmos é um hólon. A interespiritualidade sustenta que as religiões do mundo também são holonômicas.

A discussão sobre holarquias está muito sofisticada hoje. Se acompanharem o pensamento de escritores como Ken Wilber, Andrew Smith, Don Beck, Chris Cowan, Gerry Goddard, Mark Edwards ou Fred Kofman, vocês constatarão que suas discussões têm influenciado a transformação global. Uma consulta no Google sobre "holarquia" ou modelos holárquicos trará 100 mil entradas, e uma busca por modelos de negócio holárquicos fará com que venham à tona cerca de 1 milhão, assim como uma busca por "liderança de estilo circular" [circle-style leadership] ou "trabalho em círculo" [circle work]. Isso está muito longe das velhas regras de conduta declaradas no manual *Robert's Rules of Order* [Regras de Ordem de Robert] e do seu oficial de justiça encarregado de preservar a ordem no recinto e incumbido de expulsar qualquer pessoa que não esteja em conformidade com a hierarquia. Mais uma vez, a novidade testemunha que "você tem de admitir que [as coisas] estão ficando melhores".

As atividades que aparecem naturalmente em toda a paisagem interconfessional, transtradicional e interespiritual são da ordem de grandeza dos milhares, como é possível constatar por meio dos dispositivos de busca na internet. Tentar criar uma lista de âmbito mundial seria quase impossível. No entanto, eles incluem os seguintes tipos:

Meditação compartilhada, escuta profunda e diálogo satsang *profundo*. Práticas contemplativas respondem à necessidade inerente que todos têm pelo que Teasdale chamava de interespiritualidade primária — consciência e coração compartilhados em conjunto "exatamente aqui, exatamente agora". No Oriente e no Ocidente, essas reuniões ocorreram durante séculos e, hoje, são extremamente comuns. A palavra mais conhecida para esses círculos de meditação, por meio da qual você pode obter informações sobre reuniões em sua área, é *satsang*, termo em sânscrito para "círculo de verdade". Um *satsang* autêntico refere-se a uma investigação aberta na própria consciência e à experiência dessa consciência, e não a ensinamentos dessa ou daquela tradição. Ed Bastian, do Spiritual Paths Institute, forneceu-nos um livro maravilhoso sobre métodos de meditação baseados no cruzamento de tradições, intitulado *Interspiritual Meditation: A Seven-Step Process from the World's Spiritual Traditions*. Uma vantagem desse tipo de formulação é que ela extrai, das tradições do mundo, processos testados pelo tempo e que podem ser adotados e adaptados por muitas comunidades interconfessionais e interespirituais.

Formatos para o trabalho em círculo estão se desenvolvendo com rapidez. Loch Kelly, professor espiritual associado com Adyashanti, propôs um formato para o *Lateral Satsang* em 2004, e esse formato tem sido utilizado por vários círculos interespirituais (ou círculos "intraespirituais", na expressão de Loch). Outros experimentos com formatos de círculo incluem a conhecida *Snowmass Inter-religious Initiative* do padre Thomas Keating, os *Interspiritual Dialogue Circles*, o *Aspen Grove* e os *Light Circles*, formados em torno de amigos do Irmão Teasdale — e um círculo que recebeu o exótico nome de *Nondual Dinner* em meio à comunidade do diretor espiritual Greg Goode. Hoje, há um Institute for Circle Work na Costa Leste dos Estados Unidos e uma rede de *Circles of Grace* na comunidade Sacred Activism, bem como o *Ken Wilber Meetup* na comunidade integral. Isso é apenas o começo.

Celebração e compartilhamento místicos. Podem assumir tantas formas quanto as religiões tradicionais têm para oferecer, quando praticantes interconfessionais, transtradicionais e interespirituais reúnem-se para compartilhamento místico. O *zikr* (ou *dhikr*, "lembrança de Deus") e o *kirtan* (*kirtana* ou *sankirtan*, "louvor ou eulogia") são duas formas populares de cantilena ou prece silenciosa, em voz alta ou com música, e, por vezes, até mesmo a dança, as quais vêm, respectivamente, do islamismo e das tradições da Índia. O Sêder da Páscoa (Pessach) da tradição judaica e a Eucaristia da tradição cristã também são muitas vezes celebrados em um contexto interespiritual. Isso também vale para a Cerimônia do Cachimbo Sagrado e outras tradições das comunidades indígenas do mundo. A música *pop* sagrada também é popular entre milhões de pessoas hoje. Um passar de olhos em suas listas de eventos espirituais e religiosos locais lhe dirá que tipo de atividade está ocorrendo em sua área.

Educação interespiritual. Os seminários interconfessionais na América do Norte e na Europa evoluíram com rapidez para a espiritualidade transtradicional e, em seguida, para a interespiritualidade, à medida que o livro do Irmão Teasdale ficava disponível para preparar e elaborar o caminho. Muitos desses seminários agora ordenam ministros interconfessionais e interespirituais. Esses ordenandos muitas vezes encontram ministérios que servem à comunidade que cruza tradições, em especial em faculdades, hospitais e asilos. Outros ministros interconfessionais e interespirituais tornaram-se empresários e estabeleceram suas próprias igrejas, seus centros e comunidades interespirituais ou mesmo novos seminários. Incluem-se nisso programas experimentais em interespiritualidade, educação interespiritual e dissertações de mestrado e de doutoramento a respeito do desenvolvimento da vida e do ministério interespirituais.[111]

Nova comunidade. Particularmente em resposta ao segundo livro do Irmão Teasdale, *A Monk in the World*, a definição de total compromisso com a prática espiritual e o serviço sagrado — o papel tradicional do monaquismo — também está mudando. Pioneiros interconfessionais e interespirituais inspirados realizam em todo o mundo experiências com novos tipos de comunidade envolvendo tanto a comunidade real como associações mais distantes.

Diálogo interespiritual. O número de reuniões inter-religiosas que envolvem o compartilhamento e a discussão de visões de mundo, teologia, prática contemplativa e serviço sagrado é quase esmagador. Esse compartilhamento responde à interespiritualidade secundária do Irmão Teasdale, estabelecida com o objetivo de promover a discussão transtradicional e o cruzamento de culturas, que, por sua vez, podem promover a cura de divisões e feridas do passado. Quase todas as associações, os seminários ou outras instituições surgidas dos movimentos interconfessionais, transtraditionais e interespirituais patrocinam discussões regulares ou anuais interconfessionais e interespirituais.

---

[111] Ver programas de graduação e interespiritualidade em "O'Brien", "Pennington" e "Wright", na bibliografia; ver os programas de Educação Interespiritual em quatro das instituições que se associaram inicialmente ao Irmão Wayne Teasdale: www.onespiritinterfaith.org, www.spiritualityandpractice.com, www.spiritualpaths.net e www.thecominginterspiritualage.com.

Os círculos na prática:
a criação de coletividades efetivas

Uma coisa é ensinar sobre o despertar e outra, bem diferente, é produzir o comportamento desperto. Sua experiência efetiva só será possível quando acontecer de a comunidade interespiritual ser capaz de criar uma coletividade exemplar. Não obstante todas as palavras maravilhosas sobre o despertar e a consciência da unidade, e não obstante todos os professores capazes de nos inspirar cujo foco é a unicidade, se esses ensinamentos não se refletirem em uma capacidade para trabalhar com a nova habilidade, será motivo para se ficar de sobreaviso e de ceticismo.

O malogro das comunidades em criar instituições que reflitam seus valores professados é epidêmico em toda a história. Os movimentos interespirituais, integrais e evolutivos voltados para o aperfeiçoamento da consciência precisam examinar esse fato com sobriedade. Com toda a conversa de alto nível de sofisticação e com todas as teorias sobre a "unicidade", pode ser difícil passar por cima de todos os egos destacados na sala. É nesse ponto que se encontram os testes cruciais, pois há tantas variáveis em jogo com as coletividades que muito tempo e muitas experiências serão necessários para se descobrir processos que funcionem. Seguem-se alguns exemplos de limiares que precisam ser encontrados.

O significado de "nós". Muitas vezes brinca-se dizendo que, para alguns líderes, "nós" significa "mais pessoas para trabalhar *comigo*". Um pioneiro em círculos relatou que, durante a formação de uma iniciativa, ele estendeu a mão a um certo indivíduo de reputação e recebeu esta resposta: "Eu não tenho inclinação nem tempo a perder com isso, mas se você conseguir dar partida na coisa, ficarei contente em dirigi-la".

Conflitos entre o mágico-mítico e o racional muitas vezes também vêm à tona. Embora possamos pensar que todos poderiam apreciar a necessidade de equilíbrio, pode haver discordância entre os que no grupo estão do lado do "ser" e os que estão do lado do "fazer". Além disso, pessoas com inclinação mágico-mítica ou transcendental com frequência insistem em que todas as estruturas são ruins e, então, se perguntam por que eles nunca podem obter resultados de longo prazo.

A má compreensão da lente transcendente pode levar as pessoas a proclamar: "Não precisamos fazer nada", "isso simplesmente vai acontecer" ou "não precisamos de um plano". No polo oposto, os ativistas puros ou as pessoas que não estão empenhadas na prática espiritual muitas vezes formam círculos sem padrões para o comportamento básico, como bondade e cordialidade. Uma das críticas do movimento Occupy Wall Street tem sido a de que alguns de seus grupos parecem tão presos em seus próprios métodos que não podem aprender com as lições de ativistas do passado, em especial com alguém com mais de 50 anos. Eles apenas repetem velhos passos em falso.

Discutir essas fraquezas do trabalho cooperativo pode parecer tolice, mas reflete, infelizmente, muitas realidades do processo grupal. O Irmão Teasdale falou sobre isso ao observar que o trabalho em nosso mundo tridimensional sempre envolve uma integração de coração, cabeça e mãos. Se deixam de fora qualquer um desses, vocês negligenciam um elemento crucial. É exatamente esse tipo de omissão que caracteriza os becos sem saída em que terminam tantas iniciativas de círculo.

Psicólogos ressaltam que, em sua maior parte, as pessoas pensam identidade e realização tanto com base na validação por outros como com base na validação no interior de si mesmas. Essas tendências resultam em diferentes maneiras de procurar a realização e trabalhar com outros. Pessoas validadas por outros colocam grande ênfase no processo grupal, e pessoas que validam a si mesmas favorecem estruturas que coordenam enquanto maximizam dons e criatividade individuais. Esses tipos de personalidade estão muitas vezes em desacordo em associações e organizações de nossa época "verde".

Energia criativa: equilibrando entrada e saída. Outro desafio que ocorre no trabalho em círculo é o de fazer com que as pessoas, em especial da liderança, coloquem tanta energia em um esforço coletivo como o fazem na promoção de seu próprio trabalho ou ministério. Isso reflete a situação do ego, encaixado durante séculos entre os limites que o contêm e servindo, em primeiro lugar, ao "espaço do eu". Um desafio particularmente difícil de vencer é o hábito que uma pessoa tem de alegar não dispor de tempo nem de recursos para compartilhar, enquanto pergunta por que outros membros do grupo "não estão fazendo nada". Em muitos casos, a segunda lei da termodinâmica está sendo negligenciada: se não há energia constantemente injetada no sistema, ele acaba parando por "falta de corda". Assim, quando qualquer círculo se forma, não somente é preciso haver uma clara discussão sobre a necessidade de um *input* pró-ativo, e nenhuma culpa, mas também a percepção de que é preciso injetar continuamente energia nesse círculo para que qualquer coisa possa ser sustentada. Como o Irmão Teasdale disse, todos precisam estar dispostos a fornecer essa energia *extra*ordinária.

A experiência da consciência coletiva. Outro desafio associado ao desenvolvimento do espaço coletivo do "nós" consiste em vivenciar a consciência coletiva. Todos os que tiveram a experiência de participar de um grupo que atingiu um estado de sinergia criativa sabem que essa experiência é palpável. A sinergia grupal bem-sucedida com frequência não é repetível a cada vez que o grupo se reúne, talvez por causa da natureza enigmática dos domínios sutis. A maioria das pessoas sente que isso se deve ao fato de estarmos no início do processo de descoberta relacionado à sinergia, a círculos, a coletividades e à consciência coletiva.

Temos também um grande número de maus hábitos, um dos quais, na comunidade espiritual, é a competição entre líderes. É o que a abordagem integral identificou como o "mito do dado" — o fato de ser totalmente natural qualquer pessoa supor que a experiência que ela está tendo é a mesma que todos estão tendo, ou deveriam estar. Isso pode ser especialmente sutil porque a maioria dos líderes e dos professores lidera e ensina com base em sua própria experiência, e é claro que para ela essa experiência é completamente natural. A realidade do mito do dado precisa ser levada em consideração como uma das sombras sutis que ocorrem no processo grupal.

Uma colisão de eras. Um aspecto da situação em que todos nós compartilhamos do mesmo processo de desenvolvimento — ao qual a ciência se refere de maneira humorística dizendo que somos todos "vítimas da evolução" — é o fato de carregarmos problemas embutidos desde os primeiros níveis da experiência humana. O movimento integral tem prestado um grande serviço em apontar a dinâmica da maneira como nossas eras mais recentes, a integral e a holística, ainda estão em desacordo com relação a coisas tomadas como certas desde o período pluralista anterior. Conflitos sutis que surgem a partir disso são tão comuns, e também tão perigosos e incertos, que precisam ser mencionados.

A época pluralista enfatizou tudo o que é bom no que se refere à liberdade e à igualdade radicais. No entanto, quantas vezes estivemos em reuniões nas quais o fato de dar a todos um "tempo igual" e escutar a história de cada pessoa, uma teoria preferida ou uma solução preferida a qualquer outra atolou o processo em uma situação de mediocridade que não levava a lugar nenhum? Como os partidários da visão centralizada no desenvolvimento ressaltam, embora o movimento mundial em direção à liberdade e à igualdade fosse um passo essencial, ele resultou no problema de discernir o que tem um valor superior. É de importância crucial ter igualdade e liberdade enquanto também se discerne valor superior e direção coletiva.

Modelos de negócios holárquicos levam isso em consideração ao equilibrar os papéis do indivíduo nos círculos e o papel do próprio círculo. O círculo designa pessoas que devem levar o programa para a frente em nome do sentido de valor e direção coletivos. É estranho ser exatamente isso o que os piratas dos velhos tempos faziam em suas primitivas quase democracias. Eles votavam nos líderes que, a seu ver, compreendiam melhor e podiam realizar melhor o bem comum. Mas isso também pode apresentar problemas à medida que o círculo procura seus conjuntos de habilidades. A maioria de nós já vivenciou o que talvez seja mais bem chamado de "eu conheço melhor o grupo" dentro do grupo. Esse grupo irá esperar o Inferno congelar até que todos os outros membros concordem com esse melhor "conhecedor". Em consequência disso, como alguém decide quem tem o equilíbrio em um grupo? Pode ser difícil, mas com frequência isso tem a ver com quem está disposto a fazer o trabalho.

No longo prazo, o mundo verá coletividades efetivas emergirem de todas essas tentativas internacionais de integração e de holismo, ou não verá. Uma das principais perguntas da Era Interespiritual precisa ser esta: "Será que a humanidade pode mesmo atingir o limiar que lhe permitirá exprimir uma coletividade habilidosa?"

A democratização da espiritualidade: cada um de nós é um pioneiro

O que poderia ser mais apropriado em nossa era de medo crescente de corporações multinacionais e de instituições financeiras do que um chamado, realizado pela religião, por meio do qual ela se propõe a experimentar com holarquias e círculos?

Experiências com o trabalho em círculo e com a holarquia são essenciais para a interespiritualidade e a espiritualidade de base popular, pois elas exploram o potencial humano no intuito de construir estruturas globais que servem ao bem-estar de todos. Quase todos os problemas mundiais resultam de estruturas coletivas ineficazes, as quais servem apenas a grupos que visam exclusivamente aos seus próprios interesses — estruturas às quais retornamos de maneira repetida em resposta ao fracasso passado de modelos coletivos.

Dois pontos referentes ao futuro são fundamentais. Em primeiro lugar, no passado nós podíamos recair em modelos que visavam ao interesse próprio porque o mundo ainda era grande o bastante e os recursos abundantes o bastante para que a desigualdade, entre outras consequências da injustiça, parecesse sustentável. Em nossa era de globalização e de recursos finitos, esse não é mais o caso. Em segundo lugar, o fato de evitarmos identificar e criar estruturas coletivas bem-sucedidas adia o salto evolutivo necessário que nossa espécie precisa dar para conseguir sobreviver no longo prazo, em um planeta superpovoado e com escassez de recursos.

Estamos sendo solicitados a transpor o mesmo limiar que não conseguimos cruzar em experimentos passados, envolvendo o capitalismo *versus* socialismo. No que se refere ao bem comum e ao bem-estar de todos, o socialismo tinha o objetivo correto. No entanto, um ingrediente-chave que faltava eram pessoas maduras, escrupulosas, que não abusassem da coletividade. Outro ingrediente que faltava era a realidade de que, se a pessoa não está motivada, estimulada e satisfeita, as estruturas socialistas desmoronam a partir de dentro. Em conformidade com isso, falhas socialistas ou coletivas ocorridas no passado caracterizavam-se por corrupção galopante, falta de respeito pela propriedade pública e falta de incentivo para que as pessoas fossem bem-sucedidas graças à sua própria energia e criatividade.

Quando você fala com jovens vindos das sociedades socialistas da Europa, eles com frequência expressam ressentimento ao dizer que seu sistema requer indivíduos motivados para conduzir pessoas não inspiradas e improdutivas. Mas tão logo eles expressam uma preferência pelo que chamam de "liberdades econômicas no estilo animal" dos Estados Unidos, também veem a divisão cada vez maior entre ricos e pobres, o que os leva a concluir que esse modelo também não é sustentável. A busca do equilíbrio entre esses diferentes modelos sociais caracteriza a dinâmica política em todo o mundo que atua à medida que nos movemos ao longo do período integral e holístico.

Um resumo provocador desse desafio apareceu no livro de um escritor norte-americano que defendia valores "conservadores". O livro tem por subtítulo *Recapturing Conservative Pessimism*, e sua tese é a de que só o pessimismo protege a humanidade contra o perigo de ela, parafraseando, "precipitar-se de um despenhadeiro" quando perseguimos nosso desejo de tornar o mundo melhor. O autor conclui que o conservadorismo perde seu vigor político quando alguém se torna otimista. Ele aconselha que é melhor para todos enriquecer de maneira ilícita e adota a máxima segundo a qual é insensato ter qualquer sentido de coletividade ou de valor coletivo. Esse livro foi tremendamente popular no movimento conservador.

A experimentação em equilibrar formas holárquicas com formas hierárquicas tradicionais tem-se difundido por toda parte, na educação, desde a era pluralista. Um de seus pioneiros bem conhecidos é o escritor Parker Palmer, sociólogo que esteve associado durante muitos anos com a American Association of Higher Education. Ele foi um dos primeiros defensores de processos que geram perspectivas múltiplas, incentivam a escuta e o *feedback* pró-ativos e consideram a liderança como mais bem informada e capacitada por uma coletividade que consiste em relações de qualidade entre todas as pessoas em um grupo. Palmer também se tornou influente nos círculos inter-religiosos, porque sua escrita estava diretamente voltada para o equilíbrio dos interesses interiores e exteriores da vida, além da mutualidade do ser e do fazer. Seus influentes escritos concebem o ensino e a aprendizagem como uma dança, uma dinâmica interação *yin-yang*. Outras abordagens para a geração de perspectivas múltiplas caracterizam os importantes progressos realizados nas últimas décadas por meio de métodos para a resolução pacífica de conflitos. Por sua vez, as obras *Appreciative Inquiry: A Positive Revolution in Change*, de David Cooperrider, e *Nonviolent Communication: A Language of Life*, de Marshall Rosenberg, foram contribuições que se tornaram marcos.

Esse mesmo sentido de equilíbrio e de dança é típico de modelos holárquicos de negócios bem-sucedidos. A esse respeito, há cerca de 30 mil entradas disponíveis nos mecanismos de busca na internet. Nesses modelos, o ego é substituído pelo sentido do propósito evolutivo e de metas do grupo. O círculo incumbe indivíduos dentro dele a voltar sua atenção para a descoberta da melhor maneira de pilotar, de modo dinâmico, o grupo em direção à sua visão e às suas metas. A holarquia desempenhou importante papel no desenvolvimento da Primavera Árabe e no movimento Occupy e abriga movimentos da igreja em todo o mundo entre as pessoas religiosas que, em especial na esteira de escândalos financeiros e éticos, desejam manter-se fiéis às suas raízes religiosas, mas se afastam da religião organizada.

A organização do sonho interespiritual

Nada acontece sem alguém que tenha uma visão com a qual esteja comprometido. Mas todos estão atarefados, e por isso é raro que coletividades surjam como resultado de um aperfeiçoamento do grupo em seu trabalho conjunto para formar uma instituição. Normalmente, algumas pessoas comprometidas com a visão assumem uma maneira de manter essa visão "lá fora", posicionando-a mais e mais assim. Eventualmente, uma visão cujo tempo chegou ganha força, e a partir daí uma instituição pode mais tarde surgir.

O Irmão Teasdale estava ciente disso e falou sobre a importância de figuras centrais no processo ajudarem a movimentar uma visão durante sua primeira infância. Ele acreditava que muitas pessoas no mundo todo estão preparadas — precondicionadas — para se empenhar na responsabilidade pelo desdobramento da visão interespiritual.

Esse princípio também é conhecido na ciência. Ali se referem a ele como um princípio "pré-adaptado". Na evolução, algumas coisas desenvolveram-se com rapidez porque certas plantas ou animais já haviam desenvolvido atributos que poderiam facilmente levar a um segundo salto. Voar é um bom exemplo.

As penas desenvolveram-se nos dinossauros a fim de regular a temperatura do corpo, e não para voar. Mas elas tornaram-se a perfeita pré-adaptação para mais tarde tornar o voo possível.

Teasdale sentiu que muitas tradições e pessoas foram pré-adaptadas a dar o salto em direção a uma espiritualidade para o terceiro milênio. Ele reconheceu nisso parte do processo místico que proporciona uma base para a maneira como a busca natural por princípios unificadores e pontos arquimedianos entre as tradições espirituais do mundo resultaria na emergência de uma Era Interespiritual. Por isso ele defendia um contato de pessoa a pessoa, entre místicos e contemplativos. Teasdale suspeitava que eles reconheceriam a experiência que cada um dos outros tinha da consciência da unidade. Uma vez respeitados pela liderança de suas próprias tradições, eles poderiam ser capazes de desviar a religião organizada e exclusivista em direção a uma compreensão mais universal.

Teasdale costumava dizer que esse compromisso compartilhado era muito mais importante do que dinheiro ou estruturas administrativas iniciais. Ele reconhecia uma capacitação especial no que chamou de "autêntica amizade no contexto de uma missão compartilhada" e sentia que essas conexões pessoais e a energia do compromisso compartilhado constituíam uma parte especial do desdobramento interespiritual mundial. Indagado sobre como a visão interespiritual poderia tornar-se realidade, ele respondeu: "Temos de acreditar que pessoas extraordinárias se apresentarão para transmitir e estabelecer relações extraordinárias".

Para os que podem sentir-se chamados a construir novos modelos, estruturas e instituições para realizar a visão da interespiritualidade, um modelo simples é muito poderoso, em especial quando visto em um diagrama e reconhecido como um processo a ser repetido muitas vezes. O modelo envolve tanto o processo de imaginar como o de desenhar um diamante de quatro pontas, o que, em geometria, é chamado de "losango" ou romboedro. Um losango tem um ponto central no topo, dois pontos (um à esquerda e um à direita) no meio e outro ponto central no fundo, abaixo do par central. Pense do ponto no topo como a *inspiração*. Se você é uma pessoa que acredita em inspiração espiritual, tal como a de uma orientação por Deus ou um espírito, considere o ponto do topo como uma representação de Deus ou de seu "espírito guia" inspirando-o para que você faça algo e lhe dê um plano.

O primeiro passo é dado para que a inspiração encontre *você* e lhe transmita a ideia. Você talvez tenha um "momento aha" ["Ah! Então é isso?"], talvez no início de um plano. Você pode representar isso em seu diagrama desenhando uma seta para conectar o ponto do topo e o ponto médio esquerdo. Você e a inspiração estão conectados. No próximo passo ocorre o seguinte: assim como a inspiração o encontrou no primeiro passo, agora *você* precisa ligar-se a alguém que "pega" a visão com tanta clareza quanto você. Em seu diamante, imagine-se à esquerda dos dois pontos médios, procurando o ponto à direita para se juntar com você. Agora, imagine que você encontrou um covisionário ou mesmo vários que se animaram com o plano tanto quanto você. Junte esses pontos médios esquerdo e direito do seu diamante com uma seta. Também desenhe uma seta a partir do ponto de inspiração, conectando-o ao ponto médio de todo o seu diamante. Você apenas manifestou sua visão, e ela é maior do que você. Agora você tem sua base.

O próximo passo consiste em expandir sua base para mais e mais pessoas, representadas pelo ponto do fundo do seu diamante. Em cada caso, essa expansão é uma repetição do processo de o ponto esquerdo encontrar o ponto direito e se juntar a ele. O diamante está apenas repetindo a si mesmo muitas vezes. Agora, desenhe uma seta a partir do topo do seu diamante para baixo, através do meio e até o fundo. Não há fim para o número de níveis para os quais você pode se expandir apenas repetindo o padrão. Você precisará apenas de uma figura central inspirada e seguidores inspirados em cada etapa.

Não há nada de novo nessa estratégia, e causas boas e más têm recorrido a ela. As primeiras células democráticas de uma Europa medieval em transformação usavam esse modelo, assim como a Revolução Americana, os comunistas e a Al Qaeda. Assim o fez o McDonald's, que começou como uma única empresa, e não uma franquia plenamente desenvolvida. Ao reconhecer que cada passo de crescimento é uma repetição de figuras centrais, as quais encontram seguidores e solidificam sua base, fica tudo muito simples. No entanto, sem uma vigorosa figura central que assuma a responsabilidade pela *inspiração* e que se dedique à sua expansão, poucas coisas acontecerão.

Conclusão

Reflexões sobre
a interespiritualidade atual

A INTERESPIRITUALIDADE É A MANEIRA COMO A ESPIRITUALIDADE autêntica tem respondido de modo inerente ao progressivo sentido de unidade da humanidade e aos inevitáveis processos de globalização e de multiculturalismo. Em outras palavras, é um fenômeno que tem uma vida própria muito distanciada dos indivíduos particulares que foram os pioneiros em lhe proporcionar expressão.

Três outros movimentos, cada um deles mantendo seu próprio relacionamento especial com o Irmão Teasdale, representam o mesmo espírito e têm vida própria, evoluindo em conjunto com o movimento interespiritual. Um deles é o movimento Sacred Activism, e os outros dois são o movimento Integral e o Integral Life Practice.

O Sacred Activism é defendido por outro líder com raízes que remontam ao padre Bede Griffiths e ao *ashram* cristão de Shantivanum — Andrew Harvey, cujas décadas dedicadas à atividade de escritor místico têm destacado as figuras fundamentais da espiritualidade com apelo universal e uma paixão evidente pela transformação do mundo. Essas figuras incluíam Buda, o Jesus místico como apresentado no *Evangelho de Tomé* gnóstico, o poeta sufi Rumi e o indiano Kabir, além das duas grandes figuras interespirituais da Índia, Sri Ramakrishna e Sri Aurobindo. Outra paixão de Harvey é o divino feminino, e seu livro *The Return of the Mother* é considerado um clássico.

A partir de 2005, Harvey passou a defender a visão da interespiritualidade no ativismo sagrado em todo o globo. Seu livro *The Hope: A Guide to Sacred*

Activism detalhou essa visão em 2009. Seu Institute for Sacred Activism, com sede em Oak Park, perto de Chicago, serve como centro de ensino. De importância fundamental para a visão do Sacred Activism é a advertência segundo a qual a espiritualidade como busca transcendente é inadequada e que a bem-aventurança a que se pode ter acesso por meio da consciência transcendente é apenas um aspecto do significado de nossa espécie. Uma compreensão madura da espiritualidade desperta envolve tanto o transcendente como a transformação do que está exatamente aqui e exatamente agora.

O Irmão Teasdale também havia alertado sobre a mesma compreensão parcial, e Aurobindo também já o fizera. Teasdale disse que o perigo de uma experiência transcendente intensificada está no fato de ela poder negligenciar o anseio do coração. Ele explicou que do conhecimento desse anseio vem a "vontade", o elemento que pode reunir a experiência transcendente e a transformação do mundo.

Qualquer pessoa que ler *Integral Spirituality*, de Ken Wilber e conhecer o pensamento do Irmão Teasdale reconhecerá de imediato a ligação da interespiritualidade com os defensores da Visão Integral. A mensagem dos adeptos da visão centralizada no desenvolvimento, da Visão Integral e da Dinâmica em Espiral é indispensável para a visão interespiritual. Os dois formam um yin-yang no âmago da consciência da unidade e dos conjuntos de habilidades necessárias para colocar esse coração e essa consciência no caminho de uma transformação tangível. Eles são inseparáveis porque vão além da visão da mistura, do diálogo ou do pluralismo relativo simples. A Visão Integral e a da Dinâmica em Espiral fornecem a grande figura, a metafigura de todos os aspectos da experiência do *Homo sapiens* e de nossa jornada ao longo da história. Há vários vídeos de conversas entre Ken Wilber e Wayne Teasdale no ano anterior à morte do Irmão Teasdale, os quais registram os últimos aparecimentos em público de Teasdale. Na época, já notara-se que ele estava gravemente enfermo, o que fez com que seus amigos lhe pedissem de modo enérgico para que não se cansasse com a viagem ao Colorado, para realizar esses vídeos com Wilber, mas ele insistiu.

O Irmão Teasdale atava vários fios nos últimos meses antes de ficar doente demais para viajar e ficar confinado à sua casa com amigos e cuidadores em Chicago. Além dos seus cuidadores profissionais, seus amigos Gorakh Hayashi,

Russill e Asha Paul, Martha Foster e outros conseguiram passar um tempo significativo com ele nesses últimos meses.

O Irmão Teasdale começou a mencionar a obra de Wilber em seus últimos livros. Wilber escreveu o prefácio a *A Monk in the World*, no qual Teasdale falou sobre a Visão Integral em um sentido genérico. O livro *Bede Griffiths*, no qual Teasdale trabalhou de modo árduo a fim de completá-lo antes de seu falecimento, faz referências substanciais à Visão Integral. Essas inclusões refletiram o senso de emergência do Irmão Teasdale para a importância da Visão Integral e explicam seu interesse em registrar em vídeo conversas suas com Wilber, embora estivesse tão doente.

A ligação do Irmão Teasdale com a Visão Integral cresceu de muitas maneiras com base na resposta mais comum recebida do público sobre seus livros, como mencionamos anteriormente: "Grande livro, mas agora como é que vamos realizar essa visão?" Também houve um encontro de importância crucial com o lama Surya Das, escritor budista norte-americano que o Dalai Lama, amigo de Teasdale, chamou de "o lama norte-americano", reunião na qual foi discutida a importância de se criar estruturas iniciais por cujo intermédio a visão de Teasdale pudera continuar a ser desenvolvida. Isso levou a novas atividades da associação que Teasdale ajudou a fundar em Nova York, pois o Dzogchen Center do lama Surya Das estava situado na vizinha Massachusetts. No Omega Institute, no interior do Estado de Nova York, discussões sobre o futuro da visão do Irmão Teasdale após sua morte foram realizadas com o líder sufi Llewellyn Vaughan-Lee e vários líderes do advaita vedanta nos Estados Unidos.

É preciso dizer que todas essas reuniões, incluindo as com Wilber, foram interrompidas por causa da saúde do Irmão Teasdale. Em uma nota enviada por Teasdale naquelas últimas semanas, ele expressou seu pesar por não ter sido capaz de voltar à Costa Leste desde 2004. Isso foi particularmente entristecedor, porque qualquer pessoa que tivesse lido o livro *Bede Griffiths* sabia que o Irmão Teasdale havia tido uma remissão de câncer de curta duração, durante a qual imaginou que em breve conseguiria continuar seu trabalho. Ele teve seu sonho da visão Ômega na mesma época, além de um sonho pungente, em que vira a si mesmo como um monge oriental caindo de uma montanha e, em seguida, sendo apanhado por uma paz envolvente no nível do sopé. Muitos de seus amigos interpretaram esse sonho como uma premonição da própria morte dele.

A redefinição do compromisso e do estilo de vida espirituais

É surpreendente reconhecer como o mundo evoluiu desde que o Irmão Teasdale, como um monástico, escreveu *The Mystic Heart*. É como se tivéssemos passado por um período no qual um monástico como Teasdale nos aconselhara sobre uma vida mais saudável e mais equilibrada em um mundo no qual o monaquismo poderia se tornar obsoleto. Observamos anteriormente que, embora Teasdale procurasse fazer parte do mundo da religião organizada, em particular do monaquismo, grande parte de sua visão estava voltada para a desconstrução desse mundo. Hoje, com a consciência da unidade emergindo no mundo secular e com o despertar para a interespiritualidade acontecendo na religião e na espiritualidade, precisamos dirigir um novo olhar ao que a total dedicação à prática espiritual e ao serviço sagrado agora significam.

Já sabemos que as pessoas com uma compreensão interespiritual progressivamente mais aguçada podem permanecer em sua religião tradicional, transformando e enriquecendo sua prática, e capacitando um senso de unidade do coração mais profundo, bem como um mais profundo senso de boa vontade em todas as religiões do mundo. Também sabemos que alguns serão chamados para criar novas estruturas que reflitam a espiritualidade transtradicional e a interespiritualidade de maneira mais específica. Nessa nova demografia de pessoas, as associações e os religiosos que procuram um compromisso espiritual e de serviço mais completos desempenharão o mesmo papel que as comunidades e as ordens monásticas tradicionais sempre desempenharam entre as religiões do mundo — os de serviço, inspiração e capacitação. Mas essas comunidades inevitavelmente refletirão a maneira pela qual as pessoas de hoje vivem a vida — sejam elas celibatárias e não celibatárias, solteiras e casadas, com famílias ou não, ativistas ou contemplativas, e combinações de todas essas.

O Irmão Teasdale pintou esse futuro em largas pinceladas, mas também descreveu maneiras mais específicas pelas quais essa vida podia ser vivida. Teasdale mencionava constantemente seu sonho de uma Ordem Universal de Sannyasa (*sannyas* refere-se a alguém que desiste de tudo para servir ao todo). Isso caracterizaria qualquer associação, ordem ou comunidade comprometida com a prática espiritual e o serviço sagrado em nome dos objetivos mútuos maiores da espécie. Ele inclui o papel que as ordens monástica e de serviço sempre desempenharam — um papel que ainda é totalmente importante para uma Era interespiritual emergente.

Quando pensamos em monges, freiras ou clérigos comprometidos dentro de qualquer tradição, muitas vezes apenas pensamos sobre esse estilo de vida quando os encontramos por acaso em nossa própria vida. No entanto, há um significado mais profundo debaixo do papel que os monásticos têm com frequência desempenhado. Ao longo de toda a história, as pessoas sempre questionaram as suposições e as narrativas da cultura de que faziam parte. Sua experiência as levava a fazer novas perguntas — ou, pelo menos, a reconhecer que novas perguntas eram necessárias. Isso tendia a acontecer quando a própria vida cotidiana deixava de fazer sentido para elas. Historicamente, a reação comum a isso consistia em separar-se de sua sociedade e ganhar tempo para fazer perguntas e procurar respostas. Embora poucos percebam isso, o papel dos monásticos, e até mesmo a origem da palavra, refere-se a essa ação de "se colocar de lado", "de se separar". A palavra em inglês, "*monk*" [monge], vem da palavra grega para "solitário".

A palavra "*monk*" traz a conotação de "se separar daqueles que não compartilham do mesmo propósito". Assim, quando a palavra monástica é avaliada em qualquer idioma, seja ele a palavra sânscrita *bhikkhu* para budistas e hinduístas, *lama* no Tibete, *phongyi* na Birmânia ou *pigu* na Coreia, um significado primordial implica separar-se para empreender algum tipo de busca por significado. Ao longo de toda a história, e em todas as culturas, a palavra também tem sido usada de modo genérico para as mulheres e para os homens, embora a maioria dos idiomas também tivesse uma palavra separada para essa busca por mulheres. A mais universal delas é a palavra "*nun*" [freira] (palavra tão antiga e comum a muitas culturas que, com exceção de sua afinidade com palavras significando "renunciante", costuma ser considerada de origem incerta).

Naturalmente, as palavras "*monk*" ou "*nun*" também tiveram significados que estavam desconectados da procura de novas perguntas e de novas respostas.

Nesse contexto, dentro da estrita adesão a uma tradição religiosa ou cultural, essas palavras se referiam a uma vida de atividade devocional estrita exclusivamente dentro das convenções dessa tradição. Em certos períodos, as condições sociais eram tais que as pessoas também se refugiavam em comunidades monásticas por todos os tipos de outras razões, inclusive por mera necessidade de segurança.

Hoje, o papel do monástico — seja ele monge, freira, cenobita, eremita, anacoreta ou hesicasta — está mudando. Mesmo assim, milhares de pessoas em todo o mundo se sentem convocadas a uma vida de devoção espiritual e de serviço sagrado. Culturas orientais têm apoiado tradicionalmente esses estilos de vida como parte de suas normas sociais, mas esse apoio tem sido menos comum no Ocidente. Figuras históricas orientais e ocidentais bem conhecidas emergiram dessa tradição, e Buda, cuja tradição continua até hoje, é uma delas. A vida monástica é comum em todo o hinduísmo e em grande parte da Ásia. Também o foi o estilo de vida de São Francisco de Assis, além de tantos outros líderes venerados pelo cristianismo, cujo papel como figuras mundiais de importância fundamental continua até hoje.

O exemplo moral dos monges atuais é uma das grandes influências sobre a cultura do mundo: Sua Santidade o Dalai Lama, Thich Nhat Hanh, Madre Teresa, Irmão Wayne Teasdale, Thomas Merton e padre Thomas Keating como exemplos que nos vêm à mente de imediato. Ao ser indagado, em uma entrevista concedida à CNN, sobre o comando econômico, a população e as posições militares da China continental e sua liderança, Sua Santidade o Dalai Lama comentou que o problema com a liderança chinesa é que eles não compreendem a bondade. A CNN.com solicitou de um teólogo ocidental uma resposta à Sua Santidade. Um professor universitário, que também aproveitava a oportunidade para fazer propaganda de seu livro mais recente, sugeriu que o Dalai Lama estava "errado" e era "ingênuo", afirmando que, gostemos ou não, as religiões dizem respeito ao poder e a quem irá controlar o mundo. Isso mostra a difícil situação em que estamos envolvidos.

A diferença entre o Dalai Lama e o teólogo está no fato de um representar a natureza da interespiritualidade, centralizada no coração, e o outro refletir as realidades globais do "bater sempre na mesma tecla". Eles também representam diferentes "níveis", para emprestar um termo dos adeptos da abordagem centralizada no desenvolvimento. Sua Santidade reflete o etos de uma futura Era Global, que será nosso Sétimo Grande Avanço, e o professor representa o melhor que a era pós-II Guerra Mundial tem a oferecer.

Mas há algo mais. Pode ser que o estilo de vida monástico ofereça a vantagem ética de se viver uma vida simples, a qual permita ao monge ser otimista em nome da humanidade. Há uma vantagem em ser livre a fim de se olhar para o bem-estar de todos, bem como cultivar o que significa tratar os outros da maneira como se quer ser tratado (a Regra de Ouro, comum a dezenas de tradições espirituais do mundo). Essa distinção parece caracterizar o significado mais recente de ser "colocado de lado". Se é o meio que faz a diferença, isso atesta a máxima de Marshall McLuhan "o meio é a mensagem" (máxima que remonta à era integral).

Como seria o mundo hoje se ninguém no passado tivesse ouvido um chamado para se destacar, para ir mais fundo e fazer novas perguntas sobre "de onde viemos, por que estamos aqui e para onde estamos indo"? E se Jesus não tivesse ido ao deserto para refletir antes de cumprir seu ministério? E se a pessoa que Buda se tornou não houvesse deixado sua família real no intuito de se tornar um asceta, sentando-se mais tarde sob a árvore Bodhi para contemplar por que seus anos como asceta não lhe haviam dado a resposta que procurara?

O Irmão Teasdale imaginou comunidades e coletividades emergentes fazendo o trabalho da interespiritualidade em todas as formas. Isso já está se desdobrando no movimento do novo monaquismo. Uma busca na Internet sobre o "novo monaquismo" [new monasticism] ou "novas comunidades monásticas" [new monastic communities] traz quase 2 milhões de entradas. A Wikipedia resume as visões de muitos ao longo de várias tradições. Ela examina comunidades de todos os tipos, celibatárias ou não, casadas ou não, compartilhando da propriedade ou não, criando negócios e meios de subsistência compartilhados ou trabalhando na comunidade mais ampla. Muitos desses modelos já existem, em especial nas comunidades sufi do islamismo e em grupos da comunidade evangélica cristã. Os membros da comunidade interespiritual constituem parte de um esforço para criar visões e diretrizes destinadas a essas comunidades.[112]

A educação interespiritual

A educação interespiritual deveria ser relacionada a quê? O mais importante objetivo da educação interespiritual é o cultivo da consciência da unidade no nível da experência. Esse processo envolve todas as tradições que enfatizam a busca individual da experiência contemplativa e mística direta. Também envolve a continuidade das centenas de reuniões de místicos e contemplativos em todo o mundo.

Nesses encontros, não se discute apenas a unidade da compreensão contemplativa, pois essa partilha conjunta de práticas contemplativas também convida seus praticantes a estabelecer um compromisso incomparável com os reinos sutis da realidade. Os participantes descrevem isso como a mais profunda forma de partilha, uma transmissão direta de conhecimento do outro como um aspecto de si mesmo. Como o Irmão Teasdale enfatizou, esses encontros também são importantes porque todas as tradições religiosas e espirituais respeitam seus místicos e contemplativos, os quais são reconhecidos como fonte de sabedoria. Com base nessas reuniões a interespiritualidade veio à luz, e é a partir de encontros semelhantes que ela continuará a crescer.

Outra prioridade para a educação interespiritual é aquilo a que o Irmão Teasdale se referia como a "segunda" atividade requerida pela interespiritualidade, o diálogo e o estudo necessários para a cura das divisões e feridas do passado. Essa atividade envolve a ênfase dos padrões éticos e comportamentais que todas as tradições têm em comum, o mais óbvio dos quais é a Regra de Ouro. Daí provém toda a lista de valores que acompanham esse etos elevado: bondade, compaixão, compreensão, consolo e toda variedade de serviço amoroso que se possa imaginar. Como o Irmão Teasdale assinalou, esses valores precisam ser

---

[112] Em 2012, encontros foram promovidos pelo padre Keating e produziram uma declaração de visão; veja McEntee e Bucko, 2012, na bibliografia.

praticados não apenas em relação a outros seres humanos, mas também com relação a todos os seres, à Terra e ao próprio cosmos.[113]

Esses ensinamentos não são apenas princípios unificadores, mas também deveriam constituir a mensagem transmitida por todos os púlpitos excelentes da religião autêntica em todo o mundo. A ênfase deveria estar nos grandes ensinamentos éticos e de sabedoria das religiões, na grandeza da humanidade — uma grandeza que está no âmago das artes, incluindo literatura, poesia, música, arte, dança e todas as outras manifestações que marcam o *Homo sapiens* como uma espécie sem paralelo.

Podemos resumir os elementos da educação interespiritual da seguinte maneira:

- Ensino da própria interespiritualidade (a jornada com base na perspectiva interconfessional até a experiência interespiritual, ou interespiritualidade vivencial).
- Ensino do ativismo sagrado (a conexão inerente entre o ser e o fazer).
- Cultivo da consciência superior (a consciência da unidade como uma experiência real).
- Cuidados com a formação individual (o amadurecimento pessoal na espiritualidade universal autêntica).
- Ensino conforme a perspectiva integral (a Visão Integral da história e a visão da história centralizada no desenvolvimento).
- Construção da comunidade (a construção de comunidades autênticas de todos os tipos).
- Desenvolvimento do ministério (o desenvolvimento do ministério interconfessional e interespiritual com base em papéis convencionais — nas instituições religiosas, capelanias, asilos — até iniciativas empresariais, com a criação de novos papéis para o ministério interconfessional e interespiritual).

---

[113] Um maravilhoso exemplo da comunidade interespiritual é um volume redigido para ser apresentado na reunião de cúpula das Nações Unidas Rio +20, em 2012; veja Harland e Keepin na bibliografia.

Os elementos educacionais da interespiritualidade estão intimamente conectados aos Nove Elementos de uma Espiritualidade Universal, do Irmão Teasdale. Esses nove elementos forneceram a estrutura de seu primeiro livro sobre a interespiritualidade, *The Mystic Heart*. Cada um deles não só representa uma aspiração da espiritualidade autêntica, mas também uma descrição de seu objetivo e de seus frutos. Cada um deles circunscreve um domínio de pesquisa e de responsabilidade espiritual e ética. Cada um também contém muitos aspectos que têm importância crucial para a educação espiritual:

- Realizar plenamente a capacidade moral e ética.
- Viver em harmonia com o cosmos e todos os seres vivos.
- Cultivar uma vida profunda de não violência.
- Viver em humildade e gratidão.
- Adotar uma prática espiritual regular.
- Cultivar o autoconhecimento maduro.
- Viver uma vida de simplicidade.
- Servir com abnegação e agir de modo compassivo.
- Capacitar a voz profética para a justiça, a compaixão e a transformação do mundo.

O equilíbrio da maturidade individual e da evolução coletiva tem importância central para interespiritualidade e é um princípio da perspectiva integral. Quando o Irmão Teasdale imaginou a obra da interespiritualidade, ele a apresentou ao longo dessas duas linhas.

Um chamado para a exploração universal

Nem mesmo os colegas mais próximos dos círculos e das comunidades interespirituais de hoje, ou entre os que conheciam bem o Irmão Teasdale, têm uma compreensão universal do que a interespiritualidade é ou poderia vir a se tornar. No entanto, com panos de fundo vindos de todas as religiões do mundo e muitas vezes relatando experiências espirituais e inspiradoras muito diferentes umas das outras, eles encontraram juntos uma paz profunda, uma amizade e o senso de um destino humano comum. Eles podem não compreender todos os detalhes das conversas que ouvem de cada um dos outros, mas compreendem de maneira profunda o significado de estar juntos. Esse "sentimento bruto" de unicidade entre eles pode ser a mensagem central! É provavelmente a mensagem a ser descoberta por um mundo globalizante bem-sucedido.

O chamado para a interespiritualidade é um chamado para a exploração radical e universal dos domínios sutis da consciência e das regiões mais profundas do coração. Isso envolve sondar exatamente quais princípios unificadores — quais pontos arquimedianos no âmbito da unidade — estendem-se sob a história social de nossa espécie.

Após bilhões de anos, ainda há neste planeta uma sociedade que participa das decisões que, em última análise, determinarão o nosso destino. Por isso a interespiritualidade é tão importante e tão oportuna. É isso o que, em última análise, impulsiona a narrativa — e não este grupo ou aquele, este ou aquele cidadão. A mensagem é sempre sobre a unidade, sobre o supremo estado de união conjunta — terra e cosmos, terra e animal, animal e animal, animal e ser humano, ser humano e ser humano, religião e religião. No final, a mensagem é sobre o fim da separação, como em todos os mitos e textos sagrados. Esse é o âmago da consciência da unidade.

Apêndice I

Sinopse dos períodos de desenvolvimento

1. Origem dos seres humanos modernos

Período — 100 mil a 50 mil anos atrás

Características do desenvolvimento:

Identificação integral — arcaico e instintivo (por exemplo, estruturas de clã, voltado à sobrevivência, automático, reflexivo)

Cor integral — bege (Dinâmica em Espiral); infravermelho (Integral)

Características da mente-cérebro — reflexivo, mais semelhante ao animal, relativamente não consciente

Identificação da consciência — não dualista, primitiva, espiritual-religiosa, bicameral

Características espirituais-religiosas — espíritos da natureza, ancestrais

2. Primeiro grande avanço: seres humanos povoam o velho mundo

Período — a partir de 50 mil anos atrás

Características do desenvolvimento:

Identificação integral — mágico e animista (por exemplo, tribal com relações mágicas com o mundo dos espíritos)

Cor integral — púrpura (Dinâmica em Espiral); magenta (Integral)

Características da mente-cérebro — mente ligeiramente mais analítica, introspectiva e reflexiva

Identificação da consciência — primórdios da consciência dualista, bicameral

Características espirituais-religiosas — experiência direta dos "deuses"

3. Segundo Grande Avanço: das cidades para as metrópoles e para os impérios

Das cidades para as metrópoles

Período — a partir de aproximadamente 7000 a.C.

Características do desenvolvimento:

Identificação integral — egocêntrico e explorador (consumidor) dos recursos (por exemplo: dominador, a era dos deuses e heróis poderosos)

Cor integral — vermelha

Características da mente-cérebro — autopercepção mais aguçada, intencional, fortemente egocêntrica e etnocêntrica

Identificação da consciência — consciência em desenvolvimento, bicameralidade em declínio, progressivamente mais dualista

Características espirituais-religiosas — Reis Deuses locais e regionais

Das metrópoles para os impérios

Período — a partir de aproximadamene 3000 a.C.

Características do desenvolvimento:

Identificação integral — absolutista e autoritário (por exemplo: propositadamente autoritário; obediência e ordem baseadas no mito)

Cor integral — azul (Dinâmica em Espiral); âmbar (Integral)

Características da mente-cérebro — autopercepção mais aguçada, mas etnocentricamente identificada e conformista com hierarquias acionadas pelo controle

Identificação da consciência — consciência em desenvolvimento, progressivamente mais dualista, mas com misticismo não dualista emergente (consciência da unidade)

Características espirituais-religiosas — Era Axial emergente, ascensão das Grandes Religiões do mundo e impérios da Igreja-Estado

4. Terceiro Grande Avanço: racionalismo

Período — a partir de aproximadamente 1000 d.C. (e estimulado pela catástrofe europeia, a "Peste Negra")

Características do desenvolvimento:

Identificação integral — multíplice, realizador, científico e estratégico (por exemplo: racional, analítico, investigador)

Cor integral — alaranjada

Características da mente-cérebro — consciente com mente analítica, introspectiva, reflexiva; movimentos de livre-pensamento desafiando dogmas religiosos, mas coexistindo dentro de velhas e rígidas estruturas sociais hierárquicas

Identificação da consciência — dualista mas avançada, subculturas de misticismo não dualista (consciência da unidade)

Características espirituais-religiosas — estruturas sociais alternativas e movimentos de livre-pensamento crescendo no âmbito de velhos e rígidos sistemas hierárquicos, coexistindo com eles e, gradualmente, substituindo-os

5. Quarto Grande Avanço: Em direção a uma civilização de âmbito mundial

Cosmopolitismo planetário

Período — a partir de aproximadamente 1850 d.C. (irrompendo no século XX)

Características do desenvolvimento:

Identificação integral — relativista (por exemplo: personalista, mas também comunitária, pluralista e igualitária; começo do Modernismo)

Cor integral — verde

Características da mente-cérebro — consciente com mente mais analítica, computacional, inventiva, introspectiva

Identificação da consciência — dualista avançada

Características espirituais-religiosas — contato entre as diferentes religiões do mundo, começo da mistura de visões subjetivas orientais-ocidentais, novas sínteses emergentes (inclusive entre a religião e a ciência do século XIX), primeiras discussões inter-religiosas, experimentação com ideias transdisciplinares e transculturais; fortes subculturas de misticismo não dualista (consciência da unidade)

Satisfação das demandas de um mundo integrado

Período — a partir de aproximadamente 1950 (estimulado pelas consequências das guerras mundiais)

Características do desenvolvimento:

Identificação integral — sistêmico e integrativo (por exemplo: Modernismo *per se*)

Cor integral — amarela (Dinâmica em Espiral); azul-petróleo (Integral)

Características da mente-cérebro — consciente e mente altamente analítica, computacional, introspectiva, reflexiva, criativa, exploradora e tolerante

Identificação da consciência — dualista avançada com iniciativas não dualistas emergentes (a nova física etc.)

Características espirituais-religiosas — contato regular entre as religiões do mundo, mistura cosmopolita de visões subjetivas orientais-ocidentais, distinção entre religião e espiritualidade, emergência de novas sínteses (incluindo a espiritualidade e a nova ciência), diálogos inter-religiosos crescentes, experimentação com fronteiras e com o significado da consciência; fortes subculturas de experiência não dualista (consciência da unidade)

6. Quinto Grande Avanço: o sonho do holismo

Período — a partir de aproximadamente 1970 d.C.

Características do desenvolvimento:

Identificação integral — integrativo e holístico (por exemplo: busca por amplas sínteses do conhecimento humano, pós-modernismo, multiculturalismo)

Cor integral — turquesa

Características da mente-cérebro — consciente com habilidades analíticas, computacionais, pós-racionais, introspectivas, reflexivas e criativas

Identificação da consciência — dualismo avançado com não dualismo avançado emergente

Características espirituais-religiosas — Era Interespiritual emergente, movimento de espiritualidades em direção à espiritualidade experimental e baseada no coração, com diálogo e compartilhamento por meio das religiões; exploração da consciência na arena científica; subcultura mundial da experiência não dualista (consciência da unidade); revolta do fundamentalismo ao longo de muitas religiões

7. O Sexto Grande Avanço: nosso futuro?

Período — seguindo-se à atual Época Turquesa

Características do desenvolvimento:

Identificação integral — integral e holístico planetário (por exemplo: implicações de porcentagens crescentes de pessoas com visão de mundo integral Turquesa)

Cor integral — coral (Dinâmica em Espiral); índigo (Integral)

Características da mente-cérebro — consciência avançada com mente analítica, computacional, pós-racional, introspectiva, reflexiva e criativa

Identificação da consciência — cada vez mais não dualista

Características espirituais-religiosas — a religião e a espiritualidade dizem respeito à consciência vivencial [baseada na experiência], as visões religiosas antropomórfica e mágico-mítica são obsoletas, a ciência e a espiritualidade estão de acordo sobre a realidade, a experiência não dualista (consciência da unidade) torna-se progressivamente mais universal

8. Um Sétimo Grande Avanço?

A promessa de a nossa Terra futura encontrar os limiares da Época Planetária Integral e Holística e avançar para além desses limiares.

Apêndice II

Visões mágico-míticas e apocalípticas de 2012

Em ordem decrescente de credibilidade provável

Calendário maia mais mito, astrologia e astronomia maia, asteca e hopi

Fontes:

Várias décadas de especulações acadêmicas e populares referentes ao calendário maia foram reunidas a elementos de lendas, bem como a previsões astrológicas e astronômicas asteca e hopi.

Vinte previsões:

Calamidades na Terra e calamidades cósmicas em consequência de alinhamentos geométricos, inclusindo (de vários escritores) alinhamento galáctico, sincronização total, arrastamento galáctico, sincronização galáctica, colisão com o planeta fantasma "Nibiru", reversão do campo magnético da Terra, reversão do eixo de rotação da Terra, súbita mudança de 90° do eixo da Terra, deslocamento em massa da crosta terrestre, tempestades solares com pico de 11 anos em 2012, colapso solar por efeito combinado do nosso Sol e de uma supernova vizinha, "Sirius B", bombardeamento por cometas e asteroides por causa de alinhamentos que influenciaram a "nuvem Ort" (fonte de cometas e fragmentos de asteroides), raios letais vindos do centro ou da "fenda escura" da galáxia Via

Láctea, terremotos e supervulcões, colisão com, ou efeitos gravitacionais do, buraco negro situado no centro da Via Láctea, retorno do deus-estrela maia Bolon Yokte e do deus asteca Quetzacoatl (ambos prognosticados por círculos nas plantações), retorno da Fênix (da lenda egípcia) e descoberta de registros antigos perdidos da civilização egípcia, retorno ou aparecimento da Estrela Azul Kachina (lenda dos índios hopi, que muitos pensam referir-se à estrela Sirius B).

Enigmas e problemas:

Enigmas — Algumas dessas catástrofes foram documentadas pela ciência no passado ou podem ser observadas ocorrendo em outros lugares do universo; além disso, estudiosos discordam sobre se os maias e os astecas conheciam de fato algo sobre a "precessão" e outras perspectivas no nível galáctico.

Problemas — Os estudiosos discordam dos detalhes da matemática e das narrativas mitológicas dos maias, astecas e hopi. Além disso, muitos dos cenários de desastres representam eventos sem precedentes e, por isso, os resultados possíveis seriam incertos. Entretanto, dos vistos antes, a maioria dos cientistas diz que os deslocamentos dos polos ocorrem ao longo de milhares de anos, e não de modo súbito; Nibiru, se existisse, seria facilmente localizado por astrônomos; a Sirius B, caso exploda em uma supernova, está muito distante na Via Láctea para afetar o nosso sistema solar.

A sequência do rei Wen, do *I Ching*, e o programa de computador da Onda do Tempo Zero

Fontes:

Alguns estudiosos, mas em sua maior parte divulgadores para o grande público, articularam uma sequência de eventos simbólicos com base no clássico espiritual oriental *I Ching*. Elementos dessa sequência foram combinados com análises de dados complexos e simulações envolvendo datas e acontecimentos históricos no programa de computador Timewave Zero. Versões da sequência e esse programa de computador foram concebidos pelo falecido Terence McKenna e por seus colegas. McKenna, que, além disso, destacou-se como um pioneiro em drogas psicodélicas, foi um controvertido acadêmico e divulgador de temas científicos em linguagem popular, que sintetizou numerosos conjuntos de dados mitológicos e históricos em uma visão de fenômenos historicamente emergentes, ou "novidades". Deixando de lado a controvérsia* sobre sua vida e suas visões, McKenna efetivamente influenciou o pensamento de muitos filósofos e antropólogos tradicionais, e seus arquivos foram mantidos pelo Instituto Esalen.

Vinte previsões:

Em geral, todas as vinte consequências previstas para o cenário do calendário maia.

Enigmas e problemas:

Enigmas — Alguns elementos do cenário que apontava para 2012 são instigantes, pois fazem paralelo a muitas visões bem fundamentadas referentes a épocas da história e do desenvolvimento do mundo.

Problemas — A sequência do rei Wen é uma interpretação atual do antigo *I Ching*, que incorpora muitos elementos novos e recentes do último movimento Nova Era. Além disso, dados para as computações também foram selecionados por meio de interpretações atuais (por exemplo, incluindo datas, como a do bombardeio de Hiroshima, como marcas de referência). O programa de computador foi posteriormente revisado para que nele se ajustassem dados provenientes dos cenários do calendário maia depois que passaram a ser conhecidos. Alguns cientistas têm problemas com o fato de grande parte dos dados ter sido gerada por meio do uso de drogas psicodélicas.

---

* Apesar de a sua figura ainda intimidar uma parcela de estudiosos, que permanece impermeável à sua mensagem psicodelicamente subversiva, qualquer pessoa que mergulhe na extraordinária aventura espiritual que é toda a obra de Terence McKenna (em especial seus livros *Alucinações Reais*, *O Retorno à Cultura Arcaica* e *O Alimento dos Deuses*, todos infelizmente fora de catálogo, junto aos quais é preciso incluir *Alien Dreamtime*, vídeo *cult* que realiza um "mapeamento" visual e sonoro da experiência psicodélica) não pode ficar indiferente à sua corajosa e revolucionária visão das substâncias psicodélicas como instrumentos de autoconhecimento e de sondagem e investigação do mundo interior. Sua ênfase na importância da experiência mística e seu reconhecimento da necessidade urgente de ressacralizar o mundo são perfeitamente compatíveis com a proposta da interespiritualidade (N.T.)

O programa de computador Web Bot

Fontes:

O programa de computador "Web Bot", desenvolvido originalmente para fazer previsões no mercado de ações, com base em miríades de dados simultâneos, foi adaptado para analisar acontecimentos históricos e medidas de tendências em *chats* e blogs da internet, por duas "feras" da Nova Era, Clif High e George Ure. Conceitualmente, o Web Bot é semelhante ao que nós anteriormente chamamos de "teoria discursiva", a visão segundo a qual tendências no pensamento e na percepção humanos são posteriormente seguidas por comportamentos que surgem em correspondência com elas. O programa alegou ter obtido sucesso em prever numerosos acontecimentos sociológicos e naturais e, embora extremamente controversas, algumas dessas alegações foram avaliadas pela comunidade científica, em especial por aqueles que ficaram curiosos a respeito da matemática do método — a "ALTA" (Asymmetric Language Trend Analysis).

Cinco previsões:

O programa previu calamidades para 2012, incluindo uma reversão dos polos magnéticos da Terra ou uma série de guerras nucleares em expansão, um colapso financeiro mundial, uma atividade solar devastadora, que eliminaria a tecnologia eletrônica da Terra, ou um quase colapso proveniente de várias causas, seguido por uma recuperação humana produtiva e inovadora.

Enigmas e problemas:

Problemas — Uma vez que são tão poucas as pessoas que compreendem a matemática, há um número considerável de controvérsias sobre a natureza do valor profético do programa de computador. Algumas pessoas sugerem que ele é útil para prever acontecimentos gerados pelos seres humanos, os quais poderiam ser reconhecidos como "tendências" nos padrões de conteúdo das comunicações no mundo. Muitas pessoas duvidam que o programa tenha um valor real no que diz respeito a prever calamidades naturais e sugerem que essas alegações são apenas coincidências sensacionalizadas.

Nostradamus

Fontes:

Várias interpretações atuais de *As Profecias*, do vidente francês Michel de Nostredame ("Nostradamus", 1503-1566).

Seis previsões:

As calamidades variam de acordo com o escritor, mas das 20 calamidades acima, seis delas são também atribuídas a Nostradamus e se baseiam sobretudo em colisões cósmicas (com terremotos, desastres vulcânicos e tsunamis que as acompanham), guerra mundial final, ou cenários de fim dos tempos envolvendo encontros com alienígenas.

Enigmas e problemas:

Problemas — As previsões para 2012 atribuídas a Nostradamus não existiam antes de o frenesi de previsões para esse ano começar. Dependendo da interpretação de seus textos, Nostradamus previu que o mundo terminaria com a colisão de um cometa, em julho de 1999, mas também fez previsões para o futuro, no mínimo, até o ano 3797.

Apêndice III

Instituições, organizações, associações e centros que desenvolvem e divulgam a visão da interespiritualidade em escala mundial

Veja:

The Interspiritual Multiplex Resource Website

http://multiplex.isdna.org/newpage1.htm

e

The Coming Interspiritual Age Website

www.thecominginterspiritualage.com

Bibliografia

Livros e artigos consultados ou aos quais se fez referência em *A Chegada da Era Interespiritual*

ADLER, Felix. *Life and Destiny*. Kila MT: Kessinger Publishing, [1903] 2007.

_____. *Reconstruction of the Spiritual Ideal*. Kila MT: Kessinger Publishing, [1923] 2010.

ALIGHIERI, Dante. *The Divine Comedy*. Nova York, NY: Simon & Brown, [1555] 2011. [*A Divina Comédia*, Publicado pela Editora Cultrix, São Paulo, 1966.] (fora de catálogo)

ALMASS, A. H. [Hameed Ali]. *Essence: The Diamond Approach to Inner Realization*. Yorkbeach MA: Red Wheel Weiser, 1986.

ARGÜELLES, José. *The Transformative Vision: Reflections on the Nature and History of Human Expression*. Lyon FR: Muse Publications, 1992.

ARMSTRONG, Karen. *The Great Transformation: The Beginning of Our Religious Traditions*. Nova York, NY: Anchor, 2007.

AUROBINDO GHOSE [Sri Aurobindo]. *The Life Divine* [tradução] [7ª edição]. Twin Lakes WI: Lotus Press, [1914-1919] 2010.

_____. *The Synthesis of Yoga* [tradução] [edição norte-americana]. Twin Lakes WI: Lotus Press, [1914-1921] 1990.

_____. *Savitri: A Legend and a Symbol* [tradução] [nova edição norte-americana] Twin Lakes WI: Lotus Press, [1946-1951] 1995.

_____. "*Essays Divine and Human*", in *Collected Works of Sri Aurobindo* [referência: epígrafe para o capítulo 19 deste livro, "A Grande Fusão conjunta que se aproxima"], vol. 12, p.158. Sri Aurobindo Ashram Trust, 1972.

BAILEY, Alice A. *Esoteric Psychology: A Treatise on the Seven Rays*. Nova York NY: Lucis Publishing Company, [1936-1960] 2002.

BANI SADR, Abu al-Hasan. *L'espérance trahie*. Paris FR: Papyrus Editions, 1982.

BARNHART, Bruno. "Bede Griffiths and the Rebirth of Christian Wisdom". Palestra proferida no Mosteiro Osage, Sand Spring OK, 21 de maio de 2000.

BARUŠS, Imants. "Speculations about the Direct Effects of Intention on Physical Manifestation". *Journal of Cosmology* 3, pp. 590-599, 2009.

_____. *Science as a Spiritual Practice*. Thorverton RU: Imprint Academic, 2007.

_____. *Authentic Knowing: The Convergence of Science and Spiritual Aspiration*. Purdue IN: Purdue University Press, 1996.

BASTIAN, Edward. *Interspiritual Meditation: A Seven-Step Process from the World's Spiritual Traditions*. Charleston SC: CreateSpace, 2010.

BECK, Don e Christopher Cowan. *Spiral Dynamics: Mastering Values, Leadership, and Change*. Oxford RU: Blackwell Publishing Ltd., 1996.

BECKER, Katrin, Melanie Becker e John H. Schwarz. *String Theory and M-Theory: A Modern Introduction*. Cambridge RU: Cambridge University Press, 2007.

BERGSON, Henri. *Creative Evolution* [tradução]. Nova York NY: Henry Holt and Company, 1911.

BERRY, Thomas. *The Dream of the Earth*. San Francisco CA: Sierra Club Books, [1988] 2006.

BHAKTIVEDANTA, A. C. *Bhagavad-Gita As It Is* [edição revisada]. Alachua FL: Bhaktivedanta Book Trust, 1997.

BOHM, David. *Wholeness and the Implicate Order*. Londres RU: Routledge, 1980] 2002. [Em português: *A totalidade e a ordem implicada*, São Paulo: Editora Cultrix, 1992, fora de catálogo.]

BOOK OF MORMON [Joseph Smith]. Manchester RU: Empire Books, 2012.

BOURGEAULT, Cynthia. *The Wisdom Way of Knowing: Reclaiming an Ancient Tradition to Awaken the Heart*. Hoboken, NJ: Jossey-Bass, 2003.

BROCKMAN, John. *The Third Culture: Beyond the Scientific Revolution*. Nova York NY: Simon & Schuster, 1995.

BROWN, Peter G. e Geoffrey Garver. *Right Relationship: Building a Whole Earth Economy*. San Francisco CA: Berrett-Koehler Publishers, 2009.

BUBER, Martin. *I and Thou*. Nova York NY: Charles Scribner's Sons, [1937] 2000.

BURROUGHS, William S. *Naked Lunch*. Nova York NY: Grove Press, 1959.

BYRD, Kavita. Shakti Interspirual Centre: Artigos sobre o divino feminino por Kavita. http://shakticentre.blogspot.com/p/essays-on-divine-feminine.html

BYRNE, Rhonda. *The Secret*. Nova York NY: Atria Books, 2006.

CALLEMAN, Carl Johan. *Mayahypotesen*. Suécia: Garev Publishing International, 2001.

_____. *The Mayan Calendar and the Transformation of Consciousness* [4ª edição]. Rochester VT: Bear & Company, 2004.

CAMPBELL, Joseph. *The Hero with a Thousand Faces*. Princeton NJ: Princeton University Press, 1968. [*O Herói de Mil Faces*, publicado pela Editora Pensamento, 1989.] (fora de catálogo)

CAPRA, Fritjof. *The Tao of Physics: An Exploration of the Parallels between Modern Physics and Eastern Mysticism* [5ª edição]. Boston MA: Shambhala, 2010. [*O Tao da Física: Uma Análise dos Paralelos Entre a Física Moderna e o Misticismo Oriental*, publicado pela Editora Cultrix, São Paulo, 2ª edição 2011.]

CARSON, Rachel. *Silent Spring*. Boston MA: Houghton Mifflin Company, 1962.

CASTAÑEDA, Carlos. *The Teachings of Don Juan: A Yaqui Way of Knowledge*. Berkeley CA: University of California Press, 1968.

_____. *A Separate Reality*. Nova York NY: Pocket Books, 1971.

CHOPRA, Deepak. *Quantum Healing*. Nova York NY: Bantam, 1989.

CHRIST, Carol. *Why Women Need the Goddess* [também conhecido como *Womanspirit Rising, A Feminist Reader in Religion*]. Nova York NY: HarperOne, 1992.

COBB, John. "*The Beginning Dialogue between Christianity and Buddhism, the Concept of a 'Dialogical Theology' and the Possible Contribution of Heideggerian Thought*", *Japanese Religions* [setembro] pp. 87-91, 96, 1980.

COHEN, Andrew. *Evolutionary Enlightenment: A Spiritual Handbook for the 21st Century*. Nova York NY: Select Books, 2011.

COOPERRIDER, David L. e Diana Whitney. *Appreciative Inquiry: A Positive Revolution in Change*. San Francisco CA: Berrett-Koehler Publishers, 2005.

COX, Harvey. *The Secular City: Secularization and Urbanization in Theological Perspective*. Nova York NY: Collier Books, 1965.

_____. *Religion in the Secular City*. Nova York NY: Simon & Schuster, 1985.

DARWIN, Charles. *On the Origin of Species* [edição comemorativa pelo 150º aniversário]. Nova York NY: Signet Classics, [1859] 2003.

DAWKINS, Richard. *The God Delusion*. Boston MA: Houghton Mifflin, 2006.

de Chardin, Pierre Teilhard. *The Phenomenon of Man*. Nova York NY: Harper Perennial, 1959. [*O Fenômeno Humano*, publicado pela Editora Cutrix, São Paulo, 1988.] (fora de catálogo)

DE NOSTREDAME, Michel [Nostradamus]. *The Prophecies*. Western MA: Wilder Publications, [1503-1566] 2009.

DE SALZMANN, Jeanne. *The Reality of Being: The Fourth Way of Gurdjieff*. Boston MA: Shambhala, 2011.

DENNETT, Daniel. *Consciousness Explained*, Nova York: The Penguin Press, 1991.

DERBYSHIRE, John. *We Are Doomed: Reclaiming Conservative Pessimism*. Three Rivers MI: Three Rivers Press, 2010.

DIANETICS [L. Ron Hubbard]. Los Angeles CA: Bridge Publications, [1950] 2007.

DIVINE PRINCIPLE [Sun Myung Moon]. Nova York NY: HSA-UWC, 1977.

DOWD, Michael. *Thank God for Evolution: How the Marriage of Science and Religion Will Transform Your Life and Our World*. Nova York NY: Penguin Group, 2009.

DOWNING, Christine. *The Goddess: Mythological Images of the Feminine*. Lincoln NE: Authors Choice Press, 2007.

EHRLICH, Paul R. *The Population Bomb*. Nova York NY: Ballantine Books, 1968.

EISENSTEIN, Charles. *Sacred Economics*. Nova York NY: Evolver Editions, 2011.

ELIADE, Mircea. *Patterns in Comparative Religion* [tradução]. Londres RU: Sheed and Ward, 1958.

_____. *The Sacred and the Profane: The Nature of Religion* [tradução]. Paris FR: W.R. Trask, Harvest/HBJ Publishers, 1957.

ELLUL, Jacques. *The Meaning of the City* [tradução]. Eugene, OR: Wipf & Stock Publishers, [1970] 2011.

ESBJORN-HARGENS, Sean e Michael E. Zimmerman. *Integral Ecology: Uniting Multiple Perspectives on the Natural World*. Boston MA: Integral Books, 2011.

EVOLUTIONARY BIOLOGY Portal: *http://en.wikipedia.org/wiki/Portal*

FABELLA, Virginia e Sergio Torres. *Doing Theology in a Divided World*. Maryknoll NY: Orbis Books, 1985.

FARADAY, Ann e John Wren-Lewis. "The Selling of the Senoi", *Lucidity Letter* 3 (1) 1984.

FOX, Matthew. *The Coming of the Cosmic Christ*. Nova York NY: HarperOne, 1988.

_____. *One River, Many Wells*. Nova York NY: Tarcher, 2004.

_____. *The Hidden Spirituality of Men*. Novato CA: New World Library, 2009.

_____. *Hildegard of Bingen: A Saint for Our Times*. Vancouver CN: Namaste Publishing, 2012.

GINSBERG, Allen. *Howl and Other Poems*. Nova York NY: City Lights Publishers, [1956] 2001.

GOLDBERG, Philip. *American Veda: From Emerson and the Beatles to Yoga and Meditation How Indian Spirituality Changed the West*. Nova York NY: Harmony, 2010.

GOLDING, William. *Lord of the Flies*. Londres RU: Hodder & Stoughton, [1954] 2002.

GREENE, Brian. The *Fabric of the Cosmos: Space, Time, and the Texture of Reality*. Nova York NY: Alfred A. Knopf, 2005.

GRIFFITHS, Bede. *Return to the Center*. Springfield IL: Templegate Publishing, 1982.

_____. *Vedanta and Christian Faith*. Middletown CA: Dawn Horse Press, 1991.

_____. *A New Vision of Reality: Western Science, Eastern Mysticism and Christian Faith*. Springfield IL: Templegate Publishers, 1990.

_____. *The Cosmic Revelation: The Hindu Way to God*. Springfield IL: Templegate Publishers, 1983.

_____. *The Marriage of East and West*. Norwich RU: S C M Canterbury Press, 2003.

GURDJIEFF, G. I. *Meetings with Remarkable Men* [tradução]. Eastford, CT: Martino Fine Books, [1963] 2010. [*Encontros com Homens Notáveis*, publicado pela Editora Pensamento, São Paulo, 1980.] (fora de catálogo)

HAMILTON, Matthew. *Population Genetics*. Oxford RU: Wiley-Blackwell, 2009.

HARLAND, Maddy e Will Keepin. *Song of the Earth: A Synthesis of the Scientific and Spiritual Worldviews (with Keys to Sustainable Communities)*. Sag Harbor NY: Permanent Publications, 2012.

HARMAN, Willis. *Global Mind Change: The Promise of the 21st Century* [2ª edição]. San Francisco, CA: Barrett-Koehler Publishers, 1998. [*Uma Total Mudança de Mentalidade: As Promessas dos Últimos Anos do Século XX*, publicado pela Editora Pensamento, São Paulo, 1994.] (fora de catálogo)

HARVEY, Andrew. *The Return of the Mother*. Berkeley CA: Frog Books, 1995.

_____. *The Hope, A Guide to Sacred Activism*. Carlsbad, CA: Hay House, 2009.

HAWKEN, Paul. *Blessed Unrest, How the Largest Movement in the World Came into Being and Why No One Saw It Coming*. Nova York NY: Penguin Books, 2007.

HAYASHI, G. e K. Johnson. "The Heart of Brother Wayne Teasdale's Vision of the Interspiritual Age", *Vision in Action*, separatum 2008 e http://www.via-visioninaction.org/via-li/ArticlesEssays.php.

HERMANSEN, Marcia K. "The Academic Study of Sufism at American Universities". *American Journal of Islamic Social Sciences* 24 (3): 23-45, 2007.

HESSE, Hermann. *Siddartha*. Mineola NY: Dover Publication, [1922] 1998.

_____. *Steppenwolf*. Mattituck NY: Amereon House, [1927] 2010.

HICK, John H. e Paul F. Knitter. *The Myth of Christian Uniqueness: Toward a Pluralistic Theology of Religions* [7ª edição]. Maryknoll NY: Orbis Books, 1998.

HIXON, Lex. *Coming Home: The Experience of Enlightenment in Sacred Traditions*. Burdett, NY: Larson Publications, 1995. [*O Retorno à Origem: A Experiência da Iluminação Espiritual nas Tradições Sagradas*, publicado pela Editora Cultrix, São Paulo, 1992.] (fora de catálogo)

HOLY BIBLE [Versão-padrão revisada]. Nova York NY: Meridian/Plume, 1974.

HOMER. *The Illiad and The Odyssey* [tradução]. Londres RU: Grafton, 1938.

HUME, David. *Dialogues Concerning Natural Religion*. Charleston SC: BiblioBizaar, [1779] 2008.

HUXLEY, Aldous. *The Doors of Perception: Heaven and Hell*. Nova York NY: Fontal Lobe Publishing (Tower), [1954] 2011.

_____. *Brave New World Revisited*. Nova York NY: Harper Perennial Modern Classics, [1958] 2006.

JAMES, William. *The Varieties of Religious Experience*. Des Moines IA: Library of America, [1901] 2009. [*As Variedades da Experiência Religiosa: Um Estudo sobre a Natureza Humana*, publicado pela Editora Cultrix, São Paulo, 1992.] (fora de catálogo)

JANTSCH, Eric. *The Self-Organizing Universe: Scientific and Human Implications of the Emerging Paradigm of Evolution*. Oxford RU: Pergamon, 1980.

JASPERS, Karl. *The Origin and Goal of History* [tradução]. New Haven, CT: Yale University Press, [1949] 1953.

JAYNES, Julian. *The Origin of Consciousness in the Breakdown of the Bicameral Mind*. Boston MA: Houghton Mifflin, 1976.

JOHNSON, Phillip E. *The Wedge of Truth: Splitting the Foundations of Naturalism*. Nottingham, RU: IVP Books, 2002.

JORDAN, Michael. *The Encyclopedia of Gods: Over 2,500 Deities of the World*. Darby PA: Diane Books Publishing Company, 1998.

KEATING, Thomas. *Open Mind, Open Heart* [20ª edição]. Nova York NY: Continuum, [1986] 2006.

KEROUAC, Jack. *On The Road*. Nova York NY: Penguin, [1957] 1999.

KNITTER, Paul F. "Toward a Liberation Theology of Religions". *Servicios Koinonia* [fevereiro] pp. 178-218, 1998.

KORTEN, David. *The Great Turning: From Empire to Earth Community*. San Francisco CA: Berrett-Koehler Publishers, 2007

KÜBLER-ROSS, Elizabeth. *On Death and Dying*. Nova York NY: Scribner, [1969] 1997.

KUHN, Thomas S. *The Structure of Scientific Revolutions*. Chicago IL: University of Chicago Press, 1996.

LAING, R. D. *The Divided Self: An Existential Study in Sanity and Madness*. Londres RU: Routledge Reprint Editions, [1960] 1998.

_____. *The Politics of Experience and the Bird of Paradise*. Nova York NY: Pantheon, [1977] 1983.

LAKOFF, George. *Metaphors We Live By* [2ª edição]. Chicago IL: Chicago University Press, 2003.

LEARY, Timothy, Ralph Metzner e Richard Alpert. *The Psychedelic Experience: A Manual Based on the Tibetan Book of the Dead*. Nova York NY: Penguin Modern Classics, [1964] 2008.

LÉVI-STRAUSS, Claude. *Structural Anthropology* [tradução]. Grundfest Schoepf. Nova York NY: Basic Books, [1958] 1963.

LINDBECK, George A. *The Nature of Doctrine: Religion and Theology in a Postliberal Age*. Filadélfia PA: Westminster Press, 1985.

LIPTON, Bruce H. *The Biology of Belief: Unleashing the Power of Consciousness, Matter & Miracles* [13ª edição]. Carlsbad, CA: Hay House, 2011.

_____. *Spontaneous Evolution: Our Positive Future and a Way to Get There From Here* [3ª edição]. Carlsbad, CA: Hay House, 2011.

LOVEJOY, Arthur O. *The Great Chain of Being: A Study of the History of an Idea*. Cambridge MA: Harvard University Press, [1936] 1976.

LOVELOCK, James. *Gaia, A New Look At Life on Earth*. Oxford RU: Oxford University Press, [1979] 2001.

LOY, David. *Nonduality: A Study in Comparative Philosophy*. Amherst NY: Humanity Books, 1997.

LUTHER, Martin. *The Ninety-Five Theses*. New Milford CT: FQ Books, [1517] 2010.

MASLOW, Abraham. *Towards a Psychology of Being* [3ª edição], Nova York NY: Wiley, 1998.

MCENTEE, Rory, Adam Bucko, Rob Renahan e Kurt Johnson. "The New Monastic Conversation: Guidelines for the 2012 Snowmass Abbey Meetings and a Permanent Colloquy on New Monasticism". Documento em esboço preparado para as 2012 Snowmass Initiatives e as New Monastic Conversations, St. Benedicts Abbey, Snowmass CO, junho de 2012.

MCENTEE, Rory e Adam Bucko. *The New Monasticism: An Interspiritual Manifesto for Contemplative Life in the 21st Century*. PDF ilustrado das Snowmass Interreligious Discussions, 2012.

MEADOWS, Donella H., Dennis L. Meadows, Jorgen Randers e William W. Behrens III. *The Limits to Growth*. Nova York NY: Universe Books, 1972.

MERTON, Thomas. *The Seven Storey Mountain*. Nova York NY: Harcourt Brace, 1946.

_____. *Seeds of Contemplation*, Nova York NY: New Directions, 1949.

_____. *The Tears of Blind Lions*, Nova York NY: New Directions, 1949.

_____. *The Waters of Siloe*, Nova York NY: New Directions, 1949.

MICHAELSON, Jay. *Everything is God: The Radical Path of Nondual Judaism*. Boston MA: Trumpeter, 2009.

MILES-YEPEZ, Netanel [organizador]. *The Common Heart: An Experience of Interreligious Dialogue*. Brooklyn NY: Lantern Books, 2006.

MILTON, John. *Paradise Lost* [Norton Critical Editions]. Nova York NY: W. W. Norton & Company, [1667] 2004.

MOTHER [The], [Mirra Alfassa]. *Collected Works of The Mother* [17 volumes]. Sri Aurobindo Ashram Trust, 1978.

MURPHY, Michael. *The Future of the Body: Explorations into the Further Evolution Of Human Nature*. Nova York NY: Jeremy P. Tarcher, 1993.

NASR, Seyyed Hossein. *Knowledge of the Sacred*. Albany NY: State University of New York Press, 1989.

NEEDLEMAN, Jacob. *What is God?* Nova York NY: Tarcher/Penguin, 2009.

Newberg, Andrew B., Eugene d'Aquili e Vince Rause. *Why God Won't Go Away: Brain Science and the Biology of Belief*. Nova York NY: Ballantine Books, 2002.

NEWBERG, Andrew B. e Mark Robert Waldman. *Why We Believe What We Believe: Our Biological Need for Meaning, Spirituality, and Truth*. Nova York, NY: Free Press, 2006.

O'BRIEN, Shawn W. "Responding to Contemporary Religious Diversity in the United States: Mitigating Religious Conflict by Emphasizing Pluralism and Interfaith Dialogue". Tese: Honors Baccalaureate of Arts in Philosophy, Naropa University, 20 de maio de 2011.

O'CONNOR, Flannery. *Everything that Rises Must Converge*. Nova York NY: Farrar, Straus and Giroux, 1965.

OLSON, James. *The Whole-Brain Path to Peace*. San Raphael, CA: Origin Press, 2011.

OSBORN, Fairchild. *Our Plundered Planet*. Glasgow RU: R. MacLehose and Company Limited, The University Press, 1949.

OTT, Heinrich. *Beyond Dialogue: Toward a Mutual Transformation of Christianity and Buddhism*. Filadélfia PA: Fortress Press 1982.

_____. "Buddhist Emptiness and the Christian God", *Journal of the American Academy of Religion*, 45: 11-25, 1979.

OUSPENSKY, P. D. *The Fourth Way*. Nova York NY: Vintage Books, [1957] 1971. [O *Quarto Caminho*, publicado pela Editora Pensamento, São Paulo, 1987.] (fora de catálogo)

PADDOCK, Willam e Paul Paddock. *Famine 1975! America's Decision: Who Will Survive*. Nova York NY: Little Brown and Company, 1967.

PANIKKAR, Raimon. *The Unknown Christ of Hinduism: Towards an Ecumenical Christophany*. Maryknoll NY: Orbis Books, 1981.

_____. *The Intra-Religious Dialogue*. Mahwah, NJ: The Paulist Press, 1999.

_____. *Christophany: The Fullness of Man*. Maryknoll NY: Orbis Books, 2004.

PAUL, Russill. *Jesus in the Lotus*. Novato CA: New World Library, 2009.

PENNINGTON, T. S. "Interspiritual Dialogue: Encountering the Other as a Sacred Practice". Dissertação de doutorado [em processo]. Wisdom University, CA.

PENROSE, Roger. *Shadows of the Mind: A Search for the Missing Science of Consciousness.* Oxford RU: Oxford University Press, 1994.

_____. *The Emperor's New Mind: Concerning Computers, Minds and The Laws of Physics.* Oxford RU: Oxford University Press, 1989.

PINKER, Stephen. *The Better Angels of Our Nature: Why Violence Has Declined.* Nova York NY: Viking, 2011.

POSNER, Michael I. e Mary K. Rothbart. *Educating the Human Brain.* Washington DC: American Psychological Association, 2006.

PRICE, Huw. *Time's Arrow and Archimedes' Point: New Direction for the Physics of Time.* Oxford RU: Oxford University Press, 1997.

PRIGOGINE, Ilya. *Order Out of Chaos.* Boston MA: Shambhala, 1984.

PROTHERO, Stephen. *God Is Not One: The Eight Rival Religions That Run the World and Why Their Differences Matter.* Nova York NY: HarperOne, 2011.

PUTHIADAM, Ignace. "*Christian Faith and Life in a World of Religious Pluralism*", in *True and False Universality of Christianity*, Claude Geffre e Jean-Pierre Jossua, organizadores. Nova York NY: Seabury, 1980.

QUR'AN [o *Alcorão*]. Oxford RU: Oxford University Press [reedição], 2008.

RAY, Paul H. e Sherry Ruth Anderson. *The Cultural Creatives: How 50 Million People Are Changing the World.* Nova York: Harmony Books, 2000.

RESSLER, Peter e Monika Mitchell. *Conversations with Wall Street: The Inside Story of the Financial Armageddon & How to Prevent the Next One.* Sacramento CA: FastPencil Premiere, 2011.

ROHR, Richard. *Everything Belongs: The Gift of Contemplative Prayer.* Chestnut Ridge, NY: The Crossroads Publishing Company, 2003.

_____. *The Naked Now: Learning to See How the Mystics See.* Chestnut Ridge NY: The Crossroads Publishing Company, 2009.

ROSENBERG, Marshal L. e Arun Gandhi. *Nonviolent Communication: A Language of Life.* Encinitas CA: PuddleDancer Press, 2003.

ROUNDER, Leroy S. *Religious Pluralism.* Notre Dame IN: University of Notre Dame Press, 1984.

SALINGER, J. D. *Franny and Zooey.* Nova York NY: Back Bay Books, [1961] 2001.

_____. *The Catcher in the Rye.* Nova York NY: Back Bay Books, [1951] 2001.

SANTAYANA, George. *The Life of Reason.* [5 volumes] Nova York NY: Prometheus Books, 1905–1906.

SCHNARCH, David M. *Constructing the Sexual Crucible: An Integration of Sexual and Marital Therapy.* Nova York NY: W. W. Norton, 1991.

_____. Christopher Ryan e Cacilda Jetha. *Sex at Dawn: The Prehistoric Origins of Modern Sexuality.* Nova York NY: Harper Collins, 2010.

SCHUON, Fritjof. *The Transcendent Unity of all Religions.* Wheaton IL: Quest Books, 1948.

SCHWERIN, David A. *Conscious Capitalism: Principles for Prosperity.* Oxford RU: Butterworth-Heinemann, 1998.

SEGUNDO, Juan Luis. *The Liberation of Theology*. Maryknoll NY: Orbis Books, 1976.

SHELDRAKE, Rupert. *The Science Delusion: Freeing the Spirit of Enquiry*. Londres RU: Coronet, 2012. [*Ciência sem Dogmas: A Nova Revolução Científica e o Fim do Paradigma Materialista*, publicado pela Editora Cultrix, São Paulo, 2014.]

SHEPARD, Philip. *New Self, New World: Recovering Our Senses in the Twenty-First Century*. Berkeley, CA: North Atlantic Books, 2010.

SMITH, Wilfred Cantwell. *The Meaning and End of Religion*. Novato CA: New American Library, 1964.

SNOW, C. P. *The Two Cultures*. Londres RU: Cambridge University Press, [1959] 2001.

SNOW, C. P. e Stefan Collini. *The Two Cultures* [edição comemorativa]. Londres RU: Cambridge University Press, 1993.

STARHAWK. *The Spiral Dance: A Rebirth of the Ancient Religion of the Goddess* [20ª edição de aniversário]. Nova York NY: HarperOne, [1979] 1999.

STARR, Mirabai.*God of Love: A Guide to the Heart of Judaism, Christianity and Islam*. Rheinbeck NY: Monkfish Book Publishing, 2012.

SUZUKI, Shunryu. *Zen Mind, Beginners Mind*. Boston MA: Shambala, [1970] 2011.

SWIDLER, Leonard. *Toward a World Theology of Religions*. Maryknoll NY: Orbis Books, 1987.

SZASZ, Thomas. *The Myth of Mental Illness: Foundations of a Theory of Personal Conduct*. Nova York NY: Harper Perennial, [1960] 2010.

TART, Charles. *Altered States of Consciousness* [3ª edição]. Nova York NY: Harper, 1990.

TATTERSALL, Ian. *Masters of the Planet: The Search for Our Human Origins*. Nova York NY: Palgrave Macmillan, 2012.

_____. *The Fossil Trail: The Search for Our Human Origins*. [2ª edição]. Oxford RU: Oxford University Press, 2008.

Templeton, Alan Robert. *Population Genetics and Microevolutionary Theory*. Hoboken NJ: John Wiley & Sons, 2006.

TEASDALE, Wayne. *The Mystic Heart: Discovering a Universal Spirituality in the World's Religions*. Novato CA: New World Library, 1999.

_____. *A Monk in the World*. Novato CA: New World Library, 2002.

_____. *Bede Griffiths: An Introduction to His Interspiritual Thought*. Woodstock VT: SkyLight Paths Publishing, 2003.

THOMAS, Wendell Thomas. *Hinduism Invades America*. Boston MA: The Beacon Press, Inc., 1930 [2003].

TOLLE, Eckhart. *The Power of Now*. Vancouver BC: Namaste Publishing, 1997.

_____. *A New Earth: Awakening to Your Life's Purpose*. Nova York NY: Dutton, 2005.

TOYNBEE, Arnold. "*The Task of Disengaging the Essence from the Nonessentials in Mankind's Religious Heritage*", in *An Historians Approach to Religion*, Arnold Toynbee. Oxford RU: Oxford University Press, 1956.

TROMPF, G. W., *Cargo Cults and Millenarian Movements: Transoceanic Comparisons of New Religious Movements*. Nova York NY: Mouton de Gruyter, 1990.

UNIVERSITY OF SOUTH FLORIDA. *Mysticism and Modernity*. Recurso virtual em: http://pegasus.cc.ucf.edu/~janzb/mysticism/

VARELA, Francisco, Evan Thompson e Eleanor Rosch. *The Embodied Mind: Cognitive Science and Human Experience*. Princeton MA: MIT Press, 1992.

VARELA, Francisco e Humberto Maturana. *Tree of Knowledge: The Biological Roots of Human Understanding* [edição revisada]. Boston MA: Shambhala, 1987 [1992].

WATSON, James D. *DNA: The Secret of Life*. Nova York NY: Alfred A. Knopf Borzoi Books, 2004.

WATTS, Alan. *This Is It and Other Essays on Zen and Spiritual Experience*. Nova York NY: Vintage Books, [1960] 1973. [*O Zen e a Experiência Mística*, publicado pela Editora Cultrix, São Paulo, 1989.] (fora de catálogo)

_____. *Psychotherapy East and West*. Nova York NY: Vintage Books, [1961] 1975.

WEDGE [The]. "The Wedge Strategy" [também conhecido como "The Wedge"], atribuído ao The Center for the Renewal of Science and Culture [também conhecido como The Center for Science and Culture]. Seattle WA: Discovery Institute, 1998 [tornado público em 1999] (veja também Johnson, Phillip E.,) e http://www.antievolution.org/features/wedge.html

WEINBERG, Steven. *Cosmology*. Oxford RU: Oxford University Press, 2008.

WEST, Morris. *The Shoes of the Fisherman*. Nova York NY: William Morrow Company, 1963.

WHITEHEAD, Alfred North. *Process and Reality*. Nova York NY: The Free Press, [1929] 1979.

WILBER, Ken. *The Spectrum of Consciousness* [20ª edição de aniversário]. Wheaton IL: Quest Books TPH, [1977] 1993. [*O Espectro da Consciência*, publicado pela Editora Cultrix, São Paulo, 1990.] (fora de catálogo)

_____. "An Integral Theory of Consciousness". *Journal of Consciousness Studies*, 4 (1): pp. 71-92, 1997.

_____. *Sex, Ecology, Spirituality: The Spirit of Evolution* [2ª edição]. Boston MA: Shambhala, [1995] 2001.

_____. *Integral Spirituality: A Startling New Role for Religion in the Modern and Post-modern World*. Boston MA: Shambhala, 2007.

WILSON, E. O. *Consilience: The Unity of Knowledge*. Nova York NY: Alfred A. Knopf, 1998.

_____. *The Future of Life*. Nova York NY: Vintage Books, 2003.

WREN-LEWIS, John. "The Dazzling Dark" extraído de *What is Enlightenment?* [1995] e http://www.nonduality.com/dazdark.htm

WRIGHT, Matthew. "Reshaping Religion: Interspirituality and Multiple Religious Belonging". Tese de mestrado em religião, Protestant Episcopal Theological Seminary in Virginia, VA. 2012.

WRIGHT, Robert. *The Logic of Human Destiny*. Nova York NY: Vintage, 2001.

_____. *The Moral Animal: Why We Are the Way We Are: The New Science of Evolutionary Psychology*. Nova York NY: Vintage, 1995.

YOGANANDA, Paramahansa. *Autobiography of a Yogi*. Los Angeles CA: Self-Realization Fellowship, 1973.

ZUKAV, Gary. *The Dancing Wu Li Masters*. Nova York NY: HarperOne, [1979] 2001.